東亞文明研究叢書　82

江戶時代
日本漢學研究諸面向：
思想文化篇

葉國良・徐興慶◎編

臺大出版中心
NATIONAL TAIWAN UNIVERSITY PRESS

江戶時代日本漢學研究諸面向：
思想文化篇

目　次

導言

徐興慶[*]

2008 年 3 月 28-29 日臺灣大學文學院與日本二松學舍大學 COE 卓越研究計畫共同主辦第五屆「日本漢學」國際學術研討會，本書為與會學者發表後，經修改、送審完成之論文集，輯錄的內容以思想文化領域為主，計有臺灣及日本、比利時、韓國、越南等學者專家之相關論文十三篇。[1]

日本漢學研究，與經學、文獻之考證、文化、人物交流息息相關，這個領域一直是臺灣大學文學院持續努力之目標以及發展的特色之一。本屆研討會主要探索以下五個研究議題：

（一）、日本的《詩經標識》、《孟子》等經學研究。

（二）、德川時代的漢文訓讀。

（三）、中日人物及思想之比較研究。

（四）、日本漢學相關文獻的考證及研究。

（五）、臺灣、比利時、韓國、越南之日本漢學研究。

---

[*] 臺灣大學日本語文學系教授。

[1] 協辦單位有：臺灣大學人文社會高等研究院「東亞經典與文化」研究計畫、中央研究院中國文哲研究所、清華大學中國文學系。

目的在激發上述相關主題的多元性對話，整合新的研究觀點。

　　本書除臺灣學者的論文之外，輯錄了佐藤進（二松學舍大學教授）、片岡龍（東北大學教授）、清水正之（聖學院大學教授）、高山節也（二松學舍大學教授）、松浦章（關西大學教授）等五位日本學者的著作，他們都是在日本漢學研究領域知名的學者。佐藤進教授專攻古代漢語及中國音韻學，編有《漢辭海》，目前是二松學舍大學申請日本文部科學省 Global COE Program 卓越計畫的總計畫主持人；片岡龍教授專攻近世日本思想史，特別對十七世紀日本的學術思潮、明末清初與日本儒學的關係及人物思想交流的研究著墨頗深；清水正之教授專長為倫理學、日本倫理思想史，高山節也教授專攻漢籍書誌學，為二松學舍大學執行「日本漢文学研究の世界的拠点の構築」COE 卓越計畫（2004-2009）的負責人；松浦章教授主要研究為近代東亞海域及文化交流史，是關西大學亞洲文化交流研究中心主任，負責執行日本文部科學省學術研究高度化（Academic Frontier）卓越計畫。

　　此外，歐洲日本學兼日本資料專門家協會會長‧比利時天主教魯汶大學文學部東方學及斯拉夫學系范德望（W.F. Vande Walle）教授、韓國國民大學校韓國學研究所金勝一教授、越南社會科學院漢喃研究所阮氏鶯（Nguyen Thioanh）教授亦分別從歐洲（比利時）、韓國與越南的不同觀點探討日本漢學的發展情形，加深了國際學術交流的內涵。

　　主辦者臺灣大學文學院院長葉國良教授囑我寫本書的導言，以下簡要地介紹各篇論文的重要議題，希望有助於讀者對相關內容的理解。

一、藤原惺窩的經解及其繼承：關於《詩經》「言」「薄言」的訓讀

　　本文主要針對江戶前期至末期具代表性的九種《詩經》之訓讀資料進行論述。作者佐藤進考察《詩經》於平安、鎌倉時代以古注為主的博士家訓讀，如何經過藤原惺窩（1561-1619）轉變為以新注為主的訓讀。鎖定見解在古注和新注之間有極大差異的「言」及「薄言」，透過探討「言」字解釋之差異；確認「薄言」之傳注及訓讀；剖析以《五經大全》點《詩經》之「惺窩點」以及「道春點」、「闇齋點」、「集傳點」、「芝山點」、「一齋點」等的異同之處，指出林羅山與「惺窩點」之四項特徵。並進一步究明古注、新注的轉變如何為後世所承繼或排拒。

二、江戶儒者東條一堂《詩經標識》研究

　　《詩經標識》為江戶後期儒者東條一堂（1778-1857）閱讀《詩經》之備忘札記，其中記載著許多一堂對《詩經》經、注之訓解意見，分析這些見解，將可窺探一堂之《詩經》詮

釋水平。

　　作者張寶三分「東條一堂之生平及著作」、「《詩經標識》之版本與內容」、「《詩經標識》之《詩經》觀」、「《詩經標識》對《詩經》之訓解」、「《詩經標識》對朱《傳》、毛《傳》、鄭《箋》之態度」、「《詩經標識》之評價」等六大項目進行探究，闡明東條一堂之學風，並論述其《詩經》學之成就。

　　目前鮮有專文探討東條一堂《詩經標識》，本文有助於增進對江戶後期《詩經》學之瞭解，可作為進一步研究日本《詩經》學史之參考。

三、江戶時代儒者的天下與中國概念

　　江戶時代儒者的中國論，以山鹿素行（1622-1685）的《中朝事實》最具代表性。作者甘懷真認為十八世紀以前，東亞存在著兩個天下，亦即中國的天下與日本的天下，同時也各自宣告自己即是「中國」。本文就東亞的天下觀念與秩序下的認同中國之歷史脈絡中，藉由解讀《中朝事實》的史料內容，分析「兩個天下」的競合與矛盾，剖釋山鹿素行如何證明日本的「天下」優於中國的「天下」之辨正問題，並探討東亞歷史的天下與國家概念之變化。

　　本文從日本儒家經典之信仰、近世中國新儒學強調道統與政統的抗衡及統一，以及以《中朝事實》作為中國、日本

與韓國的共通文化之歷史世界等三個角度切入，指出《中朝事實》是以「天」，亦即依據《古事記》與《日本書紀》所載的諸神創造宇宙、人間之說，論證自古日本即是一個「天下」作為終極價值以建構其理論。

四、伊藤仁齋的《孟子》觀：逸脫心性論的思想　史背景

本文以「《論語》、《孟子》對伊藤仁齋（1627-1705）的意義」以及「仁齋為何給予孟子極高的評價」作為問題意識，平實地思考《孟子》此一經典對仁齋的意義，進而探討其逸脫心性論之思想史背景。

仁齋撰寫於元祿四年（1691）的〈讀予舊稿〉（《古學先生文集》六）一文，內容記述其原本熱衷於朱子學心性論，爾後發現這是一項錯誤，於三十六、七歲時曾有某種形式的領悟，故而徹底轉向研讀心性論的原典《孟子》。對此，本文作者片岡龍認為，同樣撰寫於元祿四年的〈荀子性惡論〉（《古學先生文集》二）一文達成的《孟子》「性善」說詮釋之確立，不能視為仁齋對心性論的完全逸脫。同時，檢視仁齋三十六、七歲以後的著作，仍然存在著偏向心性論的論述，因此事實並非如其〈讀予舊稿〉文意所傳達的：初始雖然埋首於朱子學的心性論，以三十六、七歲的開悟體驗為轉機，終於發展至建構了徹底否定心性論的仁齋學。

　　透過種種例證與抽絲剝繭般的析論，作者研判：仁齋原本即對朱子學的訓詁學層面難以滿足，為了追求真正的學問而逐漸過度傾向於心性論方面，三十六、七歲時，和以心性論為核心概念的《孟子》本文有過一番格鬥，其後長時間熟讀精思《論語》、《孟子》二書，直到將其學理融合成為密不可分的一體，如此又耗費了將近三十年的歲月，終於真正從心性論的深淵完全跳脫出來，完成自己的學說。

五、朱舜水與安東省菴之思想異同

　　安東省菴與朱舜水為出身中、日異域的文人，二人相互交流的思想「異」「同」在日本德川初期的儒學界發酵，帶來多元思想融合的另一種新風貌。1659 年，安東省菴結識朱舜水之後，其思想主張開始有了變化。一般認為，安東省菴邁向成名之道，是在寬文 12 年（1672）朱舜水至水戶講學、省菴編著《恥齋漫錄》之後。安東省菴訓點《學蔀通辨》，針對朱子、陸象山、王陽明的論述，提出不少個人見解並就教於朱舜水。

　　筆者針對安東省菴《初學心法》、《三忠傳》、《新增歷代帝王圖》、《幼學類編》、《續古文真寶後集》、《霞池省菴手簡》、《省菴先生遺集》、《恥齋漫錄》等著作，檢索省菴對《學蔀通辨》、「知與行」、「朱陸之辨」、「忠」等之思想主張，探討

安東省菴與朱舜水結識後至其晚年的思想變遷及主張之異同。

　　安東省菴批評佛教的「寂滅」、「禍福」說孤立了正學（理學）之道，危害學術至甚且深；稱讚朱子闢異端雜學，對於《學蔀通辨》批判陸王的內涵，深感贊同，明顯表達其傾向朱子學的立場。但透過安東省菴與朱舜水的書信往來或問答、對談記錄，可窺知省菴對陸王學等諸多學說，有了客觀持平的改變，其思想主張明顯受到朱舜水的影響。基本上，師徒二人的學問主張，與濂、洛、關、閩的道學（新儒學）思想脈絡是一致的。二人因為強烈闢佛，未能正視儒佛也可以共通的相關課題。不過，安東省菴融合其他學派學說的柔軟度，遠遠超越了朱舜水。又，從作詩的立場而言，安東省菴曾就學於擅長作詩的京都朱子學者松永尺五（1592-1657），向來熱愛詩作；朱舜水則主張「吟詩作賦，非學也。而棄日廢時，必不可者也」（〈與奧村庸禮書〉），二人的見地可謂南轅北轍。這些跨國文化傳播的異同現象，在德川時代的中日儒學交流史上有其意義。

六、近世和學（國學）的成立與漢學：契沖的方　法與本居宣長

　　本文主要從近世思想史研究的視點，探討近世日本「漢學」與「和學」（國學）的關係。作者清水正之以「和學」及

其成立時期為中心，重新思考後來體系完備的「和學」將漢
學及其根本思想視為所謂的「中華思想」而加以排斥，也因
而往往被認為是與漢學對立的問題。眾所周知，江戶漢學學
問（如水戶學等）可說是和學的基礎，本文將焦點集中於元
祿時期的國學者・歌人契沖（1640-1701）進行論述。從考察
契沖的著作《萬葉集代匠記》、歌論內容、語言觀，析論和歌
的本質與詩、和歌的解釋與其方法、「詞海」的開展等問題。

　　研究方法則以日本和外來文化之間的「差異」為線索，
探究擁有中國、天竺典籍知識和教養的契沖，對異文化、思
想諸相如何反應？「和學」思想如何脫離漢學？以及漢學與
和學的互補性在日本思想、學術的歷史性及現代性等課題。

七、近代中日陽明學的發展關係及其形象比較

　　本文從比較研究的角度，分析近代中日陽明學的發展異
同及其形象特質。作者張崑將歸納明治維新後的日本陽明學
發展為（1）作為反洋氣與反洋學的陽明學；（2）作為國家主
義與和平主義者的提倡國民道德之陽明學；（3）作為民權論
者與宗教的陽明學等三種現象。同時探索日本思想界在明治
後期與大正初年期間，出現《陽明學》（1896）、《王學雜誌》
（1906）、《陽明》（1913）等三種陽明學的期刊所呈現的不同
發展方向。作者指出，日本陽明學在明治維新之後，曾經將

原來扮演的革命行動之形象，轉換成與日本國民道德論相結合的一套學問，以作為統一國民精神的指標。

　　此外，作者將近現代中國知識份子的陽明學形象，區分為（1）作為維新或革命形象的陽明學；（2）作為保存國粹的陽明學；（3）作為哲學深化的陽明學等三部分，論述中日知識份子相互交流所呈現的陽明學精神發展之異同。並指出日本明治維新後，陽明學有國家主義及民權主義派的對峙，或將陽明學當成國粹，或是引進西方理論以改造陽明學，只見學術內部的異同意見，未見引起政治與個別思想家之間的緊張關係，強調國民道德論者壓倒一切，陽明學僅成了道德修養的修身之道，似乎被改造為適應日本國民道德精神的學說。相對於此，在近代中國的陽明學發展中，康有為、梁啟超、孫中山、蔣介石等維新及革命派人物吸收王學者，以熱衷革命行動論的觀點為主。換言之，他們所體認的陽明學，是作為革命行動的陽明學，是吸收維新前的日本行動革命論者的「知行合一」、「致良知」觀點，而非井上哲次郎（1855-1944）將「知行合一」、「致良知」轉化為「國民道德」的觀點。針對中日陽明學發展脈絡的不同形象與作用，提出深入的評析。

八、西學入眼來：幕末維新的留學生與「漢學」的轉折

　　「文明開化」是日本明治維新的三大訴求之一，十九世紀中葉，日本開啟了向西方學習的運動，積極送出大量留學生，爾後這些留學歐美的學生，於日本推展西化過程中，成為不可或缺的重要角色。本文作者陳瑋芬將這種現象構思成東亞知識份子透過「西行」而「西學」文明，加速自國「西化」、「近代化」的一道研究途徑，並且提出「漢學的轉折」此一要素作為對照論述的主軸。文中主要透過留美的新島襄（1843-1890）之「教育」事業、留英的中村敬宇（1832-1892）之「翻譯」事業，以及留德的井上哲次郎（1855-1944）所建構的西方哲學體系，探討三位日本近代知識人傾心西學而對漢學素養產生階段性轉折之過程。

　　作者從（1）幕末留學生與西學西教的受容；（2）文化的跨度與信仰的跨度；（3）明治初期漢學的轉折；（4）從教育發展的角度看中日近代化的比較等四大方向進行剖析，將新島襄三人經歷傳統（漢學）與現代（西學）的過程，比喻為處於東方和西方的夾縫、前近代和近代的夾縫、宗教和家國認同的夾縫、公意與私情的夾縫，並將「夾縫」定義為臨界位置，兩界互交的存在空間。指出當介入兩種有衝突和對立的文化時，在價值觀或行為規範上產生隔膜，在兩種文化的磨擦下也遭受思想衝激與情感折磨，並由此發生文化與信仰的跨越。

　　本文檢視了由容閎、新島襄、中村敬宇、嚴復、井上哲次郎、蔡元培等近代中日知識人前仆後繼的留洋經驗所建構

的中、日「西行」與「西學」的光譜，在新的學術觀念中，以漢學作為他們共通的重要知識，傳譯西方文明，期許國家富強。作者認為這樣的光譜可以證明近代化之後的日本和中國，都背負著前近代的儒學基礎，而近代的知識和語言，亦相當程度地依賴漢學的知識和語言，評析中、日兩國在以西歐先進國為典範，建立「西化」的國家時，若缺乏儒學這個基礎，就無法成功地把知識推向近代的道路。其間，漢學自身也隨著近代化的躊躇、摸索和進退，進行著轉折與轉型。

九、江戶時代的漢籍目錄：關於地方外樣大名統治下的漢籍受容

　　日本的漢學、漢詩文、書畫等文化的底層一直有著中國文化的影響，而江戶時代的文化發展是呈現此一現象的最後階段。本文以距離將軍直轄地江戶甚遠的九州肥前佐賀「外樣大名」為例進行考察，嘗試從漢學研究及教育的文本漢籍這類書籍目錄著手，針對與該藩漢學發展相關之諸多文庫進行探討，藉此對德川時代的地方漢學受容之形態，有一番新的理解。

　　作者高山節也首先從現存目錄統計肥前佐賀藩的漢籍數量，釐清其記載方式及分類方法，作為瞭解當時漢籍受容形態的基礎。考察內容涵蓋（1）佐賀藩的學校與漢籍（如「鍋島文庫」、「弘道館」舊藏書及「小城文庫」）；（2）藩政時期

的漢籍目錄及分類情形，尤其針對《芸暉閣經籍志》（鍋島文庫，寶永至享保年間）、《鳴琴堂秘藏經籍譜》（蓮池藩鍋島直與，幕末元治年間）、《興讓館所藏目錄》（小城縣，明治五年）等文獻，分析藩政時期佐賀藩的漢籍受容之實際情況。作者並透過漢籍目錄分類法與中國正統或一般性分類法之比較，對經、史、子、集的比例進行一連串的分析統計。指出上述三種漢籍皆有偏向宋學的現象，又這些目錄中的經學，除了當時學校基本較重視的儒家文獻外，亦加入林羅山（1583-1657）等在江戶幕府推動朱子學（官學）之相關文獻。

十、江戶時代漢文學與蘭學之接觸

　　江戶時代傳入日本的科學知識有三個管道，分別為南蠻學統、蘭學學統，以及處於此二者之間的漢學。漢學又可細分為二，一為中國傳統的「本草學」，另一則為以漢文翻譯、改寫的西書。而蘭學學者曾努力在蘭學學統與漢譯版本的南蠻學統之間取得聯繫。

　　本文作者 W.F. Vande Walle（范德望）指出，從鎖國政策實施開始至 18 世紀中葉，長崎翻譯官使用片假名將所學荷蘭文根據聲音轉譯成日文後加以記憶，而在長崎「出島」直接向荷蘭人學習翻譯的日本人，研習內容則包含寫作、閱讀。本文以江戶時代深具身份地位的長崎翻譯官本木良永（1735-1794）為例，探討其翻譯的異文合併本《星術本原太陽窮理了解新

制天地二球用法記》，這是一部包含天文學及比較語言學的專論，文中論及日語與荷蘭語在語音文法方面的重大差異問題。

　　本文主要關注本木良永的翻譯過程與唐話之間的關係，作者分析當時的漢人接受南蠻學統的影響為蘭學者提供了基礎架構，翻譯西書過程中，先譯為漢文再譯成日文。儘管漢文化不再是仿傚對象，但是漢學仍擁有無比的優越地位，這種現象持續對江戶時代的西學輸入產生相當程度的影響。

十一、江戶時代唐船帶來的中日文化交流

　　江戶時代前往日本九州長崎港經商貿易的「唐船」，為中日文化交流扮演著極為重要的角色，這種現象持續維持至德川幕末。本文作者松浦章以「唐船」貿易的內涵為研究主軸，首先回顧20世紀日本學界對江戶時代中日文化交流研究之相關內容與特色，並分析明末清初亦即17世紀前半至18世紀前半之間，長崎成為江戶時代文人憧憬之地的原因。此外，文中亦針對前往長崎從事貿易活動的中國商人中，將已於中國失傳的書籍帶回中國的代表人物汪鵬，以及明治時代駐日本外交館員楊守敬等人的蒐書活動進行考察。

十二、試論江戶幕府對朝鮮性理學的受容及其意義

　　本文以朝鮮性理學的特點為研究焦點，探討（1）日本受容朝鮮性理學及其發展；（2）朝鮮性理學對江戶幕府政治穩定的作用；（3）朝鮮性理學對日本人資本理念穩定的作用等三個問題。作者金勝一指出，朝鮮的性理學之所以具有不同於宋朝朱子學的特點，是在於朝鮮的朱子學提出「情」的問題而形成獨特的性理學體系。江戶幕府承認朱子學為官學的性理學，不僅應用在穩定政治方面，更應用在改變社會制度及社會共識而使其定形。

　　作者分析朝鮮性理學為德川幕府建立了棘手的「易姓革命」之合理性，並且提供統治意識型態使德川幕府得以追求265年的穩定發展。論述日本透過「壬辰倭亂」奪取由朝鮮加注的性理學相關書籍以及韓國儒學者，並促使他們與來訪的「朝鮮通信使」進行文化交流，藉以學習朝鮮性理學，而德川幕府將朝鮮性理學的思辨理論應用於維持日本政治、社會秩序之政策。

十三、越南漢文訓讀及其資料

　　本文主要針對越南李王朝（1010-1225）、陳王朝（1225-1400）、黎王朝（1428-1789）、阮王朝（1802-1945）等各種不同時代的漢文訓讀及其相關資料進行考察分析。作者 Nguyen Thi Oanh（阮氏鶯）詳細調查了《嶺南摭怪》、《安南譯語》、《佛說大報父母恩重經》、《新編傳奇漫錄》等各種不同版本

以及年代可考碑文資料中的斷章，結果發現越南擁有與日本相同的漢文訓讀現象，是以漢字意思為基礎，一句句標上越南語以利閱讀。作者分析越南原本並無「漢文訓讀」的概念，但是經調查後發現越南的漢文訓讀可能始於李王朝、陳王朝的時代。在越南，如同日本的「音讀」一般，在漢字標上越南語以利閱讀的現象，至少可追溯至十三世紀初。

　　以上十三篇論文分別探討了江戶時代日本漢學研究在思想與文化領域的面向，希望藉由專書的出版，提供初步的研究成果給國內外學術界的朋友參考。日本漢學研究領域在國內仍具有相當大的開發潛能，不僅可以開拓東亞各國相關比較研究的新視野，同時也可以探索諸多傳統與近現代化之間的新學術課題，至於更細膩的探討則有待未來學界同好攜手合作。葉國良院長為持續推動這項國際學術交流活動，訂於 2009 年 10 月 3-4 日在日本與關西大學亞洲文化交流中心合辦第六屆日本漢學國際學術研討會，以幕末、明治期日本文學、歷史、思想、藝術的諸相為範圍，乃是繼續深化進而提昇國內日本漢學研究能量與學術水平的努力。

藤原惺窩的經解及其繼承：
關於《詩經》「言」「薄言」的訓讀

佐藤進[*]

一、序言

　　江戶幕府以朱子學為官學企圖確立其精神的根基。眾所皆知，在朱子學官學化過程中，扮演相當重要腳色的是林羅山（1583-1657）。羅山獨學並傾倒於朱子學。而教授羅山徹底以朱子學為根基來訓讀的，正是藤原惺窩（1561-1619）。惺窩將舊有的古注《五經》的訓讀，改為以新注為主的訓讀。[1]

---

[1]　筆者曾考察過惺窩導入的朱子叶韻說（佐藤進：〈藤原惺窩点本《詩經》における朱子叶音説とその所拠本〉，《日本漢文学研究》第2號，二松學舍大學，2007年）。用叶韻說來揭示字音的，惺窩可說是史無前例後無來者。不僅是漢字訓讀，就連字音都是以朱子為標準和依據，是極為注目的現象。參見阿部吉雄：《日本朱子学と朝鮮》（東京：東京大學出版會，1965年），頁37-148。

　　本論主要是考察《詩經》在平安鎌倉時代以古注為主的
博士家訓讀，經過惺窩如何轉變為以新注為中心的訓讀，並
進一步考察此轉變如何為後世所繼承或排拒。而在此僅針對
古注和新注之間在見解上有極大差異的「言」「薄言」進行探
討。另外，以江戶古學派的訓讀例子來說，則有對片山兼山
的調查，不過本論只當作參考。本論在此主要是探討朱子學
派訓讀的繼承關係。

二、主要的《詩經》訓讀資料

　　在此所使用的《詩經》訓讀資料有以下九種。（1）的原
抄本和（2）的原刊本筆者還未看過，因此本論在此使用複製
本。（1）則使用《毛詩鄭箋》（東京：汲古書院，1992 年）。（2）
則使用《和刻本經書集成　正文之部　第一輯》（東京：汲古
書院，1976 年）。（3）～（7）則使用手上的家藏原刊本。（8）
和（9）則參照二松學舍大學圖書館所藏本。所列舉資料雖然
不是最完整的名單，但在窺視江戶前期至末期具代表性的訓
讀上，卻足以成為代表性的資料。[2] 以下揭示資料末端的記
號，是用於本論最後附表中的簡略記號。

---

[2]　關於江戶期和刻本《詩經》關連書籍的目錄，可參照江口尚純：〈江
　　戶期的詩經關係和刻本書目（暫定版）〉，《中国古典研究》48（東
　　京：早稻田大學，2003 年）。但此目錄並沒有涉及到《五經大全》。

（1）永正十八年（1521）抄寫，清原宣賢（1475-1550）
　　加點（靜家堂文庫藏）：清

（2）寬永五年（1628）藤原惺窩（1561-1619）點：
　　安田安昌刊《五經》：藤

（3）承應二年（1653）林羅山（1583-1657）道春點：
　　官版《五經大全》：林

（4）享保十八年（1733）道春點：新刻校正《五經》
　　〔明曆三 （1657）新版《五經》〕：林的〔 〕內

（5）安永二年（1773）山崎闇齋（1618-1682）闇齋
　　點：《五經》〔明和年間刊的再刻〕：山

（6）天明四年（1784）片山兼山（1730-1782）山子
　　點：《毛詩正文》：片

（7）寬政三年（1792）松永昌易：《新刻頭書詩經集
　　註》〔寬文四（1664）〕《頭書詩經集註》：松

（8）安政二年（1855）後藤世鈞（1720-1782）芝山
　　點：《改正音訓五經》〔天明七（1787）〕：後

（9）文化十年（1814）佐藤坦（1772-1859）一齋點：
　　《校正音訓五經》：佐

　　關於（7），村上雅孝[3]作了寬文四年版和寬文三年版的對
照研究。根據此研究，寬文版和道春點一樣大幅採用文選讀
法，幾乎與（3）的訓讀相同。另外，到明治期為止被刊行複

---

[3] 村上雅孝：《近世漢字文化と日本語》（東京：おうふう，2005 年）。

刻四次的昌易點《詩經》，則被改訓為較簡潔讀法的寬政版系
統。因此，為通覽江戶期的訓讀，在此特以寬政版為資料。（8）
則是天明七年初版的第五刻版。若比較此資料與明治新刻的
芝山點《詩經》（一般稱為後藤點），可見欄外標注的音訓隨
著時代變遷而逐漸減少。從此可推出，筆者未看過的初版音
訓比（8）更加詳細。不過這和本論此次調查所使用的安政二
年版並沒有衝突。

三、《詩經》的「言」

　　《詩經》305 篇當中，「言」字出現在 173 句裡，總計有
201 字。在這 201 字中，譬如「父母之言」（〈將仲子〉一章）、
「諸兄之言」（〈將仲子〉二章）這樣在各家之間並無異同，
用「いふ」、「こと」或這些唸法的同義語來讀的地方，本論
從略。除此以外的 96 句 100 字，根據古注與新注的解釋差異，
則可在資料（1）～（9）之間窺見訓讀的異同。（參照附表）

　　所謂古注與新注之間的「言」字解釋差異，譬如「言」
字首次出現的〈葛覃〉三章「言告師氏」句（附表 01）中，
毛《傳》注為「言，我也」，繼承此說的鄭《箋》將其衍伸為
「我告師氏者……」，對此朱子的《集傳》則解釋為「言，辭
也」，也就是「語辭」。

　　在《詩經》後文的古注中，毛《傳》、鄭《箋》適當地加

入「言，我也」的注。相對地，在後文的新注中，並沒有出現對「言」字的訓詁。不過，在新注之中，有時亦用「我」的意思來解釋「言」。然而，此情況並不是訓詁，而是在衍伸詩意的注解中，用「我」字來構成文章。例如將〈都人士〉四章的「言從之邁」句（附表 70）解釋為「我從之邁矣（我れかれに從ってゆかん）」，正是其例。

值得注意的是，朱子《集傳》如此明確地把「言」字解釋為「我」的地方，共有三句。除上揭句，另外有將〈采綠〉三章的「言韔其弓」（附表 72）解釋為「我則為之韔其弓（我れすなはち、かれがためにその弓をふくろにせん）」一句，以及將同章的「言綸之繩」（附表 73）解釋為「我則為之綸其繩（我れすなはち、かれがためにその繩をおさめん）」一句。[4]

將《詩經》中被注釋為「辭也」的「言」訓讀為「ここに」，可從平安時代以來的訓讀資料中窺見。「ここに」在日文中是被當作副詞或接續詞來用。築島裕介紹「ここに」的

---

[4] 將〈文王〉六章「永言配命」句（附章 79）解釋為「使其所行無不合於天理，則盛大之福，自我致之，有不外求得矣（その行なふところをして天理に合はずといふことなからしむれば、すなはち盛大の福、我れよりこれを致す、外に求めずして得ることあり）」，其中的「自我」並非詩句中「言」的衍伸。

各種用例如下。[5]

> ここに被當作副詞或接續詞來用時，有「於」、「此」、
> 「云」、「是」、「時」、「茲」、「斯」、「粵」、「越」、「言」、
> 「焉」、「爰」、「于」等例。

關於「言」，築島裕首先舉出圖書寮本《名義抄》所引《善
珠》的「言，去ゝ爾」。接著又舉出「言反帝京忽二紀（に帝
京に反らんとするに、忽に二紀たらまくのみ）」（知恩院・
三藏玄奘法師表啟初期點）和「言尋真相（言に真相を尋ね）」
（石山寺・大唐西域記長寬點）兩個例子。

大坪併治亦提出相同的見解。[6]不過，「言」的用例，除
了築島裕所舉的例子之外，另加「既逐誠願言歸本朝（既に
誠願を遂げて、言に本朝に歸る）」（興福寺・三藏法師傳承
德點）一句，共舉出三例。築島、大坪所舉三例都是和佛教
有關連的訓點，耐人尋味。[7]

---

[5]　築島裕：《平安時代の漢文訓讀語につきての研究》（東京：東京
　　大學出版會，1963 年），頁 415。

[6]　大坪併治：《平安時代における訓點語の文法》（東京：風間書房，
　　1981 年）。

[7]　在此將築島裕（1963）、大坪併治（1981）兩本專書中附有標點、
　　送假名（在漢字後面所添加的簡略假名）的原文寫成日語訓讀來
　　標示。

　　關於「言」，另外有必要事先確認「薄言」的傳注和訓讀。[8]「薄言」在〈芣苢〉篇裡有六句，在〈采蘩〉篇、〈柏舟〉篇、〈出車〉篇裡各有一句，在〈采芑〉篇裡有兩句，在〈采綠〉篇裡有兩句，在〈時邁〉篇、〈有客〉篇各有一句，在〈駉〉篇裡有四句，總計有十九句。

　　助詞「薄」單獨出現的首例在〈葛覃〉三章「薄汙我私」。此處並無毛《傳》、鄭《箋》，在《集傳》中則寫有「薄猶少也」，在《詩經大全》中則寫有「慶源輔氏曰薄猶少曑也」。如惺窩點將「薄」字訓讀為「ほぼ」的，皆是依據《集傳》和《大全》。而將其訓讀為「いささか」、「しばらく」的，應該是依據〈出車〉五章「薄伐西戎」（付表 45）的《集傳》「薄之為言聊也」。《類聚名義抄》中的「聊」字唸法皆有「いささか」、「しばらく」。依據資料（2）～（5）及（7）～（9）新注的訓讀中，即使能將其他「薄」字唸成「しばらく」，但在〈出車〉五章「薄伐西戎」以及〈出車〉六章「薄言還歸」的「薄」字卻只能唸成「いささか」。也就是說，在〈出車〉篇必定會唸成「いささか」，這顯然已成為新注訓讀的規定。

　　依據古注的博士家訓讀，將「薄」唸成「ここに」是慣例。關於此唸法，在《類聚名義抄》、《色葉字類抄》、《倭玉

8　現在中國根據聞一多的解釋，將「薄言」解釋為「急急忙忙地（いそいで・あわてて）」的相當多。聞一多：〈匡齋尺牘〉，《神話與詩》，《聞一多全集》甲集（上海：開明書店，1948 年）。

篇》、《節用集》、《增續大廣益會玉篇》等代表性的古字書中有其記載。在古注中有「薄，辭也」此一訓詁，是來自於〈茉苢〉一章「薄言采之」（附表 03）的毛《傳》。鄭《箋》承繼此訓詁唸為「薄言，猶我薄也」。

　　古注亦有不把「薄」解為「辭也」而將其解為「始也」的情況。在〈時邁〉一章「薄言震之」（附表 86）和〈有客〉一章「薄言追之」中，鄭《箋》解釋前者為「薄猶甫也，甫始也」，[9] 解釋後者為「王始言餞送之（王始めてこれを餞送せよと言うときに）」。[10] 而「始（はじめ）」的唸法亦出現在《類聚名義抄》。

　　最後須注意的是，在上揭古字書群裡，並沒有記載依據新注的「いささか」、「しばらく」、「ほぼ」。可見古字書原則

---

[9]　附在此處的《集傳》為「使我薄言震之」。裡頭雖然加入「我」，但「薄言」是怎麼唸的，卻不清楚。

[10]　關於古注的「薄」，〈茉苢〉第一章的《毛詩正義》做了以下的敘述。毛傳言「薄、辭」，故申之言「我薄也」。「我」訓經「言」也，薄還存其字，是為「辭」也。言「我薄」者，我薄欲如此，於義無取，故為語辭。傳於「薄汙我私」不釋者，就此眾也。時邁云「薄言震之」，箋云「薄猶甫也，甫始也」。有客曰「薄言追之」。箋云「王始言餞送之」。以「薄」為「始」者，以時邁下句云「莫不震疊」，明上句「薄言震之」為始動以威也。有客前云「以繫其馬」，欲留微子。下云「薄言追之」，是時將行，王始言餞送之。詩之「薄言」多矣。唯此二者以「薄」為「始」，餘皆為「辭」也。

上是採用古注的訓詁。

四、關於惺窩點

惺窩點《詩經》的底本是《五經大全》本。阿部吉雄（1965）早已透過對俘虜——李朝儒者姜沆的手寫本「姜沆彙抄十六種」的分析，推測此一事實。筆者（2007）則進一步透過字音的檢討，證實惺窩所使用的朱子《詩集傳》並非其單行本，而是大全本的《集傳》。[11]

然而，惺窩點的訓讀在《五經》刊行時，林羅山所撰跋文中說道：「今世往歲，妙壽院惺窩藤先生，講學格物之暇，新加訓點于五經……至若倭訓之古而不可易者，參之舊點而不盡削之也」，因此可得知惺窩點的訓讀在相當程度上導入以古注為主的清源家點等。村上雅孝透過對訓讀語的檢討，證明其事實，[12]他更進一步指出清源家點裡沒有的訓讀語，乃是嚮往王朝世界而使用中世古代的日語所創造出來的。[13]

---

[11] 佐藤進：〈藤原惺窩点本《詩經》における朱子叶音説とその所拠本〉，《日本漢文学研究》第 2 號（東京：二松學舍大學，2007年），頁 31-57。

[12] 村上雅孝：《近世初期漢字文化の世界》（東京：明治書院，1998年），頁 205-242。

[13] 同註 4。

　　筆者雖在某個程度上贊同村上氏的說法，但本稿立場還是著重在，清源家等古訓裡沒有的訓讀應該是透過以朱子《集傳》為根底的翻譯所被創造出來的這種說法上。有關實際詞彙的分析檢討，待他日再深入探究。本稿首先所要報告的是對助詞「言」「薄言」字的觀察。

　　若參照附表可以很清楚地看到，清的清源家讀法「われ（我）」，在藤惺窩點中絕大部分被改讀為「ここに」。惺窩原則上是唸成「ここに」的。

　　不過在惺窩點中有不少地方都沒有讀「言」字。這與不讀形式目的語「之」等的處理方式一樣。（參照附表 03 不讀〈茉苡〉的「之」）。若以附表的號碼來看則有 09，10，11，12（〈漢廣〉）、14，15（〈草蟲〉）、17，18（〈柏舟〉）、19，20，21，22（〈終風〉）、26，27（〈二子乘舟〉）、28（〈定之方中〉）、30（〈載馳〉）、36，37（〈女曰雞鳴〉）、44（〈七月〉）、47，48，49（〈彤弓〉）、50，51（〈采芑〉）、52，53（〈車攻〉）、54（〈庭燎〉）、55，56，57（〈黃鳥〉）、58，59，60，61，62（〈我行其野〉）、63（〈大東〉）、68，69（〈采菽〉）、94，95（〈有駜〉）。這些並不是加點功夫的省略，換言之，不是為了避免對同樣詩句反覆的加點所帶來的繁瑣，這些事實上是刻意不去訓讀的結果。

　　此種不讀「言」字的處理方式，在羅山道春點之後的訓讀中，是完全看不到的現象。這可以說是惺窩把平安時代訓

讀的特徵遺留下來的明顯例子。接下來讓我們來檢視惺窩把「言」唸成「われ（我）」的例子。

〈泉水〉四章（附表 25）和〈竹竿〉四章（附表 32），皆將同一詩句「駕言出游」的「言」唸為「われ（我）」。然而這不是因為〈泉水〉的《集傳》裡有解釋為「われ（我）」的注釋。即使《集傳》裡無此注釋仍然讀為「われ（我）」，這或許和清源家的讀法一樣把「駕言出游」的「駕」字唸為命令文體「がせよ」有關係。不過作為詩文體裁的話算是例外。另外，道春點將「駕言出游」分別唸成「のりものしてここに出ててあそびて」、「のりてここに出ててあそびて」，「駕」則不唸成命令型。

惺窩將〈泮水〉一章（附表 96）「言觀其旂」的「言」讀為「われ（我）」，但在使用同一句的〈庭燎〉三章（附表 54）則不讀。這是因為《集傳》不讀成「われ（我）」。作為詩文體裁來看的話，讀為「ここに」或不讀是適當的處理方式。不過包括〈泮水〉以後的惺窩點因為某些因素（後有詳述）的關係，令人懷疑是否有正確傳達惺窩自身的讀法。

如前所述我們可以知道，惺窩將〈都人士〉四章「言從之邁」（附表 70）唸為「われ（我）したがひゆかん」，是因為《集傳》衍伸為「我從之邁矣」。此種唸法和《集傳》分別把〈采綠〉三章的「言韔其弓」及同章的「言綸之繩」（附表 72，73）衍伸成「我則為之韔其弓」、「我則為之綸其繩」的

解釋方式一樣。此三例「われ（我）」的根據正來自《集傳》。

　　然而同樣將〈采綠〉一章「薄言歸沐」（附表 71）和〈采綠〉四章「薄言觀者」（附表 74）的「言」唸為「われ（我）」，這和前節所述把〈芣苢〉篇六句之中的「薄言」讀為「しばらく（或「ほぼ」）ここに」相較之下，可以說是極為異常的唸法。惺窩在〈采綠〉篇以後無視集傳的解釋，大多把「言」字唸成「われ（我）」，只有〈駉〉篇（「いはん／ここに」兩種讀法）和〈有駜〉篇（不讀）不唸成「われ（我）」。在數量上雖達二十句，然而須注意的是，這些都連續分布在〈采綠〉篇以後。

　　包含《詩經》在內的《五經》版本，若是忠實反應惺窩自定訓點的話，或許就不會有如上揭讀法只集中在部分地方的現象。此安田安昌刊的《五經》附有羅山的跋文。跋文中說道：「余謂，先生雖嘗為之訓點，而其元本藏之不出。蓋其副流落人間而然乎」，這正說明副本流傳坊間而被出版刊行。阿部吉雄和村上雅孝以此跋文為依據，將惺窩與安田安昌刊的《詩經》作了一定的區隔。[14]

　　筆者認為，在安田安昌刊的《詩經》裡，〈都人士〉篇之

---

[14] 村上雅孝（1998）認為和惺窩親筆訓點的慶長古活字版《詩經》相較之下，古活字版和安田安昌刊的《詩經》共通處很多。至於日語訓讀（和訓），究竟是後人補上的，還是惺窩自身的唸法，在此不下任何判斷。

後的筆錄者和之前的筆錄者不同。如前所述,將〈都人士〉篇的「言」讀為「われ(我)」,在《集傳》中有其根據,所以沒有問題。但由於〈采綠〉、〈瓠葉〉篇裡除少數例外其餘全部讀為「われ(我)」,因此有必要在《集傳》內容以外的地方尋求其理由。宋刊本《詩集傳》和明代的《五經大全》本《詩集傳》都是二十卷版。[15]依照其卷的區分來推斷,從包含〈都人士〉、〈采綠〉、〈瓠葉〉篇的卷十五之後的惺窩點筆錄者早已不同的話,那麼上述所說的異常分布就能得到合理的說明。

　　安田安昌刊的《五經》不分卷(百八十一頁)。□〈國風〉□〈小雅〉□〈大雅〉□〈頌〉各自的最初一行改頁而起版,然而在□~□各自之中卻不改頁。這種作法並不會令讀者感到〈都人士〉篇之前有明顯的區隔。不過如果以官版《詩經大全》全二十卷為例來排頁數的話,則變成□65頁□51頁□52頁□48頁□32頁□46頁□30頁□41頁□59頁□34頁□58頁□46頁□37頁□29頁□19頁□75頁□56頁□83頁□59頁□50頁,合計九百七十頁。都人士篇以後則屬於□~□,全部三百四十二頁,大約是全體的三分之一左右。

---

15 幕末明治以後廣為利用的通行本《詩集傳》為八卷本(武英殿版等)。我國漢文大系本《詩經》是以古注為主的二十卷本,不過其中的《集傳》則依據通行的八卷本,《集傳》本來的構造因而變的很難掌握。

　　無論是從當時依附《五經大全》的情況來看（阿部吉雄
1965），或者是從惺窩點底本為《五經大全》本《詩經》的情
況來看（佐藤進 2007），以此書前半三分之二和後半三分之一
來區分筆錄者的不同，應該不會有問題。[16]卷十五以後的筆錄
者應該是參照既存清源家流的訓點本而添加「われ（我）」（在
下武篇等之中，亦有「われ（我）」和「ここに」兩種讀法併
記的例子）。羅山所言「副本的流落」，應該是因為察覺到此
處有異狀。

　　在此將檢視惺窩點助詞「言」「薄」字訓讀的結果整理如
下。

　　　（1）「言」是原則上依據《集傳》的「言，辭也」而
　　　　　 讀成「ここに」。
　　　（2）依照情況「言」有時沒有訓讀。
　　　（3）「薄」多讀成「しばらく」「ほぼ」，而在〈出車〉
　　　　　 中則讀成「いささか」。之後，在〈時邁〉和〈有
　　　　　 客〉裡也都採用「いささか」這個訓讀，但如此
　　　　　 讀法的依據未明。
　　　（4）《詩集傳》卷十五以後的各篇可能由不同筆錄者
　　　　　 完成。
　　　（5）卷十五以後的「言」被不同筆錄者記為「われ」。

---

[16] 依據叶韻說的字音裡，未曾出現像「言」字一樣分布在部分地方
　　 的情況（佐藤進，同註 12，2007 年）。

五、關於道春點

　　本稿使用的道春點是承應二年刊官版《詩經大全》和享保十八年刊「新刻校正五經」本。官版以後到天保年為止的九十年之間，可稱是道春點《五經》的，根據江口尚純（2003）的研究，總共有八種。[17]享保十八年刊的屬於第七種，本稿使用的兩種版本可以說是最初和最後一種道春點資料。

　　林羅山於慶長九年（1604），二十二歲入藤原惺窩門下之前，已自學朱子學。透過惺窩的介紹，得到管理德川家康藏書的職位。羅山自此充分利用朝鮮船載的朱子學書籍，逐漸和傾向佛教及陸王學的惺窩保持一定距離，徹底潛心於朱子學的研究及其輸入。不過，羅山有作過《十三經注疏》的校勘工作，嫻熟古注，羅山年輕時亦曾向清原家借《古書尚書》來抄寫。[18]

　　在進入附表的分析之前，在此指出林羅山相較於惺窩點有以下四點特徵。

　　第一，完全沒有漢字音的讀音假名。拙稿（2007）檢討了惺窩點導入的朱子叶韻說，然而羅山是怎麼唸的，從官版《詩經大全》並無法得到線索。不過，「新刻校正五經」本《詩

17　江口尚純：〈江戶期における詩經關係和刻本書目（暫定版）〉《中国古典研究》48（東京：早稻田大學，2003 年），頁 1-13。

18　此段皆根據阿部吉雄（1965）的研究。

經》有些地方卻附有字音的假名。雖說如此，裡頭並沒有以
叶韻說為基礎的字音假名，因此可以推測羅山並沒有用叶音
來唸。即使參照後人的訓點本，除了惺窩以外，並沒有人使
用以叶音字音為基礎的日本漢字音。

　　第二，可以看到眾多的文選讀法。[19]惺窩點裡亦有豐富的
文選讀法，不過道春點卻比惺窩點更加徹底。以〈關雎・一
章〉的四句為例，羅山的讀法如下。「關關雎鳩，在河之洲，
窈窕淑女，君子好逑（關關とやはらぎなける雎鳩のみさご
は、河のすにあり、窈窕としづかにただしき淑女のよきを
とめは、君子の好逑のよきたぐひなり）」。[20]附表的舉例裡頭
並沒有很多文選讀法，如將「楚」字唸為「ソのいばら」、「蔞」
字唸為「リョのよもぎ」、「豵」字唸為「ソウのいのこ」的
正是其例。這些從平安時代傳來的文選讀法，和平安時代古
訓相較之下，更多出現在羅山的訓讀裡頭。這可說是羅山訓
讀的擬古特徵（築島裕 1963）。

　　第三，像惺窩點兩種讀法併記的例子很少。這可以說是
惺窩點本特殊的地方。村上雅孝（1998）提出接近博士家點
的訓讀和充分使用日語的訓讀原本是分別流傳下來的，但在
安田安昌刊的《五經》裡則被混同的說法。筆者贊同此說。

---

[19] 參考中國的注「…貌」所以唸為「かたちよみ」。此為舊用語。
[20] 體言的話則添加「…の〔＋體言〕」來進行訓讀，用言的話則添
　　加「…と〔＋用言〕」來進行訓讀。

　　第四，道春點和惺窩點一樣，不唸像〈芣苢〉一章「薄言采之」（附表03）「之」字的形式目的語。然而，通觀附表[林]，裡頭並沒有惺窩點裡不讀「言」字的例子。雖然有些地方沒有讀音假名，但是那只不過是前句有出現相同的唸法而後面省略而已。在同一篇當中，類似句的初句並沒有被省略的情形出現。[21]

　　道春點的「言」字，原則上唸為「ここに」。我們可以看到和此原則不同的例子，在〈簡兮〉三章「公言錫爵」（附表23）中，有讀為「ここに」、「いはく」兩種。這與惺窩點相同，認為就賜杯給舞者的禮來說，「公」不可能直接賜與，因此解釋為命令「賜與酒杯」。

　　另一方面，惺窩點忠實地依照朱子《集傳》將「言」唸成「われ（我）」的有三句。分別為〈都人士〉四章的「言從之邁」（附表70）、〈采綠〉三章的「言韔其弓」以及同章的「言綸之繩」（附表72，73）。此三句的「言」在官版《詩經大全》裡都唸為「ここに」。不過在「新刻校正五經」本《詩經》當中，則有追加「われ（我）」。[22]這可反映出羅山在講學時曾讀為「われ（我）」。不過，若沒有追蹤「新刻校正五經」本以

---

[21] 惺窩點中如附表 09 最初句就出現空白，由此判斷惺窩點裡不讀「言」字。

[22] 手中的享保 18 年刊本「言綸之繩」（附表 73）中不見「われ」，若參照其他「言」的假名筆者認為可能有脫字。

前的各種版本，則無法斷言。而且在「新刻校正五經」本裡追加「われ（我）」的地方，另外有〈文王〉六章「永言配命」（附表79）。加之，在「ここに」追加實詞「いはん」形成兩種讀法的有〈駉〉一章、〈駉〉二章的「薄言駉者」（附表90，91）。這些都是和惺窩點相同的地方，可視為之後參照惺窩點所追加記載的部分。

「薄言」的「薄」，到「聊也」這《集傳》出現的〈出車〉篇前為止，都唸為「しばらく」。之後除了〈駉〉篇外，皆唸為「いささか」。這可以說是非常奇特的現象。不過，在「新刻校正五經」本中則在「いささか」追加「しばらく」。

在此整理道春點中「言」「薄」的特色如下。

（1）不讀「言」的處理方式是不存在的。（不過有不讀形式目的語的情況）

（2）原則上將「言」讀為「ここに」。

（3）即使是朱子《集傳》的衍伸，但在道春點不讀為「われ（我）」而讀為「ここに」。

（4）在其之後的時代所刊行的書裡在「ここに」追加「われ（我）」等。

（5）「薄」到〈出車〉篇前為止唸為「しばらく」，之後原則上唸為「いささか」。

六、關於闇齋點

　　山崎闇齋在土佐學習南學派的朱子學，之後以神（道）儒（學）合一為宗旨，開創垂加神道，視朱子學為一種實踐論，給予幕末思想家很大的影響。闇齋的朱子學（1）是專研李朝大儒李退溪所有著作所形成的。（2）強力主張朱子的學說應直接看朱子自身的著述，斥責四書五經的《大全》為「末疏」。（3）在講述資料上則限定為《小學》、《近思錄》、《四書章句集註或問》、《易本義》，是其特徵（阿部吉雄 1965）。另外，關於訓讀史上闇齋點的特徵，近藤啟吾將其對照於《論語集注》的道春點，[23]此研究不僅止於檢討訓讀語，而且還以構文上「管到」[24]的檢討為中心進行縝密的分析。

　　闇齋點的《詩經》主要是以弟子雲川弘毅的改定（或修正）為主。此改定傳達了什麼意思並無法得知，然而除此改訂版之外卻無其他版本可參考。在此姑且整理其書整體特徵如下。

　　　第一、形式目的語「之」皆讀為「これを」，沒有不讀
　　　　　　的地方。
　　　第二、不注上漢字音的假名。

---

[23] 近藤啓吾：《山崎闇斎の研究》（京都：神道史學會，1986 年），頁 216-286。

[24] 「管到」是十八世紀的日本用語。在構文論裡是指，他動詞所支配的目的語範圍。

第三、假名全都和日語讀法（和訓）有關，不過僅限
於難讀的字句。

第四、以〈關雎〉一章的四句為例，闇齋的讀法如下。
「關關雎鳩，在河之洲，窈窕淑女，君子好逑
（關關たる雎鳩は、河の洲にあり、窈窕たる
淑女は、君子の好き逑ひ）」，闇齋在此不採取
文選讀法。

關於「言」，我們可以很機械式地看到「ここに」的唸法。
「ここに」以外的唸法，我們只看到〈駉〉篇的一章～四章
的「いはん」的唸法。〈駉〉篇的「言」，無論是在惺窩點或
道春點，不是作為助詞「ここに」而是作為實詞「いはん」
來訓讀，那是因為二者的理解所致。因此「言」在闇齋點幾
乎百分之百都唸為「ここに」，如後所述，下一世代的後藤芝
山和佐藤一齋皆墨守其法。闇齋點可以說是其先驅。

關於「薄」字，只有「聊也」的《集傳》〈出車〉篇讀為
「いささか」（不僅送假名亦寫上假名イササカ），其餘的皆
唸為「しばらく」。此點可以說是完全按照《集傳》意圖的唸
法。

本論在此僅止於以上的簡單分析。關於闇齋點的詳細探
討以及定位，暫且當為他日研究的課題。[25]有關山崎闇齋的研

---

[25] 村上雅孝：〈山崎嘉点の性格〉，《文芸研究》82（仙台：日本文

究，若和思想史上的研究相較之下，訓讀史上的研究就不是
那麼的充實。

七、關於松永昌易的「集傳」點

松永昌易是藤原惺窩四大弟子（又稱四天王）林羅山、
那波活所、松永尺五、堀杏庵之中，松永尺五的兒子。如前
所述，關於昌易的訓點有村上雅孝（2005）的研究。此研究
指出寬文版的訓點極為接近道春點。

本稿所參照的寬政版訓點本《新刻頭書詩經集註》，也就
是《詩集傳》的訓點本。不過，此書與道春點參照的二十卷
本《詩經大全》不同。在此以通行的八卷本《詩經傳》為底
本。在欄外標注裡引用多數王崇慶的《詩經衍義》等朱子以
後的學說，是其最大的特色。

以下是通觀整體昌易點的特徵以及「言」和「薄」字唸
法的特徵。

藝研究會，1976 年）中指出，道春點對闇齋點影響很大。此說
法是以訓讀語繼承關係為考察的結論。若根據近藤啓吾（1986）
的研究，則有必要重新檢討結構文的解釋和原注的關係。至於闇
齋點給予後世影響的研究，可參照山下實：〈闇斎点とその後の
点法の展開〉，《鈴峯女子短大人文社会科学研究集報》12（1965
年），頁 37-148。

第一，形式目的語「之」皆唸為「これを」，沒有不讀
　　的地方。

第二，「言」亦沒有不讀的地方。

第三，沒有漢字音的假名亦不採文選讀法（寬文版則
　　有）。

第四，日語訓讀（和訓）比闇齋點多，整體並沒有很
　　難的唸法，基本上以初學者為對象，目的是在
　　引導初學者能正確讀解經文。

第五，「言」字除了〈駉〉篇「薄言駉者」的「言」唸
　　為「いはん」外，其餘皆唸為「ここに」。

第六，「薄言」の「薄」只有有客唸為「しばらく」（理
　　由不明），其餘皆唸為「いささか」。

　　村上雅孝（2005）的研究指出，寬文版的昌易點極為接
近道春點。不過，如村上所說，寬政版卻逐漸脫離道春點。
此處考證的結果亦指出第一、第二、第三、第六的特徵在於
和道春點的訓讀不同。第六的特徵將「薄」字皆唸為「いさ
さか」與闇齋點將「薄」皆唸為「しばらく」內容完全不同。
不過二者都以一字一訓的原則來訓讀，因此處理方式可以說
都一樣。《集傳》的意圖在於只將〈出車〉篇唸為「いささか」，
而將全篇唸為「いささか」，可以說是和朱子的意圖完全不同
的唸法。這可能是因為繼承道春點將〈出車〉篇以後的「薄」
都唸為「いささか」的處理所致。

八、關於芝山點（後藤點）、一齋點

後藤芝山在 1737 年，佐藤一齋則在 1793 年遊學昌平坂學問所，皆受過林家學問的薰陶。[26]

江戶時代進入寬政期後，也就是古學派太宰春臺的《倭讀要領》（享保十三年，1728）刊行經過快半世紀，昌平坂學問所的訓讀遵循道春點的改定已不敷使用。另外，學問所因「寬政異學之禁」的嚴格執行，迫使增加「素讀吟味」（只管唸訓讀不論其意）的考試項目，在這裡所使用的是稱為「林家正本」的芝山點（亦稱後藤點）四書五經。芝山點因而廣為流傳。根據鈴木直治（1975）的研究，芝山點的特徵在於音讀化、不使用上代語法、刪除多餘添加的日語、不用不讀的處置方法。[27]以下簡單舉幾個例子。

（1）譬如不將「成事」唸為「なれること／なりしこと」，而直接音讀。

（2）「欲」則不使用「…まくほつす」的上代語法，而讀為「…んとほつす」。

（3）「則」不讀為「…するときはすなはち」，而讀為

---

[26] 後藤芝山的傳記・年譜參照阿河準三：《後藤芝山》，（高松：後藤芝山先生顯彰會，1982 年）。佐藤一齋的年譜則參照岡田武彥（監修）：《佐藤一齋全集》卷 9（東京：明德出版社，2002 年）。

[27] 鈴木直治：《中国語と漢文：訓読の原則と漢語の特徴》（東京：光生館，1975 年），頁 122-131。

　　「…すればすなはち」。
　（4）避免不讀目的語「之」等。

　　芝山點本《詩經》在欄外標注裡，則附加根據反切和直音的音注和漢字之訓詁。[28]然而在音注中，叶韻說全被刪除，[29]而且也沒有漢字音的假名。關於訓讀方面，除了欄外的漢字訓詁之外，極為難解的語詞在其本文裡則附有讀音假名（如〈泉水〉三章的「藑」附有「くさびさす」的唸法等）。除了難讀的語詞之外，其餘都不添加日語訓讀（和訓），只附上送假名（在漢字後面添加簡略假名以便訓讀）。

　　根據佐藤一齋在芝山點本刊行時附上的序文，可得知一齋點是芝山點的延長。但不使用欄外標注而用雙行夾注的方式把根據反切和直音的音注和漢字之訓詁標示在本文之中。音注雖然有標示叶韻反切，但是卻沒有漢字音的假名。一齋點幾乎沒有使用假名的日語訓讀（和訓），即使有難讀的語詞也只有標示送假名，因此無法判別要用什麼日語訓讀（和訓）比較適合。畢竟一齋點是適用於漢學專家的讀法，和芝山點

[28] 阿波的藩儒・柴野碧海〈後藤元茂墓表〉裡寫道：「諸儒皆有四書五經點本，但詳於訓詁而略於音韻。至芝山先生五經，始揭音註以標其首，讀者甚便之」（阿河準三：《後藤芝山》，後藤芝山先生顯彰會，1982年，頁191）。

[29] 載有集傳本文的道春點官版《詩經大全》和松永昌易《新刻頭書詩經集註》都揭示叶韻音注。不過一齋點《詩經》的音注中，則導入叶韻的反切、直音。唯有惺窩點本揭示漢字音的假名。

相較之下，可以說是較為特殊的日文（鈴木直治 1975）。不過，芝山點在難解的語詞中添加訓讀，是為了要推廣於一般大眾，而整體簡略的一齋點是適合漢學專家，在幕末明治期比較被廣泛接受。

關於「言」以及「薄」的唸法，芝山點和一斎點完全相同。除了〈出車〉篇的「いささかここに」外，其餘皆唸為「（しばらく）ここに」。也就是說，除了和闇齋點在〈駉〉篇唸為「しばらくいはん」不同之外，唸法皆和闇齋點相同。

九、總結

以上是《詩經》「言」字及其關聯的「薄」字之訓讀的變遷。整理以上變遷的結果指出以下幾點特徵作為本論的結果。

（1）關於「言」，藤原惺窩唸為「ここに」或不讀，偶爾唸為「われ」。林道春則沒有不讀的地方，《集傳》衍伸為「我」的地方也都唸為「ここに」。山崎闇齋、松永昌易、後藤芝山、佐藤一齋原則上也都唸為「ここに」。

（2）關於「薄」，藤原惺窩唸為「しばらく」、「ほぼ」，在〈出車〉篇之後也會唸成「いささか」，但〈出車〉之外唸成「いささか」的依據不明。林道春在〈出車〉篇「薄、聊也」的訓詁之前唸為「しばらく」，之後原則上都唸為「いささか」。山崎闇齋、後藤芝山、佐藤一齋只在〈出車〉篇唸為

「いささか」，其餘的皆唸為「しばらく」，松永昌易則無例外，皆唸為「いささか」。換言之，針對《詩經》裡只出現一處「薄、聊也」的《集傳》，有三種處理方式：□以那一處為界轉變和訓，□只在那一處反映出《集傳》，□在全書中反映出《集傳》。

（3）可推測出藤原惺窩點本安田安昌刊《五經》的卷十五以後，因筆錄者的更替，導致於古注派讀法的出現。

（4）在訓讀史上有必要重新評價山崎闇齋所扮演的腳色。不僅須重新審視訓讀語的繼承關係，亦須以思考闇齋如何分析原文文法構造來進行訓讀此一觀點來重新思考訓讀史。

【附表】

凡例1：用底線表示的是，在原文同一詩句因而省略前句訓讀的讀法。

凡例2：兩種讀法併記的讀法，則用「／」來表示。

凡例3：〔　〕裡的是道春點新刻校正五經本的訓讀。

凡例4：「薄言」的「薄」，唸為「しばらく」的用「ク」、唸為「いささか」的用「カ」、唸為「ほぼ」的用「ボ」來表示。但有關於惺窩，因已標示在 惺 惺窩訓讀，而不再標示在 藤 惺窩點。

凡例5：用底色表示的是，將「言」讀為「ここに」以外的唸法。

No：　引引用號碼・篇詩篇章數・句原文詩句・惺惺窩訓讀
清清原家・片山子點
藤惺窩點・林道春點・山闇齋點・松昌易點・後後藤點・佐
　一齋點

01：引2・篇葛覃③・句言告師氏・惺①こゝに　シシにつげて、②こゝ
　　に　かしづきにつげて
　　清われ・片われ
　　藤ここに・林ここに・山ここに・松ここに・後ここに・佐ここに
02：引2・篇葛覃③・句言告言歸・惺こゝに　かへらんということを　ま
　　うさしむ
　　清われ・片われ
　　藤ここに・林ここに・山ここに・松ここに・後ここに・佐ここに
03：引8・篇芣苢①・句薄言采之・惺①しばらくこゝにもとむ、②ほゞ
　　こゝにもとむ
　　清①ここに、②われ・片われ
　　藤クここに・林クここに・山クここに・松カここに・後クここに・
　　佐クここに
04：引8・篇芣苢①・句薄言有之・惺①しばらくこゝに　えたり、②ほゞ
　　こゝに　えたり
　　清われ・片われ
　　藤クここに・林クここに・山クここに・松ここに・後クここに・
　　佐クここに
05：引8・篇芣苢②・句薄言掇之・惺①しばらくこゝに　ひろう、②ほゞ
　　こゝに　ひろう
　　清われ・片われ
　　藤ここに・林クここに・山クここに・松カここに・後クここに・
　　佐クここに
06：引8・篇芣苢②・句薄言捋之・惺①しばらくこゝに　とる、②ほゞ

こゝに　とる

清 われ・片 われ

藤 ここに・林 クここに・山 クここに・松 カここに・後 クここに・
佐 クここに

07：引 8・篇 茉苡③・句 薄言袺之・惺 ①しばらくこゝに つまどる、②
ほゞこゝに つまどる

清 われ・片 われ

藤 ここに・林 クここに・山 クここに・松 カここに・後 クここに・
佐 クここに

08：引 8・篇 茉苡③・句 薄言襭之・惺 ①しばらくこゝにつまばさむ、②
ほゞこゝにつまばさむ

清 われ・片 われ

藤 ここに・林 クここに・山 クここに・松 カここに・後 クここに・
佐 クここに

09：引 9・篇 漢廣②・句 言刈其楚・惺 そのソのうばらをからん

清 われ・片 われ

藤 不読・林 ここに・山 ここに・松 ここに・後 ここに・佐 ここに

10：引 9・篇 漢廣②・句 言秣其馬・惺 そのむまに　まぐさかはん

清 われ・片 われ

藤 不読・林 ここに・山 ここに・松 ここに・後 ここに・佐 ここに

11：引 9・篇 漢廣③・句 言刈其蔞・惺 そのリョのよもぎを　からん

清 われ・片 われ

藤 不読・林 ここに・山 ここに・松 ここに・後 ここに・佐 ここに

12：引 9・篇 漢廣③・句 言秣其駒・惺 そのこまに　まぐさかはん

清 われ・片 われ

藤 不読・林 ここに・山 ここに・松 ここに・後 ここに・佐 ここに

13：引 13・篇 采蘩③・句 薄言還歸・惺 ①しばらくこゝにかへりかへる、
②ほゞこゝにかへりかへる

清 われ・片 われ

藤 ここに・林 クここに・山 クここに・松 カ（塗抹）ここに・後 クこ

こに・佐クここに

14：引14・篇草蟲②・句言采其蕨・惺そのわらびをとる
清われ・片われ
藤不読・林ここに・山ここに・松ここに・後ここに・佐ここに

15：引14・篇草蟲③・句言采其薇・惺そのはらびをとる
清われ・片われ
藤不読・林ここに・山ここに・松ここに・後ここに・佐ここに

16：引26・篇邶：柏舟②・句薄言往愬・惺しばらくこゝにいてつぐれば
清われ・片われ
藤ここに・林クここに・山クここに・松カここに・後クここに・佐クここに

17：引26・篇邶：柏舟④・句靜言思之・惺しずかにしておもふ
清われ・片われ
藤不読・林ここに・山ここに・松ここに・後ここに・佐ここに

18：引26・篇邶：柏舟⑤・句靜言思之・惺しずかにしておもふ
清われ・片われ
藤不読・林ここに・山ここに・松ここに・後ここに・佐ここに

19：引30・篇終風③・句寤言不寐・惺さめていねられず
清われ・片われ
藤不読・林ここに・山ここに・松ここに・後ここに・佐ここに

20：引30・篇終風③・句願言則嚔・惺をもつて　すなはちはなひる
清われ・片われ
藤不読・林ここに・山ここに・松ここに・後ここに・佐ここに

21：引30・篇終風④・句寤言不寐・惺さめていねられず
清われ・片われ
藤不読・林ここに・山ここに・松ここに・後ここに・佐ここに

22：引30・篇終風④・句願言則懷・惺をもつて　すなはち　をもはん
清われ・片われ
藤不読・林ここに・山ここに・松ここに・後ここに・佐ここに

23：[引]38・[篇]簡分③・[句]公言錫爵・[惺]コウいふ　シャクをたまはんと
[清]いはく・[片]いふ
[藤]いふ・[林]いはく/ここに・[山]ここに・[松]ここに・[後]ここに・[佐]ここに

24：[引]39・[篇]泉水③・[句]還車言邁・[惺]①くるまをかへしてこゝにゆかん、②くるまをめぐらして…
[清]われ・[片]われ
[藤]ここに・[林]ここに・[山]ここに・[松]ここに・[後]ここに・[佐]ここに

25：[引]39・[篇]泉水④・[句]駕言出游・[惺]ガせよ　われいでてあそんで
[清]われ・[片]われ
[藤]われ・[林]ここに・[山]ここに・[松]ここに・[後]ここに・[佐]ここに

26：[引]44・[篇]二子乗舟①・[句]願言思子・[惺]をもつてシを　をもふ
[清]いふ（伝）/われ（箋）・[片]われ
[藤]不読・[林]ここに・[山]ここに・[松]ここに・[後]ここに・[佐]ここに

27：[引]44・[篇]二子乗舟②・[句]願言思子・[惺]をもつてシを　をもふ
[清]いふ（伝）/われ（箋）・[片]われ
[藤]不読・[林]ここに・[山]ここに・[松]ここに・[後]ここに・[佐]ここに

28：[引]50・[篇]定之方中③・[句]星言夙駕・[惺]ほしみて　つとにガせよ
[清]われ・[片]われ
[藤]不読・[林]ここに・[山]ここに・[松]ここに・[後]ここに・[佐]ここに

29：[引]54・[篇]載馳①・[句]言至于漕・[惺]こゝにサウにいたらん
[清]われ・[片]われ
[藤]ここに・[林]ここに・[山]ここに・[松]ここに・[後]ここに・[佐]ここに

30：[引]54・[篇]載馳③・[句]言采其蝱・[惺]そのバウをとらん
[清]われ・[片]われ
[藤]不読・[林]ここに・[山]ここに・[松]ここに・[後]ここに・[佐]ここに

31：[引]58・[篇]氓⑤・[句]靜言思之・[惺]しずかにこゝに　をもつて
[清]われ・[片]われ
[藤]ここに・[林]ここに・[山]ここに・[松]ここに・[後]ここに・[佐]ここに

32：[引]59・[篇]竹竿④・[句]駕言出游・[惺]ガせよ　われいでてあそんで

清われ・片われ

藤われ・林ここに・山ここに・松ここに・後ここに・佐ここに

33：引62・篇伯兮③・句願言思伯・惺①ねがふこゝにハクををもへば、
②ねがつてこゝにハクををもふ

清いふ（伝）/われ（箋）・片われ

藤ここに・林ここに・山ここに・松ここに・後ここに・佐ここに

34：引62・篇伯兮④・句言樹之背・惺①こゝにハイにうえん、②こゝ
にハイのうしろにうえん

清われ・片われ

藤ここに・林ここに・山ここに・松ここに・後ここに・佐ここに

35：引62・篇伯兮④・句願言思伯・惺①ねがふこゝにハクを をもへば、
②ねがつてこゝにハクを をもふ

清いふ（伝）/われ（箋）・片われ

藤ここに・林ここに・山ここに・松ここに・後ここに・佐ここに

36：引82・篇女曰雞鳴②・句弋言加之・惺ヨクしてカせば

清われ・片われ

藤不読・林ここに・山ここに・松ここに・後ここに・佐ここに

37：引82・篇女曰雞鳴②・句宜言飲酒・惺あぢつくらばさけをのんで

清われ・片われ

藤不読・林ここに・山ここに・松ここに・後ここに・佐ここに

38：引108・篇汾沮洳①・句言采其莫・惺①こゝにそのボをとる、②こゝ
にそのボをとらん

清われ・片われ

藤ここに・林ここに・山ここに・松ここに・後ここに・佐ここに

39：引108・篇汾沮洳②・句言采其桑・惺こゝにそのくわをとる

清われ・片われ

藤ここに・林ここに・山ここに・松ここに・後ここに・佐ここに

40：引108・篇汾沮洳③・句言采其藚・惺①こゝにそのショクをとる、
②こゝにそのをもだかをとる

清われ・片われ

藤ここに・林ここに・山ここに・松ここに・後ここに・佐ここに

41：引128・篇小戎①・句言念君子・惺ここに（クンシ）をおもふ
清われ・片われ
藤ここに・林ここに・山ここに・松ここに・後ここに・佐ここに

42：引128・篇小戎②・句言念君子・惺ここに（クンシ）をおもふ
清われ・片われ
藤ここに・林ここに・山ここに・松ここに・後ここに・佐ここに

43：引128・篇小戎③・句言念君子・惺ここに（クンシ）をおもふ
清われ・片われ
藤ここに・林ここに・山ここに・松ここに・後ここに・佐ここに

44：引154・篇七月④・句言私其豵・惺そのソウのいのこをわたくしにし
清われ・片われ
藤不読・林ここに・山ここに・松ここに・後ここに・佐ここに

45：引168・篇出車⑥・句薄言還歸・惺①しばらくここにかへりかへる、②いささかここにかへりかへる
清われ・片われ
藤ここに・林カ〔カ/ク〕ここに・山カここに・松カここに・後カここに・佐カここに

46：引169・篇小雅・杕杜③・句言采其杞・惺ここにそのキをとる
清われ・片われ
藤ここに・林ここに・山ここに・松ここに・後ここに・佐ここに

47：引175・篇彤弓①・句受言藏之・惺うけてをさむ
清われ・片われ
藤不読・林ここに・山ここに・松ここに・後ここに・佐ここに

48：引175・篇彤弓②・句受言載之・惺①うけてのす、②うけてサイ（す）
清われ・片われ
藤不読・林ここに・山ここに・松ここに・後ここに・佐ここに

49：引175・篇彤弓③・句受言櫜之・惺①うけてつつむ、②うけてゆみぶくろにす

清われ・片われ

藤不読・林ここに・山ここに・松ここに・後ここに・佐ここに

50：引178・篇采芑①・句薄言采芑・惺しばらくキをとる

清われ・片われ

藤不読・林カ〔カ/ク〕ここに・山クここに・松カここに・後クここに・佐クここに

51：引178・篇采芑②・句薄言采芑・惺しばらくキをとる

清われ・片われ

藤不読・林カ〔カ/ク〕ここに・山クここに・松カここに・後クここに・佐クここに

52：引179・篇車攻①・句駕言徂東・惺ガしてひがしにゆく

清われ・片われ

藤不読・林ここに・山ここに・松ここに・後ここに・佐ここに

53：引179・篇車攻②・句駕言行狩・惺ガしてゆきてかりす

清われ・片われ

藤不読・林ここに・山ここに・松ここに・後ここに・佐ここに

54：引182・篇庭燎③・句言觀其旂・惺そのはたをみる

清われ・片われ

藤不読・林ここに・山ここに・松ここに・後ここに・佐ここに

55：引187・篇小雅：黃鳥①・句言旋言歸・惺かへんなんかへんなん

清われ・片われ

藤不読・林ここに・山ここに・松ここに・後ここに・佐ここに

56：引187・篇小雅：黃鳥②・句言旋言歸・惺かへんなんかへんなん

清われ・片われ

藤不読・林ここに・山ここに・松ここに・後ここに・佐ここに

57：引187・篇小雅：黃鳥③・句言旋言歸・惺かへんなんかへんなん

清われ・片われ

藤不読・林ここに・山ここに・松ここに・後ここに・佐ここに

58：引188・篇我行其野①・句言就爾居・惺①なんぢについてキョす、②なんぢについてをり

清われ・片われ
藤不読・林ここに・山ここに・松ここに・後ここに・佐ここに

59：引188・篇我行其野②・句言采其蓫・惺そのしぶくさをとる
清われ・片われ
藤不読・林ここに・山ここに・松ここに・後ここに・佐ここに

60：引188・篇我行其野②・句言就爾宿・惺①なんぢについてシクす、②なんぢについてやどる
清われ・片われ
藤不読・林ここに・山ここに・松ここに・後ここに・佐ここに

61：引188・篇我行其野②・句言歸斯復・惺かへりてかへらん
清われ・片われ
藤不読・林ここに・山ここに・松ここに・後ここに・佐ここに

62：引188・篇我行其野③・句言采其葍・惺①そのヒョクをとる、②そのフクをとる
清われ・片われ
藤不読・林ここに・山ここに・松ここに・後ここに・佐ここに

63：引203・篇大東①・句睠言顧之・惺かへりみてかへりみ
清われ・片われ
藤不読・林ここに・山ここに・松ここに・後ここに・佐ここに

64：引205・篇北山①・句言采其杞・惺ここにそのキをとる
清われ・片われ
藤ここに・林ここに・山ここに・松ここに・後ここに・佐ここに

65：引207・篇小明③・句興言出宿・惺をきてここにいでシクす
清われ・片われ
藤ここに・林ここに・山ここに・松（脱）・後ここに・佐ここに

66：引209・篇楚茨①・句言抽其棘・惺そのキュクをはらはん
清われ・片われ
藤不読・林ここに・山ここに・松ここに・後ここに・佐ここに

67：引209・篇楚茨⑤・句備言燕私・惺そなはってエンシせり
清われ/ここに・片われ

藤不読・林ここに・山ここに・松ここに・後ここに・佐ここに

68： 引222・篇采菽②・句言采其芹・惺そのせりをとらん
清われ・片われ
藤不読・林ここに・山ここに・松ここに・後ここに・佐ここに

69： 引222・篇采菽②・句言觀其旂・惺そのはたをみれば
清われ・片われ
藤不読・林ここに・山ここに・松ここに・後ここに・佐ここに

70： 引225・篇都人士④・句言從之邁・惺われしたがひゆかん
清われ・片われ
藤われ・林ここに〔ここに/われ〕・山ここに・松ここに・後ここに・
佐ここに

71： 引226・篇采緑①・句薄言歸沐・惺（ここ）にわれかへりモクせん
清われ・片われ
藤われ・林カここに〔カここに/クわれ〕・山クここに・松カ（脱）・
後クここに・佐クここに

72： 引226・篇采緑③・句言韔其弓・惺われそのゆみをゆぶくろにせん
清われ・片われ
藤われ・林ここに〔ここに/われ〕・山ここに・松ここに・後ここに・
佐ここに

73： 引226・篇采緑③・句言綸之繩・惺われこのなわをよらん
清われ・片われ
藤われ・林ここに・山ここに・松ここに・後ここに・佐ここに

74： 引226・篇采緑④・句薄言觀者・惺ほぼわれみてん
清われ・片われ
藤われ・林カここに〔カここに/クわれ〕・山クここに・松カここに・
後クここに・佐クここに

75： 引231・篇瓠葉①・句酌言嘗之・惺くんでわれなむ
清われ・片われ
藤われ・林ここに・山ここに・松ここに・後ここに・佐ここに

76： 引231・篇瓠葉②・句酌言獻之・惺くんでわれすすむ

清われ・片われ

藤われ・林ここに・山ここに・松ここに・後ここに・佐ここに

77：引231・篇瓠葉③・句酌言酢之・惺くんでわれむくう

清われ・片われ

藤われ・林ここに・山ここに・松ここに・後ここに・佐ここに

78：引231・篇瓠葉④・句酌言酬之・惺くんでわれむくう

清われ・片われ

藤われ・林ここに・山ここに・松ここに・後ここに・佐ここに

79：引235・篇文王⑥・句永言配命・惺ながくわれメイにハイせば

清われ/いはく・片われ

藤われ・林ここに〔ここに/われ〕・山ここに・松ここに・後ここに・佐ここに

80：引243・篇下武②・句永言配命・惺①ながくわれメイにハイして、②ながくここにメイにハイして

清われ・片われ

藤われ/ここに・林ここに・山ここに・松ここに・後ここに・佐ここに

81：引243・篇下武③・句永言孝思・惺①ながくわれカウををもふ、②ながくここにカウあり

清われ・片われ

藤われ/ここに・林ここに・山ここに・松ここに・後ここに・佐ここに

82：引243・篇下武④・句永言孝思・惺①ながくわれカウををもふ、②ながくここにカウあり

清われ・片われ

藤われ/ここに・林ここに・山ここに・松ここに・後ここに・佐ここに

83：引256・篇抑⑨・句言緡之絲・惺①われいとをつるにす、②ここにいとをつるにす

清われ・片われ

藤われ/ここに・林ここに・山（脱）・松ここに・後ここに・佐ここに

84：引256・篇抑⑩・句言示之事・惺われことをしめす
清われ・片われ
藤われ・林ここに・山ここに・松ここに・後ここに・佐ここに

85：引256・篇抑⑩・句言提其耳・惺われそのみみをさぐ
清われ・片われ
藤われ・林ここに・山ここに・松ここに・後ここに・佐ここに

86：引273・篇時邁①・句薄言震之・惺①しばらくわれうごかさしむる、②いささかここにうごかさしむる
清われ・片われ
藤われ/ここに・林カ〔カ/ク〕ここに・山クここに・松カここに・後クここに・佐クここに

87：引283・篇載見①・句永言保之・惺①ながくわれやすく、②ながくここにやすく
清われ・片われ
藤われ/ここに・林ここに・山ここに・松ここに・後ここに・佐ここに

88：引284・篇有客①・句言授之縶・惺われこれにつなぎものをさづけ
清われ・片われ
藤われ・林ここに・山（脱）・松ここに・後ここに・佐ここに

89：引284・篇有客①・句薄言追之・惺①しばらくわれをふ、②いささかここにをふ
清いふとき・片いふ
藤われ/ここに・林カ〔カ/ク〕ここに・山クここに・松クここに・後クここに・佐クここに

90：引297・篇駉①・句薄言駉者・惺①ほぼケイたるものをいはん、②しばらくここにこへたくましきもの
清わが/われ・片いはば
藤いはん/ここに・林クここに〔ク/ボいはん〕・山クいはん・松カい

はん・後クここに・佐クここに
91：引297・篇駉②・句薄言駉者・惺①ほぼケイたるものをいはん、②
　　しばらくここにこへたくましきもの
　　清①わが、②われ・片いはば
　　藤いはん/ここに・林クここに〔ク/ボいはん〕・山クいはん・松カい
　　はん・後クここに・佐クここに
92：引297・篇駉③・句薄言駉者・惺①ほぼケイたるものをいはん、②
　　しばらくここにこへたくましきもの
　　清わが・片いはば
　　藤いはん/ここに・林クここに・山クいはん・松カいはん・後ク
　　ここに・佐クここに
93：引297・篇駉④・句薄言駉者・惺①ほぼケイたるものをいはん、②
　　しばらくここにこへたくましきもの
　　清わが・片いはば
　　藤いはん/ここに・林クここに・山クいはん・松カいはん・後ク
　　ここに・佐クここに
94：引298・篇有駜①・句醉言舞・惺えふてまい
　　清われ・片われ
　　藤不読・林ここに・山ここに・松ここに・後ここに・佐ここに
95：引298・篇有駜②・句醉言歸・惺えふてかへり
　　清われ・片われ
　　藤不読・林ここに・山ここに・松ここに・後ここに・佐ここに
96：引299・篇泮水①・句言觀其旂・惺われそのはたをみるに
　　清われ・片われ
　　藤われ・林ここに・山ここに・松ここに・後ここに・佐ここに

（譯者：廖欽彬）

江戶儒者東條一堂《詩經標識》研究

張寶三[*]

前言

近年來，因從事「東亞《詩經》學」之研究，對於日本《詩經》學稍有涉獵，深覺一般日本儒學史著作中，對於日本儒者之《詩經》學著述，每著墨不多，難見其歷史發展脈絡，而有關「日本《詩經》學史」之系統論述，亦不多見。[1]有關歷代日本學者《詩經》著作之個別研究雖亦有之，[2]然多

[*] 臺灣大學中國文學系教授。

[1] 以余所知，僅有村山吉廣：〈日本詩經學史〉(《第五回東洋國際學術會議論文集》，首爾：成均館大學校出版部，1995 年)、顧歆藝：〈詩經流傳日本考〉(《古典文獻研究論叢》，北京：北京大學出版社，1995 年)、張永平：《日本明治「詩經」學史論 (1868-1912)》(山東大學中國古代文學專業碩士論文，2005 年 4 月) 等數篇而已。

[2] 相關研究之情況，可參考村山吉廣・江口尚純合編：《詩經研究文獻目錄》(東京：汲古書院，1992 年)、林慶彰編：《日本研究經學論著目錄 (1900-1992)》(臺北：中央研究院中國文哲研究所，1993 年)、林慶彰・連清吉・金培懿合編：《日本儒學研究書目》(臺北：臺灣學生書局，1998 年) 等書。

著重於幾位大家。[3]顯然，欲更全面、深入瞭解日本《詩經》
學史之發展情況，須先對歷代個別學者之《詩經》學著作進
行更多研究，以作為基礎，此乃目前研究日本《詩經》學亟
待加強之工作。

　　本文即擬針對江戶後期儒者東條一堂（1778-1857）之《詩
經標識》進行研究。對於《詩經標識》，以余所知，以往似尚
未有專文探討。本文擬就「東條一堂之生平及著作」、「《詩經
標識》之版本與內容」、「《詩經標識》之《詩經》觀」、「《詩
經標識》對《詩經》之訓解」、「《詩經標識》對朱《傳》、毛
《傳》、鄭《箋》之態度」、「《詩經標識》之評價」等六部分
加以探究，期能明其學風，並瞭解其《詩經》學成就，以作
為進一步研究日本《詩經》學史之基礎。

一、東條一堂之生平及其著作

　　東條一堂，名弘，字士毅，號一堂，安永七年（1778，
清乾隆四十八年）生於上總國（今千葉縣）埴生郡八幡原村；
安政四年（1857，清咸豐七年）卒於江戶（今東京）神田・
玉池寓所，享年八十。有關東條一堂之生平，其門人川上廣

---

[3]　例如對於清原宣賢、伊藤仁齋、荻生徂徠、太宰春臺、中井履軒、
　　細井平洲、仁井田好古、竹添光鴻、赤塚忠、吉川幸次郎、白川
　　靜等人之著作，學者嘗有探討。

樹撰有《一堂東條先生略傳》，[4]近人鴇田惠吉撰有《東條一堂傳》，[5]另竹林貫一編《漢學者傳記集成》、[6]近藤春雄著《日本漢文學大事典》[7]等書亦嘗述及。昭和十四年（1939）為表彰東條一堂一生之成就，由一堂門生之後人等倡導，乃於一堂故里建立「一堂東條先生之碑」以頌其德。[8]碑文係東京帝國大學教授鹽谷溫所撰，其文云：

> 先生諱弘，源姓東條氏，字士毅，通稱文藏，號一堂，蜾蠃窟、近聖樓、瑤池間人、焚書以上人，均其別號也。上總八幡原人。始祖長兵衛，仁慈好施，稱小長兵衛。六世自得，號壽庵，移居江都，業醫，配片岡氏，生三男一女，長則先生也。
>
> 幼英敏，年甫十三，立志為儒，遊京都，入皆川淇園門，力學十年，畢業歸東，從龜田鵬齋叩經學底蘊，又與朝川善庵、羽倉簡堂、佐藤一齋、龜田綾瀨、尾藤二洲等交遊，學益進。當是時，先生名高一世，下帷湯島，後移玉池，及門受業者，陸續不絕。諸侯爭聘問政，送迎以興，有興儒稱。閣老阿部正宏，最

4　見川上廣樹：《恭敬堂玉石雜鈔》，第 16 冊。參註 5。
5　見鴇田惠吉：《東條一堂傳》（東京：東條卯作刊行本，1953 年）。
6　見竹林貫一編：《漢學者傳記集成》（東京：名著刊行會，1978 年），頁 1122-1124。
7　見近藤春雄：《日本漢文學大事典》，1994 年，初版五刷，頁 457。
8　參考鴇田惠吉：《東條一堂傳》，頁 271-272 中所述，同註 5。

重先生，給十口米，待以親戚之禮，多所諮議，先生感知遇，慨然對以舉賢良、革舊習，集諸侯、開會議，定國是、勤王事，言言剴切，一時傳誦不措云。

幕府末造，海警頻至，攘夷論盛起，先生以為不可輕興師以啟外釁，宜綏綏以方，彼若以暴加我，則一戰掃攘可也。且當使士民習航海術，修防戰具，水府老公一橋侯欲召先生，固辭不應。或勸先生陽奉朱學，為幕府儒官，先生不懌曰：「吾固有所信，曲學阿世，以釣名利，則斷不能也。」

先生夙慨宋儒之說混同老、佛，唱秦、漢以前古學，蓋繼鵬齋志；其字義精覈、文理明晰，承之淇園，而訓詁名物，以清儒考證為據，故不陷淇園之妄斷。排新註，駁古註，別立一家言，何其盛也。

弟子三千餘人，英才輩出，就中江帾梧樓、清川八郎、賴三樹、安積五郎、桃井儀八、鳥山新三郎、森田悟由、海上胤平尤有名。或以學問著，或以勤王聞，可以概見先生之學風矣。

嘉永庚戌，先生七十三，歸里展墓，阿部侯資以千石，以上僕護送，地頭石丸氏遣僕送迎，晝錦之榮可想也。初，先生之從父出鄉也，纔九歲，所手栽稚松，亭亭聳雲，先生撫之，感慨無量，賦詩志喜。

先生風貌和粹，資性溫厚，不與人爭，蚤起夜寢，讀書不懈。頗長臨池技，所著八十餘部，上梓者二十部，《四書知言》、《五辨》、《孝經鄭氏解》、《繫辭問答》

最著。

　安政四年丁巳七月十三日病歿，距生安永七年戊
戌十一月七日，享壽八十，葬於本所妙源寺先塋之次，
諡曰：古徵先生。妹澪嗣鄉家，世農。配鈴木氏，生
四男二女。長諱喆，號方庵，為龍岡藩督學，娶本田
氏，舉二男二女：伯長女繼箕裘業，叔永胤奉職學習
院及東京帝國大學，長女重子適小張文吉，次女道子
適山井清溪。（下略）[9]

以上所引鹽谷溫所撰碑文述東條一堂之生平甚詳，唯需補充
者，一堂於寬政十一年（1799）自京都皆川淇園（1734-1807）
門下學成返回江戶，更師事龜田鵬齋（1752-1826），時鵬齋
年四十八。當時持贄為鵬齋門下者濟濟多士，較著名者有大
田錦城（1765-1825）、東條琴臺（1795-1878）及鵬齋之子龜
田綾瀨（1778-1853）等。至文化元年（1804），東條一堂受
聘為弘前藩黌「稽古館」之督學，然因其改革建言未被採納，
乃於次年（1805）辭歸江戶，於駒込吉祥寺旁開塾講學，塾
名「蜾蠃窟」，[10]時東條一堂年二十八，此為其設帷講學之始。

---

[9]　據鴇田惠吉《東條一堂傳》書首所附〈一堂東條先生碑〉影本謄
　　錄，原漢文，分段及標點為筆者所加。另《東條一堂傳》頁 272-273
　　亦嘗載錄此碑文，然間有誤字及斷句不妥者，茲不細辨。
[10]　「蜾蠃窟」之「蜾蠃」，乃取《詩經・小雅・小宛》：「螟蛉有子，
　　蜾蠃負之。」之典故。

[11]此後東條一堂終其一生以講學為業，講學地點略有變遷。[12]一堂前後講學五十三年，及門者近三千餘人，其中較有名者有桃井儀八、鳥山新三郎、清川八郎、安積五郎、賴三樹三郎、間崎哲馬等勤皇志士，據云佐久間象山（1811-1864）、藤本鐵石等勤皇志士亦嘗侍講席，東條一堂對於幕末勤皇論之鼓吹，具有深遠之影響。[13]

　　有關東條一堂之學風，前述鹽谷溫所撰碑文中云：「先生夙慨宋儒之說混同老、佛，唱秦、漢以前古學，蓋繼鵬齋志；其字義精覈、文理明晰，承之淇園，而訓詁名物，以清儒考證為據。」此謂東條一堂承襲龜田鵬齋、皆川淇園二家之學，又吸收清儒考證學之長處。論者或據其師承關係，將其歸入「折衷派」。如高田真治所撰《日本儒學史》第三章〈近世〉第六節〈折衷派〉中嘗述及東條一堂云：

　　　東條一堂（2438-2517）[14]，承受龜田鵬齋、皆川淇園之學統，著述以《四書知言》（《論語知言》十卷，《孟

---

[11] 以上敘述，參見鴇田惠吉：《東條一堂傳》，頁18-30。
[12] 文化十三年（1816），「蜾蠃窟」自駒込遷至本鄉湯島臺「聖堂」旁。文政四年（1821）又遷至池田・玉池，改名為「瑤池塾」，此後即居池田講學，直至辭世。參見鴇田惠吉《東條一堂傳》書末所附〈東條一堂年譜〉，頁360-362。
[13] 見同註5，頁277-278。
[14] 此處所標東條一堂之生卒年為日本「皇紀」，即以日本神武天皇即位之年（西元前660年）為紀元之始。

子知言》、《大學知言》一卷,《中庸知言》一卷,然僅
《論語知言》嘗上梓)為最著名。[15]

東條一堂之《論語知言》被收入《四書註釋全書》「論語
部」梓行時,安井小太郎為《論語知言》所撰之〈解題〉,對
東條一堂之學風論云:

> 一堂之學,與淇園同屬折衷學派,感慨程朱之學流行,
> 混同聖人之道與老佛之說,著《四書知言》、《五辨》,
> 欲匡其涇渭合流之過,而《論語》尤其用力者也。故
> 其涉宋儒理氣之說者,極力辨其非,以明儒、佛之別。
> 訓詁名物採清人毛奇齡、閻若璩、顧炎武、吳英、劉
> 台拱等考據家之說,不陷淇園之鑿空妄斷,有益讀者。
> 考證之博雖不及太田錦城之《論語大疏》,其要約較諸
> 《大疏》,應有一長。蓋錦城以博學任,一堂具識見,二
> 者俱一時之偉觀。[16]

安井小太郎雖主要針對《論語知言》而發,對於一堂整體之
學風,所論亦頗能抉其要旨。又安井氏以《論語知言》與考
證派學者大田錦城之《論語大疏》相較,謂兩者各有所長,

---

[15] 見高田真治:《日本儒學史》(東京:地人書館,1943 年第三版),
頁 186。原日文,中文為筆者所譯。

[16] 見安井小太郎:〈論語知言・解題〉,頁 1-2,《論語知言》書首附,
關儀一郎編:《日本名家四書註釋全書》(東京:東洋圖書刊行會,
1926 年)。原日文,中文為筆者所譯。

此亦可顯示東條一堂學風之特色。

　　有關東條一堂之著作，安井小太郎所撰《論語知言•解題》中謂有四十四種，[17]鹽谷溫所撰一堂碑文中謂「所著八十餘部，上梓者二十部。」[18]至鴇田惠吉撰《東條一堂傳》，復苦心搜尋，共得一百一十四部。鴇田氏云：

> 一堂之著作，除上梓者外，今多散佚各處。筆者多年來自東京帝國大學附屬圖書館、無窮會以及舊門遺族等處苦心調查，據今調查所得，共達一百一十四部，一百六十五卷。其中既刊本計二十部，三十六卷；未刊本九十四部，一百二十九卷。仍散居各處。[19]

鴇田氏書中所述一百一十四部著作之書名、卷數及刊行情形，詳見該書，文繁不具錄。另自昭和三十七年（1962）起，由東京：書籍文物流通會陸續刊行《東條一堂著作集》，將一堂之部分著作校訂鉛字發行，前後共出版《尚書標識》[20]、《左傳標識》[21]、《詩經標識》[22]、《周易標識》[23]、《大學知言》、《中

---

[17]　同上註，頁 3。
[18]　見同註 9。
[19]　見同註 5，頁 223。原日文，中文為筆者所譯，以下引鴇田氏文皆同。
[20]　昭和三十七年（1962）十月刊行。
[21]　昭和三十八年（1963）六月刊行。
[22]　昭和三十八年（1963）十一月刊行。
[23]　昭和三十九年（1964）三月刊行。

庸知言》、《孟子知言》[24]、《論語知言》[25]等八種。

二、《詩經標識》之版本與內容

　　《詩經標識》、《周易標識》、《尚書標識》、《左傳標識》等，皆是東條一堂閱讀某部經書之「備忘札記」，[26]後經門生鈔錄而成，原皆僅有鈔本，昭和三十年代末始校訂梓行。《詩經標識》一書之校訂經過，據校訂者嵯峨寬之〈解題〉云：

> 本書如上所述，乃著者於《詩經》研究上之備忘札記，記載前人之說、己之所見，並非整理完備至可公開發表之著作。此加以句讀之鈔本，乃明治四十九年九月十二日，由山井良氏贈與南葵文庫，其後入藏東京大學圖書館之藏本。鈔本分為三冊，各冊之副葉有東京帝國大學圖書印，各冊之首鈐有「南葵文庫」之印。又鈔寫者在卷一之末記云：「自嘉永三戌年八月二十九日至九月八日寫之。」卷二之末記云：「嘉永三戌年十月二十四日寫畢。」卷五之末記云：「嘉永四亥年七月

---

[24] 《大學知言》、《中庸知言》、《孟子知言》三種合為一冊，於昭和三十九年（1964）十一月刊行。

[25] 昭和四十年（1965）六月刊行。

[26] 日本人以漢字書作「手控」，即「備忘錄」之意，茲譯為「備忘札記」。

二十六日日中完成。」卷八之末，亦即鈔本大尾[27]記云：「嘉永四亥年八月十日晝前寫畢。」由此可知此鈔本乃一堂七十三歲至七十四歲之頃，由門人自其師之備忘札記中鈔寫而成，未經一堂之校閱。本鈔本訛誤疊見，解讀困難之處不少，儘可能據引用之原書加以訂補。[28]

由嵯峨寬所言，其校訂所據本即東京大學圖書館所藏鈔本。除此鈔本外，似未聞尚有其他《詩經標識》之鈔本。[29]為討論方便，本論文之探討以嵯峨寬依鈔本校訂之刊行本為據，校訂本有未善之處，[30]則參照鈔本校勘之。

---

[27]　「大尾」即全書之末尾。

[28]　見〈詩經標識・解題〉，頁 3-4，東條一堂著《詩經標識》附（東京：書籍文物流通會，1963 年）。原日文，中文為筆者所譯，以下同。

[29]　東條一堂四經《標識》、《四書知言》中，《論語知言》有較多版本，計有「日本名家註釋全書本」、「樂水館藏本」、「無窮會圖書館藏本（鈔本）」等三種，參見原田種成：〈論語知言・解題〉，《論語知言》書首附（東京：書籍文物流通會，1965 年）。

[30]　嵯峨寬之校訂本中，有鈔本不誤而校訂本訛誤者，如第 33 頁：「且夫採採茉苣之草，雖其臭惡，猶始于將采之，終于懷襭之。」此處「將」為「捋」之誤，鈔本作「捋」無誤。另有鈔本原有誤而校訂本未改正者，如第 203 頁：「朱子如小字，未知何據。」此處「如」為「加」之訛。又如第 173 頁：「陳祥道云：『纓帶曰衿，〈士昏禮〉所謂施衿結帨曰：勉之敬之，夙夜無違宮事。』」此處鈔本「施衿」以下脫「是也。帶結而垂曰縭，《爾雅》所謂縭

有關《詩經標識》之內容及體例，嵯峨寬在〈解題〉中云：

　　《詩經標識》，八卷三冊，乃著者東條一堂所撰經學備
　　考之一，以朱子《詩集傳》為文本，卷首對《詩經》
　　之流傳、《詩序》之作者等相關問題有所探討。其下大
　　致依《詩集傳》之順序，各篇每引用前人之說以資參
　　考，同時隨處以「按」、「弘按」等附記自己之見解。
　　所引之書，以《毛傳》、《鄭箋》、孔穎達《正義》、何
　　楷《世本古義》、吾國太宰純《朱氏詩傳膏肓》等為最
　　多，朱子所論、鄭樵《詩傳》及《辨妄》、呂祖謙《讀
　　詩記》、劉瑾《詩經通釋》等次之。另及於程大昌《詩
　　論》、王應麟《詩考》及《地理考》、洪邁之《容齋隨
　　筆》、嚴粲《詩緝》、季本《詩說解頤》、黃佐《詩傳通
　　解》、鄒忠胤《詩傳闡》、楊慎《升庵外集》、胡應麟《筆
　　叢》等。廣泛涉獵兩漢以來，以至唐、宋、元明諸書，
　　然清人之著作引用較少，僅毛奇齡《毛詩寫官記》、姚
　　際恆《古今偽書考》等數種而已。引用之際，未必皆
　　依原書原貌，乃或適度加以刪修，或汲其文意加以改
　　寫。（頁 1-2）

縷是也。按〈士昏禮〉母戒女，施衿」等二十五字，蓋以「施衿」
二字混淆而誤脫也。而校訂本未加補正。此外，校訂本亦有訛誤
較嚴重者，如第 222 頁，應接於 211 頁之後，而整頁誤置於 221
頁之後，鈔本不誤，蓋校訂本排版之誤也。

由上所述，可知《詩經標識》乃以朱子《詩集傳》為本文，東條一堂在其上所作之備忘札記，後經弟子鈔出成冊，因此在閱讀《標識》時須對照《詩集傳》，始能清楚掌握一堂論述之內容。就性質而言，《詩經標識》可謂即是東條一堂對朱熹《詩集傳》之討論，其或從或駁，或引他書以為參照，多針對朱《傳》而發。《詩經標識》中頗引用太宰春臺（1680-1747）《朱氏詩傳膏肓》之語，其書雖不似《膏肓》之全在糾朱《傳》之失，[31]然《標識》嘗受到《膏肓》極深之影響，則可斷言。[32]

東條一堂《標識》中引書，或僅引而未加按語，或引而從之，或引而駁之。另有未引書而逕加按語以表己見者。其引而未加按語者，乃具「備忘」之性質，可顯示一堂對此意見之重視，而從引書後之按語或一堂獨自之按語中，可考見一堂對《詩經》之見解，更值得重視。

東條一堂《詩經標識》中引日本學者著作，僅太宰春臺《朱氏詩傳膏肓》一書而已。其引中國學者著作，除朱熹《集傳》乃其所據文本外，其他引書以何楷《詩經世本古義》為

---

[31]　太宰春臺《朱氏詩傳膏肓》一書，取名「膏肓」，乃用何休《左傳膏肓》之意，由其書名，可知其性質矣，參後第五節所編。

[32]　東條一堂《詩經標識》中引日本人著作，僅太宰春臺《朱氏詩傳膏肓》一書而已，可知一堂對此書之重視，又一堂之「便韻」說，明顯來自太宰春臺之說，參下文第三節所論。

最多，前文嵯峨寬所述東條一堂引及之書籍，部分實見於何楷《詩經世本古義》中所引，恐非一堂親見之書籍。[33]此外，東條一堂引及毛《傳》、鄭《箋》、孔穎達《正義》之文，其乃據《毛詩注疏》，固可斷言。[34]《標識》亦引及陸德明《經典釋文》，然此乃一堂引自《毛詩注疏》中所附之《釋文》。[35]在明人著作中，一堂引及胡廣等所修撰之《詩傳大全》，[36]此亦值得注意。清代著作中，一堂僅引及陳啟源《毛詩稽古編》[37]、毛奇齡《毛詩寫官記》[38]、姚際恆《古今偽書考》[39]等數

---

[33] 如〈鄘風・桑中〉，《標識》引宋范處議《逸齋補傳》（頁 90）；〈齊風・雞鳴〉，《標識》引「季本云」（頁 25）、「羅願云」（頁 125）、「段成式云」（頁 126）雖皆未標明出自何楷《詩經世本古義》，實為引自何楷書，當非東條一堂所親見之書。

[34] 《詩經標識》於「召南」標題下云：「按：王應麟《詩地理考》引《釋文》云：『召，地名，在岐山之陽，扶風雍縣南有召亭。』按：今注疏本《釋文》無此文。」（頁 37）由此可知東條一堂所據之毛詩注疏本乃是《附釋音毛詩注疏》之十行本系統，唯究竟屬於閩本、監本或毛氏汲古閣本，待考。

[35] 參上註。

[36] 見《詩經標識》頁 121、182、198、252、285，凡五見。

[37] 〈周南・關雎〉首章：「關關雎鳩，在河之洲。」毛《傳》云：「雎鳩，王雎也。鳥摯而有別。」東條一堂《標識》云：「按：王雎之鳥，解者不一。郭璞『鵰類』之說，獨得其正矣。鄭樵《通記》以為『鳧類，尾有一點白。』是因『白鷺尾白』而傳會也。朱子祖其義，而詢諸淮人，遂釋之曰：『狀類鳧鷖。』恐誤。詳見《毛詩稽古編》。」（頁 19-20）《標識》引《毛詩稽古編》，僅此一見。

[38] 《標識》於〈商頌・長發〉、〈商頌・殷武〉各引「《寫官》曰」一條（見頁 329、331），全書引《毛詩寫官記》共二見。

種而已，且出現之篇幅極少。相較於東條一堂他經《標識》
之多引清人著作，一堂《詩經標識》對清代《詩經》學著作
之引用可謂嫌少，此乃值得注意之現象。[40]

　　《詩經標識》在內容上乃針對毛《傳》、鄭《箋》、孔《疏》
等漢、唐注疏，宋代朱熹《集傳》、呂祖謙《呂氏家塾讀詩記》、
嚴粲《詩緝》，元代劉瑾《詩經通釋》，明代胡廣《詩傳大全》、
何楷《詩經世本古義》等《詩經》學著作之意見加以討論權
衡，而其解釋字義及對名物制度之考證，則承受清朝考據學
之學風。嵯峨寬〈解題〉云：

> 各篇詩章之解釋，除列舉上述諸解外，同時就先秦、
> 兩漢古書中遍求相關資料，傍搜博引，羅列佐證，以
> 求得確解。名物制度，必本諸《爾雅》、《說文》，旁及
> 段成式《酉陽雜俎》、羅願《爾雅翼》、徐光啟《毛詩
> 六帖》等之說，以至草木蟲魚之名亦慎重玩味。此種
> 研究態度，正承受清朝乾嘉學風，體例與馬瑞辰《毛
> 詩傳箋通釋》最為相類。（頁2）

嵯峨寬此謂《詩經標識》「體例與馬瑞辰《毛詩傳箋通釋》最
為相類。」今考二者在考證方法上雖有其類似處，然二者之

---

[39]　《標識》於卷一引「新安姚際恆《古今偽書考》」（頁13），全書
　　僅一見。

[40]　《標識》引清人著作，數量既少，又皆出現於書首或書末，此頗
　　值得注意，參下第六節所論。

體例實截然不同。馬瑞辰於《毛詩傳箋通釋‧例言》第一條中云：

> 《詩》自《齊》、《魯》、《韓》三家既亡，說《詩》者以毛、鄭為最古。據《鄭志》答張逸云：「注《詩》宗毛為主，毛義隱略，則更表明。」是鄭君大恉，本以述毛，其箋《詩》改讀，非盡易《傳》，而《正義》或誤以為毛、鄭異義。又鄭君先從張恭祖受《韓詩》，凡《箋》訓異毛者，多本《韓》說，其答張逸亦云：「如有不同，即下己意。」而《正義》又或誤合《傳》、《箋》為一。瑞辰粗挈二學，有確見其分合異致為義疏所剖析者，各分疏之，故以《傳箋通釋》為名。[41]

由馬瑞辰此〈例言〉，可知其書名為《毛詩傳箋通釋》，主在對毛《傳》、鄭《箋》之義加以疏釋，明其異同分合，進而對《詩經》得一確解。東條一堂《詩經標識》則以朱熹《詩集傳》為文本，採「備忘札記」之形式，對古注、今注等加以權衡討論，故二者在體例上有極大之差異，恐不可謂之「類似」。

---

[41]　見馬瑞辰：〈例言〉，《毛詩傳箋通釋》（北京：中華書局點校本），頁 1。

三、《詩經標識》之《詩經》觀

東條一堂《詩經標識》中每載錄前人之說，對於此等前人之說，東條一堂或僅載錄而無評，或在其後加按語以評之。另有未引述前人之說而逕標按語以述己見者。由東條一堂對前人見解之評論以及其自加按語之陳述中，可看出東條一堂對《詩經》所持之觀念。細考《詩經標識》全書，東條一堂除「孔子不刪詩」、[42]「《毛詩序》非子夏作」、[43]「周代婚期以秋為正」[44]等一般性議題之見解外，尚有值得特別注意之觀點，析論如下：

（一）「《詩》亦寓言」說

東條一堂對《詩經》之閱讀，提出「《詩》亦寓言」之說，頗具特色，在《詩經標識》卷一「國風」條目下，東條一堂云：

> 按：詩人之於情，猶莊周之於理，理與情，虛也。虛者難以喻，故不得不假事實以發之也。古人於莊周之言，目之以為寓言，特不知《詩》亦寓言也。故凡陟

---

[42] 《詩經標識》卷一引鄭樵反對孔子刪詩之說，又從而贊成之，見頁 7-8。

[43] 見《詩經標識》，頁 14-15 所論。

[44] 東條一堂贊同《孔子家語》、《荀子》等婚期以秋天為正之說，見頁 71-72、173。

　　　　　　徂送野、采蘋采蘩之類，皆為虛設之言，讀《詩》者
　　　　　　已得其情，則宜略其言可也，乃始為以辭不害意也。[45]

此處東條一堂以《莊子》中之寓言手法來比擬《詩經》之創
作，以為「詩人之於情，猶莊周之於理。」依東堂之見，詩
人為表其情，故不得不假事實以發之，故如〈周南・卷耳〉
之「陟彼徂矣，我馬瘏矣。」[46]〈邶風・燕燕〉之「子之于歸，
遠送于野。」（卷 2 之 1，頁 12）、〈召南・采蘋〉之「于以采
蘋？南澗之濱。」（卷 1 之 4，頁 4）〈召南・采蘩〉之「于以
采蘩？于沼于沚。」（卷 1 之 3，頁 15）等，要皆虛設之言。
莊子既言「得魚忘荃」、「得意忘言」，[47]東條一堂亦主張讀《詩》
者須「已得其情，則宜略其言可也。」若能以此態度讀之，
方能達到《孟子》所謂「不以辭害意」[48]之境界。

---

[45] 見《詩經標識》（東京：書籍文物流通會，1963 年），頁 16，原
　　漢文，標點為筆者所加。以下引《標識》文，皆據此本，逕標頁
　　碼，不復出註。

[46] 見《毛詩注疏》（臺北：藝文印書館影印清嘉慶二十年江西南昌
　　府學刊本，1955 年），卷 1 之 2，頁 10。以下引毛《傳》、鄭《箋》、
　　孔穎達《正義》文，皆據此本。

[47] 《莊子・外物》云：「荃者所以在魚，得魚而忘荃；蹄者所以在兔，
　　得兔而忘蹄；言者所以在意，得意而忘言。」（清郭慶藩：《莊子
　　集釋》，臺北：華正書局影印點校本，1979 年，頁 944。）

[48] 《孟子・萬章上》：「故說《詩》者，不以文害辭，不以辭害志，
　　以意逆志，是為得之。」（《孟子注疏》，臺北：藝文印書館影印
　　清嘉慶二十年江西南昌府學刊本，1955 年，卷 9 上，頁 10）《孟

　　東條一堂此處所主張之「《詩》亦寓言」說，在其後〈卷
耳〉、〈燕燕〉、〈采蘋〉、〈采蘩〉等詩篇之《標識》中雖未再
有所論析，然於卷二〈邶風‧泉水〉篇，東條一堂《標識》
云：

> 按：鄭云：「沛、禰者，所嫁國適衛之道所經見，故思
> 宿餞。」此說是也。朱子蓋疑此章與下章同曰：「出宿」、
> 「飲餞」而其地皆異，故以此章為自衛來時之事，不
> 知《詩》唯言其情，多非實事，此言宿、餞皆虛擬之
> 言，故二章地名皆異，且便韻已，不必拘可也。（頁
> 76-77）

案：〈邶風‧泉水‧序〉云：「〈泉水〉，衛女思歸也。嫁於諸
侯，父母終，思歸寧而不得，故作是詩以自見也。」（卷2之
3，頁5）其詩首章云：「毖彼泉水，亦流于淇。有懷于衛，靡
曰不思。孌彼諸姬，聊與之謀。」第二章云：「出宿于沛，飲
餞于禰。女子有行，遠父母兄弟。問我諸姑，遂及伯姊。」
毛《傳》云：「沛，地名。祖而舍軷，飲酒於其側曰餞，重始
有事於道也。」（卷2之3，頁6）鄭《箋》云：「沛、禰者，
所嫁國適衛之道所經，故思宿餞。」朱熹《詩集傳》解云：

> 賦也。沛，地名。飲餞者，古之行者必有祖道之祭，

子》原作「不以文害辭，不以辭害志」，東條一堂云：「以辭不害
意」，蓋化用《孟子》之說。

祭畢，處者送之，飲於其側而後行也。禰亦地名，皆
自衛來時所經之處也。諸姑、伯姊即所謂諸姬也。言
始嫁來時，則固已遠其父母兄弟矣，況今父母既終，
而復可歸哉？是以問於諸姑伯姊而謀其可否云耳。[49]

又〈泉水〉第三章：「出宿于干，飲餞于言。載脂載舝，還車
言邁。遄臻于衛，不瑕有害。」鄭《箋》云：「干、言，猶沴、
禰，未聞遠近同異。」（卷2之3，頁8）朱熹《集傳》解云：

賦也。干、言，地名，適衛所經之地也。（下略）（頁
20）

案：朱熹《集傳》解〈泉水〉首章云：「衛女嫁於諸俟，父母
終，思歸寧而不得，故作此詩。」（頁20）其釋此詩詩旨同於
《毛詩序》。然朱熹解此詩第二章「出宿于沴，飲餞于禰。」
以為此乃指當初衛女自衛嫁來之事，沴、禰為「自衛來時所
經之處」，至第三章「出宿于干，飲餞于言。」朱熹方解為衛
女適衛之事，干、言為適衛所經之地。朱熹此解與鄭《箋》解
二、三章皆為衛女由所嫁國適衛之事有異，[50]故東條一堂議朱
熹《集傳》之失，謂「詩唯言其情，多非實事，此言宿、餞，

---

[49]　見朱熹：《詩集傳》（臺北：萬卷樓圖書公司影印本，1996年），
頁20。
[50]　《五經正義》中，或云「設言」，或云「假言」，或云「託言」，
或云「假稱」，其意皆同。參見拙著〈第九章五經正義之修辭觀〉
《五經正義研究》，臺灣大學中國文學研究所博士論文，1992年。

皆虛擬之言，故二章地名皆異，且便韻已，不必拘可也。」
此亦東條一堂以「寓言」觀點論《詩》之一例也。

　　東條一堂以寓言之觀點論《詩》，雖未言所本，然一堂之
前，中國學者已嘗有類似之說。考〈周南‧葛覃〉末章：「薄
汙我私，薄澣我衣。害澣害否？歸寧父母。」毛《傳》云：「汙，
煩也。私，燕服也。婦人有副褘盛飾以朝事舅姑，接見宗廟，
進見君子；其餘則私也。」（卷 1 之 2，頁 4）孔穎達《正義》
疏《傳》云：

> 王后而得有舅者，因姑以協句。且詩者設言耳，文王
> 稱王之時，太姒老矣，不必有父母可歸寧，何但無舅
> 姑也？（卷 1 之 2，頁 6）

案：《正義》言「詩者，設言耳。」其意正類似東條一堂「寓
言」之說，[51]東條一堂對《毛詩注疏》並不陌生，[52]則《正義》
此說對東條一堂或有以啟之。

　　此外，宋、明學者之著作中，亦有類似之說法，如〈小
雅‧四牡〉末章「駕彼四駱，載驟駸駸。豈不懷歸？是用作
歌，將母來諗。」朱熹《集傳》云：

---

[51]　《詩經標識》中屢引毛《傳》、鄭《箋》、孔《疏》之說，另參前
　　　註 34。
[52]　《詩經標識》中屢引毛《傳》、鄭《箋》、孔《疏》之說，另參前
　　　註 34。

駪駪，驟貌。諗，告也。以其不獲養父母之情而來告
於君也，非使人作是歌也，設言其情以勞之耳。(頁79)

又何楷《詩經世本古義》於〈關雎〉篇末「〈關雎〉三章一章
四句二章章八句」之下解云：

> 程子謂《序》言「后妃之德」非指人而言，凡為王后
> 妃者當如是。馮元成亦以為周公制房中之樂，追稱后
> 妃思得淑女以共理內治，所謂憂樂，皆設言其事，播
> 諸管絃，以代箴銘者。於理亦近似，並存之。(卷5，
> 頁9)

東條一堂《詩經標識》乃以朱熹《詩集傳》為文本，則其得
見朱說，固不待言。另一堂《標識》中亦屢引何楷《詩經世
本古義》，何書中所引明馮時可之語，[53]一堂當亦得見，然則
朱熹、馮時可二者所謂「設言」之說，對一堂當亦有所影響
也。

　　由上所述，在東條一堂之前，中國學者論《詩》，已有「設
言」之說，東條一堂在《詩經標識》中更具體提出「《詩》亦
寓言也」、「讀《詩》者已得其情，則宜略其言可也。」之論，
此論可提醒讀者於讀《詩》之際，避免陷入「拘執」、「以辭
害意」之弊。

---

[53] 馮時可，明松江華亭人，字元成，號文所，著有《詩臆》二卷。

（二）「便韻」說

東條一堂在《詩經標識》中，對於《詩經》之押韻現象與詩義間之關係，提出「便韻」說。〈齊風・著〉詩云：

> 俟我於著乎而，充耳以素乎而，尚之以瓊華乎而。
> 俟我於庭乎而，充耳以青乎而，尚之以瓊瑩乎而。
> 俟我於堂乎而，充耳以黃乎而，尚之以瓊英乎而。

東條一堂《標識》云：

> 按：詩疊章者，大抵皆同意，特以反覆詠之嘆之也。其有異辭者，亦唯以便韻已。此詩三章，著、庭、堂之異辭者，亦猶素、青、黃，華、瑩、英之異語耳。非有淺深次第也。（頁 127）

此即東條一堂在《標識》中屢屢言及之「便韻」說。考一堂此說頗受日本學者太宰春臺之影響。考〈周南・兔罝〉詩云：

> 肅肅兔罝，椓之丁丁。赳赳武夫，公侯干城。
> 肅肅兔罝，施于中逵。赳赳武夫，公侯好仇。
> 肅肅兔罝，施于中林。赳赳武夫，公侯腹心。

朱熹《集傳》釋第二章云：

> 仇與逑同，匡衡引〈關雎〉，亦作仇字。「公侯善匹」猶曰「聖人之耦」，則非特干城而已，歎美之無已也。下章放此。（頁 4）

又解末章云：

> 腹心，同心同德之謂，則又非特好仇而已也。（頁4）

東條一堂《詩經標識》於此詩標識云：

> 太宰純云：「古《詩》疊章者，所以反覆詠嘆也。疊章
> 則必換韻，換韻者，未必有異義焉，特其辭時有淺深
> 輕重耳，然亦偶爾也。晦菴說《詩》，必欲使其義一章
> 重一章，乃過求義理之病也。」按：不為腹心，則不
> 足為好仇；不為好仇，則不足為干城，非語有深淺。（頁
> 31-32）

案：東條一堂此處所引太宰純（春臺）之語，見於太宰春臺
所著《朱氏詩傳膏肓》卷上。[54]一堂《標識》中屢引春臺之說，
其受春臺影響之跡，處處可見。[55]對於「便韻」之現象，太宰
春臺云：「疊章則必換韻，換韻者，未必有異義焉，特其辭時
有淺深輕重耳，然亦偶爾也。」春臺言「未必有異義」，則亦
容有「異義」之可能。春臺又云「特其辭時有淺深輕重耳，
然亦偶爾也。」則「便韻」之情況，其辭偶爾亦有淺深輕重。
唯春臺謂朱熹《集傳》解《詩》，「必欲使其義一章重一章」，

---

[54] 見太宰春臺：《朱氏詩傳膏肓》（東京：東洋圖書刊行會，1935
年），頁3-4。原漢文。
[55] 另如太宰春臺每謂朱《傳》中之議論乃「評語」，無關乎釋《詩》，
宜刪，《詩經標識》屢引之，並從其言。

此乃其「過求義理之病」也。春臺在《朱氏詩傳膏肓》他處，亦屢以「拘」評朱《傳》「一章重一章」之失。

　　東條一堂承太宰春臺之說，對於《詩經》中之重章換韻現象，有更泛之論述，論及更多篇章，如〈唐風・無衣〉詩云：

> 豈曰無衣七兮？不如子之衣，安且吉兮。
> 豈曰無衣六兮？不如子之衣，安且燠兮。

《毛詩序》云：「〈無衣〉，美[56]晉武公也。武公始并晉國，其大夫為之請命乎天子之使，而作是詩也。」（卷6之2，頁8）首章「豈曰無衣七兮？」毛《傳》云：「侯伯之禮七命，冕服七章。」鄭《箋》云：「我豈無是七章之衣乎？晉舊有之，非新命之服。」（卷6之2，頁9）次章「豈曰無衣六兮？」毛《傳》云：「天子之卿六命，車旗衣服以六為節。」鄭《箋》云：「變七言六者，謙也。不敢必當侯伯，得受六命之服，列於天子之卿，猶愈乎不。」（卷6之2，頁10）朱熹《集傳》解首章云：

> 賦也。侯伯七命，其車旗皆以七為節。子，天子也。（頁57）

56　「美」字，阮元刻本原作「刺」，據阮元《毛詩注疏校勘記》改。見《皇清經解》（臺北：復興書局影印本，1972年），卷841，頁41。

又解次章云：

> 賦也。天子之卿六命。變六言七者，謙也。不敢以當
> 侯伯之命，得受六命之服，比於天子之卿，亦幸矣。（頁
> 57）

東條一堂《標識》云：

> 按：衣七、衣六，是自言衣數，非章數明矣。但其所
> 有已多而不之用也。按：曰六、曰七，亦唯變文叶韻，
> 如良馬五之、六之之例，不必有其義。朱子從毛、鄭
> 說，為六命之服者，非。且前章曰：「倨慢無禮」，此
> 章曰：「謙也」、「幸也」，何其言之遽變邪？（頁144）

案：《毛詩》家之解詩系統，以〈唐風・無衣〉為美晉武公之
詩，毛、鄭解詩中首章「七兮」，以為乃指侯伯之「七命」、「七
章之衣」，解次章「六兮」，以為乃指天子之卿「六命」、「車
旗衣服以六為節」，朱熹《集傳》從毛、鄭之說。有關此詩之
「七」、「六」所指為何，後人頗有討論。[57]東條一堂以「便韻」
之觀點論此詩，謂「衣六、衣七，是自言衣數，非章數明矣」、

---

[57] 如何楷《詩經世本古義》云：「衣言七者，謂七章之衣。」（臺北：
臺灣商務印書館影印文淵閣《四庫全書》本，1983年，卷22，
頁5）另胡承珙《毛詩後箋》、馬瑞辰《毛詩傳箋通釋》並引孔
廣森《經學卮言》之語而從之，諸家皆從命服之角度以論之，唯
持論未必全同，茲不細論。

「日六、日七，亦唯變文叶韻，如良馬五之、六之之例，不必有其義。」一堂此說不從禮制以求「七」、「六」之深義，而以重章便韻之角鞍以解之，確有新義。

東條一堂所持「便韻」說，有時亦表現於其對詩中辭彙之訓解，如〈唐風・綢繆〉詩云：

> 綢繆束薪，三星在天。今夕何夕，見此良人。子兮子兮，如此良人何？
> 綢繆束芻，三星在隅。今夕何夕，見此邂逅。子兮子兮，如此邂逅何？
> 綢繆束楚，三星在戶。今夕何夕，見此粲者。子兮子兮，如此粲者何？

朱熹《集傳》解首章云：「良人，夫稱也。」（頁55）解二章云：「邂逅，相遇之意，此為夫婦相語之辭也。」（頁55）解末章云：「粲，美也。此為夫語婦之辭也。」東條一堂《標識》云：

> 按：「良人，夫稱。」孟子之言可證。然《漢書・外戚傳》：「良人視八百石。」則亦為婦人稱。要之，詩語便韻，與平文有別，此詩「良人」、「粲者」雖異稱，所指則一而已。否則無一詩而二人作之理，恐皆夫喜婦之辭也。按：「天、人」，「隅、近」、「戶、者」，皆便韻耳。（頁142）

此處一堂以「便韻」之觀點讀此詩，故謂首章之「良人」與末章之「粲者」所指無異，皆為「夫喜婦之辭」，乃斷「良人」為婦人之稱。此解與朱熹《集傳》有異，所解亦頗特殊。[58]

今考太宰春臺、東條一堂之前，中國學者亦有類似「便韻」之說，〈王風・采葛・序〉云：「〈采葛〉，懼讒也。」其詩云：

> 彼采葛兮，一日不見，如三月兮。
> 彼采蕭兮，一日不見，如三秋兮。
> 彼采艾兮，一日不見，如三歲兮。

首章毛《傳》云：「興也。葛所以為絺綌也。事雖小，一日不見於君，憂懼於讒矣。」鄭《箋》云：「興者，以采葛喻臣以小事使出。」（卷 4 之 1，頁 15）次章毛《傳》云：「蕭所以共祭祀。」鄭《箋》云：「彼采蕭者，喻臣以大事使出。」（卷 4 之 1，頁 16）末章毛《傳》云：「艾所以療疾。」鄭《箋》云：「彼采艾者，喻臣以急事使出。」孔穎達《正義》疏《序》云：

---

[58]「今夕何夕，見此良人。」毛《傳》云：「良人，美室也。」（卷 6 之 2，頁 1）《正義》疏《傳》云：「〈小戎〉云：『厭厭良人。』妻謂夫為良人，知此『美室』者，以下云：『此見粲者。』粲是三女，故知良人為美室，良訓為善，故稱美也。」（卷 6 之 2，頁 3）依《正義》所釋，毛《傳》亦解「良人」為美婦，與東條一堂之說同，然一堂未引及毛《傳》之說。

　　　　三章如此次者，既以葛、蕭、艾為喻，因以月、秋、
　　　　歲為韻。積日成月、積月成時，積時成歲，欲先少而
　　　　後多，故以月、秋、歲為次也。臣之懼讒，於小事、
　　　　大事，其憂等耳，未必小事之憂則如月，急事之憂則
　　　　如歲，設文各從其韻，不由事大憂深也。年有四時，
　　　　時皆三月，三秋謂九月也，設言三春、三夏，其義亦
　　　　同，作者取其韻耳。（卷4之1，頁15）

案：此處《正義》云：「設文各從其韻，不由事大憂深也。」
所論與太宰春臺、東條一堂極為類似。另《正義》於〈小雅·
十月之交〉疏中亦嘗言「便文以取韻。」[59]然則《正義》對春
臺、一堂之論或亦有所影響。

　　另再考與東條一堂時代相近之朝鮮《詩經》論者，其持
論則或與東條一堂之「便韻」說有異。如朝鮮正祖李祘
（1752-1800）之《詩經講義》中對於〈豳風·破斧〉詩，提
問云：

　　　　破斧、缺斨，果皆征伐之事，而詩人之旨，凡於詠歎
　　　　之際，每一節深於一節，此云「亦孔之將」、「亦孔之

---

[59] 〈小雅·十月之交〉第四章：「皇父卿士，番維司徒。家伯冢宰，
　　仲允膳夫。棸子內史，蹶維趣馬。楀維師氏，豔妻煽方處。」《正
　　義》云：「此大率以官高為先，而有不次者，便文以取韻耳。」
　　（卷12之2，頁7）。

嘉」、「亦孔之休」，亦有淺深之分歟？[60]

其臣李魯春對云：

> 「孔將」、「孔嘉」、「孔休」，命意則同，而下字則異，
> 自大而至於善，自善而至於美者，恐似有淺深之分矣。
> [61]

朝鮮正祖此處云：「詩人之旨，凡於詠歎之際，每一節深於一節」，則其持論與東條一堂有異也。朝鮮正祖於《詩經講義》中屢次以類似問題為問，[62]足見其對此觀點之重視。[63]

另比東條一堂早生一百餘年之中國學者姚際恆（1647-？），在其所著《詩經通論》中亦有「變文換韻」、「趁

---

[60] 見朝鮮正祖：《詩經講義》，《弘齋全書》（漢城：文化財管理局藏書閣，1978年），卷84，頁43。另又收入《韓國經學集成》（漢城：成均館大學校大東文化研究院，1995年），第75冊。原漢文。《詩經講義》乃朝鮮正祖與抄啟文臣間關於《詩經》之問答記錄，原單獨成書，後收入朝鮮正祖所著《弘齋全書》中。參見拙著：〈朝鮮正祖《詩經講義》研究〉，收入《臺灣學術新視野：經學之部》（臺北：五南圖書出版公司，2007年）。

[61] 同上註。

[62] 例如《詩經講義》另一處問及〈齊風·盧令〉云：「大抵詩人之詞，每一節深於一節，而此詩則先美其德，後言其貌者，又何也？」（《弘齋全書》，卷87，頁19）。

[63] 有關朝鮮正祖之解《詩》觀，參見拙著〈朝鮮正祖《詩經講義》研究〉，同註60。

韻」之說，[64]凡此，可作為東亞《詩經》學比較研究之議題。

（三）「興意本淺」說

中外學者論《詩經》比興之義者多矣，東條一堂於興則有「興意本淺」之說。如《詩經標識》論〈周南·關雎〉云：

> 按：詩人取興，其意本甚淺，而說《詩》者常失諸深，如「關關雎鳩」，大抵取其「洲」與「逑」相呼為韻，因言「洲」而言「雎鳩」，因「雎鳩」言「關關」，不過以少寓和樂之意耳。取其雌雄之有別，雖乃出《家語》，恐不拘，何則？古人論《詩》，諸見經傳者，旁義錯出，處處而異，豈得一一取以解《詩》乎？且此詩以夫婦和樂為旨，未嘗言夫婦之別，縱有此義，亦非正說。自毛以「摯而有別」解之，後人遂爭相附和，務張皇其說。然毛、鄭於比、興二體，每屑屑乎必求其義而不措，皆牽強妄鑿，一無可取。至如謂蜉蝣不

---

64 如〈王風·黍離〉，姚際恆《詩經通論》云：「大抵此為一時所賦，『稷』之『苗』、『穗』、『實』合初、終言，以變文換韻，而『黍』為首句不變，與他篇格調多同，何必泥耶？」（臺北：河洛圖書出版社，1978年臺影印初版，頁93）又〈王風·丘中有麻〉，《詩經通論》云：「當時作詩者，婦人、孺子皆有之，故間有趁韻者，此等處正不必強解耳。」（同上，頁99）參見朱孟庭：〈第四章 析論豐富多樣的姚際恆〉《清代詩經的文學闡述》（臺北：文津出版社，2007年）。

　　妬忌，雖精物理者，豈能知之乎？皆過求義之弊也。
　　如解此詩，亦其類耳，斷不可從。（頁20）

此處東條一堂認為「詩人取興，其意本甚淺，而說《詩》者
常失諸深。」並與〈關雎〉篇為例，謂毛、鄭所解興意不可
從。一堂且云：「毛、鄭於比、興二體，每屑屑乎必求其義而
不措，皆牽強妄鑿，一無可取。」對毛、鄭興義詮解之批評，
可謂嚴厲矣。蓋學者論《詩》，於比、興之別，取興之義等，
時有異說，或不免於穿鑿牽強，故東條一堂乃謂「說《詩》
者常失諸深」，欲從較平易之觀點以論《詩》中之「興」義也。

　　東條一堂此種觀點，亦表現於其他篇章中，如〈曹風‧
鳲鳩〉首章：「鳲鳩在桑，其子七兮。淑人君子，其儀一兮。
其儀一兮，心如結兮。」毛《傳》云：「興也。鳲鳩，秸鞠也。
鳲鳩之養其子，朝從上下，莫從下上，平均如一。」鄭《箋》
云：「興者，喻人君之德當均一於下也。以刺今在位之人不如
鳲鳩。」（卷7之3，頁7）朱熹《集傳》云：

　　興也。鳲鳩，秸鞠也，亦名戴勝，今之布穀也。飼子
　　朝從上下，暮從下上，平均如一也。如結，如物之固
　　結而不散也。詩人美君子之用心，均平專一，故言鳲
　　鳩在桑，則其子七矣；淑人君子，則其儀一矣。其儀
　　一，則心如結矣。然不知其何所指也。（頁69）

東條一堂《標識》云：

> 按：此詩但言鳲鳩養子，以興君子恤其下也。不必論
> 鳲鳩性可。況毛所謂「朝從上下，暮從下上」者，無
> 所據乎！（頁164）

案：鄭《箋》從毛《傳》之說，謂此章所興之義乃「喻人君
之德當均一於下也。」朱熹《集傳》云：「詩人美君子之用心，
均平專一。」解同毛、鄭。東條一堂則謂「此詩但言鳲鳩養
子，以興君子恤其下也，不必論鳲鳩性可。」此論與前述一
堂「詩人取興，其義本甚淺」之說一致，蓋一堂認為〈關雎〉
中之「雎鳩」與〈鳲鳩〉中之「鳲鳩」，其取興之義皆淺，不
必以「摯而有別」、「平均如一」等性格以深求之也。又考孔
穎達《正義》疏毛《傳》「鳲鳩，秸鞠也。鳲鳩之養其子，朝
從上下，莫從下上，平均如一。」之義云：「鳲鳩之養七子也，
旦從上而下，莫從下而上，其於子也，平均如壹，蓋相傳為
然，無正文。」（卷7之3，頁7）《正義》謂《傳》此說乃「相
傳為，無正文。」故東條一堂批評毛《傳》之說「無所據」
也。[65]

　　東條一堂因持「詩人取興，其義本甚淺」之觀念，故對
於朱熹《集傳》之解，或評其「過巧」。如〈小雅・小宛〉第
三章：「中原有菽，庶民采之。螟蛉有子，蜾蠃負之。教誨爾
子，式穀似之。」朱熹《集傳》云：

---

[65] 東條一堂訓解《詩經》，講究「訓釋有據」，參下節所論。

興也。中原，原中也。菽，大豆也。螟蛉，桑上小青蟲也，似步屈。蜾蠃，土蜂也，似蜂而小腰，取桑蟲負之於空木中，七日而化為其子。式，用。榖，善也。中原有菽，則庶民采之矣，以興善道人皆可行也。螟蛉有子，則蜾蠃負之，以興不似者可教而似也。教誨爾子，則用善而似之可也。善也、似也，終上文兩句所興而言也。（頁 109）

東條一堂《標識》云：

按：「中原」二句，不過以興「螟蛉」二句耳。朱子蓋謂菽與淑通，淑，善也，故以為興善道人皆可行也，遂與螟蛉二句為二事，非也。朱子說詩往往過巧，古人作詩，本不如此纖細也。（頁 230）

一堂認為此章首二句「中原有菽，庶民采之。」並無深意，僅為興起下二句「螟蛉有子，蜾蠃負之。」而已，故評朱熹所解為非。一堂因此例，乃謂「朱子說詩往往過巧，古人作詩，本不如此纖細也。」前述東條一堂嘗批評毛、鄭之於比、興二體「每屑屑乎必求其義而不措，皆牽強妄鑿，一無可取。」此處則批評朱熹說興義「往往過巧」，蓋因以往學者闡述《詩經》興義，往往人言言殊，或涉穿鑿，或至傷巧，一堂欲撥去雲霧，乃有「詩人取興，其意本甚淺，而說《詩》者常失諸深」之說也。

　　以上約略論述東條一堂《詩經》觀中較值得注意之幾項

觀點，至於其評價，參後文第六章所論。

四、《詩經標識》對《詩經》之訓解

　　《詩經標識》雖為東條一堂閱讀《詩經》之備忘札記，然其中記載許多一堂對《詩經》經、注之訓解意見，分析此等見解，可考知東條一堂之《詩經》詮釋水平。分論如下：

（一）校勘經注

　　校勘為字義訓詁之基礎，亦為古籍訓解重要項目之一。[66]《詩經標識》中嘗針對《詩經》之經文及其傳注之文字加以討論、勘正，傳注部分包含毛《傳》、鄭玄《詩譜》、朱熹《集傳》及何楷《詩經世本古義》等，其中尤以校勘朱《傳》之文字為多，因《詩經標識》即以《詩集傳》為文本也。以下試舉數例以論之：

　　1、〈秦風・晨風〉第二章云：「山有苞櫟，隰有六駮。未見君子，憂心靡樂。如何如何，忘我實多。」毛《傳》云：「駮，如馬，倨牙，食虎豹。」孔穎達《正義》疏《傳》云：

---

[66] 楊端志所著《訓詁學》中云：「校勘是進行訓詁的第一步工作。因此，它也是傳統訓詁學一項重要的內容。」（濟南：山東文藝出版社，1992 年，頁 57）。

〈釋畜〉云：「駁，如馬，倨牙，食虎豹。」郭璞引山海經云：「有獸名駁，如白馬，黑尾，倨牙，音如鼓，食虎豹。」然則此獸名駁而已，言「六駁」者，王肅云：「言六，據所見而言。」倨牙者，蓋謂其牙倨曲也。言山有木，隰有獸，喻國君宜有賢也。陸機《疏》云：「駁馬，梓榆也。其樹皮青白駁犖，遙視似駁馬，故謂之駁馬。」下章云「山有苞棣，隰有樹檖。」皆山隰之木相配，不宜云獸，此言非無理也，但《傳》、《箋》不然。（卷6之4，頁7-8）

朱熹《集傳》解「隰有六駁」云：「駁，梓榆也。其皮青白如駁。」（頁62）此從陸機之說。東條一堂《標識》云：

何楷云：「王肅云：『言六，據所見而言。』愚按：崔豹《古今注》以『六駁』為名，云：『山中有木，葉似豫章，皮多癬駁。』意即所謂『犖駁』也，以音同故通犖為六耳。」
按：以樹檖例之，則六駁恐非木名。六或當為「木」之誤，猶「木李」、「木桃」之例。（頁151）

案：東條一堂先引述何楷《詩經世本古義》之文，何楷據崔豹《古今注》之說，以為「六駁」乃木名，即「犖駁」、「六」與「犖」音同通用。一堂進而以下章「山有苞棣，隰有樹檖」例之，以為下章言「樹檖」，則此章當言「木駁」，故疑此章之「六」當為「木」之訛。東條一堂此說，未有版本依據，

純以「理校」，[67]可備一說。唯一堂以此章「隰有六駁」與下章「隰有樹檖」對照，謂兩者一例，今考清馬瑞辰《毛詩傳箋通釋》云：

> （前略）又按：《方言》：「樹，植立也。」樹檖蓋植立者，故對「苞」為叢生言之。（頁394）

案：馬瑞辰解「樹」為「植立」之義，其說較優。若此，恐不宜據「樹」以斷「六」為「木」之誤也。

一堂校勘經文之例，又如〈大雅・下武〉首章：「下武維周，世有哲王。」朱熹《集傳》云：「『下』義未詳，或曰：字當作『文』。」（頁147）東條一堂《標識》云：「『下武』當從朱子作『文武』。」（頁277）亦其例也。

2、〈豳風・破斧〉末章：「既破我斧，又缺我錡。周公東征，四周是遒。哀我人斯，亦孔之休。」毛《傳》云：「木屬曰錡。」（卷8之3，頁2）朱熹《集傳》云：「錡，木屬。」東條一堂《標識》云：

---

[67] 「理校」一詞，借用陳垣《元典章校補釋例》卷6，〈校例〉之語。陳氏云：「段玉裁曰：『校書之難，非照本改字、不訛不漏之難，定其是非之難。』所謂理校法也。遇無古本可據，或數本互異而無所適從之時，則須用此法。此法須通識為之，否則鹵莽滅裂，以不誤為誤，而糾紛愈甚矣。故為高妙者此法，最危險者亦此。」（《陳援菴先生全集》，第二冊，臺北：新文豐出版公司，1993年，頁1086-1087）。

　　按：毛云：「錄，木屬。」《正字通》：「錄，茉 [68]之屬，
　　兩刃鋏也。茉音花。」字典：「茉，《說文》：『兩刃臿
　　也。』鏵本字，或作鍋，或作釫，並同。」今按：「木
　　屬」，「木」當作「茉」，字誤。（頁174）

經云：「又缺我錄。」毛《傳》云：「木屬曰錄。」朱《傳》
從之。一堂謂毛《傳》「木」字當為「茉」字之誤，引《正字
通》等書為據，其說可從。清胡承珙《毛詩後箋》亦以為毛
《傳》「木」當作「茉」，詳見後文第六節所論。

　　3、〈王風・中谷有蓷〉首章：「中谷有蓷，暵其乾矣。」
朱熹《集傳》云：

　　蓷，鵻也。葉似萑，方莖白華，華生節間，即今益母
　　草也。（頁35）

東條一堂《標識》云：

　　按：萑當作荏。[69]孔《疏》引《爾雅・注》，誤「荏」
　　作「萑」，朱子因此亦誤耳。郭《注》本作「荏」，《埤
　　雅》亦同。（頁115）

此處東條一堂校朱《傳》「荏」字誤也。考此詩毛《傳》云：

68　「茉」，《詩經標識》原作「茉」，當是「茉」之訛，今改正，下
　　同。另參下文第六節所論。
69　「荏」，《詩經標識》原作「荏」，當為「荏」之誤，今改正。

「萑，雖也。」孔穎達《正義》疏《傳》云：

> 《釋草》云：「萑，萑。」李巡曰：「臭穢草也」郭璞曰：「今茺蔚也。葉似萑，方莖白華，華注[70]節間，又名益母。」（下略）（卷4之1，頁11）

案：孔《疏》「葉似萑」一句，閩本、明監本、毛本、阮刻本俱同，皆作「萑」，然《爾雅》郭璞《注》則作「荏」。朱熹《集傳》作「萑」，故東條一堂謂朱《傳》乃沿襲孔《疏》之誤。阮元《毛詩注疏校勘記校》「葉似萑」句云：

> 葉似萑：閩本、明監本、毛本同。案：浦鏜云：「『荏』誤『萑』。」考《爾雅‧注》，是也。[71]

此阮元《毛詩注疏校勘記》亦以為孔疏「萑」當為「荏」之誤。東條一堂當未見阮刻本《毛詩注疏》及《校勘記》，[72]然其說恰與阮校同，可謂卓識。

　　4、〈商頌‧那〉：「奏鼓簡簡，衎我烈祖。湯孫奏假，綏

---

[70] 「注」，《毛詩注疏校勘記》清盧宣旬「補」云：「注當作生。」（見《毛詩注疏》，卷4之1所附〈校勘記〉，頁23，同註46）盧說可從。

[71] 見《皇清經解》卷841，頁9，同註56。

[72] 《詩經標識》引清人著作，僅陳啟源《毛詩稽古編》、毛奇齡《毛詩寫官記》及姚際恆《古今偽書考》等三種而已，當未及見阮刻本《毛詩注疏》及《毛詩注疏校勘記》。參後文第六節所論。

我思成。」鄭《箋》云:「綏,安也。以金奏堂下諸縣,其聲和大簡簡然,以樂我功烈之祖成湯。湯孫太甲又奏升堂之樂弦歌之,乃安我心所思而成之,謂神明來格也。(下略)」(卷20之3,頁5)朱熹《集傳》云:

> 綏,安。思成,未詳。鄭氏曰:「安我以所思而成之人,謂神明來格也。」(下略)(頁191)

東條一堂《標識》云:

> 按:鄭《箋》:「安我以所思而成之人」,舊作「安我心所思而成之」。(頁325)

案:朱《傳》引鄭玄之語,作:「安我以所思而成之人」,此與注疏本鄭《箋》之文不合,故東條一堂云:「舊作『安我心所思而成之』」,此在訂朱《傳》引文之失,而還原其真也。

　　5、〈鄘風‧載馳〉末章:「我行其野,芃芃其麥。控于大邦,誰因誰極?大夫君子,無我有尤。百爾所思,不如我所之。」鄭《箋》解「大夫君子,無我有尤」云:「君子,國中賢者。無我有尤,無過我也。」(卷3之2,頁9)朱熹《集傳》云:

> (前略)大夫君子,無以我為有過,雖爾所以處此百方,然不如使我得自盡其心之為愈也。(頁27)

東條一堂《標識》云:

> 按：「無以我為有過」當作「無有以過我」，不然，則
> 本文不成文理。(頁 97)

案：「無我有尤」，鄭《箋》解作「無過我也」，朱熹以「無以
我為有過」釋之，一堂以為若依朱《傳》此文，則本文不成
文理，[73]故以為當改作「無有以過我」。此似對朱《傳》本文
之校勘，又似對朱說之訂正。今考孔穎達《正義》疏經文云：

> 爾許之大夫及國中君子，無以我為有過而不聽問，爾
> 之過我，由不思念於衛。汝百眾大夫君子縱有所思念
> 於衛，不如我思之篤厚也。(卷 3 之 2，頁 9)

《正義》此處亦云：「無以我為有過而不聽問」，則朱《傳》「無
以我為有過」之語本自可通，東條一堂謂朱解將使詩意「不
成文理」，理解恐有所隔閡也。

(二) 考辨句讀

　　《詩經標識》亦有考辨句讀者，舉例如下：

　　1、〈大雅・抑〉第六章：「無易由言，無曰苟矣。莫捫朕
舌，言不可逝矣。無言不讎，無德不報。惠于朋友，庶民小
子。子孫繩繩，萬民靡不承。」鄭《箋》云：「教令之出，如
賣物，物善則其售價貴，物惡則其售價賤，德加於民，民則

---

[73] 東條一堂訓釋詞義，注重文理通順，參下文所論。

以義報之。王又當順道於諸侯，下及庶民之子弟。」（卷 18
之 1，頁 13）朱熹《集傳》云：

> （前略）且天下之理，無有言而不讎，無有德而不報
> 者，若爾能惠于朋友庶民小子，則子孫繩繩而萬民無
> 不承矣。皆謹言之效也。（頁 161）

何楷《詩經世本古義》經文斷句作「無言不讎，無德不報，
惠于朋友庶民。小子子孫繩繩，萬民靡不承。」解云：

> 「無言不讎」兼善惡而泛論之，「無德不報」則專指言
> 之善者，「惠于朋友庶民」三句，正承此一句而言。「小
> 子」，武公自謂也，使人誦于己側，為命己之辭，謙卑
> 之至也。「小子之子孫」謂繼世而為君者。[74]

東條一堂《詩經標識》云：

> 何楷云：「小子，武公自謂也。使人誦于己側，為命己
> 之辭。」按：舊說相承以「小子」為句，何氏以屬下
> 句，視次章「小子」指武侯，則何氏似長。何又云：「民
> 叶陽韻，承亦叶陽韻。」（頁 294）

案：〈抑〉第六章「惠于朋友，庶民小子」句，鄭《箋》、朱
《傳》皆以「小子」絕句，何楷則以「惠及朋友庶民」為句，

---

[74] 見何楷：《詩經世本古義》卷 19 之上，頁 53，同註 57。

「小子」連下「子孫繩繩」為句，並謂「民」可與末句「萬民靡不承」之「承」叶韻。[75]東條一堂謂「視次章『小子』指武侯，則何氏似長。」乃贊成何氏之說。然以今所知之音韻知識觀之，舊以「惠于朋友，庶民小子。子孫繩繩，萬民靡不承。」斷句，其中「友」與「子」韻，[76]「繩」與「承」韻，[77]於理為順，恐不可易。又本詩第八章有「實虹小子」之語，此「小子」未必為衛武公自指，[78]一堂言「視次章『小子』指武侯」，所論亦未當也。

　　2、〈周頌・天作〉云：「天作高山，大王荒之。彼作矣，文王康之。彼徂矣，岐有夷之行，子孫保之。」鄭《箋》解

---

[75] 何楷於「惠于朋友庶民」，下注云：「句。叶陽韻。」於「萬民靡不承」下注云：「蒸韻。亦叶陽韻，辰羊翻。」（卷 19 之上，頁 52）可見何楷以為「民」可與「承」叶韻。

[76] 於上古韻部屬「之」部。上古韻之分部依董同龢《漢語音韻學》（臺北：文史哲出版社，1979 年）之說。

[77] 上古韻部屬「蒸」部。

[78] 〈抑〉第八章：「彼童而角，實虹小子。」鄭《箋》：「《禮》：『天子未除喪，稱小子。』」孔穎達疏《箋》云：「『《禮》：天子未除喪，稱小子。』，〈下曲禮〉文。引之以證稱王為小子之意。」（卷 18 之 1，頁 16）鄭、孔以此「小子」乃指王而言。宋嚴粲《詩緝》云：「武公時為諸侯之庶子，故自稱小子」。（臺北：廣文局影印本，1983 年，卷 29，頁 14）此不從《箋》說。清陳啟源《毛詩稽古編》則駁嚴粲之說云：「詩人稱目其君，尊之則曰天，曰上帝；親之則曰爾、汝，曰小子，難以常拘也。（中略）嚴《緝》以為武公自稱，非是。」（臺北：臺灣商務印書館影印文淵閣《四庫全書》本，1983 年，卷 21，頁 12）。諸家所見尚不一致。

「彼作」至「之行」云：「彼，彼萬民也。徂，往。行，道也。
彼萬民居岐邦者，皆築作宮室以為常居，文王則能安之。後
之往者，又以岐邦之君有佼易之道故也。」（卷 19 之 1，頁
21）朱熹《集傳》本「徂」作「岨」，並以「岐」字屬上讀，
作「彼岨矣岐」，釋云：

> 岨，險僻之意也。夷，平。行，路也。此祭大王之詩，
> 言天作岐山而大王始之。大王既作而文王又安之。於
> 是彼險僻之岐山，人歸者眾而有平易之路，子孫當世
> 世保守而不失也。（頁 176）

東條一堂《標識》云：

> 按：二「彼」字，當指高山，「作矣」、「岨矣」亦指高
> 山。「岐」字當屬下句。「天作高山」句，「大王荒之彼
> 作矣」句，「文王康之彼岨矣」句。（頁 309）

案：東條一堂《標識》以朱熹《集傳》為文本，故其本作「岨」
不作「徂」，然一堂不同朱熹之讀，而以「岐」字屬下句。若
依一堂之說，則〈天作〉全詩當讀為：「天作高山，大王荒之
彼作矣，文王康之彼岨矣。岐有夷之行，子孫保之。」今考
朱熹以「彼岨矣岐」絕句，後人雖有從有違，[79]然多不從之。

---

[79] 如劉瑾《詩傳大全》云：「沈括曰：《後漢書・西南夷傳》作『彼
岨者岐』。」今按：彼『岨』但作『徂』，而引《韓詩章句》亦但
訓為往，獨『矣』正作『者』，如沈氏說，然其注末復云『岐雖

[80]東條一堂讀「大王荒之彼作矣，文王康之彼岨矣」為句，不從朱《傳》，其讀頗異於中國學者之讀。今考「大王荒之彼作矣」、「文王康之彼徂矣」與《詩經》之句型風格頗不類，一堂之讀恐不可從。

　　由以上二例觀之，東條一堂對疑難句讀之考辨雖嘗關注，然此種考辨似非其所長。[81]

（三）訓釋詞義

　　《詩經標識》一書雖非一部傳注體之解經著作，然其對《詩經》詞義訓解之討論，頗有精到之處。例如東條一堂嘗批評朱《傳》解〈豳風・七月〉「猗彼女桑」之「猗」乃「一

阻僻』，則似又有岨意。韓子亦云：『彼岐有岨。』疑或別有所據，故今從之，而定讀『岐』字絕句。」（卷 19，臺北：臺灣商務印書館影印《四庫全書》本，1983 年，頁 9）此從朱者也。何楷《詩經世本古義》於「彼徂矣」下云：「句。朱《傳》連下『岐』字讀為句。黃震云：『上云：彼作矣，下云：彼徂矣，自相對，今以岐字綴徂矣之下，恐驚俗也。』（卷 9，頁 54）此不從朱者也。

80　清代如段玉裁《詩經小學》、胡承珙《毛詩後箋》、馬瑞辰《毛詩傳箋通釋》等，皆不從朱《傳》之讀。

81　古代日本學者對中國典籍因採用訓讀，多未能直接以中國語進行音讀，故對於句中之節奏較不易準確把握，職是之故，在考辨句讀問題時，其困難度亦較中國學者為高。

字兼二義，恐非是。」[82]其說頗可參考，直至現代，學者訓解《詩經》，仍不免有此病。[83]又如一堂解〈大雅・文王〉「於緝熙敬止」之「緝熙」，所論具有類似現代所謂「連綿詞」之觀念。[84]東條一堂有關《詩經》詞義之訓釋，特別值得注意者有以下數項，分述如下：

1、重視「文法」、「句法」

東條一堂討論《詩經》字義，每以「同文法」、「同句法」

---

[82] 〈豳風・七月〉第三章：「七月流火，八月萑葦。蠶月條桑，取彼斧斨，以伐遠揚，猗彼女桑。」朱《傳》云：「取葉存條曰猗。女桑，小桑也。小桑不可條取，故取其葉而存其條猗猗然耳。」（頁71）東條一堂《標識》云：「按：〈淇澳〉篇：『綠竹猗猗。』毛云：『美盛貌。』蓋與此同。朱子云『取葉存枝曰猗』，未知何所本。既以猗為『取葉存條』之名，又云：『猗猗』，一字兼二義，恐非是。」（頁168）。

[83] 如〈召南・摽有梅〉：「摽有梅，其實七兮。」高亨《詩經新注》云：「摽，打落。」（臺北：漢京文化事業公司，影印本，1984年，頁28）此釋「摽」為「打落」，乃誤合「摽」之本義（擊也）和假借義（借為「莩，物落也」）二義而言之，實有未妥。

[84] 〈大雅・文王〉第四章：「穆穆文王，於緝熙敬止。」毛《傳》：「穆穆，美也。緝熙，光明也。」（卷16之1，頁10）朱《傳》：「穆穆，深遠之意。緝，續。熙，明。亦不已之意。」（頁137）東條一堂《標識》云：「毛云：『緝熙，光明也。』《釋詁》云：『緝熙，光也。』據之，則《爾雅》及毛《傳》相受不分析『緝熙』二字，但總言之為光明，蓋古來相傳之言，今不必別求緝字之義可也。」（頁268）此處東條一堂不分釋「緝」、「熙」二字，將其視為類似現代學者所謂之「連綿詞」。

作為訓釋之依據，例如：

（1）〈大雅・思齊〉首章：「思齊大任，文王之母。思媚
周姜，京室之婦。」朱熹《集傳》云：「思，語辭。齊，莊。
媚，愛也。」（頁143）東條一堂《標識》云：

> 按：「思媚」字又見〈周頌・載芟〉篇，云：「思媚其
> 婦，有依其士。」朱子云：「媚，順也。」蓋「媚」本
> 訓愛，愛兼順意也。此處「思媚」亦當訓順，即貞順
> 之義。「思齊大任」、「思媚周姜」並與「思文后稷」同
> 文法。朱子解「思」為語辭，甚是也。（頁273）

此處東條一堂論「思媚周姜」之詞義，首先以〈周頌・載芟〉
之「思媚其婦」與此「思媚周姜」合觀，謂此處「媚」字亦
當訓順。一堂又以「思媚周姜」與〈周頌・思文〉之「思文
后稷」合觀，謂兩者「同文法」，故贊成朱子「思，語辭」之
訓。此處東條一堂謂「思媚周姜」與「思文后稷」同文法，
蓋謂二者句型結構相同，部分字詞又相同或相近也。今考以
「文法」作為訓釋詞義之依據，何楷《詩經世本古義》已嘗
有之，東條一堂或曾受其影響。如〈唐風・椒聊〉首章：「椒
聊之實，蕃衍盈升。」朱熹《集傳》：「聊，語助也。」（頁55）
東條一堂《標識》云：

> 何楷云：「聊，舊以為語助詞，似非文理。按：《爾雅》
> 云：『朹，檕梅；樕者聊。』又云：『杜裳；白者裳。』
> 以兩處文法例之，赤裳名杜，其白者名裳，則檕梅名

枏，其杻者名聊也。（下略）」（頁 141）

案：此處何楷云「以兩處文法例之」，東條一堂引之，則其必知何楷有此說也。另《標識》論〈大雅・生民〉首章「履帝武敏歆」句云：

> 按：朱子以「敏」叶韻。何楷云：「朱子以『歆』字屬下讀，無此文法。」此說是也。（頁 283）

此亦東條一堂引述何說而言及「文法」之例也。由此可推，一堂言「文法」，嘗受何楷影響，蓋極自然。

（2）〈大雅・公劉〉第二章：「何以舟之？維玉及瑤，鞞琫容刀。」毛《傳》云：「舟，帶也。」（卷 17 之 3，頁 7）朱熹《集傳》云：

> 舟，帶也。鞞，刀鞘也。琫，刀上飾也。容刀，容飾之刀也。（中略）言公劉至豳，欲相土以居而帶此劍，佩以上下於山原也。（頁 153）

東條一堂《標識》云：

> 按：「何以」已下三句，與「何以贈之？路車乘馬。」句法相似。蓋民見公劉為己勞苦，欲以酬之也。鄭云：「民亦愛公劉之如是，故進玉瑤容刀之佩」是也。朱子謂帶玉佩以上下山原，迂遠甚矣。曰「何以舟之？」，豈自帶之之語哉？（頁 287-288）

案：「何以俗之」句，毛《傳》釋「俗」為「帶」，朱《傳》承之，乃謂「公劉至豳，欲相土以居而帶此劍，佩以上下於山原也。」一堂不從朱《傳》之解，謂「何以俗之？維玉及瑤」與「何以贈之？路車乘黃。」之句法相似，故作他解，推其意，蓋解「俗」為「酬」也。[85]此處東堂所謂「句法」，較強調兩者句型之類似，究其實，「句法」當即「文法」之一體也。

（3）〈大雅·皇矣〉第三章：「帝省其山，柞棫斯拔，松柏斯兌。」第四章：「維此王季，帝度其心，貊其德音。其德克明，克明克類，克長克君。」（頁144）東條一堂《標識》云：

> 按：「帝度其心」與「帝省其山」同一文法，皆管下之文法，下文所言，皆度之而知其如此也。（頁275）

此處東條一堂以〈皇矣〉「帝度其心」與「帝省其山」合觀，謂兩者「皆管下之文法」。然則二句除字詞、句型相似之外，又兼有與下文之關係情況相近，則此處所謂「文法」其含義又較前述二例更廣也。

2、留意上下文關係

---

[85] 東條一堂云：「蓋民見公劉為己勞苦，故欲以酬之也。」可見其乃讀「何以舟之」之「舟」為「酬」。

　　東條一堂對《詩經》詞義之訓釋，或乃據上下文之關係以斷之，舉例如下：

　　（1）〈小雅・采芑〉第三章：「方叔率止，鉦人伐鼓。陳師鞠旅。顯允方叔，伐鼓淵淵，振旅闐闐。」朱熹《集傳》云：

> 鉦，鐃也，鐲也。伐，擊也。鉦以靜之，鼓以動之，鉦、鼓各有人，而言「鉦人伐鼓」，互文也。（中略）淵淵，鼓聲平和不暴怒也，謂戰時進士眾也。振，止。旅，眾也。言戰罷而止其眾以入也。《春秋傳》曰：「出曰治兵，入曰振旅。」是也。闐闐，亦鼓聲也。或曰：「盛貌。」程子曰：「振旅亦以鼓行金止。」（頁92-93）

東條一堂《標識》云：

> 闐，《說文》云：「盛貌。」按：上句已曰：「伐鼓淵淵」，此句不宜又言「鼓聲」，後說為是。（頁196）

〈皇矣〉此章「伐鼓淵淵，振旅闐闐。」朱熹解「闐闐」云：「亦鼓聲也。」又引「盛貌」一解。東堂據上下文斷之，謂後說為是。推其意，蓋因「伐鼓淵淵」即是進眾而擊鼓，「振旅闐闐」當是止兵而擊鉦，故「闐闐」不宜解為鼓聲也。今考在《毛詩正義》中，亦可見依上下文以定其義之例。如〈小雅・甫田〉：「曾孫之稼，如茨如梁。曾孫之庾，如坻如京。如求千斯倉，乃求萬斯箱。」鄭《箋》云：「庾，露積穀。」

（卷 14 之 1，頁 11）《正義》疏《箋》云：

> 此文稼、庾相對，而下言千倉、萬箱，是箱以載稼，
> 倉以納庾，故知庾，露地積穀也。（卷 14 之 1，頁 12）

此處鄭《箋》解「曾孫之庾」之「庾」為「露積穀」，《正義》
推闡《箋》意，以為鄭玄乃據上下文之關係而有此釋也。[86]又
如〈周南‧關雎〉首章：「關關雎鳩，在河之洲。窈窕淑女，
君子好逑。」毛《傳》云：「窈窕，幽閒也。淑，善。逑，匹
也。」《正義》疏《傳》云：

> 「窈窕」者，謂淑女所居之宮形狀窈窕然，故《箋》
> 言「幽閒深宮」是也。《傳》知然者，以其「淑女」已
> 為善稱，則「窈窕」宜為居處，故云「幽閒」，言其幽
> 深而閒靜也。（卷 1 之 1，頁 21）

《詩》云：「窈窕淑女」，毛《傳》解「窈窕」為「幽閒」，《正
義》闡釋《傳》意，謂毛所謂「幽閒」乃指「淑女所居之宮
形狀窈窕然。」，即「幽深閒靜」之意也。《正義》推闡《傳》
所以有此解者，乃因經云「窈窕淑女」，「『淑女』已為善稱，
則『窈窕』宜為居處。」《正義》謂《傳》乃據上下文之關係

---

[86]　《正義》疏《傳》、《箋》，每推闡其釋義之緣由，詳參拙著《五
經正義研究》，第五章〈五經正義論考之內容〉，第四節〈推闡經、
注之意〉，同註 50。

而定其義也。[87]

　　由以上二例，可推東條一堂《詩經標識》中訓釋字義而留意《詩經》上下文之關係，或《正義》有以啟之也。

　　（2）〈小雅・蓼莪〉第三章：「缾之罄矣，維罍之恥。鮮民之生，不如死之久矣。」朱熹《集傳》云：

> 比也。缾小，罍大，皆酒器也。罄，盡。鮮，寡。（中略）言缾資於罍，而罍資缾，猶父子相依為命也。故缾罄矣，乃罍之恥，猶父母不得其所，乃子之責，所以窮獨之生不如死也。（頁115）

東條一堂《標識》云：

> 按：朱子以為缾比父母，罍比子。劉瑾引《左傳》昭二十四年鄭子太叔引此而曰：「王室之不寧，晉之恥也。」以缾喻周，以罍喻晉，亦不取小大之義，以為證，然非是也。此二句，比子之不肖即父母之恥，故下接之曰：「鮮民之生，不如死之久矣。」（頁240）

---

[87] 後人多不從《正義》之說，如朱熹《集傳》云：「周之文王，生有聖德，又得聖女姒氏以為之配。宮中之人於其始至，見其有幽閒貞專之德，故作是詩。」（頁1）朱熹言「幽閒貞專之德」，可見其不以「居處」釋「幽閒」也。另清代胡承珙《毛詩後箋》、馬瑞辰《毛詩傳箋通釋》亦皆嘗評《正義》此說之失，茲不繁引。

案：「缾之罄矣，維罍之恥。」朱熹《集傳》以為缾比父母，
罍比子，東條一堂則據下文「鮮民之生，不如死之久矣。」
而推之，以為「此二句比子之不肖即父母之恥」其所釋異於
朱《傳》，此亦據上下文以釋義之例也。

3、注重文理通順

訓解之目的乃在讀通經文，因為能使文理通順方可保證
訓解之準確。東條一堂討論《詩經》之訓釋，亦或以文理之
通順與否作為判斷之依據。如〈周頌・載見〉：「率見昭考，
以孝以享。以介眉壽，承言保之。思皇多祜，烈文辟公，綏
以多福，俾緝熙于純嘏。」朱熹《集傳》云：

> 昭考，武王也。（中略）此詩及〈訪落〉皆謂武王為昭
> 考，此乃言王率諸侯以祭武王廟也。思，語辭。皇，
> 大也。又言孝享以介眉壽而受多福，是皆諸侯助祭有
> 以致之，使我得繼而明之，以至於純嘏也。蓋歸德於
> 諸侯之辭，猶〈烈文〉之意也。（頁181）

東條一堂《標識》云：

> 按：「烈文」以下又言欲使辟公亦得福也，觀一俾字可
> 見。若皆以為武王事，則「多祜」、「多福」為重複，
> 特不成文理。（頁316）

案：東條一堂解「烈文辟公，綏以多福」為「欲使辟公亦得福」，所解與朱《傳》異也。[88]一堂此解所據乃因若解「多祜」、「多福」為同指一事，則有重複之嫌，乃「不成文理」，故一堂不從之也。東條一堂在論〈曹風·候人〉篇中嘗云：「熟味文理，『薈兮蔚兮』以興『婉兮孌兮』，『南山朝隮』以興『季女斯飢』，此則三百篇之常體，固不可易。」（頁162）可見其訓解時極重視「文理」。

東條一堂亦有雖未標舉「文理」之語，然所論之內容即為涉及文理者。如〈小雅·出車〉首章：「我出我車，于彼牧矣。自天子所，謂我來矣。召彼僕夫，謂之載矣。王事多難，維其棘矣。」朱熹《集傳》云：

> 此勞還率之詩，追言其始命出征之時，出車於郊外，而語其人曰：我受命於天子之所而來，於是乎召僕夫使之載其車以行，而戒之曰：王事多難，是行也不可緩矣。（頁84）

東條一堂《標識》云：

> 按：《詩》語雖不與平文同，然未至如此顛倒也。蓋言我出我所統之車於牧，所以然者，以自天子所命謂我來也。於是召其僕夫，令之使裝載以往。所以然者，

以方今王事多難甚急也。（頁 184）

案：〈出車〉「自天子所，謂我來矣。」二句，朱熹解為「我受命於天子之所而來。」東條一堂批評朱熹所解「《詩》語雖不與平文同，然未必如此顛倒也。」蓋以其解文理不通順，故不從之也。

　　東條一堂所言「文理」一詞，亦見於何楷《詩經世本古義》中，如〈曹風・蜉蝣〉末章：「蜉蝣掘閱，麻衣如雪。心之憂矣，於我歸說？」毛《傳》云：「掘閱，容閱也。」鄭《箋》云：「掘閱，掘地解閱，[89]謂其始生時也。」（卷 7 之 3，頁 3）朱熹《集傳》云：「掘閱，未詳。」（頁 68）東條一堂《標識》云：

> 何楷云：「掘閱，毛、鄭之解難通。或見《管子》有「掘閱得玉」之言，遂以掘閱為挑撥之貌。又或謂閱義與穴通，要于文理未順當。（下略）」（頁 161）

此何楷言及「文理」之例。[90]東條一堂既引何說，則其言「文理」，嘗受何楷之影響，亦可知也。

4、講究訓釋有據

---

[89] 「閱」字阮本原脫，據阮元《毛詩注疏校勘記》補。見《皇清經解》卷 842，頁 17，同註 56。

[90] 另何楷《詩經世本古義》，於〈曹風・候人〉、〈豳風・七月〉等篇，亦嘗言及「文理」。

　　東條一堂訓釋字義，每講究其確然有據，對於前人訓釋無據者，輒疑之，試舉數例以明之。

　　（1）〈大雅・抑〉第二章：「無競維人，四方其訓之。有覺德行，四國順之。」毛《傳》云：「覺，直也。」（卷18之1，頁9）朱熹《集傳》云：「覺，直大也。」東條一堂《標識》云：

> 按：毛《傳》訓「覺」為「直」，孔《疏》證之云：「〈釋詁〉云：『梏、較，直也。』與『覺』字異音同。」可見毛無確據。而朱子又加「大」字下，為無據。按：《說文》云：「覺，寤也。」宜從之。（頁294）

此處毛《傳》訓「有覺德行」之「覺」為「直」，《正義》疏《傳》，舉出《爾雅・釋詁》：「梏、較，直也」之文，以為乃毛《傳》所本，唯《詩》文作「覺」，《爾雅》作「較」，故《正義》謂兩者「字異音同」，蓋謂兩者音同通用也。[91]東條一堂因《爾雅・釋詁》作「較」不作「覺」，故言「毛無確據」。又謂朱《傳》訓為「直大」，於毛《傳》之「直」下又加「大」字，此亦「為無據」。今考何楷《詩經世本古義》對毛《傳》此訓嘗論云：

---

[91] 《毛詩正義》中或謂二字「字異音同」，或謂「字雖異，音實同也。」皆謂二字因音同之故而得通用。參見拙著《五經正義研究》第八章，第三節〈正義訓詁用語析義〉，同註50。

> 毛《傳》訓「覺」為「直」，與《爾雅》「梏」、「較」
> 等字同解，皆以音近通用，而未詳其義所出。（卷 19
> 之上，頁 46）

東條一堂《標識》屢引何書，當亦見過此文，然未同其論，
然則一堂所謂「有據」者，較執著於訓解文字之相同，未免
拘矣。

（2）〈大雅・雲漢〉第七章：「旱既太甚，散無友紀。」
鄭《箋》云：「人君以群臣為友，散無友紀者，凶年祿餼不足，
人[92]無賞賜也。」（卷 18 之 2，頁 20）朱熹《集傳》云：

> 友紀，猶言綱紀也。或曰：友疑作有。（頁 166）

東條一堂《標識》云：

> 朱子云：「友紀猶言綱紀。」按：此說未詳何所據，當
> 從或說。（頁 298）

此處朱《傳》解「友紀」謂「猶言綱紀」，東條以其「未詳何
所據」，故不從之，而從「友疑作有」之或說也。

（3）〈召南・鵲巢〉末章：「維鵲有巢，維鳩方之。」毛
《傳》云：「方，有之也。」（卷 1 之 3，頁 14）朱熹《集傳》

---

[92]　「人」字，阮元《毛詩注疏校勘記》疑當作「又」。見《皇清經
　　解》卷 845，頁 60，同註 56。

云：「方，有之也。」（頁7）東條一堂《標識》云：

> 按：毛云：「方，有之也。」以「方」為「有」，其義
> 未聞。何楷云：「方，鄭云：『猶嚮也。』《正義》云：
> 『諸言方者，皆謂居在他所，人嚮望之，故云猶嚮也。』」
> 今按鄭《箋》及《疏》無此文，未知何所據。按：方，
> 併也。併船曰方，故借為併居之義。（頁38）

「維鳩方之」一句，毛《傳》解云「方，有之也。」一堂以
為「其義未聞」，另何楷引鄭《箋》、孔《疏》之說，一堂謂
今所見《箋》、《疏》中無此文，未知楷何所據，故皆不從之，
而另解「方」為「併」也。

（四）考證名物制度

　　東條一堂對《詩經》之訓解，頗關注於名物制度之考證，
尤其屢引何楷之說，且所佔篇幅極多。以下試就東條一堂自
身對名物制度之考證，略舉數例以明之。

　　1、〈小雅・小宛〉第五章：「交交桑扈，率場啄粟。」毛
《傳》云：「桑扈，竊脂也。」（卷12之3，頁3）朱熹《集
傳》云：「桑扈，竊脂也。俗呼青觜，肉食不食粟。」（頁109）
孔穎達《正義》疏毛《傳》云：

> 「桑扈，竊脂。」〈釋鳥〉文。郭璞曰：「俗呼青雀，
> 觜曲肉食，喜盜脂膏食之，因以名云。」陸機云：「青

雀也。好竊人脯肉、脂及膏，故曰竊脂也。」（卷 12
之 3，頁 3）

東條一堂《標識》云：

> 按：孔云：竊脂，喜盜脂膏食之。然杜預解《左傳》「九
> 扈」，引《爾雅》云：「扈有九種也。春扈鳻鶞，夏扈
> 竊玄，秋扈竊藍，冬扈竊黃，棘扈竊丹，行扈唶唶，
> 宵扈嘖嘖，桑扈竊脂，老扈鷃鷃。」以是考之，扈不
> 獨竊脂，亦有竊玄、竊藍、竊黃、竊丹，扈豈盜是等
> 者食之哉？丘光庭云：「《爾雅》：『桑扈，竊脂。』竊
> 之言淺也。竊脂，淺白色也。」似是。然以《淮南子》：
> 「馬不食脂，桑扈不食粟」之語考之，盜脂之說亦不
> 可廢，未知孰是。然竊疑「桑扈不食粟」，不必然也。
> 豈必無之事，而詩人言之乎？蓋說《詩》者附會之耳。
> 又按：《爾雅》：「虎竊毛謂之虦貓。」《疏》：「竊，淺
> 也。」而毛《傳》：「貓似虎淺毛者也。」然則竊之為
> 淺，無復可疑也。（頁 230-231）

案：「竊脂」得名之由，究竟如郭璞《爾雅·注》所謂「喜盜
脂膏食之，因以名云。」抑或如丘光庭《兼明書》所言：「竊
之言淺也。竊脂，淺白色也。」後世論者紛紜。[93] 東條一堂主
淺白色之說，所論詳矣。考馬瑞辰《毛詩傳通釋》云：

---

[93] 為免繁瑣，茲不具引。

《爾雅》:「桑扈,竊脂。」郭《注》:「俗謂之青雀,觜曲,食肉,好盜脂膏,因名云。」《淮南・說林訓》:「馬不食脂,桑扈不啄粟,非廉也。」是以「竊脂」為竊脂膏,蓋漢人相傳之舊說。孔穎達《左傳・疏》以竊脂為淺白色,與夏扈竊玄、秋扈竊藍、冬扈竊黃、棘扈竊丹為一類。邵晉涵《爾雅正義》駁之。今按:孔說是也。夏扈、秋扈、冬扈、棘扈,於五色得其四,而無白,脂即白,《詩》所云:「膚如凝脂」者是也。竊脂為淺白無疑。(頁638)

馬瑞辰亦主張「竊脂」為淺白色,觀二者論證方式頗有相近之處,難怪嵯峨寬於《詩經標識・解題》中將二書比觀並論。

2、〈小雅・賓之初筵〉首章:「大侯既抗,弓矢斯張。」毛《傳》:「大侯,君侯也。(中略)天子侯身一丈,其中三分居一,白質畫熊,其外側丹地畫以雲氣」(128頁)東條一堂《標識》云:

「天子侯」至「畫熊」。[94]按:〈鄉射・記〉:「鄉侯上个五尋,中十尺,侯道五十弓,弓二寸以為侯中。」據之則五十弓侯中,十尺正三分居一,為三尺三分強。又朱子云:「天子只云熊侯者,燕射惟有五十步侯而

---

[94] 此處東條一堂乃標示其所論朱《傳》之起止,謂所論乃「天子侯身一丈,其中三分居一,白質畫熊」一段之《傳》文。

已，無尊卑之別也。」按：五十步侯，則五十弓侯也。
此詩，朱子蓋以為燕射，故據五十弓侯而言之也。但
朱子所謂「身一丈」者，則〈鄉射‧記〉所謂「中」
也，非所謂「躬」也。朱子所謂「其中」者，則謂「正」
也。朱子諸解，一切取於卑近易曉，故變禮文如此。
然遽見易致混殽，[95]宜據文「身」當作「中」，「其中」
二字當作「正」一字。然要之，據五十弓侯言之，與
「大侯九十」之文不合。（頁257-258）

案：東條一堂引《儀禮‧鄉射‧記》之文以訂朱《傳》所述
「天子侯身一丈，其中三分居一」文中之誤，謂「身」當作
「中」，「其中」當作「正」。一堂並評批「朱子諸解，一切取
於卑近易曉，故變禮文如此。」蓋對朱子於有關禮制問題探
討不夠深入、縝密處有所微詞，由此亦可看出東條一堂對禮
制問題之重視。

3、〈周頌‧時邁〉：「明昭有周，式序在位，載戢干戈，
載櫜弓矢，我求懿德，肆于時夏，允王保之。」朱熹於「〈時
邁〉一章十五句」下解云：

《春秋傳》曰：「昔武王克商，作頌曰：『載戢干戈』。」
而外傳又以為周文公之頌，則此詩乃武王之世周公所
作也。外傳又曰：「金奏〈肆夏樊〉、〈遏〉、〈渠〉，天

_____

[95]「殽」字原文如此，當是「淆」之訛。

子以饗元侯也。」韋昭注云：「〈肆夏〉一名〈樊〉，〈韶夏〉一名〈遏〉，〈納夏〉一名〈渠〉，即《周禮》九夏之三也。」呂叔玉云：「〈肆夏〉，〈時邁〉也。〈樊遏〉，〈執競〉也，〈渠〉，〈思文〉也。（頁177-178）

東條一堂《標識》云：

按：〈文王〉之三，《國語》明謂〈文王〉、〈大明〉、〈緜〉；〈鹿鳴〉之三，《左傳》明謂〈鹿鳴〉、〈四牡〉、〈皇皇者華〉。然則〈肆夏〉之三，據《周禮》當指〈肆夏〉、〈昭夏〉、〈納夏〉，是自可信也。然《周禮》云：「〈肆夏〉、〈昭夏〉、〈納夏〉」，而《國語》則云：「〈肆夏樊〉、〈遏〉、〈渠〉」二書不合。杜預、韋昭皆謂〈肆夏〉一名〈樊〉，〈韶夏〉一名〈遏〉，欲以合三夏之數。然若如此說，則穆子於〈肆夏〉已舉其正名，又舉其異名，而〈韶夏〉、〈納夏〉則單舉異名，與於〈文王〉、〈大明〉、〈緜〉但舉一名之例不同，既自可疑。叔玉又合〈樊〉、〈遏〉為一，與杜、韋異同。何楷則以為「渠」字屬下句，呼彼之稱也。如是，〈肆夏〉也、〈樊〉也、〈遏〉也，於三〈夏〉之名固無礙。然〈肆夏〉獨與《周禮》同名，而〈樊〉也、〈遏〉也皆與《周禮》異，且〈肆夏〉獨言「夏」，〈樊〉、〈遏〉皆不言「夏」，是猶有可疑者矣。至呂叔玉取〈時邁〉、〈執競〉、〈思文〉三詩以充三夏，其意蓋傚「〈文王〉之三」、「〈鹿鳴〉之三」，然其可證者獨〈時邁〉有「肆于時夏」之語而

已，〈思文〉之為〈納夏〉，既無可證，至如〈執競〉，明曰「成康」，則為昭王以後之詩無疑矣。夫昭王以後之詩，而周公作《周禮》時豈得有之哉？最疎妄之甚者也。何楷則以為：〈王夏〉，文王在上之詩是也，〈肆夏〉，〈時邁〉之詩是也，〈韶夏〉，昭雝之詩是也，〈納夏〉，〈武〉之詩是也，〈章夏〉，〈棫樸〉之詩是也，〈齊夏〉，〈思齊〉之詩是也，〈族夏〉，〈行葦〉之詩是也，〈祴夏〉，〈楚茨〉之詩是也，〈驁夏〉，〈桑扈〉之詩是也。其說雖如可聞，要無確據。特取詩中一、二字相彷彿者以強成其說。善哉！鄭司農云：「九夏，疑皆《詩》篇名，〈頌〉之族類也。此歌之大者，載在樂章，樂崩亦從而亡，是以〈頌〉不能具。」可謂卓見也。（頁310-311）

案：《周禮・春官・鍾師》云：「鍾師掌金奏，凡樂事，以鍾鼓奏九夏：王夏、肆夏、昭夏、納夏、章夏、齊夏、族夏、祴夏、驁夏。」[96]又《左傳・襄公四年》云：「穆叔如晉，報知武子之聘也。晉侯享之，金奏〈肆夏〉之三，不拜。工歌〈文王〉之三，又不拜。歌〈鹿鳴〉之三，三拜。」[97]《國語・魯語下》亦云：「夫先樂金奏〈肆夏樊〉、〈遏〉、〈渠〉，天子

---

[96] 見《周禮注疏》卷 24（臺北：藝文印書館影印清嘉慶二十年江西南昌府學刊本，1955 年），頁 1。
[97] 見《左傳注疏》卷 29（臺北：藝文印書館影印清嘉慶二十年江西南昌府學刊本，1955 年），頁 16。

所以饗元侯也；夫歌〈文王〉、〈大明〉、〈緜〉，則兩君相見之
樂也。」[98]又此〈周頌・時邁〉詩云：「我求懿德，肆于時夏，
允王保之。」漢、晉學者對此四者間之關係已有異論，宋、
元以來，亦多有爭議。[99]東條一堂對此問題詳加論述，贊成「鄭
司農」之說，由此可顯示其對名物制度考證之高度興趣。唯
前引東條一堂《詩經標識》文中謂：「鄭司農云：『九夏，疑
皆《詩》篇名，〈頌〉之類也。此歌之大者，載在樂章，樂崩
亦從而亡，是以〈頌〉不能具。』」此稱「鄭司農云」，考諸
《周禮・鍾師・注》，實作「玄謂」，乃鄭玄之語，[100]一堂蓋
偶誤也。或者一堂本欲云：「鄭後司農云」，而鈔本脫「後」
字歟？

五、《詩經標識》對朱《傳》、毛《傳》
　　、鄭《箋》之態度

東條一堂《詩經標識》中每引用太宰春臺《朱氏詩傳膏

98　見《國語》（臺北：里仁書局影印點校本，1980年），頁186。

99　詳參清孫詒讓：《周禮正義》，頁1885-1892所述（北京：中華書
　　局點校本，1987年）。

100　《周禮・春官・鍾師》，鄭玄《注》云：「以鍾鼓者，先擊鍾，次
　　擊鼓。（中略）玄謂：以〈文王〉、〈鹿鳴〉言之，則九夏皆詩篇
　　名，〈頌〉之族類也。此歌之大者，載在樂章，樂崩亦從而亡，
　　是以〈頌〉不能具。」（《周禮注疏》卷24，頁2）案：「玄謂」
　　以下乃鄭玄之語，明白可知也。

肓》之說，則其嘗受大宰春臺此書之影響，固不待言。唯太
宰春臺著《膏肓》旨在糾朱《傳》之失，其卷首自述云：

> 晦庵本不知《詩》，其說《詩》也，不足道已。然其間
> 有紕繆者，貽學者害不少，則亦豈得辯哉？庚戌之春，
> 二三從遊者，集於紫芝園而讀《毛詩》，論及朱《注》，
> 余為悉辯其非，因又錄其中一二尤者以示之，庶幾大
> 意已明，三百篇之旨，因可以例推云。（頁1）

由此可知，太宰春臺對朱《傳》採取較否定之態度，而《朱
氏詩傳膏肓》一書則全在訂朱《傳》之失，故名之曰「膏肓」。
[101] 至於太宰春臺對於「學《詩》之方」，有如下之說法：

> 夫《詩》者，人情之發也，豈可以心言哉？非徒不可
> 以心言，亦不可以道言，必以心與道言，仲晦之所以
> 不達于《詩》也。不啻仲晦為然，大都宋儒皆然，《詩》
> 之衰于宋，職此之由，哀哉！此不特《詩》之厄，迺
> 道之厄也。有志于復古者，可不為痛哭乎？客問曰：「然
> 則今人學《詩》如之何？」曰：「從毛、鄭及《爾雅》
> 訓故，以求其義，不問作者之賢否，不議言之邪正，
> 但誦其辭，朝夕諷詠，以求其為人溫柔敦厚而不愚，
> 可以興，可以觀，可以羣，可以怨，可以事父，可以
> 事君，可以多識於鳥獸草木之名，與夫可以言，可以

---

[101] 參註31。

達於政事，可以使於四方而能專對，可以不牆面而立
者，此古人學詩之方也。」[102]

太宰春臺出自荻生徂徠之門，其崇尚古學之態度由上述之語
可以清楚看見。[103]太宰春臺認為「古人學《詩》之方」乃「從
毛、鄭及《爾雅》訓故，以求其義。」則其專崇毛、鄭而貶
抑朱《傳》之態度至為明顯。然東條一堂之態度則非全然如
此。

　　東條一堂《詩經標識》以朱熹《集傳》為文本，其議朱
《傳》之失，處處可見。一堂或言朱傳「非是」，[104]或謂朱說
「自相矛盾」，[105]或斥朱說「大失文意」、[106]「傅會甚矣」、[107]

---

[102] 見太宰春臺〈讀朱氏詩傳〉，頁3，《朱氏詩傳膏肓》書首附，同
註54。
[103] 有關荻生徂徠、太宰春臺之學統，參下文第六節所論。
[104] 如〈鄘風・牆有茨〉，《標識》云：「按：〈牆有茨〉蓋刺讒也。『中
冓』，心中構成也，言讒言也。若閫中之事，則不宜云『言』，朱
子以事易言，非是。」（頁86）。
[105] 如〈衛風・氓〉，《標識》云：「按：蚩蚩已為怨而鄙之，則非實
蚩蚩無知也。至此又云『以御蚩蚩之氓』，則實蚩蚩也。朱子說
自相矛盾。」（頁102）。
[106] 如〈魏風・園有桃〉，《標識》云：「（前略）若朱子說，易『曰』
字以『言』字，始可通，大失文意。」（頁134）。
[107] 〈秦風・晨風〉，《標識》云：「按：朱子引〈庡屢之歌〉，以為秦
俗固然，傅會甚矣。」（頁150）

「拘哉」、[108]「泥」、[109]「過巧」、[110]「恐非古意」、[111]「恐無
確據」、[112]「未知何據」[113]等，可見其對於朱《傳》之說乃多
有批評，尤其對朱《傳》之求義理過深與好作評語時有不滿。
[114]然東條一堂對朱《傳》並非全然否定，亦有肯定朱說為是
者，如〈大雅・思齊〉首章：「思齊大任，文王之母。思媚周
姜，京室之婦。」朱熹《集傳》云：「思，語辭。」（頁143）
東條一堂《標識》云：

> 「思齊大任」、「思媚周姜」並與「思文后稷」同文法，
> 朱子解「思」為「語辭」，甚是也。（頁273）

又如「周頌・振鷺」：「在彼無惡，在此無斁。庶幾夙夜，以
永終譽。」朱熹《集傳》云：

> 彼，其國也。在國無惡之者，在此無厭之者，如是則

---

108 見《標識》，頁159。
109 見《標識》，頁237。
110 〈小雅・小宛〉，《標識》云：「朱子說《詩》，往往過巧。」（頁
　　230）
111 〈召南・江有氾〉，《標識》云：「按：朱子解『其嘯也歌』甚巧，
　　然恐非古意。」（頁54）。
112 〈王風・揚之水〉，《標識》云：「然則鄭云『燕舞之位』者，猶
　　言遨遊之處也。朱子為『舞位』者，恐無確據。」（頁114）。
113 〈邶風・北風〉，《標識》云：「按：朱子訓『虛』為『寬貌』，未
　　知何據。」（頁79）。
114 參下文第六節所論。

庶幾其能夙夜以永終此譽矣。陳氏曰：「在彼不以我革
其命而有惡於我，知天命無常，惟德是與，其心服也。
在我不以彼墜其命而有厭於彼，崇德象賢，統承先王，
忠厚之至也。」（頁179）

東條一堂《標識》云：

按：朱《注》甚穩，陳氏說誤矣。（頁315）

此以「甚穩」評朱熹之說，而謂陳傅良[115]之說為非也。

　　東條一堂《標識》以朱《傳》為文本，其引毛《傳》、鄭
《箋》主在與朱《傳》對照，以斷朱《傳》之是非。大體而
言，其引毛《傳》、鄭《箋》，多持肯定之態度，如〈邶風‧
凱風〉末章：「睍睆黃鳥，載好其音。有子七人，莫慰母心。」
毛《傳》：「睍睆，好貌。」鄭《箋》云：「睍睆以興顏色說也。」
（卷2之2，頁2）朱熹《集傳》：「睍睆，清和圓轉之意。」
（頁16）東條一堂《標識》云：

毛《傳》：「睍睆，好貌。」鄭云：「睍睆以興顏色說也。」
按：朱子「清和圓轉之意」，不知何據。且「關關」以
聲言，故下曰：「在河之洲」，「睍睆」以貌言，故下曰：
「載好其音」，其以貌言者，決矣。〈小雅〉：「睆彼牽

---

[115] 陳傅良，南宋浙江溫州瑞安人，字君舉，號止齋。著有《毛詩解
　　詁》。

> 牛，有晥其實。」《禮‧檀弓》：「華而晥，大夫之簀歟？」
> 皆言明瑩美好之貌，當從毛為正。（頁 70）

此舉毛、鄭之說以為對照，而議朱《傳》「清和圓轉之意」說之失，謂「當從毛為正」。若此之例屢見，[116]茲不繁舉。

然《詩經標識》中亦可見一堂以朱《傳》與毛《傳》或鄭《箋》比較，而以朱《傳》為長者。如〈曹風‧候人〉末章：「薈兮蔚兮，南山朝隮。婉兮孌兮，季女斯飢。」毛《傳》：「薈蔚，雲興貌。南山，曹南山也。隮，升雲也。」鄭《箋》云：「薈蔚之小雲，朝升於南山，不能為大雨，以喻小人雖見任於君，終不能成其德教。」（卷 7 之 3，頁 6）朱熹《集傳》云：「薈蔚，草木盛多之貌。」（頁 69）東條一堂《標識》云：

> 按：「薈蔚」，毛云：「雲興貌。」雖薈蔚皆草木貌，亦可借以為雲貌，似毛說不必改。然下文「婉孌」，季女貌，而非飢之貌，則「薈蔚」亦當南山貌，非朝隮貌，朱子說確矣。（頁 163）

案：此處「薈蔚」，朱《傳》與毛、鄭異解，東堂以上下文斷之，乃謂朱說為確，此不從毛、鄭之說也。又如〈陳風‧東

---

[116] 其他之例，如〈周南‧汝墳〉末章：「魴魚赬尾，王室如燬。雖則如燬，父母孔邇。」朱《傳》云：「父母，指文王也。」（頁5-6）東條一堂《標識》云：「按：『父母』，毛無解，鄭以為其夫之母，是也。」（頁 36）。此亦從鄭《箋》而議朱《傳》之失。

門之枌〉末章：「穀旦于逝，越以鬷邁。」毛《傳》：「鬷，數。」
鄭《箋》云：「鬷，總也。」（卷7之1，頁6）朱熹《集傳》
云：「鬷，眾也。」（頁64）東條一堂《標識》云：

> 按：鄭云：「鬷，總也。」孔云：「言於是男女總集合
> 行，[117]為此淫亂。〈商頌〉稱『鬷假無言。』謂總集之
> 意，則此亦當然，故以鬷為總。」按：朱子云：「鬷，
> 眾也。」於義似長，然未詳何所本。（頁153）

此處鄭、朱解「鬷」字有異，一堂謂朱說「於義似長」，亦不
從鄭《箋》之說。此外，一堂亦有讚朱《傳》不從毛《傳》
為卓識者，如〈商頌・玄鳥〉，一堂《標識》云：

> 按：簡狄吞卵生契，其事雖似恢誕，蓋古來所傳如此，
> 故詩人取以作《頌》耳。不必問其古實有此事與否，
> 猶後世如牽牛、織女、嫦娥及神仙之說，詩人皆取以
> 入詩中，而不必覈其實也。自毛萇、蔡邕輩而下，諸
> 儒多不取[118]神怪之說，特不知詩人但取古來所傳，不
> 必覈其實，古今同一軌也。朱子不從毛，可謂卓矣。（頁
> 328）

此謂朱熹不從毛《傳》，仍採簡狄吞卵生契之說，「可謂卓矣」，

---

117 校訂本《詩經標識》此處斷句為「言於是男女總集合」，未當，
　　今改正。
118 「取」，原作「敢」，當是「取」之訛，今改正。

肯定之情，極為明顯。

　　東條一堂對朱《傳》、毛《傳》、鄭《箋》之態度，尤可
注意者，乃一堂有時亦並駁三者之非，以為皆不可信。如〈齊
風・無衣〉：「豈曰無衣七兮？不如子之衣，安且吉兮。豈曰
無衣六兮？不如子之衣，安且燠兮。」東條一堂《標識》云：

> 按：衣七、衣六，是自言衣數，非章數明矣。但言其
> 所有已多而不之用也。按：曰七、曰六，亦變文叶韻，
> 如良馬五之、六之之例，不必有其義。朱子從毛、鄭
> 說，為六命之服者，非。且前章曰：「倨慢無禮。」此
> 章曰：「謙也」、「幸也」，何其言之遽變邪？（頁144）

此處一堂謂朱《傳》從毛、鄭之說，解「豈曰無衣六兮」之
「六」為「六命之服」，其說有誤，此對於毛、鄭、朱並不從
之例也。另有《標識》雖僅駁毛、鄭，而朱《傳》同毛、鄭，
則實亦兼駁之者。如〈小雅・賓之初筵〉第二章：「賓載手仇，
室人入又。」毛《傳》：「室人，主人也。」鄭《箋》云：「室
人，有室中之事者，謂佐食也。」（卷14之3，頁9）朱熹《集
傳》云：「室人，有室中之事者，謂佐食也。」（頁129）東條
一堂《標識》云：

> 「室人」，毛云：「主人也。」鄭云：「有室中之事者，
> 謂佐食也。」按：毛、鄭二說，共似未妥。〈邶風〉：「我
> 入自外，室人交徧謫我。」《禮記》：「婦順者，順于舅
> 姑，和于室人，而後當于夫。」皆言家中之人。（頁258）

此處東條一堂解「室人」為「家中之人」，故以毛、鄭之說為非，然朱《傳》正同於鄭《箋》，可知一堂實兼駁毛、鄭、朱三家之說也。

以上略述東條一堂對朱《傳》、毛《傳》、鄭《箋》之態度，綜而言之，一堂對朱《傳》多所糾駁，然仍不否定其長處；屢引毛《傳》、鄭《箋》之說以訂朱《傳》之失，然對毛、鄭之不可從者仍加以批評。另一堂尚有以毛、鄭、朱皆非，而提出己見者。由一堂對朱《傳》、毛《傳》、鄭《箋》之態度而觀，其雖較傾向於毛、鄭古注，然非一味從之，朱《傳》或明代學者之意見，可資參考者仍取之，[119]表現出「折衷派」之學風特色。

六、《詩經標識》之評價

自中國南北朝時期，《詩經》由百濟傳入日本之後，在日本講誦不絕，文武天皇大寶二年（702）起所施行之大寶律令中，《詩經》被明定為「明經道」考試典籍之一，且被列為「中經」，從此，以《毛傳》、鄭《箋》、孔《疏》為講說依據之傳統延續不斷。至後小松天皇應永十年（1403）朱熹《詩集傳》從中國明朝傳入，逐漸形成漢、唐「古注」和朱熹「新注」

---

[119] 《標識》於明代學者之著作中，徵引最多者為何楷《詩經世本古義》，另又引及胡廣等所撰《詩傳大全》、陳元亮《鑑湖詩說》等。

之區別。[120]室町時代儒者清原宣賢（1475-1550）之《毛詩抄》乃其講說《詩經》之記錄，其講說所據仍以漢、唐古注為主，而參以宋人新注。[121]德川時期，江戶幕府支持林家之學問，朱子學成為官學，朱熹《詩集傳》亦成為《詩經》學講說主流，其後有京都之伊藤仁齋（1627-1705）與江戶之荻生徂徠（1668-1728）相繼對朱子學加以反動，主張依古注以解經，而批判朱子新注，此即所謂「古學派」。[122]太宰春臺為荻生徂徠之門人，其所撰《朱氏詩傳膏肓》專糾朱《傳》之失，可謂「古學派」學風之具體反映。東條一堂承皆川淇園、龜田鵬齋之學，於《詩經標識》中雖顯示其嘗受太宰春臺《朱氏詩傳膏肓》之影響，然《標識》並不全然否定朱《傳》，對毛、鄭古注雖然崇尚，亦不一味遵從，因而東條一堂之《詩經》學乃顯現「折衷派」之學風。

---

[120] 以上敘述，參考村山吉廣：〈日本詩經學史〉，《第五回東洋國際學術會議論文集》（漢城：成均館大學校出版部，1995 年），頁471-475。

[121] 參見拙著：〈清原宣賢《毛詩抄》研究〉，《臺灣東亞文明研究學刊》，第 1 卷，第 2 期，2004 年 12 月，後收入張寶三・楊儒賓合編：《日本漢學研究續探：思想文化篇》（臺北：臺大出版中心，2005 年）。

[122] 高田真治：《日本儒學史》（同註 15）、高須芳次郎：《近世日本儒學史》（東京：越後屋書房，1943 年），皆將伊藤仁齋與荻生徂徠歸入「古學派」。另有學者稱伊藤仁齋為「古義學派」，稱荻生徂徠為「古文辭學派」，參許政雄（譯註）：《日本儒學史概論》（臺北：文津出版社，1993 年），頁 46、52。

　　《詩經標識》中博引先秦以迄清代之著作，可見其用功之深。東條一堂《詩經標識》引清人著作，僅及於陳啟源《毛詩稽古編》、毛奇齡《毛詩寫官記》、姚際恆《古今偽書考》等數種而已，此較諸一堂他經《標識》及《四書知言》，則顯然殊少。例如《論語知言》卷一云：

　　　　《皇清經解》卷四百五十一，仁和翟教授灝著《四書考異》：「『不亦說乎？』」，皇侃《論語義疏》本『說』字作『悅』。按：古喜說、論說同字，漢後增从心字別之。（下略）」[123]

此引翟灝《四書考異》，乃據《皇清經解》正編本，則《論語知言》中引其他清人著作或亦有出自《皇清經解》者。[124]然東條一堂《詩經標識》引及陳啟源《毛詩稽古編》一條（見頁 20），其書雖收入《皇清經解》卷六十九至九十九中，然東條一堂未言其引自《皇清經解》，且《皇清經解》所收其他《詩

---

[123] 見東條一堂：《論語知言》（東京：書籍文物流通會，1965 年），頁 29。

[124] 又〈八佾・子貢欲去告朔之餼羊章〉，《論語知言》云：「《皇清經解》卷七百九十八，《劉氏遺書》寶應劉訓導台拱著《論語駢枝》曰：（下略）」（頁 155）此亦引《皇清經解》之例也。另如《論語知言》引及毛奇齡《論語稽求編》、臧琳（茂才）《經義雜記》、錢大昕《潛研堂文集》、朱彬《經傳考證》等書，亦皆見於《皇清經解》中。

經》著作,《標識》皆未嘗引及。[125] 又如《左傳標識》曾引及朱彝尊《經義考》[126] 及王引之《經義述聞》,[127] 此二書亦皆論及《詩經》,然一堂《詩經標識》亦未引及。由此推之,《詩經標識》之鈔本雖寫於嘉永三、四年（1850、1851）東條一堂七十三、四歲之頃,然其原書「備忘札記」之寫作,當較他經《標識》及《四書知言》為早,反映東堂較早期之見解。[128]

　　至於一堂於清人《詩經》學著作中僅及陳啟源《毛詩稽古編》及毛奇齡《毛詩寫官記》亦值得玩味。一堂之師皆川淇園嘗閱讀毛奇齡《西河合集》,[129] 則一堂之得見《毛詩寫官記》或與皆川淇園有關。毛奇齡之《詩經》著作於清乾嘉時

---

[125] 例如《皇清經解》收錄惠周惕《詩說》、戴震《毛鄭詩考正》及《詩經補注》、段玉裁《詩經小學》、焦循《毛詩補疏》等書,東條一堂《詩經標識》皆未引及。

[126] 見東條一堂:《左傳標識》（東京:書籍文物流通會,1963 年）,頁 25、33、51 等。

[127] 見東條一堂:《左傳標識》,頁 72、123、128、132、139、146、174、184、185…等。

[128] 據清夏修恕《皇清經解・序》所述,《皇清經解》正編刻成於道光九年（1829）。另據高田真治《日本儒學史》所述,《皇清經解》於日本天保六年（1835,清道光十五年）首度由狩谷棭齋自書肆購得,蓋為《皇清經解》傳入日本之始（見《日本儒學史》,頁 197）天保六年（1835）,東條一堂年五十八,在逝世前二十二年。

[129] 參見高田真治:《日本儒學史》,頁 193,同註 15。

期亦頗流傳於朝鮮，[130]其風行於日、韓之現象及原因頗可再作探究。另《標識》引陳啟源《毛詩稽古編》僅一見，其緣由待考。

　　日本「古學派」說《詩》重視「人情」，伊藤仁齋嘗云：「詩出於人情。」[131]「蓋人情以詩而知。」[132]荻生徂徠亦云：「夫古之《詩》，猶今之詩也，其言主人情，豈有義理可言哉？」[133]出於徂徠門下之太宰春臺更云：「夫詩者，人情之發也，豈可以心言之哉？非徒不可以心言，亦不可以道言，必以心與道言，仲晦之所以為不達于《詩》也。」[134]此以人情說《詩》，

---

[130] 朝鮮正祖《詩經講義》中甲辰年（1784 年，清乾隆四十九年），抄啟文臣洪義浩之應答中曾引及毛奇齡之說（見《弘齋全書》，卷 87，頁 24）又己酉年（1789 年，乾隆五十四年）正祖提問中嘗云：「近見一文字自燕中出來者，載其論《詩》說。」（《弘齋全書》卷 88，頁 2）所指亦為毛奇齡之著作，足見毛奇齡之《詩經》著作於乾隆時期已流行於朝鮮。

[131] 見伊藤仁齋：《論語古義》卷 4，頁 121，「子曰興於詩」章注，《日本名家四書註釋全書》（東京：東洋圖書刊行會，1925 年）。有關伊藤仁齋之《詩經》見解，參見土田健次郎：〈伊藤仁齋 詩經觀〉，《詩經研究》，第 6 號（東京：詩經會詩經研究，1981 年 6 月）。

[132] 見伊藤仁齋：《論語古義》，卷 8，253 頁，同上註。

[133] 見荻生徂徠《辨名》。有關荻生徂萊之《詩經》見解，參見若水俊：〈徂萊學「詩經」〉，《詩經研究》，第 9 號（東京：詩經學會，1984 年 12 月）。

[134] 見太宰春臺：〈讀朱氏詩傳〉，頁 3，《朱氏詩傳膏肓》書首附，同註 54。

旨在矯朱熹《詩集傳》「過求義理之病」。[135]此種「主人情」之
說《詩》風氣，較易喚起讀者對《詩經》文學性之注意。[136]東
條一堂《詩經標識》之《詩經》觀中有「《詩》亦寓言」說，
謂「凡陟岵涉野、采蘋采蘩之類，皆為虛設之言，讀《詩》
者已得其情，則宜略其言可也。」（頁16）東堂又有「便韻」
說，謂：「詩疊章者，大抵皆同意，特以反覆詠嘆之也。其有
異辭者，亦唯以便韻已。」（頁127）此外東堂又有「興意本
淺」說，謂：「詩人取興，其意本甚淺，而說《詩》者常失諸
深。」（頁20）凡此，皆較側重從《詩》創作之角度以論《詩》，
旨在避免解《詩》者過度推求《詩》中之義理，此種釋《詩》
角度，亦有助於《詩經》文學性之闡發。東條一堂「便韻」
說曾受太宰春臺之影響已如前節所述。在中國學者中，姚際
恆早生東條一堂一百餘年，其所著《詩經通論》已有「變文
換韻」、「趁韻」之說，[137]唯一堂蓋未之見也。

　　東條一堂受太宰春臺《朱氏詩傳膏肓》之影響，而有「便
韻」之說，此說雖可提醒解《詩》者避免穿鑿之病，然若謂
凡《詩》中變文換韻之處皆無深義可求，則又未免言過其實。
林慶彰先生在〈太宰春臺《朱氏詩傳膏肓》對朱子的批評〉
一文中，即嘗論云：

---

[135] 太宰春臺《朱氏詩傳膏肓》於〈周南‧兔罝〉篇云：「晦庵說《詩》，
　　必欲使其義一章重一章，乃過求義理之病也。」（頁4）
[136] 參見村山吉廣：〈日本詩經學史〉，同註120，頁479。
[137] 參前註64。

> 關於太宰氏對朱子的批評，筆者有不同看法。《詩經》
> 的詩篇作者不一，表現手法當然也有不同，在那麼多
> 的詩篇中，純粹是疊章換韻，意義沒有變化的固有不
> 少，但必須換字才能換韻，既換字，字義就有不同。
> 字義既不同，仍將它定為純換韻而已，未免拘泥不通。
> 138

林先生此處指出太宰春臺說之缺點，移之以評東條一堂「便韻」說，亦能切中其弊。東條一堂之「興意本淺」說，可矯解《詩》者對《詩》中「興」意推求過深，穿鑿附會之弊，然有關《詩經》「興」義之探討，盤根錯結，恐未可如此單純視之。

　　東條一堂對《詩經》之訓解，涉及校勘、句讀、字義訓釋、名物制度等方面，所論已頗深入，與乾嘉學者之《詩經》訓釋方法，頗有類似之處。唯一堂《詩經標識》引清人《詩經》學著作，僅及於陳啟源《毛詩稽古編》與毛奇齡《毛詩寫官記》而已，未引用其他清朝初期或乾、嘉、道光時期之著作，因此對清儒之解《詩》成果尚未能充分利用，其論證未能如乾、嘉、道光學者之綿密。茲舉校勘之一例言之，如前文第四節嘗論及〈豳風‧破斧〉：「既破我斧，又缺我錡。」毛《傳》：「錡，木屬。」東條一堂以為毛《傳》「木屬」當作

---

138 見《笠征教授華甲紀念論文集》（臺北：臺灣學生書局，2001 年），頁 199。

「耒屬」，「木」乃「耒」之誤。與一堂時代相近之清儒胡承珙，其所著《毛詩後箋》與一堂有相同之見解，胡氏論云：

> 器之以木為者多矣，要不得云「木屬」。韓以「錄」為「鑿屬」，毛以「錄」為「木屬」，此師承各異。然「木屬」二字殊不成語。竊疑「木」為「耒」字之誤。《說文》「耒，兩刃臿也。从木，丯，象形。宋、魏曰耒也。鈶，耒或从亏。」《方言》：「臿，宋魏之間謂之鏵。」「耒」、「鏵」蓋古今字。今人猶謂之「鏵鑿」。《釋名》：「臿，插也，掘地起土也。」錄蓋亦起土之物，故〈大雅〉：「捄之陾陾。」《箋》云：「捄，捊也。」《說文》：「捊，引取土也。」「捄」與「錄」皆從「求」得聲，所以取土者謂之「錄」，因而取土亦謂之「捄」。《管子‧輕重乙》云：「一車必有一斤、一鋸、一釭、一鑽、一鑿、一錄、一軻，然後成為車。」《周禮‧鄉師‧注》引《司馬法》云：「輂一斧、一斤、一鑿、一梩、一鋤，周輂加二版、二築。」賈《疏》云：「梩或解為臿，或解為鍬。鍬、臿亦不殊。」然則《司馬法》之「一梩」，或即《管子》之「一錄」，皆鍬、臿之類，故《傳》以「錄」為「耒屬」歟？（頁723）

胡承珙旁徵博引，反覆論證，以斷毛《傳》「木屬」之「木」為「耒」之誤，結論與東條一堂同，然其考證則視東堂為詳密也。

　　東條一堂訓釋字義，能注意文法、上下文關係，並重視文理通順，訓釋有據，故其解多有所見。然一堂對《詩經》之訓解亦有可議者，如〈小雅・伐木〉：「伐木許許，釃酒有藇。既有肥羜，以速諸父。寧適不來，微我弗顧。於粲洒埽，陳饋八簋。既有肥牡，以速諸舅。寧適不來，微我有咎。」鄭《箋》云：「寧召之，適自不來，無使言我不顧念也。」（卷9之3，頁3）朱熹《集傳》云：

> 言具酒食以樂朋友，如此寧使彼適有故而不來，而無使我恩意之不至也。孔子曰：「所求乎朋友，先施之，未能也。」此可謂先施矣。（頁82）

東條一堂《標識》云：

> 按：「微我弗顧」猶謂「微弗顧我」，「微我有咎」猶謂「微有咎我」，《詩》意蓋言寧適以他故不來，冀其無以弗顧念我之故；寧適以他故不來，冀其無以有責咎我之故也。（頁182）

案：〈伐木〉云：「寧適不來，微我弗顧。」、「寧適不來，微我有咎。」鄭《箋》及朱《傳》之解已合理可從，一堂必欲以為乃「微弗顧我」、「微有咎我」之倒文，恐有未安也。

　　東條一堂之《詩經標識》乃以朱熹《詩集傳》為文本所作之「備忘札記」，由弟子鈔寫而成，其鈔寫之日期雖在一堂七十三、四歲之頃，然由其引書情況推之，恐是出於一堂較

早期之手。其書對《詩經》雖無太多創見，然一堂駁朱而不全否定朱，崇毛、鄭而不一味從毛、鄭，表現出「折衷派」之學風，藉此可考見江戶後期《詩經》學之一斑，仍具有其學術價值。

結論

　　東條一堂除於文化元年（1804）短暫受聘為弘前藩黌「稽古館」之督學外，一生設帷講學，及門弟子近三千餘人，可謂純粹儒者。其門人中有桃井儀八、安積五郎、間崎哲馬等勤皇志士，對幕末勤皇論之鼓吹具有深遠影響。東條一堂嘗受學於皆川淇園及龜田鵬齋之門，承其學統，一生著述不輟，今可考見者有一百餘種。本文就東條一堂所著《詩經標識》加以研究，其書乃以朱熹《詩集傳》為文本所作之「備忘札記」，由門人鈔寫而成。書中每引用前人之說，並時有東條一堂之按語。其引書，在日本方面，僅引及太宰春臺之《朱氏詩傳膏肓》，中國方面雖遍及先秦至清代，其中以朱熹《集傳》、明何楷《詩經世本古義》及毛《傳》、鄭《箋》為最多，清人著作則僅及於陳啟源《毛詩稽古編》、毛奇齡《毛詩寫官記》及姚際恆《古今偽書考》等數種而已。由東條一堂他經《標識》及《四書知言》嘗引及《皇清經解》正編、朱彝尊《經義考》、王引之《經義述聞》等書之現象推之，東條一堂《詩經標識》或成於其較早期之手，故其引清人著作尚少。

　　東條一堂《詩經》觀，較可注意者，有「《詩》亦寓言」、
「便韻」、「興意本淺」等說法，其中「便韻」說深受太宰春
臺《朱氏詩傳膏肓》之影響。一堂解《詩》，涉及校勘、句讀、
釋義、名物制度等方面，雖不及清代乾、嘉、道光學者之綿
密，已類似乾、嘉考證學之風格。另東條一堂論《詩》，多糾
朱《傳》之失，然朱《傳》是者，亦不加以否定。其引毛《傳》、
鄭《箋》之說，主在訂正朱《傳》之非，然對毛、鄭之說亦
不一味曲從。一堂此種對待古注、今注之態度，表現出「折
衷派」之學風。

　　研究東條一堂《詩經標識》，可增進對江戶後期《詩經》
學之瞭解，以作為未來進一步研究日本《詩經》學史之參考。
安井小太郎在其為東條一堂《論語知言》所作之〈解題〉中
曾比較東條一堂《論語知言》與大田錦城《論語大疏》二書，
謂二者各有所長。東條一堂與大田錦城時代相近，兩者之《詩
經》學著作亦有可資比較研究者，唯因礙於篇幅及日力，此
部分之研究，且俟來日。

山鹿素行《中朝事實》中的天下與中國概念

甘懷真[*]

一、從「認同中國」的歷史課題出發

歷史上東亞的天下與中國概念的探討，近年來蔚為一個課題，研究者包含文史哲等領域。我個人也從東亞王權論的關懷出發，致力於此課題。[1]本文是探討十七世紀日本學者山鹿素行（1622-1685）的著作《中朝事實》中的天下與中國概念。目的既是探討日本江戶時代儒者的天下與中國觀念，同時也藉由東亞歷史上的皇帝制與天皇制的比較，探究近代日本天皇制作為國體的原因之一。

探究歷史上的天下與中國概念的困難點在於近代民族主義的糾結。關鍵之一在於「中國」成為國名，並指涉一個民

---

[*] 臺灣大學歷史系教授。
[1] 綜論性的論著如甘懷真：〈重新思考東亞王權與世界觀：以「天下」與「中國」為關鍵詞〉，《東亞歷史上的天下與中國概念》（臺北：臺大出版中心，2007年）。

族國家的事實。然而，這不是前近代的事實。當代一些史家經常有意無意從民族主義史觀出發，先預設「中國」一稱自古即是中國的國名，以探討歷史上「中國」一詞的變化。我在另文中對此類學說有所辯駁，因非本文主旨，於此不細論。[2]但作為討論之資，簡略說明結論如下。

歷史上的中國王權使用「中國」一詞以自稱，西周以前不論，至遲可上推至西元前第七世紀以來的春秋時代。此「中國」不是如國名一類的專有名詞，而是定義己身的政體性質。或許這是不精確的比喻，就好比現代國家以「共和國」自稱。而共和國一詞是用來界定政權的性質，而不是用來作為國家的名稱。即使「共和國」在某些語境與場合中是用來當作自己國家的名稱，如說自己的國家是共和國。「中國」一詞的直接涵義是指自己（的政權）是在天下之中央區域，是天子所居之地，因此是天下的統治者（集團）。藉由天下觀的操作，此居天下之中的統治者自是天子，而受天命以治天下。故該政權具支配天下的正當性。故與此「中國」概念相應出現的是「天下」概念。

秦漢以後的皇帝制度政權皆宣告自己是中國，進而論證

---

[2] 甘懷真：《天下國家：東亞王權論》，第三章〈中國概念的起源〉（臺北：三民書局，待刊）。也參照甘懷真：〈從天下觀到律令制的成立：日本古代王權發展的一側面〉，高明士編：《東亞傳統教育與法制研究（一）》（臺北：臺大出版中心，2005 年）。

自己得以支配天下。但綜觀二千年的歷史文獻中的法制文書，中國政權自稱為中國的情形，整體而言，並不多見。問題點不在於中國的國名是否為中國，而是傳統中國是否有西方式的國名概念。歷史上中國用來指涉己身的政權的名稱或概念是「天下號」或朝代名，如漢、魏、隋、唐、明、清一類。

日本列島上的大和王權至遲在第五世紀後期就自稱自己是「治天下」的政權。當第八世紀以後，律令制成立，更確立日本王權是「中國」，所統治的區域是天下。換言之，歷經長期的王權運動，天皇（大王、王）所統治著的日本自身也是一個天下，相對於中華帝國是一個天下。也從第八世紀開始，日本法制文獻中的「中國」一詞是指以天皇為中心的日本政權。即日本文獻中的天下與中國皆指日本自身。

此後，日本人的政治認同與文化認同的對象都是天皇所代表的日本，而非域外中國。即使就客觀而言，我們可以分析日本如何受容儒教、接受漢字、實行中國的律令制，而被包納於「中國文化圈」內。若從「認同中國」這一現象追究，前近代的所謂「認同中國」，是指歷史中的行動者採納中國的天下觀，即東亞王權的世界觀，進而創造自己的政權為「中國」。大和王權成功地作到這一點，也成為其後日本王權的基本理論。

戰後台灣政治問題的糾結在於「認同中國」。然而，台灣

的「認同中國」問題與前近代東亞世界中的「認同中國」問題是在不同的歷史脈絡中，不可混為一談。台灣的問題源於1949 年以後，國民黨以正統中國的名義統治台灣。然而依近代民族國家的規範，主權、領土、文化、認同等要素都實施於單一的空間領域中。1949 年以後的台灣，從民族國家的標準而言，是有條件作為一個國家，除了國際承認一項無法成立外。但同時島內許多人自認為是中國人。可是依當代民族國家的原則與國際現實，中國已由北京政權所代表。一個不在北京政權控制之下的台灣人，如何能自稱是中國人，又不認同北京政權。這是台灣國家（民族）認同的困境。為了在理論上解決這個難題，於是戰後台灣出現了所謂「文化中國」與「政治中國」的理論。因此台灣人可以宣告他認同中國文化，故是中國人，但不認同政治中國，此中國是北京政權所代表的國家。

　　進入歷史的長河，認同中國是一個古老的東亞歷史課題，只是台灣的認同中國是被置於民族國家在東亞發生以後的脈絡，而在前近代則是被置於天下的歷史脈絡。另一方面，「中國」在近代以來被轉換為國名，成為指稱今天中國的專有名詞。這些都造成今天關於這個問題研究上的諸多混淆。也因此，我們重看東亞歷史上的「認同中國」的歷史課題時，須辨明二個脈絡。一個是萬國公法與近代國際關係中的認同中國，另一個是東亞的天下觀念與秩序下的認同中國問題。本文將討論的以山鹿素行為主的江戶時代儒者，如何在第二

個歷史脈絡下，論證日本為「中國」的議題。

　　山鹿素行等近世日本儒者的中國論，即論證日本為中國的相關研究，目前已是學界熟知的研究課題。[3]本文嘗試在此基礎上進一步探索，欲說明山鹿素行所面對的難題不只在於日本是否為「中國」，更是歷史上的中國與日本的兩個天下的競合，而其矛盾的產生則是十七世紀以來，儒學的再度傳來。

　　如前所述，日本自律令制時代以來，即自我定義為「中國」。也一如同時的中國，「中國」只是自我意識的一種說法，並無特殊，也不常用。江戶儒者要證明日本即「中國」，只要引證其典籍，其實不難。難題在於中國與日本各自稱「中國」，而各自有「天下」，此「二個天下」的競合與矛盾。而這個競合與矛盾的關係因為十七世紀以後儒教傳入日本，且日本儒者在日本的政治、學術界開始占有一席之地後而成為一個必須解決的難題。對於日本儒者而言，這是一個必須辨明的矛盾。因為基於儒教信仰，他們不能否定儒學是從異國的中國傳入，但又要主張中國與日本同屬於一個儒教的世界。在此同時，日本儒者又基於某種前近代式的民族主義的自國認同，想證明日本的「天下」優於中國的「天下」。而這種辯論，以山鹿素行的語言表現，就是要論證日本才是真正的「中

---

[3]　近期的研究如黃俊傑：〈論中國經典中「中國」概念的涵義及其在近世日本與現代臺灣的轉化〉，甘懷真編：《東亞歷史上的天下與中國概念》（臺北：臺大出版中心，2007 年）。

國」。

　　本文將以山鹿素行《中朝事實》的討論為根據，探索日本江戶時期的儒者的天下與中國概念。雖難免有大題小作之嫌，只願藉由較細緻的史料解讀，探討我所關心的東亞歷史的天下與國家概念的變化。

二、近世儒學的傳入日本及其危機

　　十七世紀中國的儒學傳入日本，引發新的局勢與危機。[4]不同於一千多年前以「大化改新」為代表的儒學輸入，這次的儒學輸入同時引進了可以概括為「道統」的聖人譜系及其信仰，以及相應的「儒者」身分認同。從約第三世紀開始，中國皇帝制度的相關知識影響了東北亞新興王權的建國運動。這些知識多根據儒家經典，故也可以被稱為儒教。但此時的儒教被視為普世文明。即對於接受者而言，他是接納並學習一種文明的內涵，接受者的主觀中並不認為是採納了某個國家或政團所具有的獨特文化，如所謂中國文化。

---

[4] 這個課題，可溯自丸山真男：《日本政治思想史研究》（東京：東京大學出版會，1983 年，原 1952 年）的出版，是戰後日本人文社會科學界的重要議題。較近的反省與新論述的展開可參見渡辺浩：《近世日本社会と宋学》（東京：東京大學出版會，1985 年）第一章〈德川前期における宋学の位置〉。

　　第八世紀以後的日本律令制誠然在客觀上是輸入中國文化，或謂模仿中國。但當事人的主觀卻不以為然。反而是日本王權的運動者藉由中國式的律令制而建立了日本政治與文化的主體性。如日本的政治權威可以不再訴求於外部的中國天子。換言之，此時的儒學，及其相關的漢字、律令，被視為普世文明，而非中國文明，故被受容而用來創造日本己身的王權與天下。從客觀面而言，十八世紀以前，東亞存在著二個天下，中國的天下與日本的天下，也各自宣告自己是「中國」。

　　十七世紀以來的近世日本，延續第八世紀以來由律令制確立的天下體制，即日本是一個天下，日本王權即「中國」。而日本在經歷了中世之後，自國認同觀念益形強烈，日本是一個獨立的政治實體的觀念已為普遍共識。十七世紀以來德川幕府中央集權的趨勢，更促成了這種自國認同。

　　十七世紀以後，另一波的儒學開始盛行日本。新一波傳入的中國儒學，或謂宋學。就中國儒學史的演變來看，宋學自身也出現型態的變化。或許我們可以說，近世中國的儒學也朝向自國取向發展，表現在華夷之辨、君臣關係、大義名分等課題的重視。宋學的思想強調以中國皇帝為頂點的政治秩序。當時日本之所以積極引入儒學，其原因之一殆為新的幕藩體制國家需要儒學所蘊涵的君臣、名分等政治理論。另一方面，道統論也是中國近世儒學的重要內容。聖人傳心的信念塑造了近世儒學的特色，也發展出儒者身分的認同。這

個認同感將已身連繫到中國沂、泗諸水河畔的儒學發源地，儒者是作為聖人在現世的代理人。儒家經典就是儒家聖人的語錄或啟示。作為儒者即信奉儒家聖人及其經典。

於是，近世日本的接受新儒學同時引發「自國認同」的危機。[5]表面上的爭議是誰是「中國」，日本抑中國？但這個論爭的脈絡卻是二個天下觀的競合。歷來儒學或謂儒家的經典詮釋之學都是在「一個天下」的基礎上。如前所述，日本自第八世紀後期以來，依儒家經典以建構新的政治體制，其方法是建構一個自我的天下，即以天皇為頂點的政治秩序。於是東亞的古代，中國與日本以各自的「天下」，進行政治運作。

近世新儒學引入日本所引發的「中國」論爭，至少有二個原因。其一是對於儒家經典的信仰。對於日本儒者而言，不能偏信儒家經典中部分理論或事實，而無視其他。故日本儒家要如何詮釋儒家經典中的「中國」與「天下」，成為一個課題。其二是近世中國新儒學強調道統與政統的抗衡與統一。雖然在中國的歷史脈絡中，道統與政統間，有學理及現實上的抗爭，互爭高下。具體而言，此類抗爭是發生在由聖人傳承所形成的道統，與天子所維繫的政統或治統間。但在儒學理論中，二者是相需相繫的。在空間上，聖人所維繫的

---

[5]　黃俊傑：〈從中日比較思想史的視野論經典詮釋的「脈絡性轉換」問題〉，《臺大歷史學報》34，2004 年。

聖域與天子所經營的天下是同一領域。且天子施政須依據聖人之道，而聖人之道須藉由天子施政才能維繫與傳播。

　　這樣的中國新儒學傳入一個自有「天下」的日本，引發當地儒者的認同危機，與其他學派的攻擊。在此之前，儒家經典與日本的天下認識並不衝突。但新儒學傳入日本後，日本儒者必須解釋儒家經典中的政道合一論與日本現實的矛盾。此矛盾的關鍵在於日本自有一個獨立的政治系統，且是學者間的共識。日本儒者在接受新儒學時，必須回應此中國儒家經典詮釋中的政道合一論。且政道合一論作為一套完整的儒學論述，日本儒者不可能只接受其一，而忽略另一。故當其與既有的日本的天下與中國觀念衝突時，儒者必須進行整體性的論辯。

　　十七世紀中期以後，日本儒家就這個課題的論述策略集中於證明二點。一、儒學是一種普世的原理，故所謂聖人之道的規範具有普遍性。此「天地之道」的自然之理，如君臣秩序自是普遍應存在於人間。中國儒者詮釋儒家經典必然只措意於中國之君（中國天子）與其臣民的關係。但這不意味日本人亦須奉中國天子為君，日本自可有其自國的政治秩序。只要此政治秩序是同樣服膺儒學理論。故儒學是一種超越國界的普遍真理。二、由於新儒家的傳入，使日本儒者相信中國與日本同屬於儒教世界，是「一個世界」。但這「一個世界」的認識卻是傳統的日本是「中國」並自有天下的信仰的危機。日本儒者開始認識到在語言（漢字）層次上，中國

與日本都各是「中國」，並擁有各自的天下。但日本儒者卻要
證明此二個天下即使對應兩個「中國」，仍只有一個「中國」
是真正的「中國」。這個「中國」是日本。如山鹿素行所論證，
其理據是天皇制的優越性。

三、神聖的皇統

　　江戶時代儒者的中國論中，以山鹿素行《中朝事實》具
代表性。如書名所示，這本書是要說明「中朝」，即日本國的
歷史。而這段歷史主要是日本古代天皇制。山鹿素行的興趣
自不在歷史。他只是要藉由這段「皇統」的歷史，證明日本
即「中國」，同時也是文明最先進之國。

　　山鹿素行作為一位儒者，在建構理論時，也以「天」為
終極價值的來源。故《中朝事實》的第一章為〈天先章〉。該
節強調「天」是倫理的終極來源，所謂「然乃天地者，人倫
之大原。」[6]這是一種非常宋學的論證方式。但在這種儒學的
形式下，山鹿素行所言的天地之始是依據所謂記紀神話，即
《古事記》與《日本書紀》所載的諸神創造宇宙、人間之說。
其中包括高天原諸神降於「中國」的歷史。山鹿素行再次以
記紀神話證明自古日本即是一個「天下」。如引用《日本書紀》

---

[6] 山鹿素行：《中朝事實》，收入《山鹿素行全集 13》（東京：岩波
　　書店，1942 年）。

的神武天皇東征之說，曰：「神武帝東征之日，因其山迹之多，以建州設都邑乃稱號耶麻騰，今之倭州是也。自此以耶麻騰為天下之通稱。」註曰：「外國猶稱夏殷周也。」[7]日本的天下，稱為「耶麻騰」。在日本歷史上，「耶麻騰」之音為 yamato，也被書寫為「大和」、「倭」或「日本」。依山鹿素行的見解，這是日本的天下的稱號。如「外國」之中國稱己身之天下為夏、殷、周，即夏等號是中國的天下之稱謂。換言之，山鹿素行認為中國與日本各自有天下，也各自有天下之號。這非是山鹿素行的創見，只是從律令制以來的「兩個天下」的再次表述。

山鹿素行在《中朝事實》中說，許多政權或文明都自稱中國，如「外朝」之中國，佛教、基督教也都宣稱自己是「中國」。但這是一個事實問題，而非自稱問題。這個論證的展開，又要回到一個東亞歷史上的事實，即「中國」在此之前不是一個專有名詞，更不曾是國名。而山鹿素行也不是要為日本找一個國名。基於此認識的前提，我們才能理解山鹿素行辯論的脈絡。

山鹿素行對「中國」作出如此定義：「風雨寒暑之會不偏，故水土沃而人物精，是乃可稱中國。」[8]根據這個事實，只有中國與日本才是「中國」。山鹿素行一方面說「萬邦之眾唯本

朝得其中」。[9]但山鹿素行並未否定中國是「中國」。他說：「四海之間，唯本朝與外朝共得天地之精秀。」但若要定義「一個中國」，則只有日本才是。因為「神聖一其機，而外朝亦未如本朝之秀真也。」[10]亦即日本比中國更有資格稱為「中國」，這種中日優劣論的關鍵在於「神聖一其機」，即日本有神聖的傳統。關於中國論，山鹿素行開出三條件說，一是水土，二是人物，三是神聖性。日本勝於中國者，在於皇統的神聖性。如〈禮儀章〉首言：「天先成而地後定，然後神聖生其中焉」。[11]這個傳統的證據在於記紀神話中的天皇制起源傳說。因此，山鹿素行撰《中朝事實》的主旨即在證明此「神聖」的「事實」。

　　這些關乎天皇制成立的神代「事實」中，舉例如神武天皇遷都，《中朝事實》曰：「本朝者，始有中柱中國之號。」[12]此即根據記紀神話的信仰，認為從神武天皇起，日本始有中國之稱。其後至平安城的建都，則是「中州中華之名實相齊」。[13]而「本朝」得中國之稱的關鍵在於「神聖立國之道」。[14]「神聖」是日本之為「中國」的關鍵概念。而所謂「神聖」，不是

9　同上。
10　《中朝事實》，頁236。
11　《中朝事實》，頁302。
12　《中朝事實》，頁239。
13　同上。
14　同上。

中古式佛教的「神國」概念，而是「中華文明」。[15]此「中華文明」是泛指日本自國的文明無疑。以山鹿素行的立場，也當包含儒教無疑。但山鹿素行更欲證明日本的皇統是優於中國的政統，用我們的語言，則是天皇制優於皇帝制度。故通觀《中朝事實》，〈中國〉篇後，依序是〈皇統〉、〈神器〉、〈神教〉、〈神治〉、〈神知〉與〈聖政〉諸篇。皇統以下諸篇，都是在論證古代天皇制的神聖與優越性。

　　這些所謂「事實」，皆出自《古事記》與《日本書紀》中的記紀神話。這些事實或神話的細節，無關乎本文主題，故略去不論，只引證山鹿素行如何建構其中國論。如山鹿素行在〈皇統〉篇引記紀神話證明「中國」即神代之諸神所建之國，說這是「中國定其主之始也。」此「中國」是日本王權，而「主」是天皇的譜系。又說這是「天神欲生天下之主」。[16]又曰：「皇統之初，天神以受之，然乃其知德不愧天地，而後可謂神器之與授。」[17]在中國皇帝制度理論中的「天子受天命」，被山鹿素行詮釋為天神授天下之神器給天皇之始祖。又曰：「一書曰，大己貴命與少彥名命戮力一心，經營天下。」[18]此「一書」是《日本書紀》。大己貴命與少彥名命是二位天神。日本之為「天下」，其初是天神之經營，其後是天皇的作為。

---

[15] 《中朝事實》〈自序〉，頁 226。
[16] 《中朝事實》，頁 245。
[17] 《中朝事實》，頁 251。
[18] 《中朝事實》，頁 268。

　　總之，山鹿素行以「神統」與「皇統」取代中國儒教的
治統或政統。[19]故日本可以與中國在同一個「道統」的世界中，
但各有其「政統」，也各有其天下與中國。日本是「神統」與
「皇統」。且山鹿素行欲論證日本的神統與皇統優於中國的政
統或治統。即天皇制優於皇帝制。而其論證的事實則是《日
本書紀》、《古事記》所載的天神與天皇的活動。

　　我們可以進一步追問，為什麼這類紀記神話可以作為事
實的根據，用以引證日本自有天下，且為中國？通觀《中朝
事實》，山鹿素行似認為這是不證自明的。或許這種信念來自
於當代人對於漢文典籍的神聖性的信仰，故認為典籍所載自
為事實。若將十九世紀前期的會澤安《新論》比較於山鹿素
行《中朝事實》，則會澤安的時代由於西方帝國主義的勢力入
侵，傳統的知識有崩解的危機，至少已不是不證自明。會澤
安的解決之道是建立當代的天皇制，或曰復辟古代天皇制，
再運用祭祀的原理，將當今天皇制的事實與記紀神話中的天
皇制相互連結。故《新論》的重點在於建立天皇制中的國家
祭祀制度。[20]山鹿素行也重視祭祀，如曰：「中國以祭祀郊社

19　「皇統」概念的提出，是另一個重要的課題，與德川代後期開始
　　頻出的「皇國」一詞也有關聯。參考渡辺浩：〈「泰平」と「皇国」〉，
　　收入《東アジアの王権と思想》（東京：東京大學出版會，1997
　　年）。

20　我曾討論過會澤安《新論》，〈日本江戶時代儒者的「天下」觀念：
　　以會澤安《新論》為例〉，收入張寶三、楊儒賓主編：《日本漢學

宗廟為政之要」。[21]《中朝事實》中亦有〈祭祀〉一章。但並未積極建立天皇制的祭祀國家的學理。但因為強調神聖的皇統，故天皇的角色被高度著墨。在幕藩體制發展中的第十七世紀後期，這也是一個值得觀察的現象。

四、一個儒教世界

日本作為一國、自國，或稱「吾國」，[22]在《中朝事實》中，這幾乎是不證自明之理。且此日本之國，是一個獨立的政治系統亦無疑。天皇是日本的最高政治權力與權威的由來，且此權力或權威不假外求於他國，由天而來。但身為儒者的山鹿素行，卻同時認為中國與日本同屬於一個儒教世界，亦是高等的文明區域。中國與日本有「外朝／外國」與「本朝／本國」之分，甚至是「西皇帝」相對「東皇帝」，卻同在一儒教的單一文化領域中。如山鹿素行說中國與日本是「同氣相求，同類相應」。[23]對於儒者而言，這應是不證自明之理，故在《中朝事實》中，山鹿素行並未積極證明這一點。但我們仍可以從許多論說的表現中，探知這層道理。此不言自明之理，也是全文展開的基礎，故應格外重視。

研究續探：思想文化篇》（臺北：臺大出版中心，2005 年）。

[21]　《中朝事實》，頁 300。

[22]　《中朝事實》，頁 234。

[23]　《中朝事實》，頁 320。

　　儒家聖人、經典與漢字皆源於域外中國，此乃日本早已習知的客觀事實。因近世以來日本自國觀念的強勢，儒教與漢字從一種普世文明轉換為外國文明，以山鹿素行的語言而言，即「外朝」之物，如「外朝之經典」、「外朝之文字」。[24]於是經典所述的「聖賢之事迹」、漢字皆是「外朝」之中國之物。這是儒者山鹿素行面對的最大難題。而山鹿素行的策略是將儒教（含漢字）定義為普遍與優越的文明。普遍云者，沒有國界，日本與中國皆可共有此文明。優越云者，不是所有的人皆可分享儒教文明，只有高等之人才有資格，如日本與中國。中國與日本在政治上屬於兩國，但在文化上卻是同屬一個儒教世界。換言之，在新儒家的道統與政統二元論下，中日二國是在同一個儒教與孔孟聖人的道統之中。

　　儒教是外來的。這是一個客觀不容否認的事實。但山鹿素行力圖調和文化上的在地性與外來性的矛盾。《中朝事實》中所舉的漢字（漢語）的例子，最可以拿來論證。《中朝事實》有一段討論，文或較長，但不難解讀，引之如下：

> 或疑，今所用之文字，皆外國之文字，不知上古之文字，何有形象乎？愚謂，凡文字之制，必與時變化，往古之文書，鞍作亂悉為灰，其時既不可知之，況後世乎。且外朝之文字相通邇來，文學之史生留學之博

---

[24] 《中朝事實》，頁 320、325。

> 士，專好外書。其所記其所言，悉用漢語。是倭漢之
> 事義筆畫，互相因也。[25]

山鹿素行提出日本古代亦有自己的文字的說法，日本之政治
家、學者亦曾以自己的文字編撰各著作。但在孝德天皇時，
即第七世紀中期，因「鞍作亂」，而這些典籍全遭燒毀，故日
本固有之文字不傳。

以今日之史識，山鹿之說自屬無稽，就本文之目的，也
不需考證細節之對錯。而山鹿素行相信日本自有其文字傳
統，是來自於他對文字起源的知識。他說：「有言語則終有文
字之象。」[26]從這個理論推演，文字是人類的普遍現象，故山
鹿素行說「豈唯中國外朝乎」。[27]問題在於語言的層次高低，
高等語言自然產生高等文字。山鹿素行再次以《古事記》、《日
本書紀》中所記的歷代天皇的讚詞、詩歌的語言存在的「事
實」，證明日本必然有自己的文字。而這種文字是表音，故為
「假文字」。故山鹿素行論證「倭語」之假名為日本固有的文
字。同時，天皇的語言如讚詞、詩歌作為高等語言，必然產
生高等文字。

「外朝文字」的漢字之所以傳入日本，並開始通行，是

25　《中朝事實》，頁 326。
26　《中朝事實》，頁 325。
27　《中朝事實》，頁 325。

因為文字的道理是普遍相通的，故《中朝事實》說：

> 及應神帝，外朝之文字相通，字畫規模殆類中華之文
> 字。五音之平上去入，亦不異於此。和漢之字相通用。
> 譯外國以漢字，詳言語以倭訓。然乃中華之文字，其
> 實存倭字。以倭漢字互相用，以為天下之利也。[28]

其所述自非歷史事實，無庸辯證。山鹿素行的意思是，漢字
傳來，因為與日本固有文字「相通」，無論是字形或字音，故
漢字得以成為日本文字的一部分。但追究真正的日本文字，
所謂「中華之文字」，則不是漢字，而是倭字。但倭漢字互用，
則是為了「天下之利」。而《中朝事實》亦曰，漢字的流傳是
「文學之史生」、「留學之博士」的推動之故，因為他們「悉
用漢語」。[29]山鹿素行似乎不主張「悉用漢語」，但仍認為漢、
倭二語是「相因」，故才促成漢語的流傳。

　　總之，從文字看中日文化的關係，山鹿素行力圖克服外
來性與在地性的矛盾，而試圖以普遍性與優越性解消之。他
說：「外朝與中國一天地之氣候，同神聖之揆，而人物事義，
殆不異。漢語之相襲，猶水流濕，火就燥，少頃天下之人人
皆倭字漢字相用。」[30]中國與日本是在同一的自然與人文的世

28　《中朝事實》，頁 325-326。
29　《中朝事實》，頁 326。
30　《中朝事實》，頁 326。

界，對於山鹿素行而言，這也是一個「神聖」的宗教世界。故日本與中國是處在一個同質的世界。以漢語為例，即使漢語源於外國，但日本與中國同質，而漢語也適用於日本，所謂「水就濕」、「火就燥」的方向性之理。故日本之「天下」採用漢字、倭字是有利的。推而論之，儒家經典所載的聖人之理亦同。雖然孔孟皆外國之人，但其學理與日本之風土人情相通，故才為日本所採用。

從山鹿素行《中朝事實》的個案觀之，古代的「天下—中國」觀的架構並未改變，日本是一個「天下」，日本王權（天皇制國家）作為「中國」。這種成立於第八世紀律令制的天下與中國觀，因佛教傳來而產生新變數，尤其是中古的佛教「神國」理論。近世儒教傳來，又產生另一變數。儒教一方面作為普世宗教，另一方面又是中國的自國學說。這一點最明顯表現在宋學論證中國的天下與中國觀時。山鹿素行欲以儒教取代佛教，是在東亞內部自國觀念已為事實的脈絡下，故他要證明中國與日本是在同一個歷史世界中。也因為日本與中國同屬於一個歷史世界，故才有「中國」之爭。這一點是我們理解山鹿素行的中國論的關鍵。

如山鹿素行設問，儒與佛教皆為「異國之教」，而非「中國之道」，則為什麼排佛納儒？山鹿素行認為普世真理只有一

個，所謂「神聖之大道，唯一而不二」。[31]但因人民的性質，而有正統與異端之別。中國與日本是屬於正統的領域。如曰：「唯中華得天地精秀之氣，一于外朝。故神授之，聖受之，建極垂統，天下之人物各得其處。」即中國與日本皆是「得天地精秀之氣」，而日本依此建立其神聖的「皇統」，於是日本自有其「天下」。其後，才是中國的儒教經典傳入日本。這個時間順序非常重要。日本之所以在古代接受了儒教，而此中國之神教或聖教與日本皇統「猶合符節」。[32]且由於當時日本的皇統因故未有典籍與文字，故採用了中國儒教經典。故儒教雖源於「異國」，但其原理通於日本皇統，才為歷代日本所接受。佛教是生於不同風俗與民情，則是徹底的「異教」。

演繹《中朝事實》之說，可以得出山鹿素行的「中國論」的主要學說如下。山鹿素行也運用新儒學中的道統與政統的分析概念，既論證日本自國的皇統的優越性，也預設中國與日本共處於一個儒教世界。「皇統／儒教」交織是《中朝事實》的主要論證方式。在政統的層次，日本與中國各自有其天下，而互為異國。日本有自己的「皇統」。《中朝事實》一書在證明此「皇統」的神聖性。在道統層次，則中國與日本因在同一世界，風土人情相同，也發展出相同的宗教原理。此一世界是儒教世界。儒教誠然從外國而來，但這是因為特殊的歷

---

[31] 《中朝事實》，頁 369。
[32] 《中朝事實》，頁 370。

史因素，使日本的典籍與文字皆遺失，故需採用從中國而來的漢字儒家經典。但此儒教雖發源於中國，卻是中日兩國所在的同一歷史世界的共通原理。因為中日兩國同處於一個儒教世界，於是才有何者是「中國」的辯論。山鹿素行以日本皇統的神聖性，證明日本即「中國」。

五、結語：重新省視東亞世界論

本文檢證山鹿素行《中朝事實》一文的意義在於一個儒教世界的創出。稱日本為「中國」不是新奇的言論，是陳說翻新。十七世紀之後，日本學者重新強調所謂中國認同，重點不是日本為「中國」，而是塑造了一個包含日本與中國「兩個天下」的一個儒教世界。在此之前，日本與中國各自有其「天下」。以山鹿素行為例，他仍然運用傳統的概念與詞彙，稱日本為「天下」。但日本的「天下」與中國的「天下」因為同屬儒教世界而彼此競合。或許我們可以說是「一個天下」觀念的形成。也正是此「一個天下」觀念的形成，使日本、中國、韓國成為一個政治與文化的整體，故日本學者才要去爭議究竟誰（日本？中國？）是此天下的「中國」。[33]

---

[33] 「倭」與「韓」的相對性是另一問題，因非本文主題，故全略去，可參考子安宣邦討論日本民族主義成立的相關論文，近作如〈日本の固有性と他者の痕跡：宣長における狂気と正気〉，《日本ナ

　　山鹿素行在當時自國觀念興盛的歷史脈絡下，力證日本即「中國」，亦即日本是此一個儒教世界的最文明之國。而山鹿素行的理據是日本「皇統」的神聖性，亦即天皇制的優越性。我們可以觀察出當時存在於日本的兩個歷史脈絡。一是前近代東亞式的民族主義，二是中國與日本（或許應包括韓國）同屬於一個歷史世界，其共通的文化要素是儒教。當時的「中國論」是在這些歷史脈絡中誕生的。而我們也可以看出歷史發展的軌跡。十七世紀時的山鹿素行仍強調中國自有其文明的優越性，而日本的優點是其神聖的天皇制。但到了十九世紀，中國文明是停滯的，甚至是遠落後於日本的學理就紛紛出現了。

　　最後，我們可以再次反省東亞世界論。自西嶋定生提出東亞世界論，諸細節自可深究或批判。但西嶋定生所謂的「東亞」自始就存在國際關係，就是諸國並立，故以「世界」名之。只是這個世界秩序不同於十九世紀以後「萬國公法」的規範。東亞史研究的重點之一就在探討歷史上東亞諸國的國際關係型態，也包含文化傳播的關係。冊封關係是最常被討論的一種國際關係，雖然學者也批評是否能解釋所有的事實。[34]無論如何，東亞世界論並未否定「自國」觀念自始即存

ショナリズムの解説》（東京：白澤社，2007年）。

[34] 近例如李成市：〈古代東アジア世界論再考：地域文化圈の形成を中心に〉，《歷史評論》691（2007年）。

在。日本更在第七世紀後半期起律令制國家建立過程中,建構了自己的「天下」。但自國的制度與觀念的實有,無法直接否定東亞世界的存在。對於自國與他國的認識,也無法立即否定當時人對於一個共有的世界的想像。當時人對於這個我們稱之為東亞的共同世界的想像可以是變動的,疆界可以是游移的。

以十七世紀的日本為例,從《中朝事實》的辯論可看出自國已是不需辯論的事實,山鹿素行更重在論證自國的優越性。但另一方面,因為儒教的傳播,《中朝事實》也預設了一個以儒教為共通文化的歷史世界。這個歷史世界主要包含中國、日本與韓國。自國與儒教世界的共存,對於山鹿素行而言是理所當然的。或許我們可以進一步推論這個儒教世界的想像如何成為一種文化資源,在十九世紀後期之後,轉換為「東亞世界」的認識。

伊藤仁齋的《孟子》觀：
逸脫心性論的思想史背景

片岡龍[*]

一、問題點所在

究竟是什麼原因促使伊藤仁齋（1627-1705）給予孟子極其高度的評價？

仁齋盛讚《論語》為「宇宙第一書」（《童子問 上‧5》、《童子問 下‧50》等），視《孟子》為「亞《論語》發明孔子之旨者」、「《論語》之義疏」，[1] 還留下將《孟子》與《論語》

---

[*] 東北大學大學院文學研究科副教授。
[1] 《童子問 上‧5》：「論語一書，實為最上至極宇宙第一書，而孔子之聖，所以為生民以來所未嘗有焉，而賢於堯舜遠者，以此也。而孟子之書，又亞論語發明孔子之旨者也。其言曰：堯舜之道，孝悌而已矣。又斥其難知難行，高遠不可及之說，以為邪說為暴行，痛拒絕之，而專唱仁義之旨。蓋論語之義疏也」。其他諸如「論語之津筏」（《童子問 上‧7》）、「羽翼論語」（〈大學非孔氏之遺書辨〉）等。

相提並論的論述。[2]而且，仁齋諸如再三強調「孔孟之意味血脈」一詞；只為《論語》、《孟子》闡述「古義」；乃至為確定字義合乎其「意味血脈」而撰寫《語孟字義》等作為，都已經是眾所周知的事。

　　仁齋不認為學者只需閱讀《論語》即可（《童子問 上・7》），強調熟讀《論語》、《孟子》直到將二書之道理渾然融合為一體的必要性，[3]更藉由「論孟二書，徹上徹下，無復余蘊也」[4]之論述，凸顯《論語》、《孟子》在六經・四書中的特殊地位。此外，仁齋對於將孔子、孟子階級區分為「聖」、「賢」的論點提出異議（《語孟字義・聖賢》），甚至有時會以「聖人」一

2　《童子問 上・7》；「設欲去孟子，特據論語字面解之，則不惟不得其義，必至於大錯道。……所以孟子之書，非徒有功于論語，實有功於萬世之學者也。其被與論語並稱者，良有以夫」。《孟子古義・綱領 4》；「性命道德之說，仁義禮智之理，皆當以孟子之言為之註腳，而求其義。切不得從論語字面，求其意義。蓋孔子之時，猶白日中天，有目者能行。故教人只以修之之方，而不待詳解其義。孟子之時，猶夜適途，待燭能行。故不得不曉解其義，明白詳悉至此。故欲觀孔子之道，而不由孟子學焉者，猶渡水無舟楫。豈能得濟乎。故孟子之書，實後世之指南夜燭也」。

3　《孟子古義・綱領 5》；「讀論語而不讀孟子者，便不知論語之言，自有頭柄。讀孟子而不讀論語者，亦不識孟子之語，有所根柢。凡二書之理，渾融通徹，打成一片，是為善讀論孟者也」。

4　《論語古義・綱領 6》；「愚斷以論語為最上至極宇宙第一書，而以此八字冠諸每卷題目上。……而漢唐以來人皆知六經之為尊，而不知論語之為最尊，而高出於六經之上。或以學庸為先，論孟為後。蓋不知論孟二書，徹上徹下，無復余蘊也」。

詞來描述孟子。[5]

　　至於受到仁齋思想的影響、將「道」極端導往外在方向的荻生徂徠（1666-1728），則鄙視《孟子》為議論之書。認為自子思、孟子以還，好與諸子百家議論爭衡，以致「先王之道」淪為「儒家者流」，其弊害甚而延及宋學偏重議論的態度（《弁道・1》）。其實，關於這種對偏重議論的態度之批判，仁齋也曾經作過，說道：

> 道德盛則議論卑，道德衰則議論高，猶衡之權物，隨其輕重，互相低昂。道德一分衰，則議論一分高。道德二分衰，則議論二分高。道德愈衰，則議論愈高，及乎議論愈高也，道德蔑如矣。佛老之廢人倫，宋儒之失中行，是已。人皆知悅議論之高，而不知其實道德下衰故也。孔門之學，直由道德而行，不為無益之論。猶白日中天，不待秉燭。故惟言孝弟忠信足矣。孔子曰：主忠信，曾子曰：吾日三省吾身，是也。（《童子問　上・10》）

而且，仁齋也坦承《孟子》確實有流於「議論」的部分（〈離婁篇〉以下），並表示該部分正是《孟子》「蘊奧」之處。[6]凡

5　《語孟字義・識語》；「熟讀精思語孟二書，使聖人之意思語脈，能瞭然于心目間」。
6　《孟子古義・敘由 3》；「讀書當知作者之意所在。此書前三篇，備記其事業出所。至於離婁篇，始及議論。故今定以前三篇為上

此矛盾，究竟應該如何解釋？這亦即是本文關注的課題所在。

　　當然，誠如下文之詮釋，曰：

　　　古者道德盛而議論平，故惟言孝弟忠信足矣。（《論語古義‧學而 4》論註）

　　　唐虞三代之間，其議論皆在於修政知人之間，而未嘗有心性之論。（《語孟字義‧書 1》）

仁齋並非連「平實」的「議論」都加以否定，同時認為「唐虞三代」當然也有過「議論」的存在。

　　可是，所謂平實議論「孝弟忠信」即已足夠的時代，從前引《童子問 上‧10》的後半就可以看出，主要是指孔子的時代（上述《論語古義‧學而 4》論註也是針對曾子的「三省」而言），而所謂「猶白日中天，不待秉燭」，則是拿來與行夜路需秉燭的孟子時代進行對照，是描述孔子時代的慣用句（注 2 所引《孟子古義‧綱領 4》等）。至於「唐虞三代」時不曾有的「心性之論」，一般而言，應該就是指《孟子》的「性善」論。

　　確實，《童子問 上‧10》所引孔子與曾子的言詞中，並

孟、後四篇為下孟。蓋古人之學，以經世為務，而脩身以為之本，明道以為之先。皆所以歸夫經世也。故讀孟子之書，當於前三篇，觀其歸趣，而於後四篇，知其蘊奧也」。

沒有「孝弟」一詞,「孝弟忠信」四個字是仁齋引自《孟子》
且據此加以解釋的,從這些地方就可以看出仁齋研讀《論
語》、《孟子》至渾然一體的苦心。此外,仁齋詮釋出《孟子》
的「性善」說是針對「自暴自棄」者的教誨(《童子問 上·
12》等),他領略至此其間所投注的心力,在《孟子古義》各
種稿本的改訂軌跡中亦歷歷可見。

> 論語一書,專言教而不言性。孟子一書,亦無一非從
> 仁義二字紬繹出來。其說性善者,特為自暴自棄者發
> 之。非以性為主也。既看破以理為主之弊,甚難矣。
> 至於以性為主之非,則實古今之難事,學者之牢關。
> 非具足實智實德者則不能。夫道也者,猶夏葛而冬裘、
> 晨興而夜寐。雖無吾說,後來固當有其人也。此予之
> 所以自恃而自安也。至於性學之非,則予死之後,雖
> 千古之遠,不知有實看破之者乎否。此予所以不得已,
> 正以此也。(《童子問 中·73》)

這段話可謂率真地表露了能將《孟子》自「性學」解放的喜
悅與自負。

　仁齋為什麼如此殫精竭力地認定《孟子》與《論語》是
無法切割的、是一體的?其實他大可如徂徠般選擇揚棄《孟
子》一途。

　仁齋主張「仁義禮智」皆「道德之名」而非「性之名」,
認為「擴充」所謂「人之性而善者」,亦即「四端之心」(惻

隱‧羞惡‧辭讓‧是非），將可成就「仁義禮智」之「道德」
（《語孟字義‧仁義禮智 3》）。針對提出培育「仁義禮智」等
「道德」的原點在於「四端之心」這個看法，誠如徂徠所批
駁的，有可能只是「爭性與德之名耳。……則與朱子何別」
（《弁名‧德 1》）。因此，所謂「道」的外在化，在與徂徠兩
相比較之下，仁齋的主張顯得不盡周延。這在思想史的論述
上，恐怕很難脫離──將仁齋的思想認定為發展至徂徠思想
的過渡期──此一定位。

　　有鑑於此，本文暫且不從遡及徂徠的角度審視仁齋，而
是平實地思考《孟子》這部書對仁齋而言，究竟其存在意義
為何？

二、〈讀予舊稿〉的可性度

　　以下這段傳述想必大家都很容易浮現腦海，話說原先熱
衷於朱子學心性論的仁齋，在某一時期發現這是項錯誤後，
於是轉而徹底研讀《孟子》這心性論的巢窟，因而建構了自
己的學說。有關從心性論進行轉換的時點，仁齋自己明確地
記述其存在如下：

> 頃男長胤輯予舊作，予讀之憫然矣。某某總若干篇，
> 皆三十來歲所作。大極論，二十六七歲時所著。性善
> 論，在其後。心學原論，又在其後。俱二十八九歲時

作。其他作，皆在三十六七歲以內。其後草定語孟字
義[7]，及中庸發揮等，日日聚徒，弁難講議，不暇操觚。
爾後又喪考妣，被鬱攸，鬱鬱度日，不作文者，殆十
四五年所矣。故前後異見，殆天淵矣。予自十六七歲，
深好宋儒之學，尊信近思錄‧性理大全等書，手之口
之，目熟心惟，晝夜不輟。廓然曉通，略有所得。於
是著前三論，自以為無愧於宋諸老先生。其後三十七
八歲，始覺明鏡止水之旨非是，漸漸類推，要之實理，
釁隙百出。而及讀語孟二書，明白端的，殆若逢舊相
識矣。心中歡喜，不可言喻焉。顧視舊學，若將誤一
生。（《古學先生文集》六，〈讀予舊稿〉）

文中顯示，其轉換的時點是在三十七歲左右。而〈讀予舊稿〉
一文撰寫於元祿四年（1691）、仁齋六十五歲、其長男東涯（長
胤）二十二歲的時候。在這樣的時期編輯「三十六七歲以內」
的舊作，總覺得有些奇怪。因此擬再進一步探討，以利思考
其中意涵。

　　撰寫〈讀予舊稿〉該年的八月，仁齋再度刊行了許衡的
《魯齋心法》一書。根據其序文內容顯示，是將延寶元年（1673

---

[7] 「語孟字義」被認為是「語孟古義」（《論語古義》《孟子古義》）
　　的誤植。三宅正彥：《京都町眾伊藤仁齋の思想形成》（京都：思
　　文閣，1987 年），頁 170。

癸丑、仁齋四十七歲）以前刊行過的典籍，重新刊刻於世。[8]
而寬文二年（1662、仁齋三十六歲），仁齋於〈歷代聖賢道統
圖贊〉（《古學先生文集》三）一文中盛讚「許衡仕元，幸開
後世」；同時據研判撰寫於寬文四、五年前後的[9]〈答安東省
菴書 2〉（《古學先生文集》一）中，也針對許衡出仕元朝一
事給予高度評價，曰：「魯齋許公，……仕于元，河洛之道，
獲賴以不墜焉」。

　　關於許衡出仕元朝一事的出處正確與否，山崎闇齋撰有
《魯齋考》，書中將丘濬的貶損看法收入上卷，名為「經」；
將薛瑄的褒揚論點收入下卷，名為「權」（《文會筆錄》二十），
至於闇齋本人則未曾表明其意見。不過，從闇齋連同劉因表
態不接受元朝官職的事蹟一併揭示其中這點來看，他所抱持
的立場應該已經很明確了。《魯齋考》雖然未能夠出版，但是

8　《古學先生文集》一，〈刻魯齋心法序〉：「予嘗獲朝鮮版本魯齋心
　　法一冊藏焉。檢焦太史編明經籍志，既不收載。又見世所行公全
　　集，纔依性理大全書編入錄中語，欠載心法一書，則知斯書不遍
　　行于中國也久矣。予嘗懼斯書稍就澌滅，卒弗傳于後，乃使門人
　　謄寫一本，且加訓點以壽諸梓。癸丑京師之火，朝鮮本既燬滅焉，
　　刻本亦不行于世。其版今不知所在。故重付諸剞劂氏，以廣其傳
　　冀公之實德實材，永赫著于後世，而學者亦有所矜式」。
　　據〈伊藤仁齋關係略年譜〉，《伊藤仁齋集》，收入《日本の思想
　　11》（東京：筑摩書房，1970 年），該書初刊於寬文七年（1667，
　　仁齋 41 歲）左右。
9　石田一良：《伊藤仁齋》（東京：吉川弘文館，1960 年），頁 59-60。

據瞭解，相關問題在淺見絅齋的《靖獻遺言》劉因項目中，有相當程度的發展。[10]

闇齋《魯齋考》的執筆時期不詳，連仁齋是否有機會看到這本書也無法確定。至於絅齋《靖獻遺言》的刊行，則是在貞享四年（1687），而且自翌年元祿元年（1688）起，絅齋開始進行公開講義。[11]同樣地，缺乏確切資料以考證仁齋是否看過這本書。不過，有一段傳言述及絅齋師事於仁齋時，仁齋曾經表示絅齋將是日後損害其道的人。[12]元祿二年（1689）絅齋著《弁大學非孔子書弁》批駁仁齋的〈大學非孔子書〉；元祿九年（1696）更撰寫了《語孟字義弁批》。元祿年間前期，時值仁齋六十歲年代，崎門派如上所述對仁齋學展開了激烈的攻擊，而當時仁齋正處於很容易意識到這一點的環境中，這是無庸置疑的。

既然仁齋的著作中，看不到直接言及闇齋學的記述，便不宜妄下斷言。然而，若是處於這樣的時空背景下，《魯齋心法》的再刊這件事就變得很容易理解。[13]元祿年間前期（十七

10　近藤啟吾：《山崎闇齋の研究》（京都：神道史學會，1986 年），頁 418。

11　絅齋另於天和三年（1683）撰寫〈許魯齋論〉。詳請參閱近藤啟吾、金本正孝編：《淺見絅齋集》，頁 418。

12　參閱前揭近藤書 35 頁所引稻葉默齋《孤松全稿》之〈辛丑雜記〉。

13　此外，仁齋批斥屈原的出處曰：「不知道」（《童子問 下‧14》）、或是受到《靖獻遺言》之刊行等的觸發，都可能是原因之一。

世紀的最後十年）、仁齋六十歲年代這個時期，正好是仁齋的
經學相關主要論著，包括《論語古義》、《孟子古義》、《語孟
字義》、《中庸發揮》等，在幾經補訂之後，其基本形態幾乎
都已經確立成形；[14]這個時期也是仁齋基於啟蒙目的宣揚「孔
孟之正宗」、「鄒魯之正傳」（《童子問》卷頭識語）的《童子
問》（自元祿四年起）開始執筆的時期。當仁齋想將自己悟得
的思想，超越週遭眾門人的範圍，向世人廣為宣導的時候，
不難想像首先面臨的障礙，即是以其京都堀川自宅的對岸為
中心所強烈傳送的闇齋學的磁力。

　　假設果真如此，那麼在重刊《魯齋心法》的同一年，特
地將三十六、七歲以前傾注於心性論時的舊作彙編成一部書
的事實，就相當耐人尋味了。因為，在這個時期，仁齋若強
烈意識到崎門派的磁場，作為與之對決的準備，特意割捨和
敵方區隔不鮮明的舊作，諸如朱子的《中和舊說》，同時有自
我戒惕的含意，其實也不無可能。如此一來，於三十七歲前
後察覺「明鏡止水之旨非是」的這項說法，有可能只是隨著

---

[14] 據三宅正彥〈伊藤仁齋の初稿本と訓讀法〉（前引《日本の思想
11 伊藤仁齋集》）指出，完成的基本形態分別為：《論語古義》
是元祿十年（1697）修補訂正完成的「元祿九年校本」、《孟子古
義》是元祿十二年（1698）修補訂正完成的「元祿十二年修改本」、
《語孟字義》是元祿八年（1695）以前完成的「仁齋修改本（上
卷）・東涯筆本（下卷）」、《中庸發揮》是元祿七年（1694）以前
完成的「第四本」。

仁齋六十五歲時的關注焦點，而引發的記憶的錯置改寫。為
了探究這樣的推測是否妥當，以下將深入考察元祿四年
（1691）、仁齋六十五歲撰寫〈讀予舊稿〉時的狀況。

三、元祿四年（仁齋六十五歲）時的仁齋學

　　元祿四年（1691）七月，仁齋寫了〈荀子性惡論〉（《古
學先生文集》二）。相對於宋儒深非荀子的「性惡」說，這是
一篇認為其論點固然有所偏頗，但不失為一般之見而表示支
持的文章。文章的內容大致如下：

　　首先，仁齋引用《中庸》的「自誠明謂之性。自明誠謂
之教。誠則明矣。明則誠矣」，闡釋「性」、「教」二者並重，
而其目標是一致的。仁齋指出，「性」是孟子的「性善」，「教」
則是孔門的「學問」。「性」因「教」而成其大，「教」以「性」
為其根據，所以二者相輔相成，缺一不可。看似《論語》以
「教」為主、《孟子》以「性」為本，其實其間的道理相同，
因而異於佛氏‧楊時只知「性」而不知「教」、荀子‧歐陽脩
只知「教」而不知「性」。荀子偏頗一方，是因為誤解《論語》
以「教」為主而不談「性」。然而，誠如「仁遠乎哉，我欲仁，
斯仁至矣」（《論語‧述而 29》）、「道不遠人，人之為道而遠人，
不可以為道」（《中庸》）等孔子之言，《論語》雖然未曾明確
言及，但是無疑是以「性善」為前提的。而《孟子》亦強調
以「教（學問）」「擴充」「性」（《孟子‧公孫丑上 6》）的重要

性以及「擴充」效果之博大，所以也是「性」、「教」兼備。
不過，一己之「性」有限，而天下之善無窮。相對而言，「教
（學問）」之功較大。因此，荀子之說雖然有所偏頗，但有其
意義存在，〈勸學〉篇等也有許多蘊義深遠的文句。[15]

---

[15] 〈荀子性惡論〉（《古學先生文集》二）：「……性教兩者，其功相
埒，而其致無二也。性者，孟子所謂性善是也。知擴而充之，可
矣。教者，孔門所謂學問是也。知有所本，可矣。性緣教以成其
大，教因性以為其地。兩者相須，而不可偏廢。故論語專以教為
主，而孟子亦以性為本。其言若異，而其理則同也。若夫知有性，
而不知有教，則專尚乎一心，而不足以治天下，若佛氏之流是也。
知有教，而不知有性，則無有所本，而道德不過為後來之漸有。
若荀子之說是也。……其所著勸學一篇，滋味溢口，句句可取。
是其所以雖不免為太偏，然亦有一般之見也。彼蓋觀論語專主教
而不言性，而遂為此一偏之說。殊不知孔子雖不明言性之善，然
性善自在其中矣。嘗曰：仁遠乎哉，我欲仁，斯仁至矣。又曰：
道不遠人。人之為道而遠人，不可以為道。……然而徒知性之為
善，而不知學以充之，則性之善無有於己，而不足以盡夫道。故
曰：苟不充之，不足以事父母。又曰：苟失其養，無物不消。苟
充而又充，進而不已，則其德之充大，不可得而限量焉。可以盡
人之性，可以盡物之性，可以贊天地之化育。豈翅盡己之性之謂
而已乎哉。此學問之功之所致，而非性分之所能及。故曰：以直
養而無害，則塞于天地之間。性之善，不可恃焉，而學問之功，
不可不尚也，如此。此孟子之學，所以性教兼備，而荀子之論，
不免為偏見也。或問歐陽子之言曰：聖人之教，人性非所先。龜
山楊子非之曰：人性上不可添一物。堯舜所以為萬世法，亦是率
性而已。如何。予應之曰：歐陽子之言，即荀子之識見，而龜山
之論，亦佛氏之緒余也。……蓋己之性有限，而天下之善無窮。

　　其文中清楚呈現了《語孟字義・學2》、《論語古義・綱領8、9》、《孟子古義・綱領5》、《童子問 上・12、13、15～18、21》（條數、章數之標示一律根據「林本」）等文章之最終形態所闡述的，將《孟子》的「性善」與《論語》的「教」結合在一起的仁齋學的重要架構。[16]而仁齋面臨的最大課題，就是找回宋儒將《孟子》之「性」解讀為「氣質之性」、《論語》之「性」解讀為「本然之性」，造成二者分裂；以及因為建構以「未發」、「已發」為核心概念的巨大理論而掩蓋了的「孔孟之血脈」。不過，文中還看不到「性善」是為「自暴自棄」者而發的「教」這項論述。[17]接下來，將列舉《語孟字義》（林本）為例，以驗證仁齋學的重要架構於撰寫〈荀子性惡論〉一文時已經大致確立。

> 人之性有限，而天下之德無窮。欲以有限之性，而盡
> 無窮之德，苟不由學問，則雖以天下之聰明不能。故
> 天下莫貴乎學問之功，又莫大於學問之益。而非但可

欲以有限之性，而盡無窮之善，非學問，則不能也。凡物必有所至也，有所不至也。至於其所至者，性也。能致於其所不至者，非性之力也。學問之功，亦大矣哉。……孔子曰：有教無類。又曰：性相近也。習相遠也。皆言學問教習之可尊可重，而性之美惡不暇乎論也。……」

[16] 文章一開始引自《中庸》的文句（《中庸發揮》之章別為19章），不過其後則非《中庸》之本文，本章以下的內容應為《誠明書》。

[17] 「性善」與「自暴自棄」的關聯，出自元祿十二年（1698）修補訂正後的「元祿十二年修改本」綱領5的補注部分。

以盡我性，又可以盡人之性，可以盡物之性，可以贊天地之化育，可以與天地並立而為三矣。……故孟子曰：人之有是四端也，猶其有四體也。凡有四端於我者，知皆擴而充之矣，若火之始然、泉之始達。苟能充之，足以保四海。苟不充之，不足以事父母。所謂足以保四海者，指仁義禮智之效驗而言。夫四端之在於我，猶涓涓之泉、星星之火、萌蘗之生。苟擴充之，而成仁義禮智之德，則猶涓涓之水，可以放海，星星之火，可以燎原，萌蘗之生，可以參雲。故曰：苟得其養，無物不長，苟失其養，無物不消。所謂充，所謂養，即以學問而言。人性雖善，然不充之，不足以事父母。則性之善，不可恃焉，而學問之功，最不可廢焉。……然非性之善，則雖學問之功，亦無所施。故性之善可貴焉，學問之功大矣。是孔子所以不以率性為言，專以學問教人，而孟子所以屢道性善，而以擴充之功為其要也。此聖門立教之本旨也。（《語孟字義‧學2》）

這一段言論未見於天和三年（1683）以前完成的《語孟字義》「最古稿本」，直到元祿八年（1695）以前完成的「仁齋修改本（上卷）、東涯筆本（下卷）」才首度出現。[18]而相當

於《論語古義‧綱領 8、9》的原條文，首次出現於元祿十年
（1697）修補訂正完成的「元祿九年校本」的增補部分；《孟
子古義‧綱領 5》「擴充」中自有「學問之功」的這一段言論，
則清楚揭示於元祿十年（1697）修補訂正完成的「元祿十年
重訂本」的增補部分。至於《童子問》該章之相關內容，則
出現在研判為元祿六年（1693）以前修補訂正完成的「元祿
四年自筆本」的增補部分。因此誠如以上所示，可以確定的
是，以元祿四年（1691）的〈荀子性惡論〉確立的、將《孟
子》的「性善」與《論語》的「教」結合在一起而掌握的見
解作為基礎，仁齋針對《語孟字義》、《論語古義》、《孟子古
義》進行了大幅的改訂，並著手撰寫《童子問》。

四、「聖人之學心而已」

　　仁齋透過〈荀子性惡論〉一文達成的《孟子》「性善」說
詮釋之確立，不正可以說是對心性論的逸脫？即使真如仁齋
說的，三十六、七歲時曾有過某種形式的萌芽，重點是，真
正從心性論的深淵完全跳脫出來，爾後又耗費了將近三十年
的歲月。

　　事實上，仁齋三十六、七歲以後的著作中，並非全然沒
有偏向心性論的記述。關於這一點，筆者曾經撰文詳加探討，
以下即援引其中一例以茲參考。寬文六年（1666，仁齋四十
歲）的〈志學章講義〉（《古學先生文集》四）一文中，述曰：

> 夫宇宙之間，道器精粗，幽明隱見，洪纖巨細，凡耳
> 目之所不到、心思之所不及者，皆可會之於一心，而
> 其功可以贊天地之化育，可以與天地參矣。此聖人之
> 所為學，而言語文字、異端曲學之所不能及也。

高唱學問追求的對象在於「心」，而且「心」也具備了這樣的
能力。這篇文章將《論語》〈志學章〉的各個階段與「心」結
合進行闡釋，其中以「意絕性定，心歸于寂」詮釋了「耳順」
階段、以「情欲渾盡，只是一團赤子之心」詮釋了「從心所
欲不踰矩」階段。[19]

　　另外，被認為於延寶元年（1673、仁齋四十七歲）以後
數年間撰寫的《孟子古義》「自筆本」中，[20]有「人之所以為
人，心也」（〈告子上 11〉章旨）這一段文句，而「心」字在
增補部分被訂正為「仁」字。[21]

　　確實，諸如此類的例子並不多見。但是，誠如仁齋自己
於〈讀予舊稿〉中述及的，三十六、七歲以後的十四、五年
間，忙於講義、遭逢祝融之災、父母相繼離世以致「鬱鬱度

---

[19]　拙稿：〈伊藤仁齋の異端批判〉，《東洋の思想と宗教 17》，2000
年。

[20]　參閱前引三宅著書，頁 190。

[21]　不過，《孟子古義》「自筆本」〈告子上 15〉之章旨本文中，已有
文曰：「孔孟之論學，言德而不言心。故孟子之所謂心者，皆指
仁義而言」。

日」、不作文章等種種情由，實有必要列入考量。

　　一般認為，《論語古義》、《孟子古義》、《中庸發揮》等的初稿，是完成於仁齋三十六、七歲的時候。然而，在這些稿本都未能流傳於世的情況下，就此認定這個時期即是「仁齋學成立的時點」，[22]證據並不充足。至少，在審視這個時期遺留的有限資料後，所觀察到的仁齋是，擁有某種其自認應該前進的方向，但是仍陷在遍尋不著明確之路的處境中，這是筆者直率的感受。

　　仁齋三十六、七歲，亦即寬文二、三年（1662、1663）前後的《孟子》相關彙整資料，後來收入《古學先生文集　四》之「講義類」，主要是針對《孟子・告子上》各章的講義。通讀其內容之後的感想是，想要傳述的意旨明明為「明鏡止水之旨非是」，結果卻出現：「人之所以為人者，在於心，而心之所以為心者，仁而已矣」（〈仁人心也章講義〉）、「聖人之學心而已」、「學必求之於心，無心外之學，無心外之法，此為上等之學」（〈鈞是人也章講義〉）等言論。這些講義是否被收入「舊稿」，原書既然不存在，就無法多加評論。[23]不過，從

22　前引三宅著書，頁 170。

23　東北大學附屬圖書館的狩野文庫藏有題名為《仁齋舊集》之典籍，
　　主要收錄了仁齋於承應二年（1653，仁齋二十七歲）至天和二年
　　（1682，仁齋五十六歲）間撰寫的文章（多為寬文・延寶年間、
　　亦即仁齋三十五歲至五十五歲期間的作品）。這本仁齋文集的編
　　輯時間，經研判比天理大學附屬圖書館古義堂文庫珍藏的《仁齋

察覺「明鏡止水之旨非是」這一點來看，似乎很難合括在「舊稿」中；但是針對一再強調「心」的重要性而言，又覺得似乎應該隸屬於「舊稿」。

　　這樣看來，即使審視仁齋撰寫於自己認定是轉換時期的資料，依然無法清楚看到所謂轉換的樣貌。東涯描述這個時期的思想轉換，是「恍然自得」（〈先府君古學先生行狀〉）。可是，以平靜的心情閱讀仁齋的著作，卻也絲毫感受不到其強烈的開悟體驗。

　　為了加以確認，以下將進一步考察其他相關資料。

> 余十六七歲時，讀朱子四書，竊自以為是訓詁之學，
> 非聖門德行之學。然家無他書，語錄・或問・近思錄・
> 性理大全等書，尊信珍重，熟思體翫，積以歲月，漸
> 得其肯綮。二十七歲時，著太極論，二十八九歲時，
> 著性善論，後又著心學原論。備述危微精一之旨。自
> 以為深得其底蘊，而發宋儒之所未發。然心竊不安。
> 又求之於陽明・近溪等書，雖有合于心，益不能安。
> 或合或離，或從或違，不知其幾回。於是悉廢語錄註
> 腳，直求之於語孟二書，寤寐以求，跬步以思，從容
> 體驗，有以自定，醇如也。於是知余前所著諸論，皆
> 與孔孟背馳，而反與佛老相鄰。（〈同志會筆記〉27《古

先生文集》更久遠。

學先生文集》五）

　　這篇〈同志會筆記〉，東涯推定是「五十左右」的作品。乍看之下，感覺好像與〈讀予舊稿〉敘述著同樣的內容，而值得注意的是，文中述及：仁齋十六、七歲時讀朱子的四書集註，以為不過是「訓詁之學」；為了追求「聖門德行之學」，於是傾向心性論；因此，無論〈太極論〉、〈性善論〉或〈心學原論〉，都是為了「發宋儒之所未發」而撰寫的；其後，仍然無法因而滿足，以致幾度徬徨於王陽明、羅近溪等的心學之路。

　　這與〈讀予舊稿〉中的記述：「予自十六七歲，深好宋儒之學」；熟讀《近思錄》、《性理大全》等書後，寫下前述三部論著；隨後一舉發展至三十六、七歲的思想轉換。二文之間的語感意涵，有些許的差異。當然，〈同志會筆記〉中也提及：其後直接鑽研《論語》、《孟子》之本文，日以繼夜地持續思索，並與實際生活映照體現，終至「有以自定，醇如也」。這依舊是一種開悟體驗嗎？文中沒有明言該時期即為三十六、七歲的時候。就其記述內容而言，反而如下的解讀較為妥當。亦即：仁齋守父母之喪期屆滿，恢復公開講義，《論語》、《孟子》、《中庸》三書循環講述至延寶四年（1676），[24]也就是仁齋五十歲左右時，先前長期摸索的成果以此為契機開始發酵。

---

[24]　參閱〈伊藤仁齋・東涯略年譜〉，《伊藤仁齋　伊藤東涯》，收入《日本思想大系 33》（東京：岩波書店，1971 年）。

　　因此，根據這段回顧與上述《孟子》講義之內容，以及
本文考察研究至此的結果，事實並不是像從〈讀予舊稿〉文
意所推測的：仁齋初始雖然埋首於朱子學的心性論，以三十
六、七歲的開悟體驗為轉機，終於發展至建構了徹底否定心
性論的仁齋學。而是：仁齋原本即對朱子學的訓詁學層面無
法滿足，為了追求真正的學問而漸漸過度傾向於心性論方
面，三十六、七歲時，和以心性論為核心概念的《孟子》本
文有過一番格鬥，其後又長時間熟讀精思《論語》、《孟子》
二書，直到將其學理融合成為密不可分的一體，結果，終於
察覺已然完成自己的學說。這樣的看法可能更接近事實。實
際上，初期的三論也是如此，與其說是深受宋學心性論影響
的殘存，不如說是異於宋學、是個人獨創的心性論之開示色
彩強烈的作品。[25]

五、結論

　　讓我們再次回到元祿四年（1691）、仁齋六十五歲這個時
點，並且把截至目前的內容作一番總整理。在元祿四年這一
年中，仁齋寫下〈讀予舊稿〉，針對三十六、七歲以前的文章
異於自己的定見作了區隔；重刊許衡的《魯齋心法》，展現與
崎門派對抗的態勢；撰寫〈荀子性惡論〉，並以該內容作為基

---

[25]　參閱前揭拙稿。

礎，大幅地改訂《論語古義》、《孟子古義》、《語孟字義》等書；同時開始執筆廣泛啟蒙「孔孟之正宗」的《童子問》一書。

　　根據這些事實可以作出的推論是：首先，這個時期可能為了促使和崎門派對抗的旗幟更加鮮明，而抹去了心性論的色彩；其次，將《孟子》的心性論與《論語》的學問論一體化的想法，可能在這個時期開始有了明確的形式。這兩條路線的交錯，使得事態看起來錯綜複雜。若硬是把這個結解開來加以說明，則可以有這樣的推測：仁齋年少時期以來對心性論的探究，並沒有在三十六、七歲前後消失，而是在《孟子》的心性論中有了獨特的發展；直到六十歲年代，為了對抗來自崎門派的磁力並廣泛向世人宣揚自己的學說時，與朱子學的、虛靜的心性論之切割，使得在《孟子》的心性論中有了獨特發展的創見，從所謂心性論的表現剝離出來，並融入與《論語》學問論的結合之中。

　　這個觀點或許稍嫌穿鑿。然而，在與崎門派對抗之際，卻特意公開刊行書名為《魯齋心法》這種容易和心性論的內容混淆的書籍，豈不正象徵著事態的錯綜複雜嗎？筆者個人對於這項作為的解釋是，其中隱含著仁齋如下的主張，亦即，崎門派之朱子學的、虛靜的心性論並非真實的心性論，符合「聖門德行之學」的心性論其實存在於融入與《論語》之結合中的「實學」、「實德」、「實材」（〈刻魯齋心法序〉）中。

　　論述至此，最後必須回歸一開始所提出的問題，那就是
《孟子》這部書對仁齋而言，其存在意義為何？坦白說，本
文未能探究出答案。思考這個問題，一方面必須探討仁齋關
注《孟子》「王道」論的意涵，同時也必須更詳盡地釐清在《孟
子》的心性論中獨特發展的創見，如何融入與《論語》學問
論的結合之中。《論語》與《孟子》的一體化，不單純只是把
《孟子》心性論的表象改塗抹上學問論的色彩，而是藉此讓
《論語》的學問論也帶有心性論的色彩。

　　具體的分析將留作今後的課題，至於現階段所能作的推
測是，可以提升自己的洞察力而改變對世界的看法，似乎就
是仁齋對「學問」的解讀。而這樣的見解也正是仁齋基於自
己的親身體驗，在加強磨鍊其洞察力的過程中，使得《論語》、
《孟子》此等當時人盡皆知、毫無奇特之處的書籍，能洞見
為「宇宙第一書」。仁齋在《童子問》中曾經說道：

　　　學欲其正，功欲其熟。不可好奇特，不可求捷徑。水
　　　到船浮，華謝子結。……任其自悟，勿自我求悟。若
　　　初學，固不能去註文，能曉本文。苟集註章句，既通
　　　之後，悉棄去，特就論孟正文，熟讀佩服，優游自得，
　　　於孔孟之本指，猶大寐之頓寤，自瞭然于心目之
　　　間。……天下之理，到語孟二書而盡矣。無可以復加
　　　焉。勿疑。(《童子問 上·2》)

　　　吾向云子：欲知予之意，讀論孟二書足矣。……子苟

> 熟讀誦味，當忻然有會于心，則猶無物之地，忽然有
> 物。昨日所既讀，今日又如始讀，言言新矣，句句新
> 矣。與初所見者，其意味深淺，夐然自別。勉哉。(《童
> 子問　上·33》)

而這種學問上達之境界，誠如「熟讀精思語孟二書，使聖人
之意思語脈，能瞭然于心目間」(《語孟字義》識語) 所描述
的，孔孟的「意思語脈」將浮現於「心目之間」。當獲得這種
慧眼後，可以看到的景象是，人們以人際關係為中心、日常
生活遵循著常識而圓滑地營運著的世界。然而，這種上達的
景象以及達成之前熟讀精思的過程，正如同朱子學居敬窮理
的實踐、其結果豁然貫通的領悟境界等，透過言語進行分析
時有其困難之處。

　　對仁齋而言，《論語》、《孟子》究竟是什麼？作為思考這
項課題的前置準備，本文僅達成針對仁齋逸脫心性論之思想
史背景的探討。不過，即便已經作好了萬全準備，仁齋千磨
百鍊其洞察力而得見之世界的原理，似乎也只能以就是《論
語》與《孟子》的「血脈」一言加以涵蓋。換句話說，恰如
《仁齋日札》中，

> 儒者之學，最忌闇昧。其論道解經，須是明白端的，
> 若在十字街頭，白日作事，一毫瞞人不得，方可。切
> 不可傅會、不可穿鑿、不可假借、不可遷就。尤忌回
> 護以掩其短。又戒粧點以使人悅。……又曰：要若剝

> 大蒜子，置于銀盤子內，潔潔淨淨，渾身透明。不要
> 若蓋藏臭物，器中他物，亦皆觸氣染類，悉就臭腐，
> 不可用也。(《仁齋日札・1》)

所比喻的「大蒜子」一般。仁齋的眼前一開始就已經有「大蒜子」，可是因朱子的「訓詁」而被掩上蓋子，臭氣移轉至「器中他物」以致陷入「悉就臭腐」的狀態。將「臭物」不必要的蓋子掀開，「傅會」、「穿鑿」、「假借」、「遷就」、「回護」、「粧點」等也一一剝除，層層看透直至「明白端的」，即可看到玲瓏剔透、晶瑩潔淨的「大蒜子」被盛裝在銀盤上。這一番詮釋，仁齋在〈讀予舊稿〉中已經用「及讀語孟二書，明白端的，殆若逢舊相識矣」加以呈現了。

記得西洋哲學家曾經說過，最重要的事只能以循環論證方式陳述，對仁齋而言，《孟子》或許正是如此。與人之邂逅、與書籍之相遇，其中對自己人生最珍貴的事物，總覺得彷彿一開始就已經註定了，而這不正是所謂人生的實際感受嗎。從反省的角度回顧人生，這意味著設問方式的逆轉。

在撰寫完本文的此刻，深切地感受到，下次有機會時，希望能順應仁齋人生中延續的時間流向，重新設定課題，再次針對本文未能充分論述的問題進行探究。

（譯者：黃慧璘）

朱舜水與安東省菴之思想異同

徐興慶[*]

一、序論

　　安東省菴（守約、恥齋，1622-1701）為德川初期九州福岡柳川藩的儒臣，1649 年（承應三年）就學於京都朱子學者松永尺五（1592-1657）門下。松永尺五為著名歌人、俳人松永貞德（1571-1653）之子，1648 年於京都堀川開設私塾，學統承自藤原惺窩之京學派，安東省菴於私塾成立的翌年、二十八歲時前往求學，同門有木下順庵、貝原益軒（1630-1714）、宇都宮遯庵（1633-1707）等著名儒生。據省菴〈丁酉歲旦〉：「予遊學京師多年，省親歸鄉居月餘，遊長崎經旬又歸鄉」，[1]可知安東省菴於 1657 年（丁酉、萬治元年）之後才與朱舜水結識。而居中引介者為省菴前往長崎看診時的華醫潁川入德（陳明德，1595-1674）。水戶藩儒安積覺於〈省菴文集序〉

[*] 臺灣大學日本語文學系教授。

[1] 《省菴先生遺集》卷 9，收入《安東省菴集 影印編Ⅰ》（《柳川文化資料集成》第 2 集，福岡：柳川市史編集委員會，2002 年），頁 512。

中，對二人交往的情形有如下之敘述，曰：

> 聞明徵君舜水朱先生來長崎，往見之，遂執弟子之禮。
> 先生亦悅其天資純粹，以為元定真吾老友，屬意最深。
> 而先生流落海外，孤埶無所立。省庵懇求鎮巡，多方
> 以留之。自奉極其儉薄，而分俸之半以養之。能行人
> 之所難能者，弗顧流俗之譏，可謂特立不回者也。蓋
> 先生之寓長崎，人皆知其宿德重望，而未能知其學術。
> 間有知者，叩之不能究其精，探之不能發其蘊。唯省
> 庵切問近思，入其室，造其奧，自朱陸之辨，以至窮
> 理盡性精一執中之旨，靡不講究刮磨，得之於心而驗
> 之於操履之實。故其為文，根據於理道，而夷粹平實，
> 一切浮靡詭詖之言，無所從出。[2]

1657 年，安東省菴從穎川入德手中接獲朱舜水兩篇文章，當
時是朱舜水第六次前往長崎，來去匆匆，二人並未謀面。省
菴以弟子奉師之禮，寫了一首七言律詩回贈朱舜水，詩曰：

> 遠避胡塵來海東，凜然節出魯連雄。勵忠仗義仁人事，
> 就利求安眾俗同。昔日名題九天上，多年身落四邊中。
> 鵬程好去圖恢復，舟楫今乘萬里風。[3]

二人初次見面，是在 1659 年秋，朱舜水六十歲決定居留長崎

---

[2] 《省菴先生遺集》卷首，頁 373-374。本序文寫於 1716 年。
[3] 《省菴先生遺集》卷 7，頁 488。

之後。

　　朱謙之的《朱舜水集》收錄了「與安東守約書二十五首」、「答安東守約書三十首」、「答安東守約問四十二條」，以及安東省菴的「祭朱先生文三首」、「上朱先生二十二首」。加上筆者於日本發現的「朱舜水寄安東省菴書簡」三十四封、同筆語四十六則，[4]這些資料是研究朱舜水與安東省菴思想交流的主要原始文獻。

　　安東省菴晚年留給其子守直的遺訓中曾提及：「我無才無德，汝與諸生勿撰年譜、行狀、行實、碑銘墓銘及文集序等」，[5]因此安東省菴逝世後，守直遵照指示並未撰寫行狀、行實，而至其孫守經時才完成。2002 年福岡縣柳川市史編集委員會出版《安東省菴集影印篇 I》，收錄了安東省菴《初學心法》、《三忠傳》、《新增歷代帝王圖》、《幼學類編》、《續古文真寶後集》、《霞池省菴手簡》、《省菴先生遺集》、《恥齋漫錄》等著作，這些都是檢索安東省菴思想主張的主要參考文獻。

　　1659 年，安東省菴結識朱舜水之後，思想主張開始有了變化，在上述文獻中留下了詳實的記錄。本文主要根據二人的相關文獻，探討安東省菴與朱舜水結識後至其晚年的思想

4　收入筆者編著：《新訂朱舜水集補遺》（臺北：臺大出版中心，2004
　　年），頁 54-95。

5　安東省菴：〈元祿戊寅告守直文　遺訓〉，《省菴先生遺集》卷 7，
　　頁 484。

變遷，並針對《學蔀通辨》、「知與行」、「朱陸之辨」、「忠」
等思想交流的分析，進一步闡明其與朱舜水思想主張之異同。

二、從《學蔀通辨》看安東省菴與朱舜水的思想
　　主張

　　安東省菴度過人生五十大關時，為了提升自己心靈修
養，由先賢諸書中挑選出有助修養之名言、箴言，並節錄與
思想根本相關之言辭，編著成漢文隨筆集《恥齋漫錄》，計四
卷。安東省菴於自序中提及：

> 益勤不怠亦有年，然初不知為學之方，經則泥乎訓詁，
> 文則喜乎絢縟，中焉以為有少得焉。談經只恐註釋不
> 該博，操觚只恐句語不華美，久焉駭懼以為向之所為
> 者，皆恥而已矣。痛悔深懲，悉焚前作，因扁恥齋二
> 字，揭左右以為戒焉，靜而思之。[6]

安東省菴對其五十歲以前的為學之道深感「羞恥」，故藉集名
「恥齋」以為知恥之一端，希望達成「不致羞恥的自我呈現」。
《甘雨亭叢書》[7]編者板倉勝明於〈省菴安東先生傳〉中述及：

---

[6]　安東省菴：〈恥齋漫錄序〉，《甘雨亭叢書》，收入《安東省菴集　影
　　印編I》，頁547。本序文寫於1672年。

[7]　《甘雨亭叢書》是安中藩主板倉勝明收集日本近世（1845-1867）
　　名家的貴重抄本類文獻。內容含「正篇」五集、「別篇」二集，「正

「舜水流落海外，孤塋無依。先生懇求鎮尹，多方以留之，自分俸祿之半以養之。……舜水素嚴毅，不妄許可，至知己二字，尤不假人，獨與明王翊為石交，晚得先生於萬里外，以為奇遇云。餘姚張斐來寓長崎，聞先生聲名，履寄書以推獎。伊藤東涯稱為關西巨儒，於是其名益顯，上自縉紳諸公，下至書生武弁，莫不景慕」。[8]一般認為，安東省菴邁向成名之道，是在 1672 年（寬文十二年）朱舜水至水戶講學、省菴編著《恥齋漫錄》之後。其間，安東省菴訓點《學蔀通辨》，針對朱子、陸象山、王陽明的論述，提出不少自我見解並就教於朱舜水。

據菰口治整理的安東省菴年譜，1659 年省菴二度前往京都時取得《學蔀通辨》，閱後對其內容產生共鳴，故全書施以訓點，並於同年秋冬前往長崎與朱舜水會面之際，將此書出版。[9]

宋明諸儒對於心性的詮釋，多因受到老莊佛學的刺激而起。陳健（清瀾，1497-1567）於《學蔀通辨》自序中說明撰

篇」為近世儒者的漢文隨筆，「別篇」第一集是和歌、和文，第二集則是其他十種文獻八冊，共計五十六冊。因缺第二集八冊，目前僅存四十八冊。臺灣出版的《叢書集成》續編，採自四十八冊版。

[8] 板倉勝明：〈省菴安東先生傳〉，《甘雨亭叢書》，頁 548。

[9] 菰口治、岡田武彥：《安東省庵・貝原益軒》（叢書・日本の思想家 9 儒學篇，東京：明德出版社，1985 年），頁 67。

寫此書的目的，曰：

> 有宋象山陸氏者出，假其似以亂吾儒之真，援儒言以
> 掩佛學之實。……建為此懼，迺竊不自揆，慨然發憤，
> 究心通辯，專明一實，以抉三蔀。前編明朱陸早同晚
> 異之實，後編明象山陽儒陰釋之實，續編明佛學近似
> 惑人之實，而以聖賢正學不可妄議之實終焉。[10]

於〈學蔀通辨後編序〉中又云：

> 陸子之所以異於聖賢者，非徒異於聖賢已也，以其溺
> 於禪佛而專務養神一路也。……陸氏之學，尊德性也，
> 陸氏先立乎其大也，而不知其假似以亂真也，援儒以
> 入佛也，借儒以掩佛也，有許多弊也。[11]

陳健從朱子學的立場對佛學，特別是陸象山的「援儒入佛」、
「藉儒掩佛」的思想主張，作了嚴厲的批判。安東省菴於訓
點刊刻《學蔀通辨》的跋文中，闡述其閱後觀點，曰：

> 學術之蔀，釋氏為最甚矣。以談寂滅，則知者好之；
> 以談禍福，則愚者惑之，此所以其徒愈眾而吾道愈孤
> 也。古者楊墨塞路，孟子辭而闢之廓如也，故曰孟子
> 之功不在禹下。其後千百餘載，異端雜學羣然蠭起，

---

[10] 陳建：《學蔀通辨》（臺北：廣文書局，1971 年），自序，頁 1。
[11] 陳建：《學蔀通辨》，後編序，頁 1。

朱子盡力闢之，故曰朱子之功不在孟子下。如陸氏頓
悟、王氏簡易直截，乃釋氏不立文字機軸，似以六經
為附贅懸疣，且其言曰六經著我，六經亦史，是作後
世廢學俑也。彼乃陰勦佛說陽附，吾儒人不覺其自入
禪爾。及朱陸早異晚同之說與《朱氏晚年定論》出，
辭說愈巧遮掩愈深，此皆根據釋氏，所以其蔀為最甚
也。清瀾先生作為此書，究辨真似，是非明白，痛快
不遺餘力，重重蔀障瓦解冰消，其功豈在朱子下乎。
己亥冬入雒，剞劂氏就求國字旁訓，守約欲廣諸同志，
於是僭為詮次，且以就正於博雅君子也。[12]

安東省菴批評佛教的「寂滅」、「禍福」說孤立了正學（理學）
之道，危害學術至甚且深；稱讚朱子闢異端、雜學，故其功
績不亞於孟子。對於陸象山依照理就是心的學理，以「生知」
解釋「頓悟」之道；王陽明採集朱子書信，寫《朱子晚年定
論》敘述朱子晚年思想轉變之方向與己合，引起眾多學者駁
斥等，[13]也都一一提出見解。

　　此外，對於陳建批評王陽明將朱陸學之「早同晚異」說
成「早異晚同」，曰：「後人不暇復考，一切據信，而不知其

---

[12] 安東省菴：〈學蔀通辨跋〉，《省菴先生遺集》卷4，頁439。

[13] 李明輝：《四端與七情：關於道德感情的比較哲學探討》（東亞文
明研究叢書24，臺北：臺大出版中心，2005年），頁326。

顛倒早晚、矯誣朱子以彌縫陸學也。其為蔀益以甚矣」，[14]安東省菴的看法是：「愈巧遮掩愈垯，此皆根據釋氏所以為蔀為甚也」。認為王陽明的學說有儒佛混淆之虞，駁其為學態度「簡易直截」，給後世走向廢學啟了不良的示範。省菴對於《學蔀通辨》批判陸王的內涵，深感贊同，曰：「究辨真似，是非明白，痛快不遺餘力」，明顯表達其傾向朱子學的立場。《學蔀通辨》的論述同時影響到另一位德川前期對九州地區之教育、經濟發展貢獻良多的福岡藩儒貝原益軒。[15]戴瑞坤將安東省菴與貝原益軒同列為海西（九州）朱子學派的主要代表人物，認為安東省庵和貝原益軒一樣，接受了羅整庵的思想。並引用日本哲學家井上哲次郎的說法，指出省菴「理氣合一論」，是理隨氣而有，與氣一元論的見解相當接近。以理氣合一或氣一元論改造朱熹理一元論，是海西朱子學派的特點。[16]

　　安東省菴到長崎結識朱舜水之後，曾提出「朱陸異同」

---

[14] 陳建：《學蔀通辨》，自序，頁 1。

[15] 貝原益軒初學朱子，後學陸王，原採朱陸兼用的立場。但在 1665 年三十六歲時讀《學蔀通辨》之後，接受陳建針對朱陸學的差異所作的明確論述。益軒對陸學之非，曾撰〈陸象山論〉(《自娛集》卷七) 提出對老莊、佛學及陸學的批判，而改從濂、洛、關、閩的正學之路。詳請參閱岡田武彥：〈貝原益軒〉，收入前揭菰口治、岡田武彥：《安東省菴・貝原益軒》，頁 110-112。

[16] 戴瑞坤：〈朱子學對中日韓的影響〉，《逢甲人文社會學報》第 1 期，2000 年，頁 103-104。

的問題，曰：

> 朱、陸同異，不待辨說明矣。近世程篁墩《道一編》、
> 席元山《鳴冤錄》，其誣甚矣。然「尊德性」、「道問學」，
> 陸說亦似親切，奈何？[17]

朱舜水答曰：

> 「尊德性」、「道問學」，不足為病，便不必論其同異。
> 生知、學知，安行、利行，到究竟總是一般，是朱者
> 非陸，是陸者非朱，所以玄黃水火，其戰不息。譬如
> 人在長崎往京，或從陸，或從水。從陸者須一步一步
> 走去，由水程者一得順風，迅速可到。從陸者計程可
> 達，從舟非得風，累日坐守。只以到京為期，豈得曰
> 從水非，從陸非乎？然陸自不能及朱，非在德性問學
> 上異也。[18]

安東省菴於其〈朱陸辨〉中述及：

> 然本末元非二，況其師堯舜、尚仁義、去人欲、存天
> 理，則其心同、其道同。是知其支離禪寂也，特末流
> 之弊爾。……是心迹同異，不害於道也。……是學術

---

[17] 朱舜水：〈答安東守約問〉，朱謙之：《朱舜水集》上冊（北京：
中華書局，1981 年），頁 396。
[18] 同上註。

> 同異，不害於道也。茍析聖徵心，則同異之嫌無容於
> 喙矣，學者其平心察之。[19]

認為朱陸思想主張不同，其實是淵源相同而流向有異。其脫
離尊朱的立場，顯然受到朱舜水的影響。林慧君也指出，安
東省菴在朱陸相互異同的基礎上，超越其間差異，以達歸於
一的目標，表現出「至公無我之論」的學問立場。[20]

對於王陽明的學問，安東省菴曾問曰：「陽明之學近異
端，近世多為宗主，如何？」朱舜水答曰：

> 王文成亦有病處，然好處極多。講良知，創書院，天
> 下翕然有道學之名；高視闊步，優孟衣冠，是其病
> 也。……其徒王龍溪有語錄，與今和尚一般。其書時
> 雜佛書語，所以當時斥為異端。[21]

朱舜水並未否定陸象山「尊德性」的思想宗旨；也認為王陽
明講良知、創書院對儒教之多元發展有益，但對其高視闊步、
模仿他人的行徑不以為然；更明確批斥王龍溪語錄參雜佛語
是異端。

朱舜水亦曾對安東省菴剖析陸象山、王陽明之非，曰：

---

[19] 安東省菴：〈朱陸辨〉，《省菴先生遺集》卷 1，頁 401-402。

[20] 林慧君：〈朱舜水對日本安東省菴思想的影響〉，《長庚科技學刊》
第 5 期，2006 年，頁 78。

[21] 朱舜水：〈答安東守約問〉，《朱舜水集》上冊，頁 397。

孔子生知之聖，其一生並不言生知，所言者學知而已。
如曰：「好古敏求」，「我學不厭」，「不如丘之好學也」
等語，可見聖人教人之法矣。陸象山、王陽明之非，
自然可見矣。不論中國與貴國，皆不當以之為法也。[22]

傳達孔子「學而後知」的為學之道，主張道學非一朝一夕或
一人一派可成，必須漸進修行，不學自古以來眾聖之所成則
不知。強調「好古敏求」，學而不厭，自學才能達其效；誨人
不倦，教人纔能有所進。認為中日學者都不應學習陸、王解
釋「生知」、「頓悟」之學。

　　綜觀上述朱舜水、安東省菴之問答，得知二人的闢佛思
想是一致的。[23]而朱舜水對陸、王的作為，則就事論事地給予
客觀評價，而非一昧地批評。這對當時一面倒向朱子學的安
東省菴而言，或許會感到相當意外。不過也讓安東省菴在未
來的為學路上，開展更寬廣的思考空間。安東省菴在〈答人
問朱陸陽明〉中因而有了「聖道坦夷同大道，後生何以說紛
紛。可知孟子學夫子，經義要須從本文」[24]的領悟。

　　以下再舉兩則朱舜水與德川藩士問答的內容，說明其為

---

[22] 朱舜水：〈與安東守約書〉，《朱舜水集》上冊，頁 166-167。

[23] 有關朱舜水的闢佛思想，請參閱拙搞〈朱舜水的闢佛思想：論其
與德川社會的相互影響〉，《アジア文化交流研究》第 3 號（大阪：
關西大學，2008 年），頁 355-374。

[24] 安東省菴：〈答人問朱陸陽明〉，《省菴先生遺集》卷 11，頁 541。

學的原則。

近江水口（今滋賀縣甲賀市）藩主加藤明友（1615-1683）
問朱舜水，曰：

> 僕素宗宋儒，故平生之說話，往往傚之，請莫訝。至
> 若陽明之學，陸氏之裔，我黨之所不雅言。[25]

朱舜水答曰：

> 宋儒之學可為也，宋儒之習氣不可師也。至若陽明之
> 事，偶舉其說「良知是赤的」，以為笑談耳。故曰「良
> 知豈是赤的來」，非僕宗陽明也，幸勿深疑。[26]

又，加賀藩儒官人見竹洞（野節，1637-1696）問朱舜水，曰：

> 前日以來，欲談性理之事，淺學不免躐等之罪，故不
> 及此。聞昨吉水太守問「格物」之義。「格物」者，先
> 儒所說多多，至晦翁，說出「窮理」來，其所行以「居
> 敬」為本。「窮理」、「居敬」工夫，雖非旦暮容易說出
> 之事，日用之工夫，先生之意如何？[27]

朱舜水答曰：

---

[25] 朱舜水：〈答加藤明友問〉，《朱舜水集》上冊，頁382。
[26] 同上註。
[27] 朱舜水：〈答野節問〉，《朱舜水集》上冊，頁386。

前答吉水太守問「格物致知」，粗及朱、王異同耳。太守以臨民為業，以平治為功，若欲窮盡事事物物之理，而後致知以及治國平天下，則人壽幾何，河清難俟。故不若隨時格物致知，猶為近之。至若「居敬」工夫，是君子一生本等，何時何事，可以少得？僕謂治民之官與經生大異，有一分好處，則民受一分之惠，而朝廷享其功，不專在理學研窮也。晦翁先生以陳同甫為異端，恐不免過當。[28]

這兩則問答，除了傳達宋儒之學值得學習、宋儒氣息不足效法的見解外，也表明舜水非宗於陽明學的立場。此外，談理學「格物致知」、「居敬」等學說功夫並非不好，然而先窮理而後致知，在治國平天下的實用及時效性上，有其窒礙難行之處，因此，主張為學目標置於促使人民受惠將遠比窮研理學來得重要。南宋學者陳同甫（陳亮，1143-1194）採取與傳統儒家對立分歧的觀點論學，被諷為事功派，朱子也視其為異端。對此舜水則認為朱子的批評過當，曾說：

宋儒辨析毫釐，終不曾做得一事，況又於其屋下架屋哉。[29]

朱舜水尊崇程朱，但是對於程朱理學認為應「取其精意……，

28　同上註　。
29　朱舜水：〈與安東守約書〉，《朱舜水集》上冊，頁160。

慎毋於聲音笑貌之間，淈其泥而揚其波」，反對宋儒「辨析毫厘」、脫離社會的非實用性論述。並且強調：「過於推敲刻覈者，亦不足以引掖後生。跡象摹擬，既足使人厭棄，而理窮渺忽，亦易令人沮喪。既已厭棄，又復沮喪，最易入於異端邪說」，[30]再三明確表達為學應遠離異端邪說的基本立場，以及追求學問「貴在實行」、「俱在實踐」等實理實學之價值觀。

　　就朱舜水的「學知、行知」學說而言，其欲傳達的基本精神，近於朱子所言「學之之博，未若知之之要；知之之要，未若行之之實」[31]的學理。換言之，朱舜水雖表示自己並非朱子學者，但是力主與其獲得廣博的知識，不如知道為學的要點（即放棄毫釐之辨）；知道為學的要點，不如確實地推行實踐。就此而言，朱舜水、朱子二人的理念是契合的。

三、從《初學心法》看安東省菴的思想主張

　　1668 年安東省菴四十七歲時，輯錄宋、元、明三朝十八名學者的言論集為《初學心法》。[32]計有立志篇（朱熹、王陽

---

[30] 朱舜水：〈答某書〉，《朱舜水集》上冊，頁 110。

[31] 朱熹著、鄭明等校點：《朱子語類》（上海：上海古籍，2002 年），卷 13，頁 386。

[32] 安東省菴：《初學心法》（一卷一冊），寫於 1668 年（寬文八年），後由京都的書肆吉野屋權兵衛於 1675 年（延寶三年）出版，現僅存於九州柳川古文書館安東家史料。詳請參閱《安東省菴集 影

明）；存養篇（朱熹、陳北溪、胡敬齋、羅整庵）；省察篇（朱熹、張范陽、陸象山、吳臨川、薛敬軒、陸澄）；勉學篇（楊龜山、朱熹、陸象山、薛敬軒、王陽明）；致知篇（朱熹、張勉齋）；力行篇（朱熹、薛敬軒）；克己篇（尹和靖、朱熹、薛敬軒、王陽明）；慎言篇（李延平）；改過篇（真西山、王陽明）；雜論篇（楊龜山、李延平、朱熹、張南軒、呂東萊、真西山、許魯齋、薛敬軒、王陽明、羅整庵）等十項分類，共收錄三十九篇文章。其內容依序為朱熹八篇、薛敬軒六篇、王陽明五篇，羅整菴、陸象山、楊龜山、真西山、李延平各二篇，餘為單篇。[33]

　　首先，安東省菴於《初學心法》之序文中述曰：

　　　　學者先養根本、立趨向，然後可以適道。……蓋人心至靈至玅，主乎方寸之中，是以管天下之理，理雖散在外，而總乎一心。《詩》云：天生烝民，有物有則，民之秉彝，好是懿德。言有物必有法，是民所秉執之常性也。豈可以心與事判乎內外，遺棄事物，專求諸心乎哉。所以朱子格物之訓，居敬窮理之互相發也。世之從事於此者，不知體察諸身心，徒求之於名物、度數、訓詁、詞章之末，智識愈博而心愈惑，著述愈多而道愈離，迫其流蕩忘返，自誤誤人，歸咎於格物

印編Ⅰ》，頁 1-24。
[33] 《安東省菴集　影印編Ⅰ》，頁 1-24。

> 窮理之學，是豈朱子之訓乎。……余講經之暇，攄摭
> 諸儒格言，授諸童蒙，名曰《初學心法》。……初學之
> 士，潛心於此，庶乎養根本、立趨向而居敬窮理之一
> 助云爾。[34]

闡釋編輯《初學心法》之目的，在於讓即將邁進學問殿堂的
初學之士，瞭解根本修養的重要性。強調修養根本是綜「天
下之理」為一心，將朱子所說的「心」，置於「心與天為一」
的立場，將己之心放於「至我無公之地」，以行「居敬、窮理」
之道。[35]並舉《詩經》：「天生烝民，有物有則。民之秉彝，好
是懿德」為例，說明萬物有則，身心與事物乃內外一體，不
可棄事物而專求諸心，亦不宜疏於體察身心，而徒求於事物。
安東省菴以朱熹、李延平、真西山、羅整菴等朱子學者的言
論為主軸，加進王陽明、陸象山、陸澄等陸王諸儒的文章。
將朱熹闡述的「心」解讀為「心與天為一」，強調不可陷於格
物而一昧追求「名物、度數、訓詁、詞章之末」。主張為學應
與生活實用結合，先修養根本，確立方向，兼顧事物，進而
追求「居敬、窮理」的學問。這裡也可以窺見安東省菴已從
讀尊學理的立場轉向學理與實用必須並重的想法，這種轉變
和朱舜水認為治民之官與經生有異的主張有異曲同工之處。

　　再者，安東省菴於《初學心法》跋文中述及：

---

[34] 安東省菴：〈初學心法序文〉，《安東省菴集 影印編 I》，頁 1-2。
[35] 《安東省菴集 影印編 I》，頁 3。

或曰夫道一而已矣。天下之學，非儒則佛，非朱則陸。今是編也，獨朱子以子稱之，似尊之者，然而開卷繼朱子以陽明，終篇繼陽明以整菴，整菴乃朱之徒，陽明乃陸之徒也。子依阿兩間不歸於一，何為雜也？曰：學者當先去客氣、平勝心，至於至公無我之地，而後言朱陸之同異是非，是朱非陸有近於支離之嫌，是陸非朱有近於禪寂之嫌，區區蛙見，未知是非，如何顧其末流之弊。爾世學朱者，以窮理為先務，以說心為異端，博求諸談說誦讀之餘，其所得者所謂說鈴書肆耳。竊惟自虞書人心道心之言，聖賢說心班班乎。六經、四子之書，學豈心外之事哉。是其所以流弊為支離也。其學陸者，離事物捨形器，顓求諸言語文字之外，窈冥恍惚，遂失其所以為心者，是其所以流弊入於禪寂也。愚今裒朱子說心者，使學者知朱子說心莫弗該備也。曰然，則程子所謂聖人本天，釋氏本心，其言非與；曰不然，是謂其所以本心之非，非非本心，心與天豈有二乎？曰《傳習錄》自第二條至以博文為約禮工夫，皆真切之言。而如知行合一及致良知，亦陽明之宗旨也，子盍取之？曰雖言切而意見異者，非臆度所定，其不取也，乃欲歸於一也。世辨陸王者，縱客氣、馳勝心，舍其瑾瑜，斥其瑕類，舍其所同而

是，攻其所異而非，豈此謂至公無我之論乎？子其審
之。[36]

說明選擇收錄朱熹、王陽明、羅整菴、陸象山等人文章時的
考量，以及文章前後排序之原由。主張「夫道一而已」，在「天
下之學，非儒則佛、非朱則陸」的氛圍中，呼籲學者摒除成
見，廣納諸學之精華，以達至公無我的境界。而「至公無我」
也正是安東省菴選錄文章時的立場。由此可以看出省菴的思
想主張，從原先醉心朱子學，轉向去蕪存菁，希望藉由朱子
的「居敬、窮理」發揮相互激勵的作用，消除陸王學者的「客
氣」（一時產生的元氣）與「勝心」（追求頓悟之心），站在「至
公無我之地」後，才開始思考、議論「朱陸之異同是非」。[37]

　　關於為學之道這項課題，朱舜水對於安東省菴的問學，
曾作如下的回覆，曰：

> 中國以制義取士，……彼原無意於修身、齊家、治國、
> 平天下也。……即嘉、隆、萬曆年間，聚徒講學，各
> 創書院，名為道學，分門別戶，各是其師。聖賢精一
> 之旨未聞，而玄黃水火之戰日煩。高者求勝於德性良
> 知，下者徒襲夫峨冠廣袖，優孟抵掌，世以為笑。是
> 以中國問學真種子幾乎絕息。……賢契慨然有志於

此，真千古一人，此孔、孟、程、朱之靈之所鍾，豈以華夷、近晚為限？幸惟極力精進，以卒斯業，萬勿為時俗異端所撓也。[38]

朱舜水強調為學須胸懷修身、齊家、治國、平天下的大志，至於分門別戶、互褒相詆，並非正途；希望安東省菴能行孔、孟、程、朱之道，勿為佛禪等時俗異端所困擾。此處提及的孔、孟、程、朱之道，即是在德川社會積極推展的聖學，而「儒者之道，振古由今，極天際地，仲尼日月，無得而踰。……仲尼之道如布帛菽粟，誠無詭怪離奇，如他途之使人炫燿而羨慕。然天下可無雲綃霧縠，必不可無布帛，可無交梨火棗，不可無粱粟；雖有下愚，亦明白而易曉矣。」[39]期許省菴能跳脫詭怪離奇的言說，選擇有「布帛菽粟」之實際功用的學問。對此，安東省菴寫了七言絕句〈論語〉一首以示回應，詩曰：

孔道元來如日月，何將爝火漫爭光。工夫當用常行處，若去懸空恐作狂。[40]

朱舜水也曾向安東省菴剖析曰：

近者，中國之所以亡，亡於聖教之隳廢。聖教隳廢，則奔競功利之路開，而禮義廉恥之風息，欲不亡得乎？

---

[38] 朱舜水：〈與安東守約書〉，《朱舜水集》上冊，頁173-174。
[39] 朱舜水：〈諭安東守約規〉，《朱舜水集》下冊，頁578-579。
[40] 安東省菴：〈論語〉，《省菴先生遺集》卷11，頁541。

知中國之所以亡，則知聖教之所以興矣。[41]

又說：

賢契既好聖賢之學，自然能知能行，未能知未能行，非
所患也。況今日所知所行，種種皆是能事，但貴引而
申之。他日聖賢真種子崛起，當在貴國，毋多讓也。[42]

而對於言行等處世原則，朱舜水則表示：

不佞於言行之間，但知內不欺己、外不欺人，行而不
言者有之矣，未有能言而不能行者也。[43]

由上可知，舜水傳達給省菴的聖學之道有二：一者聖學普及
可消弭社會功利私慾爭鬥之氣，使禮義廉恥之風日盛；二者
促使人人皆知（自覺）皆行（行動），達到人人言行一致的誠
信社會。朱舜水傳學的主軸多以修身為本，有所承繼，亦有
其自我定見之處。

關於知行的問題，安東省菴在其〈知行論〉中，作了如
下的詮釋：

聖道無窮，然其要在知行二者而已矣。蓋人不患於不

---

[41] 朱舜水：〈答安東守約書〉，《朱舜水集》上冊，頁 183。

[42] 朱舜水：〈答安東守約書〉，《朱舜水集》上冊，頁 187。

[43] 朱舜水：〈答安東守約書〉，《朱舜水集》上冊，頁 179。

能行，而患於不能知也。不知，則雖美質善履之人，
未免有是非錯誤善惡混淆。故大學之教以格物為先，
天下之事豈有不學而能知之理乎。[44]

省菴顯然傾向於程朱的「學然後知，知然後行」，以及《大學》
中「物有本末，事有終始，知所先後，則近道矣」的為學之
道。對於陽明學的合一並進說，則批評曰：

陽明之徒，據其合一竝進之說，遂指窮理之學為口耳
誦說，其流之弊或至廢學。其曰：竝進可也，曰：合
一不可也，不可不辨焉。[45]

此外，朱舜水在閱讀安東省菴的文章後，亦不時提出自
己的看法。諸如：

近作極好，極進，甚喜！靜坐澄心，亦不必改，亦不
當用佛氏本來面目語。[46]
格言以存心、養性、修身、齊家、敬君、治國為目。
皆粗粗淺近，不取深奧，亦是卿大夫語。……嘗曰：
存心養性者，少異於正心誠意，而大別於明心見性也。
[47]

---

[44] 《省菴先生遺集》卷1，頁396。
[45] 《省菴先生遺集》卷1，頁396。
[46] 朱舜水：〈答安東守約書〉，《朱舜水集》上冊，頁183。
[47] 朱舜水：〈答安東守約書〉，《朱舜水集》上冊，頁157。

強調「欲正其心者，先誠其意」，存心養性，明德修身，方可達到心地端正誠摯的境界，這有別於佛教明心見性的宗綱，所以希望省菴在文章中不要參雜佛語。對此，省菴寫了題名為〈大學〉的七言絕句詩回應，曰：

> 格物可知窮理事，後儒說話強安排。用功須自讀書始，頓悟從來蔥嶺來。[48]

　　朱舜水 1666 年 9 月赴水戶講學，至 1682 年 4 月逝世為止，與安東省菴未能再謀面，二人只能靠書信往來。省菴以門生自居，處處表現出懇切之情，舜水感銘在心，曾於回函中述曰：

> 讀來翰，賢契之情，遠而益親，久而愈摯，無一字不流於肺腑。由此推之，在子必孝，在臣必忠。其禮其誼，近來薄俗自不能有。庶幾求之古人，即古人中亦惟英賢之士能之，其他亦必不能也。惟望自強不息，傳為後世美譚，則彼此有光，若使他人以為口實，則彼此均愧矣。[49]

　　朱舜水與安東省菴這對亦師亦友、如親如子的異國知己最大的思想歧見在於對詩賦的看法。朱舜水對於詞章之習抱持負面的看法。加藤明友問：「詞章之習，害于道義乎否？」

---

48 安東省菴：〈大學〉，《省菴先生遺集》卷 11，頁 541。
49 朱舜水：〈答安東守約書〉，《朱舜水集》上冊，頁 179。

舜水答曰：「即無害於道義，亦無益于身心，今之詩詞，與古人之詩遠矣」。[50]又叮嚀門生加賀藩儒奧村庸禮曰：「吟詩作賦，非學也。而棄日廢時，必不可者也」。[51]答中村玄貞問時也表示：「如作詩作賦，無益於世道人心，而但逢迎時俗之所好，即其用心已自不肖，豈非不幸耶？」[52]對安東省菴則說：

> 至於做詩，今詩不比古詩，無根之華藻，無益乎民風世教，而學者汲汲為之，不過取名干譽而已。即此一念，已不可入於聖賢大學之道，故程子曰：為之大足喪志。[53]

並對省菴之詩作提出批評，曰：

> 諸詩未見大方，然近日之詩，非理學所急。即夫推敲工緻，不過炫世靡文。尚祈加意精研理性，以為一超世奇男子。望切望切！[54]

此外，由布惟長與安東省菴同為柳川藩儒，因愛作詩，也遭到朱舜水反對。當省菴問及：「由布惟長奉書老師，稱頌高義。其人質美而好學，但今年五十，有扞格難成之憂，為可惜耳？」

[50] 朱舜水：〈答加藤明友問〉，《朱舜水集》上冊，頁382。
[51] 朱舜水：〈與奧村庸禮書〉，《朱舜水集》上冊，頁257。
[52] 朱舜水：〈答中村玄貞問〉，《朱舜水集》上冊，頁403。
[53] 朱舜水：〈答安東守約問〉，《朱舜水集》上冊，頁394-395。
[54] 朱舜水：〈答安東守約書〉，《朱舜水集》上冊，頁186。

朱舜水答曰：「老而好學，如秉燭之光。不佞年六十二，一日不肯釋手，故詩詞絕不拈著，因質性愚下，無暇及此耳。五十歲比不佞少十二年，謂之一紀，何謂老而難成？真好則無有不可成也。」[55]

安東省菴曾學於喜好作詩的松永尺五，向來熱愛詩作，特別對北宋詩人邵雍（康節，1011-1077）情有獨鍾，以下舉省菴〈和邵康節先生意盡吟〉分析他對詩作的看法。

> 予慕邵先生之為人，大賢大愚雖不同，而生太平世年老康健則同，頃玩《擊壤集》，置之几案，時時吟咏，有古人欣然獨笑之樂，其〈意盡吟〉曰：意盡於物，言盡於誠，矯情鎮物，非我所能。先生之志如此宜哉，道德功業師表百世，此詩可以為事矯飾者之戒也。[56]

紹雍作品所流露的誠摯、不矯情，可能就是省菴最傾心的部分。而《省菴先生遺集》中共收錄了省菴生平所作古詩九十首（卷八）、五言律詩八十五首（卷九）、七言律詩七十九首（卷十）、絕句一百三十二首（卷十一）。[57]

1682 年朱舜水逝世之後，安東省菴感念師恩，述曰：「自舜水先生沒五年于今，時時夢見之，每睡覺未嘗淚不溢枕也。

[55] 朱舜水：〈答安東守約問〉，《朱舜水集》上冊，頁 400。
[56] 《省菴先生遺集》卷 8，頁 499。
[57] 《省菴先生遺集》卷 8，頁 498-544。

謹想先生之靈充天地間，有感使然乎」。[58]因而賦詩〈夢朱先生〉，曰：

> 泉下思吾否，靈魂入夢頻。堅持魯連操，實得伯夷仁。
> 沒受廟堂祭，生為席上珍。精誠充宇宙，道德合天人。

省菴以詩表達對舜水的懷念，不過從作詩的立場而言，二人的主張可謂南轅北轍。

四、朱舜水與安東省菴對「忠」的思想主張

在朱舜水與安東省菴的書信往返及問答記錄中，經常出現二人對「忠」的思想論述。朱舜水逝世翌年1683年（天和三年），安東省菴撰寫了上、下二卷的《三忠傳》，[59]是其詮釋「忠」的代表著作。所謂「三忠」是指平安時代末期的平重盛（1138-1179）、南北朝時代的藤原藤房（1295-1380）和楠木正成三人。

---

58 《省菴先生遺集》卷9，頁518。

59 《三忠傳》目前流傳於日本可以確認的古籍共計十九冊。分別為（1）京都書肆柳枝軒於1684年（貞享元年）刊行之二卷四冊；（2）天明期，江戶的小川彥九郎版一冊；（3）大阪的河內屋茂兵衛版十四冊。分別珍藏於國立公文書館「內閣文庫」、九州柳川古文書館渡邊家史料、東京大學總合圖書館、京都大學附屬圖書館等。詳請參閱《安東省菴集 影印編Ⅰ》，頁25-70。

　　《三忠傳》上卷「平重盛公」的記事，參考了《源平盛衰記》的內容。平重盛為平安時代末期的武將、公卿，是平清盛（1118-1181）的嫡男，為人武勇、溫厚、誠實，深獲後白河天皇（1127-1192）的信任。在《平家物語》的記述中，平重盛是平氏一門良能健全且關鍵性的重要人物。平重盛於保元（1156）、平治之亂（1159）時為父親平清盛奮戰，使平家進入武家全盛時期。最後平重盛介於父親清盛與後白河天皇之間，面臨「忠孝不能兩全」的困難處境，平重盛之死，意味著平清盛與後白河天皇之間對立的白熱化，同盟關係完全瓦解。安東省菴認為重盛忠誠至孝的節義行為，足為後世楷模，遂為之作傳。

　　至於藤原藤房的忠臣事蹟，則誠如「羅山先生立公傳不換一字載之左」的記述，安東省菴直接節錄了《羅山先生文集》卷三十八所載的〈藤原藤房傳〉，文章起始寫道：

> 孔子對魯定公曰：君使臣以禮，臣事君以忠。孟子對齊宣王曰：勿變乎色，臣不敢不以正對，異姓之卿，君有過則諫，反覆之而不聽，則去。今果有其人乎？藤藤房有焉。藤房者，藤亞相宣房之子也。早為納言，元弘元年（1331 年）八月平族構難，天王出居于河內笠置，平族帥兵環而攻之，九月王師敗矣。王潛出，藤房從之。初及帝，握劍璽，即寶位，得聖人之時，

臣妾億兆；當此時，藤房一人而已，可不謂之事君以
忠乎！[60]

藤原藤房為後醍醐天皇的側近公卿，因參與推翻鎌倉幕
府計畫（元弘之變）失敗，護衛天皇逃亡笠置山（今京都府），
被捕之後流配至常陸（今茨城縣東北部）。1333 年鎌倉幕府滅
亡，後醍醐天皇於建武新政（又稱建武中興）親政時，再封
藤房為中納言，後因其諫言未獲天皇接受，對新政權失望引
身而去。安東省菴舉其守道、篤義，輔佐天皇始終如一，認
為其高風亮節不失為忠臣。藤房之事蹟列《大日本史》百六
十三卷、列傳九十。

楠木正成是南北朝時代的武將，因藤原藤房的推薦，同
樣因參與推翻鎌倉幕府計畫失敗，被流放至隱岐（離島根半
島北方五十公里的日本海上）。1333 年 6 月，楠木正成打倒鎌
倉幕府北條氏，廢除武家政治，樹立了天皇政權。從南朝立
場描述後醍醐天皇的討幕計畫、建武中興，記錄南北朝內亂
的歷史過程之《軍記物語》（四十卷）中的〈太平記〉，有一
段楠木正成父子「櫻井之別」的忠孝佳話，正成留給其子正
行之遺訓曰：

思及此次合戰天下之安否，生見汝顏今恐為最後。正
成若復仇戰死，天下必盡歸將軍尊氏所有。然若求保

---

60 安東省菴：《三忠傳 上》，《省菴先生遺集》，頁 43。

　　命，將喪失多年忠烈名節，絕不可淪為敵軍降虜，即
　　使僅一人存活，亦應退至金剛山繼續奮戰，此為汝之
　　第一孝行。[61]

1336 年 5 月，正成殉死於日本史上最慘烈的「湊川之戰」，得
年四十三歲。其子正行繼續與足立軍作戰，1348 年二十三歲
時戰死於大阪。彰顯楠木正成的忠臣事蹟，在武家威權時代
被視為禁忌。但德川元祿以還，其忠臣地位大致已受肯定。
朱舜水在德川社會傳學之際，不斷強調自己遭受「虜難」，表
明反清復明的「孤忠」思想，更突顯了楠木正成的存在價值，
省菴於四十歲與朱舜水結識兩年後的 1661 年（寬文元年）撰
寫了《楠木傳》。此外，與朱舜水有頻繁書信往來的加賀藩主
前田綱紀曾聘請御用畫家狩野探幽（1602-1674）描繪「櫻井
驛決別圖」，並請朱舜水為之作贊。1692 年朱舜水逝世十年之
後，德川光圀復於湊川神社（今神戶市）豎立「嗚呼忠臣楠
子之墓」石碑，刻朱舜水之贊於其陰，稱頌楠木正成父子之
忠臣事蹟。爾後，楠木正成成為水戶學者崇敬的理想尊皇家，
也成為德川光圀編纂《大日本史》的精神支柱。

　　安東省菴於《三忠傳》序文中提及：

　　本邦忠臣孝子，乘時間出勒德鍾鼎垂功竹帛者，世不
　　乏人就中。平重盛、藤藤房、楠正成三公，當君昏臣

---

[61]　植村清二：《楠木正成》（東京：至文堂，1967 年），頁 185。

逆之時，極力劻勷夾輔王室。世之相去也，百數十年，
其事雖不同，而立綱常一也，可謂本邦之三仁矣。……
昔朱先生在長崎，崎人有求楠公父子畫像贊者，乃作
傳呈覽，蓋二十有三年于今矣。……於乎楠公得中國
大儒之贊，誠千載之奇事也。登時不及撰平、藤二公
傳，欠朱先生之贊，是不獨某之有撼，抑二公之不幸
也。聞昔有貪夫懷千金之璧，不顧其義否，或諫之，
弗止，一旦讀《伯夷傳》，則咈然起曰：幾誤一生矣。
究竟稱廉夫讀此傳者，知綱常，知順逆，訑亂臣賊子
之心，立忠臣孝子之節，則文章之工拙，非所拘也。
猶有遺事，請君子補之。[62]

說明撰寫《三忠傳》的緣由在於，1660 年朱舜水抵達長崎的
翌年，有當地人士請舜水為楠木父子的畫像寫贊，安東省菴
為讓舜水有所參考，遂寫〈楠公傳〉呈覽；又因閱讀《林羅
山先生文集》卷三十八所錄〈藤原藤房傳〉及村田通信著《楠
正成傳》（1669 年、寬文九年），才將〈楠公傳〉編入《三忠
傳》之內。上文並記述省菴為當時未請朱舜水替平重盛、藤
原藤房二人作贊而感到遺憾。《三忠傳》刊行於 1684 年（貞
享元年），亦即朱舜水逝世後的第二年，說此書是省菴為追憶
朱舜水的忠義行為而刊行的作品，應不為過。

---

[62] 安東省菴：〈三忠傳序〉，《省菴先生遺集》卷 3，頁 425。

　　安東省菴曾問朱舜水：「守約嘗欲諡楠公正成為忠武，庶人議諡得無罪乎？」朱舜水答曰：

> 柳下惠之稱，乃其妻諡之。文中子，乃門生諡之。但要公而當耳，於禮無戾也。易名之典，在於人心。人心思慕哀傷之，諡為忠武，適得其宜。[63]

對於楠木正成的忠孝義行，朱舜水的贊文寫道：

> 忠孝著乎天下，日月麗乎天。天地無日月，則晦蒙否塞；人心廢忠孝，則亂賊相尋，乾坤反覆。余聞楠公諱正成者，忠勇節烈，國士無雙。……誓心天地，金石不渝，不為利回，不為害怵，故能興復王室，還於舊都。……觀其臨終訓子，從容就義，託孤寄命，言不及私。自非精忠貫日，能如是整而暇乎！父子兄弟，世篤忠貞，節孝萃於一門，盛矣哉！[64]

楠木正成誓心天地，以寡擊眾，力搏叛逆，不戰屈人，賞不酬功，父子最後均以身殉節，故稱為「純臣」。

　　此外，朱舜水對「忠」的概念，也作了如下的詮釋：

> 盡己之謂忠，循己之謂私，所爭毫釐之間耳。而其德業所至，禍福所基，遂有天淵之隔。凡百有位，但當

---

[63]　朱舜水：〈答安東守約問〉，《朱舜水集》上冊，頁 399。

[64]　朱舜水：〈楠正成像贊〉，《朱舜水集》下冊，頁 571-572。

致其身以事其君，幸勿徇其私而敗厥德也。[65]

又說：

> 盡己謂忠，推己謂恕，固也。此己果易盡哉？仁義禮
> 智，天之所賦；子臣弟友，人之所萃。於斯有歉焉，
> 尚得謂之忠哉？老老及人，幼幼及人，即盡其己而推
> 之耳。乃有舍其在我，經營分外，謂之何哉？[66]

朱舜水引朱熹為「忠恕」注解的「盡己之謂忠，推己之謂恕」
為例，向安東省菴說明盡力作自己份內的事即稱忠，而恕即
「如心」，是以無私之心事其君，進而推己及人。欲達到「忠
恕」的境界，必須身體力行孟子說的「仁義禮智」之四端以
及子臣弟友的五倫之道，強調這些修養都是相輔相成的。

　　以上，朱舜水的思想主張與朱子所強調的「忠信，以人
言之。蓋忠信以理言，只是一個實理；以人言之，則是忠信。
蓋不因人做出來，不見得這道理」[67]的實理主張，以及伊藤仁
齋所說：「忠信敬恕，力行之要，就人用功夫上立名，非本然
之德，故謂之修為」，[68]重視修養的論點是相近的。

---

[65] 朱舜水：〈忠〉，《朱舜水集》下冊，頁 499。
[66] 朱舜水：〈忠恕〉，《朱舜水集》下冊，頁 498。
[67] 朱熹：《朱子語類》卷 21，頁 722。
[68] 《語孟字義》卷之下，收入吉川幸次郎、清水茂校注：《伊藤仁
齋‧伊藤東涯》（日本思想大系 33，東京：岩波書店，1983 年），

對於為人臣者如何盡忠，朱舜水則認為：

> 忠之時，義亦大矣。而大臣之忠，則與小臣異焉。大
> 臣者正己物正，而潛格其君心之非者也。至於輔幼主，
> 抑又難矣。豫養君德，使其君親端人，見正事，而便
> 佞技巧憸邪之徒，不得進焉。吁，亦難矣哉！非辨徹
> 底誠心，未能勝其任而愉快也。[69]

大臣之忠必須先正己然後潛移默化君心之非，以達「正人」
的目的。侍幼君，則首重輔助其遠離憸邪之徒，以誠心培養
其親端人、見正事的德行。朱舜水也提醒門生奧村庸禮為人
臣的基本態度，曰：

> 以孝事君則忠，以敬事長則順；忠順不失，自能保其
> 祿位宗廟。孝敬之心，日加純謹，聖賢之道，不在他
> 求，剛而不撓，精而不浮，莫過於是，何多自遜也。[70]

此外，朱舜水的另一位門生加賀藩儒臣古市務本，針對《論
語・微子》篇中記載「殷有三仁焉」之「三仁」與「忠」的
關係，問道：

> 孔子曰：殷有三仁焉。雖微子、箕子、比干三人之行

　　忠信第 5 條，頁 142。
[69]　朱舜水：〈訓忠〉，《朱舜水集》下冊，頁 499。
[70]　朱舜水：〈答奧村庸禮問〉，《朱舜水集》上冊，頁 376。

相異，皆稱仁。想夫三賢之行，同出於至誠惻怛之意，各雖謂得其本心。微子去，所以稱仁，自古雖多論說，不解稱其仁之意。蓋三人之行，各隨時安心，故稱其仁否？庶幾仔細告焉。[71]

朱舜水答曰：

「殷有三仁」之論，致疑於微子之去，不得為仁，此局於一隅之見也，必以一死為忠為仁也。夫臣子之事其君，居恒不能盡啟沃之道，不能竭諫諍之誠，使其君榮國治，迫夫社稷淪亡，徒以一死塞責，其心必曰吾忠也，必曰吾忠如是足也，是乃忠臣之罪人耳！安得謂之仁哉？[72]

微子（名啟，帝乙之長子，紂之同母庶兄）見紂王有過失，深感為臣者不勸諫，是不忠，無奈屢諫不採，無力勸紂王去惡從善，在分析當時的形勢之後，決定為維護殷王朝的統治，救社稷淪亡之禍，而捨棄小我選擇出走。朱舜水認為此舉雖選擇不死，卻是忠義的表現，故可稱為「仁」。朱舜水先引微子：「父子有骨肉，而臣主以義屬；人臣三諫而不聽，則其義可以去矣」之言，[73]表示微子為人臣三諫其君，其義已盡。再

---

[71] 朱舜水：〈答古市務本問〉，《朱舜水集》上冊，頁379。

[72] 朱舜水：〈答古市務本問〉，《朱舜水集》上冊，頁379-380。

[73] 朱舜水：〈答古市務本問〉，《朱舜水集》上冊，頁380。原文出自《史記‧卷三十八‧宋微子世家第八》：「父子有骨肉，而臣主以

引微子：「王子以出為道，王子弗出，我乃顛隮，自靖，人自獻於先王」之說，[74]指出微子出走，道危履險、艱難困苦之處境不言可知。頗有隱喻自身選擇離開中國，居留日本是另一種人生策略和智慧，是一種延續明朝遺臣的仁義行為。對此，安東省菴也回應了其對「仁」的看法，曰：

> 能行達道為仁，仁本為心，德不可求乎。曰不可也。
> 不求則意馬心猿，無以為心。所謂求者，非務外之謂。
> 謂收斂操持也，三仁用心也。雖迹不同，而一以歸仁，
> 可謂能行達道矣。求而不失，則庶乎其可。[75]

對於安東省菴的忠孝之性，朱舜水讚譽有加，曰：

> 若夫忠孝之性，賢契得之天植，又能尚友古人以發明
> 之，真足使人宗師，不佞何敢居然居其功！[76]

義屬。故父有過，子三諫不聽，則隨而號之；人臣三諫不聽，則其義可以去矣。」

[74] 朱舜水：〈答古市務本問〉，《朱舜水集》上冊，頁380。原文出自《尚書·微子》：「商今其有災，我興受其敗。商其淪喪，我罔為臣僕。詔王子出迪，我舊云刻子；王子弗出，我乃顛隮。自靖，人自獻于先王，我不顧行遯。」

[75] 《省菴先生遺集》卷4，頁446。

[76] 朱舜水：〈答安東守約書〉，《朱舜水集》上冊，頁176。

五、結論

　　本章選擇了《學蔀通辨》、「知與行」、「朱陸之辨」、「忠」等四個思想層面,針對朱舜水與安東省菴的思想主張,分別作了檢視。主要在究明二者思想上的相互影響關係及其異同等問題,這種文化傳播現象在德川時代的中日儒學交流史上有其意義。

　　安東省菴初學於松永尺五,故以朱子學者自居,但是就其中年以降編著的《初學心法》、《三忠傳》、《恥齋漫錄》之內容而言,其思想主張呈現非朱、非陸的立場。此外,透過與朱舜水的書信往來或問答、對談記錄,可窺知他對陸王學等諸多學說,有了客觀持平的改變,其思想主張明顯受到朱舜水的影響。二人因為強烈闢佛,並沒有正視儒佛也可以共通此一課題,但安東省菴融合其他學派學說的柔軟度卻超越了朱舜水。朱舜水強調自己:「本非倡明道學而來,亦仐以良知赤白自立門戶」,[77]清楚表明非宗陽明,但也贊同宋明理學的諸多學理,未與宋明理學劃清界線,只是對其習氣常有批評。舉例而言,朱舜水說:

　　晦庵先生力詆陳同甫,議論未必盡然。況彼拾人殘唾,亦步亦趨者,豈能有當乎?[78]

---

[77] 朱舜水:〈答某書〉,《朱舜水集》上冊,頁 112。

[78] 朱舜水:〈答奧村庸禮書〉,《朱舜水集》上冊,頁 274。

從朱舜水的立場而言，陳同甫雖被稱為功利主義學者，但其
主張結合社會實用性的部分，是不容全盤否認的。清朝之後，
中國思想界的「反理學」形勢逐漸形成，其中虛學、不實用
的理論最為人詬病。朱舜水痛恨明朝道學、理學者窮研毫釐
的態度，未能俾益社會，導致國家淪喪。他沉痛、語重心長
地說出自己思想主張的傳承，曰：

> 痛憤明室道學之禍，喪敗國家，委銅駝於荊棘，淪神
> 器於犬羊，無限低徊感慨故耳，未嘗自叛於周、程、
> 張、朱也。[79]

表明在日本傳播儒教的思想脈絡，並未脫離自周敦頤（道）、
張載（氣）、二程・朱熹（理）以來一脈相承的思想體系。他
在德川社會傳播奉為圭臬的孔、孟思想，並整理儒教各家的
觀點，勾勒出以實學、實踐為主軸的思想體系，只要與實學
牴觸的思想主張都加以批判，顯見朱舜水為學有其堅持的一
面，其內容涵蓋了教育制度、政治統治、哲學思想以及生活
實踐等多層面的問題。

　　朱舜水於〈中原陽九述略〉中提及：

> 中國之有逆虜之難，貽羞萬世，固逆虜之負恩，亦中

---

[79] 朱舜水：〈答某書〉，《朱舜水集》上冊，頁 111。

國士大夫之自取之也。[80]

又說：

> 豈有君臣、父子、夫婦、昆弟、朋友之道，而與濂、
> 洛、關、閩之學有異焉者？濂、洛、關、閩五先生研
> 精窮理，寧有疑貳？晦庵先生得力於「道問學」，尚與
> 「尊德性」者分別頓漸，朱、陸之徒遂爾互相牴牾。
> 凡此皆實理實學，與浮夸虛偽豈不風馬牛不相及乎？
> 浮夸虛偽以文其奸，以售其術，此小人無行之尤者，
> 而謂君子為之乎？[81]

認為儒教強調的基本精神是五倫之道，與濂、洛、關、閩各
家學說訴求的核心價值並無差異，因此不該爭論我是你非。
「鵝湖之會」爭論的焦點是在傳統儒學中的「道問學」與「尊
德性」，朱舜水批評朱、陸以何者為先設定問題，在方向上是
錯誤的，因為此舉引發日後兩派學者之間的相互詆毀，對社
會民生、人倫日用，毫無益處。主張重點在於學問與道德缺
一不可，如何相輔相成、如何實踐才是關鍵，爭論學問與道
德孰先孰後是「浮夸虛偽」，絕非君子行為。朱舜水也明白指
出「然陸自不能及朱，非在德性問學上異也」。朱舜水從自己
的儒學世界觀出發，將儒教思想與實學理念相互結合，提示

80　朱舜水：〈中原陽九述略〉，《朱舜水集》上冊，頁1。
81　朱舜水：〈答某書〉，《朱舜水集》上冊，頁110-111。

給安東省菴的基本為學之道是：

> 讀書作文，以四書、六經為根本，佐之以左、國、子、
> 史，而潤色之以古文。[82]

關於為人、為人臣之道，則是：

> 余謂君義臣忠、父慈子孝、夫和婦順、兄友弟恭，而
> 朋友敬信，此天下之至文也。而孝又為百行之源，孝
> 則未有不忠，未有不恭、敬、信、誠者也。[83]

這些聖學之道的傳播，在朱舜水與安東省菴的書簡及問答記
錄中，隨處可見。基本上，師徒二人的學問主張，與濂、洛、
關、閩的道學（新儒學）思想脈絡是一致的。諸如濂派周敦
頤的心性說、道德觀，或其以「太極」與《中庸》所呈現之
「誠」作結合的哲學思想；洛派程顥、程頤昆仲確立理氣之
對立，程顥強調以仁表現忠恕，達到天人合一的最高境界。
程頤則以四書、六經為求學目標，主張「仁愛即道」，提倡「涵
養須用敬，進學在致知」；關派的張載治學反對佛老之玄虛，
言「為天地立心，為生民立命，為往聖繼絕學，為萬世開太
平」，這些都在他們探討的範疇之內。安東省菴在朱舜水批評
各家學說的過程中，奠定了自己的學問基礎。舉例而言，安
東省菴問「註解」一事，朱舜水答曰：

---

[82] 朱舜水：〈答安東守約問〉，《朱舜水集》上冊，頁 368。
[83] 朱舜水：〈答安東守約問〉，《朱舜水集》上冊，頁 369。

書理只在文本，涵泳深思，自然有會。註腳離他不得，靠他不得。如魚之筌，兔之蹄；筌與蹄卻不便是魚兔，然欲得魚得兔，亦須稍藉筌蹄。……所謂博學而詳說之，將以反說約也。若義理融會貫通，真有活潑潑地之妙，此時六經皆我註腳，又何註腳之有？[84]

對於程子：「學者於《論語》、《孟子》熟讀精思，則六經不待讀而自明矣」之言，[85]朱舜水則批評曰：

六經豈有不讀自明之理？此等議論極好，甚須尋味。蓋天下文字千頭萬緒，道理只是一箇。若能明得此理，引而伸之，觸類而長之，無往非是。若執何書以為鵠的，猶非絕頂議論。[86]

又曰：

明道先生甚渾厚寬恕，伊川先生及晦菴先生，但欲自明己志，未免有吹毛求疵之病。[87]

朱舜水雖稱其學問傳承自濂、洛、關、閩，不過表示：「即使其中指摘一二，亦未為過，不聞君子和而不同乎？」[88]當有異

---

[84] 朱舜水：〈答安東守約問〉，《朱舜水集》上冊，頁369。
[85] 同註84。
[86] 同註84。
[87] 朱舜水：〈答安東守約問〉，《朱舜水集》上冊，頁402。
[88] 朱舜水：〈答某書〉，《朱舜水集》上冊，頁111。

議時，仍不改其率直、求實的為學態度，在程朱理學、陸王心學日趨僵化之際，將德川初期儒學的發展，引導至一個務實的新方向。對於為學之道，省菴領悟到：

> 能知達道為知，知本為良知，不學可乎？曰：不可也。不學，則人面獸心，無以致知。所謂學者，非佔畢之謂，謂居敬窮理也。舜明於庶物，察於人倫，又善與人同，可謂能知達道矣。學而弗懈，則庶乎其可。[89]

　　安東省菴與朱舜水為異域的知識份子，二人相互交流的思想「異」「同」在德川初期日本社會的儒學界發酵，帶來多元思想融合的另一種新風貌。本章引用上述省菴「知道」之論述，作為結語。

---

[89] 《省菴先生遺集》卷4，頁446。

近世和學（國學）的成立與漢學：
契沖的方法與本居宣長

清水正之[*]

前言

　　本論文本主要從近世思想史研究的視點，來探討近世日本漢學與和學（日本古典研究），特別是與國學的關係。在此不提出廣義上的日本古典研究，而是以國學及其成立時期為中心進行探討，這是為了提出吾人重新思考的視點。也就是，吾欲重新思考後來體系完備的國學把漢學及其根本思想視為所謂的「中華思想」而加以排斥，也因而往往被認為是與漢學對立的這件事情。眾所周知，江戶漢學學問（如：水戶學等）可說是和學的基礎。而本文欲將焦點集中在國學學問成立的元祿期當時的契沖，以及受契沖影響而對學問（古學）開眼的本居宣長來進行論述。就此回顧國學思想為何且如何脫離漢學，並形成獨自的問題群。漢學與和學的關係是日本思想・學問的重要問題之一。此關係不僅帶有歷史性問題的

[*] 聖學院大學人文學部教授。

意義，還蘊藏現代性問題。

一、契沖與本居宣長

關於國學，有從契沖（1640 -1701）來看的立場，亦有排除契沖從所謂「國學四大家」，即荷田春滿（1669-1736）、加賀真淵（1697-1769）、本居宣長（1730-1801）、平田篤胤（1776-1843）此一系譜・學統來看的立場。後者即為國學平田派的看法。契沖以歌道為業，因神道或日本的「道」並非其關注的重點，且其與佛教的淵源甚深，因此被排除在國學學統之外。然而，若從古典注釋學此一國學的重要特質來說，宣長等所採取的國學學問以契沖為始的看法，是比較中庸的立場。就其思想內容來看，契沖所提示的或許是非常細微的東西，不過卻是國學思想的原點，因此不可輕忽。

契沖摂津尼崎人，武士出身。[1]十一歲入佛門。十三歲時登密教真言宗大本營——高野山修行成為僧侶。據說契沖在密教修行的過程中，曾企圖自殺未果。儘管如此，契沖親近佛教，因此其思想充滿異樣的色彩。特別在儒教、佛教以及「理」的理解上，既和其他國學的源流思想不同，亦異於其後的國學。其近世隱士的風貌，對思考國學的淵源與性格以

---

[1] 有關於契沖一生的詳細介紹可參見久松潛一：《契沖》（人物叢書，東京：吉川弘文堂，1989 年）。

及時代的主流學問，即漢學與國學的關係，極具重要意義。

　　國學集大成者——本居宣長，雖以真淵為師，卻對契沖評價極高並視其為「古學」的創始者。在此先檢視兩三處宣長言及契沖的地方。宣長在接近三十歲時所寫的初期歌論《分葦小舟》，全篇可以說深受契沖的影響。內容當中宣長指名道姓稱讚契沖的地方有三處。他認為契沖對「歌道的本體」有獨到見解，並破除「近來的妄說」，[2] 可謂「古今獨步」[3] 的學者。宣長在其自身的古學進入成熟階段時便指出，契沖乃語言文法研究的先驅，並認為其功績在於提出「假字用格」（即用漢字假名來標記日語發音的規則）的「不同」。至於宣長受了契沖什麼影響，在此可窺見對古學而言契沖乃探求語言文法的先驅。

　　　　在此大坂有一位僧侶，專研古書甚深，且使用古代假名亦非常準確。所有古學之道創始自此僧。此可以說是無比的功績。（現代語譯）[4]

　　宣長視契沖為古學學統創始者，並對其功績給予極高的評價。至於歌學解釋方面，則對契沖有所批判。他說道：

　　　　契沖嫻熟於解釋和歌，無論好壞皆非常容易瞭解。然

---

[2]　《本居宣長全集 1》（東京：筑摩書房，1968 年），頁 79。

[3]　《本居宣長全集 1》，頁 55。

[4]　《古事記傳》，收入《本居宣長全集 9》，頁 27。

　　而有時卻有繁雜的解釋出現，不知是為何原故。[5]

　　宣長認為契沖深入和歌作者的主觀解釋，是來自於其對佛教經典解釋的習慣。[6]並有鑑於佛教也是傳自中國，因此宣長試圖突顯從其角度來看的受「中華精神」與佛教影響下的契沖圖像。然而，宣長雖有時批判其佛教式的解釋，卻又說道：「我國古學的創始者乃是契沖」，[7]並對僧侶契沖為「古學」學統端緒深表敬意。宣長極力否認自己的學問是在漢學的古學、古文辭學，也就是說，在仁齋、徂徠的影響之下成立的說法。這或許是和他自身認為自己的學問淵源是來自契沖此一自我認知有很大的關係。[8]

　　從近代的視點來看可以很容易發現到，契沖的言論乃是

---

[5]　《玉勝間》卷9，收入《本居宣長全集1》，頁285。

[6]　此評語是關於契沖注釋百人一首中遍昭僧正的歌「天上的風請吹動並堵住雲經過的路，我想捕捉一會兒正要回歸天上仙女的姿態」。契沖的注為「原為與風雲並起之物、並無法久久吹動堵住、因此一會兒一詞極為貼切」（契沖：《百人一首改觀抄》，收入《契沖全集9》，頁689）。宣長對此說明道：「作者並未思考到如此的程度」，認為其細膩的解釋來自注釋佛典的習慣。他可能認為「與風雲並起之物」一句提及佛教式的無常性吧。

[7]　《玉勝間》卷8，《本居宣長全集1》，頁258。

[8]　宣長認為契沖是「古學的創始者」，而另一方面針對賀茂真淵，他又認為「遠離中華思想，追尋古代語言的學問」是從真淵開始（《玉勝間》卷1，收入《本居宣長全集1》，頁37）。這意謂著排除「中華思想」的古學是以真淵為始。

對「日本」的自我言及。然而，若考慮到契沖的著眼點和方法在「國學」此概念尚未成立的時期就存在的話，從現代的視點下單方面的評斷則有失憑信。若要加以批判，則須從契沖自身的教養或其背後支配文化的動向來慎重考慮。從其教養評論契沖有「大儒風範」亦不為過。[9] 多數的契沖研究都是從漢籍裡的引用文獻來加以檢討，但本文的出發點並非如此，而是試圖探討擁有中國、天竺典籍知識和教養的契沖對異文化、思想諸相是如何反應，並且，以日本和那些外來文化之間的「差異」為線索其建立怎樣的方法。

二、《萬葉集代匠記》：「初稿本」與「精撰本」

　　契沖其因著作《萬葉集代匠記》而廣為人知。此書完成的契機是代替病死的友人──下河邊長流從水戶藩主德川光圀所接受的工作。[10] 水戶光圀因編纂「大日本史」而廣為人知。水戶藩編纂的「大日本史」（397 卷，1657-1906 年完成）以歷史編纂為主，同時亦校訂整理日本古代典籍事業，直到近

---

[9]　關於此研究則有井野口孝的《契沖學の形成》（研究叢書 192，東京：和泉書院，1996 年）。「大儒的風範」為其第 3 頁的評語。在此書中井野口非常仔細地調查了契沖漢學的知識來源。中井指出契沖有些地方直接抄取原文，不過此作法並不影響契沖的意義。

[10]　前揭書，井野口認為《代匠記》所言謙虛，並非代替長流的意思。在此遵循前人的說法。

代為止。此事業可說是幕末水戶學思想運動的基礎。水戶藩的事業最重要的是將基礎擺在漢學的教養上，並對日本古代典籍的持續關心。這與《萬葉代匠記》現存兩種版本，即最初完成的「初稿本」和正式獻上水戶藩的「精撰本」有很深的關係。「初稿本」被停刊的原因在於其和諸傳本的校正核對不全，而其正式的版本乃契沖參考由水戶藩校訂諸本的《四點萬葉集》，再加以重新校訂本文而完成的，並藉此重新思考注釋。但若從漢學規則來看，此亦與「初稿本」有奇特的內容及形式有很大的關聯。

此兩種版本無論是內容或文體上都有很大的差異。「精撰本」中有沙門・契沖的漢文呈上敘（題為〈重被水戶源相公鈞命修選萬葉代匠記〉），另有光圀的日文序（〈上水戶源相公萬葉代匠記序〉）。從文體來看，「精撰本」中契沖的注釋為漢字（片）假名混合文。「初稿本」的文體則為日文（漢字與平假名）。《萬葉集代匠記》「精撰本」的編集，是以《古今和歌集》之後標示和漢雙重性的形式。不僅是形式上的差異，內容上亦有很大的不同。「精撰本」的漢學規則成為思考所記載內容的好資料。

「精撰本」大半是從事實來加以分類，並舉出《萬葉集》中的「歌數」、「作者」、「地儀」、「天象」、「儒教歌類」、「神社類詞」、「人名」、「老莊之趣歌類」、「禁裏詞類」、「人倫」、「鳥獸蟲魚」、「器財食服」等事項和其索引，而集中的「地名」亦被索引化。在語言方面，「枕詞」索引化的同時，顯昭

（平安鎌倉，1130-1210）、仙覺（鎌倉時代，1203-1272？）
等《萬葉集》研究的前人之學說，在和《日本書紀》及其他
古典用例作比較考察上，花費相當大的紙張篇幅。另外，「假
名」的考察則在涉及佛教教義而論述五十音等情況下進行。

　　此外，在「精撰本」中，關於和歌本質的議論，亦即歌
論則被當成雜說而記述在後半部份（如後所見，在「初稿本」
中是以歌論為中心）。其歌論部分，首先從神道開始談起，並
說到和神道有很深關係的和歌的普遍意義，目的極為明確，
並說道：「不涉及儒典佛書等之所言」，[11]強調不為教義言說的
神道特異性，且將論說的重點擺在神道與儒教‧佛教的對等
關係，以及主張作為道德教說的對等性上。契沖在說明神道
固有性的同時，刪減「初稿本」中以佛教為根基的詳細且冗
長的歌論等。在文體與內容上，一方面以漢籍‧儒教為規範，
另一方面在和其對比上，則強烈地襯托出敘述神道‧佛教‧
歌道等「漢學文脈」的色彩。可見「初稿本」的修正是強烈
地意識到該書是獻給水戶藩的獻上書。

　　相對於此，「初稿本」採傳統日本和歌論體裁，從其冒頭
部分可見契沖私人的和歌見解是為日語文體或文脈所構成，
其構成並無任何束縛及考量。此外，在江戶時代流傳並給予
影響的正是此「初稿本」。宣長在年輕時亦受此書的影響。

11　《萬葉代匠記》，收入《契沖全集 1》（東京：岩波書店，1973 年），
　　頁 158。

在此，適時地參照著「精撰本」，來窺視「初稿本」特別是「總釋」的部分的議論。若從思想史角度來看的話，可得知「初稿本」裡有諸多契沖的關心點為其後「國學」此一形式所繼承時出現的論點。

三、從「初稿本」歌論的內容來看

契沖的關心點大約可分為三點。第一、「語言」與「心」的關係，此二者與「誠」的關係。第二、神道與和歌的關係。第三、語言與和歌以及和歌與中國「詩」的關係。契沖自述道自身的關心點整體以《古今集》的〈假名序〉為規範，並注意和其之間的關連。

歌論開頭所示契沖的主要關心點集中在人心之「未發」以及其和語言表現之間的關係上。人心在化為言語之前，如同「草木種子」在土中一般。但感動化作語言表現出來後（變成「葉」之後）（譯者：日文中「言葉」表示語言），「亦可知其心，賢愚、誠偽」等人心的「差異」和「多樣性」，皆無所遁形。[12]

關於冒頭部分何以題名為「萬葉」一語，此一見之下極不起眼的議論已超越「萬葉」語義的問題，並顯示出《萬葉

---

[12]　《契沖全集1》，頁194。

代匠記》以後契沖和歌論的方向，與此同時又和另一個問題有關。藉由種與葉的比喻，契沖所欲揭示的是內心與語言表現的關係，以及其「真實性」。

契沖說過，「有誠之人」的語言與「無誠之人」的語言不同。「有誠之人」的語言有值得傾聽的「精華」。無論「聖人」抑或「佛」皆能聽聞世事和古老時代的事（即通曉人類知識），可說是「語言之德」的緣故。關於「言中精華」，契沖說道：「中華稱詩，我國稱為歌」。[13]日本和歌在這一層意義上足以匹敵中國的「詩」。

契沖的關注在於內心及其表現之間的差異、落差。「誠」與「真心」的關係，契沖認為心不偽即為「真心」（「まごゝろ」），另外定義語言無偽即「誠」（「まこと」）。分別標記成「真心」、「真言」亦相同。然而，心與語言無偽很明顯地層面不同，卻何以將內心的無偽與語言的無偽皆表現為「誠」呢？因為對無偽的人間而言，心與語言是相同的。[14]

以上表示當「誠」（＝誠實）的問題群將之後的國學史納入視野時，有必要關注其開啟何種端緒。經由契沖的議論，圍繞著「誠」與「偽」問題的近世國學歌論的議論才開始成型。自此在論述歌的本質時，歌在誠實與虛偽的層面中，作

---

[13]　《契沖全集 1》，頁 194。
[14]　《契沖全集 1》，頁 194。

為論述端緒形式與國學史中之論點，透過契沖而得以問世。[15]

此點之所以重要乃在於對契沖而言，「誠」與「偽」的議論才是與──和歌在本質上與中國詩相同──此種「普遍性」議論有所關聯。「言中精華」的和歌在誠實、虛偽對立的價值中，被視為「誠」的精華，因此和詩有相通處。然而兩者從語言的本質來看是相互對等的。

此後展開的和歌盛衰之議論，也是極為重要的。契沖指出在日本古代因漢詩的興盛，和歌逐漸衰退。稱德天皇時，歌道漸衰，嵯峨天皇時，可說是漢詩文的天下。[16]和歌歷史自身早已孕含著盛衰，在這當中，契沖呼籲須注意歌的「型態」在改變。[17]自此歌的「型態」變遷令今後世者更加難以理解。

現代人唸《萬葉集》的情形亦同。不僅對使用文字感到困擾，亦有近似迷樣般難以理解的表現。亦有文字和假名的使用上呈現一部分的混亂（《萬葉集》13 卷等）。然而按契沖的說法、古代歌本來並不是很難。詞‧型式起了變化以後，在當時極為平常的語言對現今的人來說卻變得難以理解。[18]

---

[15] 關於此問題在國學思想中的展開，拙著：《国学の他者像：誠実と虛偽》（東京：ぺりかん社，2005 年）有精細的論述。

[16] 《契沖全集 1》，頁 196。

[17] 《契沖全集 1》，頁 200。

[18] 《契沖全集 1》，頁 201。

　　一般而言，隨著時代變遷，某個時代的作品對後世的人而言，通常都會變得很難理解。這種情況即使是中國古典如五經、三史、《文選》、《左傳》、《楚辭》、《莊子》等亦是如此。現今語言裡沒有的「罕見助語發語」多的程度，隨時代變遷越令後世者難以理解，「其時代一般」語言的用法「變化，自然就會變得艱深難懂」。[19]然而出現難以理解的情況，和現在對比的「差異」會變得很明顯，也因此才能有「濟世之功」。[20]也就是說，契沖認為所謂差異才是吾人能得到學識與學術究明的線索。以上是關於契沖言說的摘要，也就是只在「初稿本」的「總釋」才出現，在「精撰本」則被刪除的歌以及歌學。「精撰本」與「初稿本」的關係象徵著在日本的歌裡或文章的歷史、文學史上漢文脈與和文脈的思考和著眼點的關係。

四、契沖的語言觀：悉曇學以及「差別」與「平等」

　　在《萬葉集代匠記》初稿本的「總釋」後半部分，契沖的研究重點集中在語言的諸相。以下接著檢討「總釋」。上田萬年以來，近代國語學以契沖為分水嶺，分成「契沖以前」和「以後」。譬如，橋本進吉曾提及「到了契沖的時代，我國

---

[19]　《契沖全集 1》，頁 201。
[20]　《契沖全集 1》，頁 202。

古文獻的新研究興起，國學得以成立」，「因其古文獻研究，古代國語研究再次盛行，國語研究在此時才得以建立一套紮實的方法，藉此免於獨斷，進而轉為比較客觀的科學的學問」。[21]

若要瞭解契沖的語言觀，不僅對語言的理解，對契沖自身的教養及其掌握「差異」性的哲學思維，亦須有所深入的觀察。無庸置疑，這可說與如何看待「天竺」或「中國」等異文化此問題有很深的關係。先前已提及可將「古」、「今」間差異之中所產生的「難解」作為方法，而我們也可以看到在語言觀方面其方法被有意地使用著。利用差異來說明日語的特性是契沖的方法。此方法不僅止於古今的差異，甚至還延伸到文化的差異上。這與漢籍所帶來的漢文（中國語）的知識以及師事悉曇學者的真言僧知識有關。在「總釋」中契沖說道《日本紀》的假名與漢字裡有「正訓」和「義訓」兩種（後述），至於義訓則有「吳漢」音相混雜的情形，另一方面《萬葉集》則大多採用「吳音」不採「漢音」。

此種思考模式不單只是來自漢籍的知識。漢籍的知識、見解透過「悉曇」學的知識更加呈現相對化。標記梵文的字體雖經歷了時代變遷，而其中所謂的「悉曇」是約莫在六世紀時成立，使用時期比較短的字體。悉曇是在六國時代傳入

---

[21] 橋本進吉：《国語学史・国語特質論》（東京：岩波書店，1983年），頁 15-16。

中國，而從密教進入日本的過程中，可得知在日本經由悉曇接觸梵文並流傳到江戶時代。

　　根據契沖的說法，悉曇學自淨嚴（1639-1703，著有《悉曇三密抄》、《音韻相通》)。其內容包含悉曇文字的形（字形）、聲（發音）、義（意思）的知識以及各個的哲學思辯。淨嚴作為悉曇學並無獨創性是現代的一般說法。據說契沖亦然，並無超越其師的新開展。[22]

　　在日本國語研究上「跨時代」[23]的契沖最大的功績在於改變「定家假名」。[24]此與悉曇並不是沒有關聯。至於萬葉，所謂假名即是指某個語言、音用何種漢字（萬葉假名）來表示。假名的書寫區分可說是自古以來的作法，契沖的功績事實上是用古代文獻來實證書寫區分並給予其根據。[25]

　　悉曇的知識當然並非直接從對假名的瞭解而來。不過對語言的關心、對中國漢字‧音的關心、以及其構造性的知識、對某種語言研究的哲學態度、對語言的所謂形上學的態度，

---

[22] 古田東朔‧築島裕：《国語学史》（東京：東京大學出版會，1972年），頁184-185。

[23] 橋本進吉，前揭書，頁177。

[24] 藤原定家示範如何用假名表示漢字音，此方法因而廣為流傳。定家視「お」與「を」、「え」與「ゑ」「へ」、「い」與「ゐ」「ひ」為同音，並沒有加以區別。

[25] 橋本進吉，前揭書，頁183。

這些都反映在契沖身上。

　　契沖確立假名書寫區分是在「精撰本」以後的事。然而在「初稿本」的「總釋」中此想法早已形成。「總釋」有將萬葉文字讀法、漢字當成假名來用的議論。契沖指出在唸《萬葉集》文字時可分為兩種情況，譬如將月讀為「つき」，此為正訓，將春草讀為「わかくさ」，此為義訓。並表示將漢字使用在假名上是需要花費相當大的心力。另外也談及，關於音的方面，中國語音大多為吳音，以漢音為基礎的可說非常罕見。最後他也點出假名的反（來自「反切」一詞，不過在此為讀音）的重要性。

　　契沖批判明魏法師（1336-1429）的看法，即所謂「を」與「お」、「え」與「ゑ」、「い」與「ゐ」的音互通而標以相同漢字之看法（五音通）。契沖並不認為這些可以互通，並批判將漢字配上某個音時沒有區分每個音的不同這種說法。[26]對重視假名音訓的契沖而言，明魏的說法是只看「通」而不知「別」的議論。契沖對明魏的看法，不僅超越檢討諸文獻之實證觀點的語言觀批判，甚至還深入明魏語言觀背後的教

---

[26] 在此簡單地引述契沖自身對「精撰本」的見解。契沖用乎・遠・越來表示ア行的「ヲ」（o），用於來表示ワ行的「オ」（wo），用江來表示ア行的「エ」（e），用惠・衛・慧等來表示ワ行的「ヱ」（we），用伊・巳等來表示ア行的「イ」（i），用為・委・井・猪等來表示ワ行的「ヰ」（wi）。

義、教理以及形上學。

> 現在若擴大檢視通與別的話，可知別為差別，通為平
> 等（普遍性）。佛教內典與儒教外典的教義，博大精深，
> 通此二者。差別與平等為通時法，原本就沒有時間的
> 前後。天地是為差別，四方是為平等。[27]

契沖基於實證精神，不僅將を・お、え・ゑ、い・ゐ的
書寫區分開（用別的漢字來標示），甚至還從和佛教教理關係
中尋求批判的根據。根據契沖的說法，從重視「差別」的小
乘佛教到大乘佛教，甚至相宗（法相宗）都以「差別」為先。
之後「三論以上」的大乘去除「差別的執著」，不過並不是捨
棄「差別」。因為佛教從「差別」開始，是為了方便凡夫入道。
「差別」與「平等」二者，在時間前後關係上並不成問題，
但是在貫通內典外典的窮極原理這一點上極具意義。契沖更
進一步指出，密教樹立金剛部、胎藏部兩部，用「主掌差別
平等，不捨不取」[28]的立場來揚棄二者。

從契沖的角度來看，明魏的「通」論接近外道邪說，比
較不可信。各個實體原本皆「各各守自性」，「各各自建立」，
[29]換句話說，就是持有個別性、保有個性，在此原則上皆「平

---

[27] 《契沖全集 1》，頁 206。
[28] 《契沖全集 1》，頁 206。
[29] 《契沖全集 1》，頁 206。

等」。另一方面，華嚴說「不守自性」，此一立場可以說未能盡法。明魏站在此華嚴立場，執著於「通」而不立區分（「別」），因此「通」亦顯現不出來。正因為站在「差別」立場，所以「を」與「お」的區分寫法才得以掌握。只要站在「不守自性」立場就無法辨識這樣的「差別」。

　　契沖曾說過，《萬葉集》應與《日本紀》、《續日本紀》、《延喜式》、《和名》等假名作比較研究；而明魏的情況則因為「通破別，執著於通，因此闇於通」，[30]所以無法辨識。如此饒舌的議論，契沖自身認為稍有「傍論」之感，不過這卻充分顯現出「初稿本」的特性。此外，契沖評論道，明魏將「を」配上「於」是錯誤的，至於「え」與「ゑ」就沒有區別，而「い」與「ゐ」則區分得很清楚。

　　從「通別」以外的議論，我們亦可以看到相同的契沖學特性。上述假名的見解，一方面援用自密教的形上學；而關於假名文字，將日本語音視為「五十音」且與悉曇的音完全相同的如此見解，進一步顯示出對語言的關心、及其背後對悉曇的知識與理解。[31]當然，這些並非是契沖獨創的。[32]然而

---

[30]　《契沖全集 1》，頁 207。

[31]　在此介紹五十音與四十七個假名字數的關聯議論。契沖認為梵字體系、發音中的「摩多」（母音字），在日語中屬於「アイウエオ」，「聲體」則屬於「カサタナハマヤラワ」。所有的音皆從「ア」延伸出來，因此カサタナハマヤラワ九音×五行總計四十五音，再另外加上五個母音，若表示日語組織的話則變成五十音。

此見解不僅與契沖的比較文化視角有關，更與透過差異來突顯普遍性這一方法有所關聯，因此格外重要。

　　接著在音韻上也是如此。契沖認為本朝（日本）向大唐（中國）借取文字（漢字），但對於音，他說道：「在音韻方面卻很像天竺」。[33] 契沖於此提出了比較文化論的議論。他並視日本為「上國」，另外指出「韓」或「百濟」在音韻上就不是那麼正確。「唐（中國）原有吳漢二音」，吳音「接近南天竺」，漢音「則接近中印度的音」，然為北狄所滅，「現今的唐音」（當代中國的音）因此「無法考證」。契沖指出若以「梵文」為根據來作比較的話，可得知我國（「此國」）正確傳達以前從唐（中國）傳來的吳音・漢音。[34]

　　契沖的議論更進一步延伸到語言結構所帶來的思考模式。中國在語言結構上以理為先，以事為後；而天竺以事為

---

[32] 自古以來稱「五十音圖」為「五音圖」。在南北朝的《倭片假名反切義解》中，「五音圖」傳說是吉備真備所作。據說現今最早的則為院政期十一世紀後半明覺的著書。其成立最少可追朔到平安時代以後。另外，在平安時代的音圖中，ア行ヤ行ワ行個別來自アイウエオ、ヤイユエヨ、ワキウヱヲ之五音。原則上與イ和ヰ、エ和ヱ、オ和ヲ有所區別。然而據說在平安中期以後，混同產生而被一般化（古田東朔，前揭書，頁92）。總之，五十音圖以悉曇學和其相關的日語音韻體系的論議為基礎的，而契沖接受其傳統，發展對語言的關心與知識。

[33] 《契沖全集 1》，頁 213。

[34] 《契沖全集 1》，頁 213。

先，以理為後（「唐以理為先，後顯事。天竺先言事，後言理」）。譬如契沖提到在中國說「看月」、「看花」，在日本則變成「月看」、「花看」，天竺亦是相同順序，我國的「法」（文法）與天竺相同。[35]契沖在此說明思惟構造與文法關係。

最後簡單談一下其對文字的看法。無論是梵字或漢字，文字皆為順應「法」的自然物，並非人為或人造（「乃是法爾非人的造作」）。然而，法爾亦因因緣而現，因此人「見鳥跡而顯現出原有的文字」，所以稱為「造作」。不同的文字，其背後皆以「真言」為本質。契沖指出日語與梵語、漢語之間的差異，並認為其差異畢竟只不過是來自一元真理。語言的表現方式雖各自不同，但差異存在的本身即為所有根本處相通的道理。

五、和歌的本質與詩

以上錯綜複雜的議論最後還是回歸到和歌本質的相關部分。契沖引用《日本紀纂疏》及老子，認為指稱我國的「倭」與「和」的音相同，「本朝」早以「和」為國名，這可說與儒佛道三教重視融合相通。本朝原為陽國。和歌乃可眼見的神道象徵。

---

[35] 《契沖全集1》，頁213。

　　此和歌的「用」與中國的「詩相同」。用深遠的聲音來表示心志之所往，此在中國稱為「詩」，在我國稱為「歌」。「和歌可去除人們胸中俗塵」的美麗拂塵把，[36]具有良好効用。「即使學習儒教與釋典，從事詩歌的人若不除去胸中塵俗，則離君子之跡三千里，難以追尋，開土之道為五百驛所阻礙，因而容易力不從心」。[37]在這層意義上，《萬葉集》與《詩經》同格。

　　以上是參照「總釋」審視契沖議論的內容。宣長評價契沖的思想「古今獨步」，是因為其在無任何先進的學問規範中看出契沖學形成的根源。在近世學問形成端緒的契沖，他所開創的是在和學難以成立的時代裡和學作為一門學問得以成立的契機。古學的難解以及產生此難解的歷史過程，也就是遠離「古代」且佛教和儒教等多樣要素的重疊此一事實，隨著日本文化與中國・天竺這些異文化對恃的歷史條件，形成和學成立的契機。簡言之，在文化重疊中呈現出來的「差異」才是學問，也就是和學成立的契機。

六、和歌的解釋與其方法：「詞海」的面向

　　契沖的「比較文化」視點，在和歌的解釋上有明顯的呈

36　《契沖全集1》，頁217。
37　《契沖全集1》，頁218。

現。在此暫且將視點從《萬葉代匠記》轉移到契沖在其後的
其他著作上。契沖在盡力完成《萬葉代匠記》之後，又開始
研究《古今集》等萬葉以後的和歌集。其最初成果即為《古
今餘材抄》（1691 年）。此書從題名可窺見，契沖在《萬葉代
匠記》的工作中領悟到的知識和見解在《古今集》的解釋上
呈現具體成果。《古今集》已為所謂古今傳授，也就是中世以
來的傳承與權威所埋沒。契沖的工作在於繼承與創新傳統。
國學的歌學方向，在契沖的開拓之後，透由真淵・宣長得以
成立。契沖不僅揭示了各個和歌的解釋，還在《古今集》〈序〉
所謂和歌論的前提下，重新解釋和歌本質的端緒。

　　在此書中，順著《古今集》〈假名序〉與〈真名序〉，採
取其解釋的形式，進一步簡單明瞭地說明。此書以針對「和
歌以人心為根源，萬事萬物的法成矣」這一句〈假名序〉冒
頭句在解釋上的議論為開端。儘管契沖意識到前人的顯昭引
用〈真名序〉來論述，他卻以〈假名序〉來立論。也就是，
契沖將〈假名序〉視為我國和歌本質的宣言，並進一步闡明
和歌與我國習俗之間的關連。契沖在〈假名序〉解釋中廣泛
地論及和漢的古典。關於「歌的德用」方面的議論，則借用
中國詩論的形式來論述。譬如引用子夏詩序如下。

　　　　子夏詩序云。詩者志之所之也。在心為志發言為詩。
　　　　情動於中而形於言言之不足。故嗟歎之。嗟歎之不足。

故永歌之。永歌之不足。不知手之舞足之踏之也。[38]

從此引用可知，契沖認為心志表露在語言上的是詩，並定義詩若變長則為歌，因此在《續日本紀》、《萬葉》中的詩即為歌。此議論我們已在《代匠記》中得知。而在《餘材抄》中，這種本質論的展開，雖帶有歌的普遍特性，然而卻結合了日本這一文化個體。依據用語言來表現感情這一立場的話，很自然地會表露出各個的特性。子夏說言表不足的嘆息喚來的是「詩」呈現。據說契沖意識到子夏那樣的想法而進一步主張歌應該有所不同呈現。若依據〈假名序〉的「將人心作為根源」，可得知將「心」視為「根源」的和歌，是人的異樣性、多樣性，即「誠、偽、賢、愚」等的顯現。[39]歌的意義即是如此。

語言亦是行為的表現，因此所見所聞皆變成歌，也就是說人心所向之處皆為歌，內面的差異因此在他者面前表露無遺。由於如此的流露，從家到國，以至於天下皆能發揮其用。世間盛衰亦與歌同在，更何況作為「神的原」道與此國風俗本源有關的話，可以說是獨一無二。因此有人指出「我朝風

---

[38] 《古今餘材抄》，收入《契沖全集8》，頁7。

[39] 該處引用如下。「如同葉子從種子長出來一樣，意志被表現為歌，無論誠、偽、賢、愚，皆無法遁形。從家到國，國到天下，有用者甚少。世間無論盛衰，皆與歌同在。更何況此日本歌乃神始行之道，在我國可說是無與倫比。」《契沖全集8》，頁7。

俗和歌為本」（藤原敦光）。

七、「詞海」的開展

　　對契沖來說，歌的歷史即為「詞海」，[40]也是「詞」在歷史發展過程中累積而成的。考察歌學，即是尋求「詞海」的開展、總覽自古以來歌謠史的用語‧用法，探求歌的相關歷史面向。不過，對契沖而言，「詞海」還不僅止於「我國」（「我朝」）的開展。日本詞的開展，可說是空間式的開展。譬如契沖提到在〈假名序〉中被視為人世最初的歌，也就是《古事記》中「須佐男」的「起雲叢的出雲國宮殿，為了與妻子同住而蓋此宮殿，那個宮殿」。此歌重複兩次「宮殿」，因而被評為「肺腑之言」。這與佛教經典所言「重複述說其義」的偈頌相同，也與《毛詩》的「將相同的事或文字逐漸更改，甚至橫跨三四章還繼續表現之類」相同，「如三國自然地合節符一樣」。[41]

　　根據契沖說法，即使形式或語言不同，詩（歌）的普遍性卻「三國自然地」形成一致。歌可說是「此國之詩也」。此說法正說明以天竺‧中國‧日本共通的普遍性為背景所導出的結論。契沖從異風俗來表示顯現異文化面向的視點。在他

---

[40]　《契沖全集 8》，頁 48。
[41]　《契沖全集 8》，頁 15。

的方法及視點裡存在著作為普遍世界的「三國」，彼此互相緩
緩地相對化。

　　之後契沖一併蓋括為國學。因此國學與對一般綜合日本
文化掌握的歷史定位，隨其差異有必要作一些釐清。契沖的
情形，在日本文化的看法方面，則可以生成史的看法為例。
對契沖而言，在日本歷史中，儒教在應神天皇時傳入日本，
佛教則在欽明天皇時其傳入日本。這種歷史性、時間性的日
本風俗的文化定位非常重要。若依據此構造性看法來看，中
日的，或者是日本與天竺的彼此風俗、文化的差異，可說是
作為歷史產物的風俗差異，並不是向宣長那樣，是以意識形
態的形式被接受。日本的文化、風俗是普遍顯現的一種不可
思議的現象，（「因為是出自天意，所以毫不造作自然地具有
很深地理趣（神慮より出たる事なれは、造作もなくして自
然に甚深なお理趣なるへし）」）與異文化、風俗亦有相通處。
42

　　影響宣長甚深的《百人一首改觀抄》，其中追求感性定型
過程的態度首尾一貫。歌的聚集即為「詞海」，因此尋求「古

_____

42　關於和歌與詩在內容上的不同，在此舉出契沖的言說。在我國，
　　即使是「賢臣」亦不離「好色」。在《萬葉集》有幾例有關酒的
　　歌。然而在其後的歌集裡卻沒有。在漢詩中，有許多飲酒後吟唱
　　的詩，因此說「異國沉溺於飲食之中，因為此國好色」（《契沖全
　　集 2》，頁 115-116）。契沖透過對歌・詩的考察來瞭解〈不同的
　　風俗〉。

歌的型態」可以說不可或缺。若想舉類歌相關的例子，則必須舉出在萬葉以來歌的來歷中的文例。一方面聚焦在古歌的型態此一歷史層面，一方面注以對於先前解釋的坦然態度為特徵。而另一方面，其解釋言及三國、三教、老莊的頻率極高。然而，感性定型的過程亦可從中國的「詞海」中找到。歌亦包含對接受中國文化過程的觀察。此中國文化是以詞的型態被接受。和歌可說是模仿中國詩的「新體詩」。

契沖的思想態度亦貫穿每首歌的注釋。譬如「蓮花之葉如不染於塵的心，其何以假露為玉」（僧正遍昭）的例子。在此契沖用「不染於塵」此一表現，在「法花精涌出品」中舉出「不染世間法如蓮花在水的心」[43]與「心一同」的例子。另外從菅原道真的歌《興風集》、《後撰集》中舉出類歌，並再一次引用《白氏文集》，指出和以露為玉的掩飾手法之關係。[44]重視日本藉由「假名文字」（《餘材抄》）將其感性放在文化上的契沖，認為《古事記》與《日本紀》是完全相同性質的

---

43 《契沖全集 8》，頁 168。

44 《古今集》秋歌中大江千里的「看月有感萬物哀愁，秋天唯獨不降臨吾身」，也是貼近契沖想法的典型例子。契沖提出「文集云燕子樓中霜月夜秋來唯為一人長」，說道日本自古以來愛玩白氏詩文的文集即為《白氏文集》，在指出千里為儒者之後解釋道：「千里乃儒者，以文集的秀句為題所寫的歌亦非常多」。解釋此歌「若為一人者過於長」，乃翻案自白氏。相同地在評論菅原道真在太宰府的「秋獨作我身秋」時，說道其與「白氏之詞」「非常雷同」的句子。

書物，與宣長不將《日本紀》作為含有中華精神之書物來看有相同之處。

八、契沖的方法與本居宣長：漢學與國學的互補性

契沖的學問亦與其佛學、悉曇學相同，在中經中國這一層意義上來說，可說是廣義的漢學。對契沖而言，日本的內部與外部自身逐漸相對化之後，其全體成為帶有某種普遍性的場域。在中國先說理，以先理後事的順序來表現、思考，日本與天竺皆重視先事後理的形式，因此有相通之處。契沖的理包含有人類的存在樣相以及心情和人情等實際上的存在方式，是從原本就包含差異的現實形態中出現的理。據此，佛教、儒教、神道皆可涵括在此理之內。

被視為國學始祖的契沖認為孕育差異是文化產生的源頭，也是人類存在的表現。此想法表面上與國學大成者——本居宣長大不相同。在本文開頭中參照了宣長對契沖的評價。宣長把日本的道絕對化。然而，其以獨特的方式來主張日本的道優於中國與儒教，因此自今仍受到批判。宣長與契沖不同，認為日本一千多年來並非受到佛家思想與中華思想的影響。其學問在於尋求要如何做才能從普遍將中華思想作為心之本體的現今社會狀態中脫離出來。在心化為中華式思想的過程中，要創造新的古學可以說是一條非常艱辛的道路，因此對儒教與佛教的批判十分尖銳，對「中華思想」特

別是宋學中「理」的批評聲更是不斷。然而，本居宣長亦明確地意識到古學此一學問逐漸形成雛型的背後，潛藏著近世社会的學問，亦即漢學的興盛。宣長年輕時就有閱讀漢籍的習慣，這習慣到晚年都持續不斷。在後期的學問回想中，宣長建議學者在鑽研和學的同時，也要不忘閱讀漢籍。[45]

宣長的學問思想雖與契沖不同，因漢學存在的緣故，帶有將事物相對化的眼光。而此相對化是如何產生，與契沖普遍性的視點有何不同，在此將揭示宣長的想法。宣長一方面在某種程度上肯定蘭學的相對主義打破漢學者的中華思想習性，另一方面批評蘭學者只固守在自身的相對主義。他說道：

> 學蘭學者說道，在天地之間的任何國家皆不同，不應有偏向任何一方的想法。此見解和只偏向中國的想法比較起來，顯然更勝一籌。然而，他們卻不知日本優於萬國視其為尊貴之國。若知萬國之事，自然能知日本的優點。而蘭學者尚不知尊崇日本，是因為視那些漢學者對中國執著則為惡，不執著則為善，對不執著而執著的緣故。此情形並不止於蘭學者，一般學者亦有許多像今日

---

45 譬如宣長說道：「中國書物若有時間可多讀。若不看漢籍，則無法知中國風俗不好之處。且日本古典皆以漢文為主，因此不知彼國風的文章則學問無以成。」《玉勝間》，收入《本居宣長全集1》，頁22。

的這種想法。[46]

　　宣長的時代與契沖的時代不同，蘭學再次興盛。宣長一方面認同蘭學對中華絕對主義的批評及其所主張的相對主義，另一方面卻又批判尚未達到「信」的學問只是對相對主義的執著。若契沖學發展成為國學主流的話，將是以怎樣的面貌展開？筆者對此相當好奇，與此同時，相同的思想展開亦可在漢學自身內部產生。吾人若能關注此事實，相信對重新思考近世漢學意義或會有所貢獻。契沖提倡有「差別」的「平等」。若回歸到本稿起點的話我們可以知道，契沖對差異（「差別」）的觀察，亦可能轉為主張自國文化的優越性。這正是契沖此人所扮演的微妙角色。國學並不是從意識形態上截斷受漢學影響而發展的學問。我們若冷靜審視的話，可以發現到漢學研究亦有許多問題。近世江戶的相對主義，可說是某方面上蘊含著漢學的存在，不是嗎？本文只不過再一次確認了在國學發展中漢學是不可或缺、具有互補性的要素，重要的是，從超越思想類別的近世思想整體來思考互補性自身的問題。

（譯者：廖欽彬）

---

[46]　《玉勝間》，收入《本居宣長全集1》，頁373。

近代中日陽明學的發展關係
及其形象比較

張崑將[*]

一、前言

> 大矣良知，簡易直截咸歸。偉哉夫子，撥亂反正能弭。
> 其學之榮，風靡有明半世。其流之衰，不免猖狂之病。
> 有清入主，士人有口盡損。心學頓消，鄉中無相承意。
> 尤為甚者，文革禍被其極。唯賴越賢，天地福澤其命。
> 其極已休，堂堂揭碑盛典。其命不絕，縷縷斯學再興。
> 日東之國，夙仰夫子之學。時境之遷，愈見斯道之長。[1]

二十幾年前，當岡田武彥（1908-2004）先生拜訪台灣錢穆（1895-1990）先生的時候，錢先生曾對岡田氏說：「陽明學必定在日本一直被學習著。」岡田先生不免想起孫鏘在 1914

---

[*] 臺灣師範大學國際與僑教學院東亞系副教授。
[1] 岡田武彥於 1989 年 3 月 18 日參加浙江省陽明墓除墓典禮之際，自己親自所寫的祭文。引文僅列出三分之一。全部祭文內容可參岡田氏著：《王陽明紀行：王陽明の遺跡を訪ねて》（東京：明德出版社，1997 年），頁 191-192。

年曾著有《傳習錄集評》，而當孫鏘到日本之際，也著實驚訝於日本陽明學的興盛。[2]時空回到現代，日本著名學者岡田武彥依然奉行陽明學不已，將陽明學的研究與復興視為自己畢生的使命，除了經常舉辦陽明學研究會外，更募款出金助修浙江陽明之墓及紀念館。[3]

　　在日本，即使到今天，我們不難找到還有類似岡田氏這樣迷戀陽明學的人，如錢先生所說，的確陽明學在今日還是被一直學習著，這與陽明學曾經在明治維新前後風靡的情形息息相關。[4]在中國清末以前，陽明學是處於斷層的現象，反

---

[2] 岡田武彥：《王陽明紀行：王陽明の遺跡を訪ねて》，頁 17。

[3] 關於岡田武彥在中國探訪陽明學史蹟的各種記載，可參前引氏著：《王陽明紀行：王陽明の遺跡を訪ねて》。這本書是作者累積數次訪問中國之際，將見到各地遺跡時的見聞與感受所書寫而編成的書，特別是參訪陽明學的遺跡。有關助修陽明學之墓及紀念館一事，參第三章〈龍場訪問と陽明墓の除墓〉，頁 176-199。

[4] 明治時期，高瀨武次郎（1868-1950）嘗出版《陽明學新論》，在其〈序〉中即說：「清朝的王學者大抵皆無不受念臺之遺風，李二曲、孫夏峰、湯潛庵、萬充宗、萬石園、沈求如、史孝感、劭念魯、王金如，皆是清初著名之王學者。然繼之興起者少，日趨衰頹，如清國現今之狀勢，百事皆非，豈獨王學哉！更見我國王學者，始於近江聖人，後如熊澤蕃山、三輪執齋、中根東里、大鹽中齋、佐藤一齋、春日潛庵、吉村秋陽、東澤瀉、池田草庵、西鄉隆盛等，其人雖不多，或以德行，或以學問，或以事功，活動一世，我國當今之時，豈可不奮起回顧王學者哉！」高瀨武次郎：《陽明學新論》（東京：榊原文盛堂，1919 年五版）〈序〉，頁 10-11。點出了中日陽明學的不同命運與發展。

觀同時的日本卻是陽明學的季節，也因此到日本留學或亡命日本的康有為（1858-1927）、梁啟超（1873-1929）、蔡鍔（1882-1916）、孫中山（逸仙，1866-1925）、蔣介石（中正，1887-1975）等維新或革命黨人，到了日本後，才強烈感受到陽明學在日本的魅力，從而進一步肯定甚至提倡陽明學。

　　陽明學的思想飄海橫渡日本，深深地影響十七世紀初期的中江藤樹（1608-1648）和熊澤蕃山（1611-1691），也在十九世紀中後期的幕末維新之際，影響明治維新志士的行動與思想，許多幕末勤王志士，不是陽明學者就是傾慕陽明學者。[5]甲午戰後，陽明學熱潮雖不減，但由幕末延伸到維新的陽明學者，呈現凋零的狀況，他們大皆隱遁講學以終。不過，另一股鼓吹陽明學的風潮日漸形成，尤其在甲午戰後到明治後期，日本出現吉本襄、東敬治、石崎東國等人所主持的三種有關陽明學的期刊。

　　陽明學承幕末之後，繼續在明治與大正年間蔚為風潮，得到了十九世紀末期與二十世紀初期主張維新變法的中國知識份子，如康有為、梁啟超、譚嗣同（復生，1865-1898）等人的注意，因為康、梁等本對王學素抱好感，王學在中國近代的復興已有跡可循，加上受到日本這股陽明學熱潮的刺

5　有關陽明學與明治維新的關係之分析，可參拙著：〈幕末維新陽明
　學的思想內涵及其作用〉，收入《德川日本儒學思想的特質：神道、
　祖徠學與陽明學》（臺北：臺大出版中心，2004 年），第六章。

激，使其重新評價陽明學在中國思想的地位。革命家孫文，也認為明治維新是受到陽明知行合一哲學的影響。還有國民黨領導人蔣介石，更以陽明學作為他的革命哲學，奉行不已，也是驚訝於陽明學對日本人的影響所致。陽明學在近代歷史上，有如浴火鳳凰般重生於日本，而又撲回中國，帶動中國知識分子重視陽明學的精神。本研究基於這樣的歷史背景，擬探索比較近代中日陽明學的發展關係及其形象特質。

二、明治維新後的陽明學熱潮及其形象

　　明治維新後，有關陽明學的發展，筆者大致歸納「作為反洋氣與反洋學的陽明學」、「作為國家主義與和平主義者的提倡國民道德之陽明學」及「作為民權論者與宗教的陽明學」等三種現象。第一種現象最具有陽明學本身色彩，因為提倡者都是從幕末過渡到維新初期的陽明學者，卻可以說是已經過氣的陽明學。後兩種則有互相對抗的意味，使得陽明學在日本呈現多元復興的現象。

（一）作為「反洋氣・反洋學」的陽明學

　　王學者在維新後仍有活動者是池田草庵（1813-1878）、山田方谷（1805-1877）、春日潛庵（1811-1878）、吉村秋陽（1797-1866）與秋陽養子吉村斐山（1822-1882），還有東澤瀉（1832-1891）與東敬治父子，不過幾乎都處於退隱狀態。

例如潛庵曾擔任維新政府的奈良縣知事，但只半年即去職，所開的私塾亦在明治七年（1874）閉館。草庵則退隱家鄉清谿書院講學以終，幕末反對維新而隱居的山田方谷建有「長瀨塾」與「邢部塾」，講學以終，所開之私塾亦於明治十五年（1882）閉塾。方谷弟子三島中州（1830-1919）倡陽明學知行合一精神，以東洋學問、道德文化為理想，而於明治十年（1877）建漢學塾「二松學舍」，即為今東京千代田區的二松學舍大學。

　　此外，東澤瀉這位在幕末為維新事業奔走，絕食、禁錮、入獄，祿裰產破，家人窮困，至 1868 年明治維新後始得平反。明治維新後，澤瀉身為勤王功臣，卻絕意仕途，選擇隱遁，擇居築屋，過著顏回式的簞瓢屢空生活，開「澤瀉塾」，以教弟子，門人日多，增築塾舍。澤瀉在維新初期風起雲湧的時代裡，西化之風漸興，卻寧願選擇僻靜小村，與門人過著「吾與點也」的師生生活。然而這個澤瀉塾終究在 1884 年（明治 17 年，澤瀉 53 歲）突然宣布閉塾，遣散門人百餘人，閉關研讀《易經》，以文墨書畫自娛。二年後因澤瀉故居為海濤所吹折破壞，移居鄉村通津竉邸，一直到 1891 年讀書以終，病逝於此，遺言交代：「吾死後，不須銘墓也。」[6]似乎是以無言的抗議表達對時代的不滿。不過，明治政府仍特贈澤瀉正五

---

[6]　以上澤瀉事蹟均見東敬治：〈澤瀉先生年譜〉，收入東敬治主編：《澤瀉先生全集》（山口縣：白銀日新堂，1919 年），頁 10-13。

位的功勳官職。

至於吉村斐山維新後曾在三原藩明善堂任教，明治五年因新學制發佈，舊有私塾或學堂不得不面臨解散的命運，不過斐山一直到去世之前，在自己家鄉致力於漢學教育以終。誠如荒木龍太郎所說，幕末明治初期的王學者，均以「反洋氣‧反洋學」之姿，堅持體現實踐主體的學問。[7]但是，堅持漢學的王學者們，幾乎都在這股西化潮流中敗陣下來，連要維持舊有私塾或學堂教學以終都不可得。

（二）作為「國家主義者」與「和平主義者」提倡國民道德的陽明學

明治維新後，王學者雖然凋零，但不代表陽明學也隨之奄奄一息，反而以提倡「國民道德」的方式，被井上哲次郎等官方學者吹捧而熱烈起來。

由於陽明學精神促進了明治維新這樣一個普遍的印象，使得維新後也出現了陽明學熱潮，加上如井上哲次郎等學者的鼓吹，以及在甲午戰爭後陸續有《陽明學》雜誌的出版，不論民間與官方學者，鼓吹陽明學不遺餘力，可以說日本的陽明學研究是因近代學者的熱衷，而掀起一股熱潮。

---

[7] 有關幕末維新的陽明學諸子的研究，可參荒木龍太郎：〈日本における陽明学の系譜（下）：幕末明治前期を中心に〉，收入岡田武彥主編：《陽明学の世界》（東京：明德出版社，1986 年），頁 406-422。

　　甲午戰後，日本思想界在明治後期與大正初年期間，出現三種有關陽明學的期刊，除鼓吹陽明學的革命精神以外，並結合日本的國粹主義。首先是 1896（明治 29）年 7 月 5 日由吉本襄為主，鐵華書院發刊《陽明學》，終刊於 1900 年 5 月 20 日。接著 1906 年由東京明善學社發刊《王學雜誌》，由幕末陽明者東澤瀉後人東敬治主持，井上哲次郎亦為主要人物，1908 年改以《陽明學》出刊至大正三（1914）年。再來就是 1907 年 6 月在大阪由自稱私淑大鹽中齋之後學石崎東國創設「洗心洞學會」，翌年 12 月改為「大阪陽明學會」，1913（大正 3）年 3 月以《陽明》小冊子發行，1916 年發行《陽明》，1918 年 1 月改為《陽明主義》續刊。

　　以上三刊主旨雖均在闡明陽明良知之學，振作社會人道為目的，不過其學術立場顯然有互打擂台的意味，東京的《王學雜誌》有國家主義的傾向，大阪的《陽明》則堅持世界人道平等主義之立場。大阪的《陽明》雜誌之創立者是石崎東國，他特別成立「洗心洞學會」高唱幕末陽明學者大鹽中齋的陽明學說精神，主張祥和的普遍道德主義的陽明學精神，中齋成為他們心目中的革命實踐家與維新復古的預言者。[8]在各刊所載的文章中，有許多視陽明學是具有革命行動的精神指導動力，甚至將「陽明」與日本「日神」的天照大神互相附會，

---

[8]　建部遯吾：〈革命家としての平八郎〉，石崎東國主編：《陽明》第八號，1911 年 2 月，頁 3。

故大阪陽明學會仍然帶有高度的國民道德意識，只是在立場上頗與東京只站在官方的立場上鼓吹的陽明學者，互相對立，堅持大鹽中齋在民間的主動性精神。

　　眾所周知，1890 年（明治 23）的〈教育敕語〉頒布以來，推動國家發展方向的核心就是運用儒教道德的「忠」、「孝」倫理，[9]井上哲次郎更有《敕語衍義》詳盡解說。井上以後陸續出版了《日本陽明學派之哲學》（1900）、《日本古學派之哲學》（1902）及《日本朱子學派之哲學》（1906）三種儒學作品。追隨井上的高瀨武次郎亦步學其後，他在 1918 年出版的《陽明主義の修養》序文中，就將〈教育敕語〉的「忠孝一本」的國體精神，和陽明學的良知學扯上關聯。[10]陽明學者東澤瀉的後人東敬治，亦把日本「萬世一系」的日本國體精神，當成陽明的「天地萬物一體」之說的普遍主義，可通之於天地萬物的日本精神。[11]

---

[9]　該〈教育敕語〉的內容如下：「朕惟我皇祖皇宗，肇國宏遠，樹德深厚，我臣民克忠克孝，億兆一心，世濟其美。此我國體之精華，而教育之淵源，亦實存乎此。」〈教育敕語〉本身有日文版及翻譯的漢文版，日文版見井上毅：〈教育敕語〉，收入《日本近代思想大系 6》之《教育の體系》（東京：岩波書店，1991 年），頁 383。

[10]　高瀨武次郎：《陽明主義の修養》（東京：東亞堂書局，1918 年），「自序」文。

[11]　東敬治說：「由皇祖皇宗列聖的躬行心得之餘，自然使其德化及於人民，人民共蒙其化以成風俗，積年之久，可云日本精神之一

　　維新後的陽明學熱潮，與這股推崇國家道德的「官方教育主義」息息相關，因此出現大量有關陽明學的傳記或幕末維新功臣的陽明學精神之作品，筆者將之列表於【附錄一】，以供參考。

（三）作為民權論者與宗教的陽明學

　　相對於明治時代吹捧國家道德的「主流」陽明學，王陽明學說亦籠絡了「非主流」自由民權派學者的心。自明治十年（1877）以來，由元田永孚（1818-1891）起草〈教育聖旨〉，進行一連串的漢學復興運動。明治十四年井上毅（1843-1895）為了鎮壓如火如荼的自由民權運動，也提倡漢學並施之於中學教育，遂於二十三年（1890）頒布〈教育敕語〉。因此儒教透過〈教育敕語〉而又被再度提倡成為「官學」。只是這次抗衡的對象，已非朱子學以外的漢學，而是歐洲英法之革命思想。民間之自由民權運動者則提倡「平民主義」（德富蘇峰，1863-1957）、「國民主義」（陸羯南，1857-1907）、「國粹主義」（三宅雪嶺，1860-1945）以抗衡「官學」。但不論「官學」

種特有之精神，隨而成為世界無比之國體，故得以謂之萬世一系。若以予所見，蓋此道在日本行之，謂之日本精神，而其實亦唯其通天地萬物以成同心同體之精神，此即是天理。」（原日文）參氏著：〈陽明學と日本精神〉，收入木村秀吉編：《陽明學研究》（東京：東亞學藝協會，1938年），頁94。這是東敬治把陽明的「拔本塞源論」中的「以天地萬物為一體」的延伸解說。

或「民間學」，他們都曾以陽明學為號召。德富蘇峰的《吉田
松陰》，三宅雪嶺的《王陽明》，以及代表官方的井上哲次郎
之《日本陽明學派之哲學》、高瀨武次郎之《王陽明詳傳》不
約而同地推崇陽明學，展開對峙的局面。

　　例如，有日本的盧梭之稱的民權派學者中江兆民（1847-
1901）在一次訪談中，表達對王學的好感：「我壯年之時，因
稍窺禪學，誠有感於陽明之學。陽明學如你所知，以良知學，
尊知行合一，以說事功為第一，可謂活用之學。」[12]（原日文）。
明治十四年（1881），中江氏在自己主筆發刊的《東洋自由新
聞》，將自由區分為「心神之自由」與「行為之自由」，前者
是「極天地，極古今，無一毫之增損」的「我本有之根基」，
成為「行為之自由」等市民諸自由的淵源。兆民從此種「心
神的自由」演繹到市民之諸自由的論理之中，顯然受到陽明
學的影響，他在解釋「心神之自由」時，說「古人所謂，配
義與道，浩然之一氣，即此物也」，又形容此種自由為：「活
潑敏銳」、「活潑絪縕」、「活潑潑轉轆轆」，此不難看出是以「氣」
的自我運動來作為其理論架構，這就與幕末陽明學者山田方
谷所提倡的「自然之誠」＝「浩然之氣」有不謀而合之處，二
者均強調道德心術之問題。[13]顯然，兆民的「心神之自由」從

---

[12] 嶋本佐郎整理：〈兆民居士王學談〉，收入吉本襄主編：《陽明學》，
　　 第 1 卷，第 60 號（1897 年 10 月），頁 36。
[13] 相關研究可參宮城公子：〈幕末儒学史　視點〉，《日本史研究》
　　 第 232 期（1981 年，東京），頁 1 -29。

陽明良知學中汲取了思想泉源。

　　另一批相當關注陽明學或肯定陽明學精神的，莫過於基督教的學者。他們大都肯定陽明學，並視之為宗教，藉以對抗甚囂塵上的國家主義學者。例如有「三村」之稱的松村介石（1859-1939）、植村正久（1858-1925）與內村鑑三（1861-1930）等人，陽明學在此成為宗教人士運用的學說，成為他們捍衛民權思想的武器。基督教徒植村正久有篇〈王陽明の立志〉（1894）同時代的松村介石亦出版《立志之礎》（1889）、文學家幸田露伴（1867-1947）也有一篇名為〈立志に関する王陽明の教訓〉（1903），均以陽明學的「立志」精神鼓舞時人，也不乏以宗教態度來看待陽明學。

　　植村認為陽明學既非儒也非禪，乃是獨樹一幟的自我存在之學，而該文重點旨在闡明「立志」的重要性，植村說：「他（陽明）超越孔子的品性學，而教導聖人學。身為學者的陽明，身為教師的陽明，身為個人的陽明，無論在他身上的教育或是品性，若將他的立志除外，絕不能知之，立志即是陽明的本領。陽明自己說：『志，木之根也；水之源也，人之命也。』在他的身上所展現的東西，皆以此為中心而綻出者。」（原日文）在這篇文章的結論是將陽明學當成宗教。[14]

---

[14]　植村正久：〈王陽明の立志〉，《植村正久著作集2》（東京：新教出版社，1966年），頁396-401。該文原發表於《福音》第167

　　此外，幸田露伴這位明治有名的文學家，本人雖未受洗
為基督教徒，但從父親以降全家都是信仰基督教，因而他在
宗教方面的掙扎可想而知。他特著有〈立志に関する王陽明
の教訓〉一文，援引陽明《傳習錄》許多立志的原文，並加
以發揮自己的感想，以勸勉讀者興起立志。他在該文如是評
價陽明：「予雖未必篤信先生（按：王陽明），而先生之言如
甘露膏雨，我心田意境被其惠而覺有土潤苗萌之景象。」[15]（原
日文）該文最後把「立志」推向高峰，並很自然地把「天」
與「立志」連結在一起，把陽明學當成宗教般的信仰之書。[16]

　　其次，內村鑑三這位倡導「無教會主義的基督教」，一生
追求非戰和平主義，在其名著《代表的日本人》，[17]標舉新日
本的建設者（西鄉隆盛）、封建領主（上杉鷹杉）、農民聖人
（二宮尊德）、村落教師（中江藤樹）及佛教僧侶等五種領域
具有代表性的人物，其中以西鄉隆盛和中江藤樹二者為陽明

號，明治 27 年（1894）5 月 25 日。

[15] 幸田露伴：〈立志に関する王陽明の教訓〉，收入《幸田露伴全集》
（東京：岩波書店，1978 年），頁 239。

[16] 幸田露伴說：「盤古以來，人與草木異而志天，終至於天者，有
耶穌、有瞿曇、有仲尼、有詩仙、有武人、有音樂之聖、有技巧
之雄、有農有魚有商有工，其名雖或逸或存，要之各自不改其志，
而一生數十年，如萬里一條之鋼鐵，向上一路攀升。」（原日文）
參前引：〈立志に関する王陽明の教訓〉，頁 250。

[17] 《代表的日本人》，原在甲午戰爭之年（1894）以英文 *Japan and
Japanes* 出版，在 1908 年改題為 *The Representative Men of Japan*。

學派人物。內村鑑三把西鄉隆盛譽為是在日本人之中,西鄉的教養最廣遠且最進步的「純東洋風」之代表人物,並把西鄉當成是能夠把王陽明的思想,消化成為自己的性格,顯示出西鄉將陽明思想轉移到道德實踐的偉大。[18]另外,內村鑑三描述有「近江聖人」之稱的陽明學者中江藤樹,這樣評價王陽明:[19]

> 假如他(藤樹)沒有接觸中國進步性的學者王陽明的著作而展開新的希望的話,那麼只會內省的他,將被悲觀的哲學所壓倒,他的這種特質,也許將會與許多人一樣,使他成為病態式的隱遁者。……陽明學出現在中國的文化,絕不是要把我們當成以小心、膽怯、保守、反進步的人類。依我的見解,這已經在日本的歷史上是明確地被實證的事實。今日我相信所有深思熟慮的孔子評論家,都同意聖人本身是非常進步性的人,是孔子同胞的反進步性的中國人,將孔子解釋為自己一方,而在世界人的心中,刻鏤了反進步性的聖人之印象。但是王陽明把孔子中的進步性凸顯出來,給了以古代方式解釋孔子的人們注入了希望。(原日文)

---

[18] 內村鑑三:《代表的日本人》,收入《內村鑑三集》(東京:竺摩書房,1967 年),頁 132。
[19] 內村鑑三:《代表的日本人》,頁 176。

內村從中江藤樹的身上看到陽明學的進步性，把王陽明當成
「進步性的學者」，孔子是「進步性的聖人」，但孔子的同胞
中國人則是「反進步性的民族」，由於「反進步性的民族」無
法彰顯「進步性的聖人」或「進步性的學者」，得由日本人來
彰顯王陽明或孔子的進步性，已經由明治維新證明這個事
實。姑且不論內村對中國人是「反進步性的民族」這類的偏
見看法，上述引文充分地表現出內村把王陽明學說當成是孔
子的真傳，而且他們的學說傳到了日本才被發揚光大，才體
現其時代進步性。

　　從內村在《代表的日本人》中對西鄉隆盛及中江藤樹的
描繪，可知內村相當重視他們對道德信念的實踐，也因此內
村鑑三常把陽明學與基督教相提並論，在一篇〈我所見的基
督與陽明〉中，內村舉中江藤樹與聖保羅的話來對照證明：[20]

　　近江聖人中江藤樹云：「吾人思修德之事，日日行善而
　　已。一善益時，一惡損。日日為善，則日日惡退。是

---

[20] 內村鑑三：〈予の見たる基督と陽明〉，《陽明》（石崎東國編），
第 2 卷第 7 號，明治 45 年 1 月，頁 3。內村鑑三這裡引用聖保
羅的話，日文原文是：「善なる者は我すなはち我肉に居らざる
を知る、そは願ふ所われに在りとも善を行ふことを得ざればな
り。」經查證結果應是出自《羅馬書》第 7 章第 18 節），中文一
般翻成：「我也知道，在我裏頭，就是我肉體之中，沒有良善。
因為立志為善由得我，只是行出來由不得我。」英文的譯文為：
"For I am conscious that in me, that is, in my flesh, there is nothing
good: I have the mind but not the power to do what is right."

> 陽長之時，陰消之理也。若久而不怠，焉不可為善人。」
> 使徒保羅曰：「善者不在我肉身，即使所願為善在我，
> 也不得行出善來。」（原日文）

這是比較儒教的行善與基督教的行善，儒教重視每日的功夫修養，基督教得力於上帝的信仰，內村頗想融合儒教功夫論的體踐哲學與基督教的信仰哲學，這方面的努力，在另外一個基督教徒松村介石的身上，可以看得更明顯。

松村介石這位早年曾視基督教的「上帝」與儒教所謂的「天帝」為一樣的神。在十九歲正式入基督教後，拋棄漢學，卻也不得不疑惑基督教。到了三十歲再次轉到東洋本身的思想，以儒教講論基督教，並經接觸陽明學後，找到陽明學說與基督教義的相似點。松村所著《立志之礎》一書在明治二十二年（1889）出版，出版七年後，已歷十一版，是當時頗為流行的修身書。書中引用許多國內外名家的名言，以惕勵日本青年弟子，其中常引用陽明之語，如說：「陽明亦嘗語人曰：余不以落第為恥，寧以落第而龜縮為恥。」[21]以鼓勵日本青年要具有奮勉不拔的精神。又在論「膽力」一文，則引用陽明事蹟如下：[22]

> 吾人亦驚陽明之膽力，彼一日遇颶風，漂至閩界，登

---

[21] 松村介石：《立志之礎》（東京：警醒社，1896年版），頁103。

[22] 松村介石：《立志之礎》，頁117-118。

岸奔山殆十里，夜叩一寺求宿，僧故不納，趨野廟倚香案而臥，蓋虎穴也。夜半，虎遶廊，大吼不敢入。黎明僧意斃於虎，將收其囊而來，適見陽明熟睡，驚曰：「公非常人。」

陽明又一日在陣營講學不輟，諜者走而不報，前軍失利，坐中皆有怖色，陽明出而見諜者，更就坐，復尋言緒，神色自若。須之，諜者復走不報，賊兵大潰，坐中皆有喜色，陽明出見諜者，就坐復尋言緒，神色自若。啊！何其膽大哉！（原日文）

這篇論膽力的內容，最後即以王陽明有名的「啾啾吟」一詩作為結語。[23]松村對這首詩相當有興趣，經常引用之，如在一篇名為〈王陽明之詩及其悟道〉一文中，也引用了這首詩，經常體認「信仰」和「修養」之間的關係，經過閱讀《傳習錄》後，積極地認識陽明學，透過陽明學來加深自己對基督

---

[23] 王陽明的「啾啾吟」一詩內容如下：「知者不惑仁不憂，君胡戚戚眉雙愁。信步行來皆坦道，憑天判下非人謀。用之則行舍即休，此身浩蕩浮虛舟。丈夫落落掀天地，豈顧束縛如窮囚。千金之珠彈鳥雀，掘土何煩用鐲鏤。君不見東家老翁防虎患，虎夜入室銜其頭。西家兒童不識虎，執竿驅虎如驅牛。癡人懲噎遂廢食，愚者畏溺先自投。人生達命自灑脫，憂讒避毀徒啾啾。」此詩係陽明在平服擒宸濠亂後，入贛，大閱士卒，於教戰法之際，奸臣江彬欲找藉口害陽明，遣人觀其動靜，陽明在這樣的情境下寫下這首詩明志並諷刺之，參《王陽明全集》（上海：上海古籍出版社，1992年），卷34，〈年譜二〉，頁1274。

教的信仰，他說：「陽明講說通天地萬有之道，云其道之本源為天，合其天之處有靈覺，體得其靈覺，即是與其學。」[24]事實上，松村體認到「信仰」與「修養」之不同，牽涉到儒教的學問根本是體踐的，也就是講求功夫論的，而且是對自己的良心負責，不同於基督信仰一切是要對上帝負責。松村如今結合陽明學與基督教，使他在內在超越上有了著力點。

　　以上分析的陽明學在維新後大致的三種形象，我們不禁要疑惑，陽明學在維新以後所扮演的革命行動之形象，似乎湮而不彰。取而代之的是民權、宗教及塑造國民道德的形象，何故如此？換言之，將陽明學作為革命行動論，在維新前及明治初年廣為陽明學者或是維新志士所認知，但維新後的明治政府，似乎陽明學的革命行動精神，已經完成它的時代角色。因此，井上哲次郎等學者必須轉化陽明學的革命行動精神，以與日本國民道德論相結合，畢竟維新以後的日本人不再需要陽明學的革命論，所缺的是國民精神上的統一。陽明學重新再次作為革命論的形象，則已經是戰後初期的日本，正值美軍託管下，民族自信心受挫之際。三島由紀夫（1925-1970）所寫的〈革命哲學としての陽明學〉（1970年，切腹前三個月完成的作品）一文，便是在這樣的戰後氛圍中寫成，他把陽明學當成是亞洲革命精神的代表，以對抗戰後日漸美

---

[24]　松村介石：〈王陽明の詩と其の悟道〉，轉引木村秀吉編：《陽明學研究》（東京：東亞學藝協會，1938年），頁178。

國化或西歐化精神的滲透。[25]

　　職是之故，陽明學作為革命論實未能在明治至戰前形成一股風氣，甚至只要一涉及革命理論，馬上即被視為危險思想。例如陽明學者奧宮慥齋之子奧宮健之（1856-1911）是個信奉陽明學精神者，他追隨社會主義理想而參與行刺天皇的「大逆事件」，[26]因而陽明學一度被視為與法國革命和社會主義的危險思想，也因此井上哲次郎等官方學者，努力把陽明學精神轉移到擁護國家道德的方向，從而稀釋掉作為革命行動論的陽明學之角色。我們從基督教學者內村鑑三等人視陽明學為宗教，以及視陽明學為民權論的學者，處處被當時政府的官僚打壓的情形看來，真正陽明學的主體性自由精神是被隱而不顯的。所以，我們可以說維新後的這一波陽明學熱潮，事實上是帶有高度被御用學者利用的工具論特色。

三、近現代中國知識份子的陽明學形象

---

[25] 三島由紀夫：〈革命哲學としての陽明學〉，收入《三島由紀夫評論全集》（東京：新潮社，1989 年），卷 3，頁 587。

[26] 「大逆事件」是發生在 1910 年，由一群以幸德秋水為首，懷抱社會主義與無政府主義的理想者，企圖計畫暗殺明治天皇，事前被檢舉，而以「大逆罪」起訴了 26 名，並包括無關係者 24 名，被宣判死刑。這些被判死刑的青年中，其中之一即是幕末維新之初有名的陽明學者奧宮慥齋之子奧宮健之。

　　日本從維新以後，一直到戰後仍有自稱是堅定的陽明學者（如安岡正篤以及藤樹學會者），顯見陽明學在日本民間仍有其一股健動活潑的精神。至於中國，雖有一些人關注或研究陽明學的人，但幾乎沒有人自稱是陽明學者。換言之，日本在戰前本有將陽明學視為如「宗教」一樣的學問，奉行不已，戰後亦然。而在中國近代，這類以「宗教」認知陽明學的看法，除了極少數的佛教徒以外，在知識界幾乎沒有這股認知。[27]

　　戰前即有日本學者浦野匡彥考察中國的陽明學研究現況，撰成〈滿支に於ける陽明學の現狀〉（1938）一文，即感嘆要

---

[27] 如學界一般認為，王陽明思想有與禪學相近或相通，故佛教界多肯定王陽明，最顯明即是太虛和尚，他特別有〈論王陽明〉（收入《太虛大師全書》第 41 冊，臺北版）一文，讚嘆王陽明衝決朱子學而出，將王學視為真正繼承孔門之道。太虛說：「陽明則謂聖人之為，心學也，心即理也，心即良知也。良知即天理也。擺落一切，空諸依傍，但致無心良知、天理於事事物物，則事事物物皆得其理，故能即知即行、知到行到，心成作聖之行，實高邁古今。」（頁 499）又說：「孔門謂之『仁體』，王氏謂之『良知』，總指此物。故陽明亦曰良知即是獨知事，而與孟子同名異實。蓋孟子所指之良知良能猶金礦，而陽明所指之良知，則猶礦中露出之金也。」（頁 501）「礦中露出之金」的言下之意，是說陽明良知學比之孟子更為純粹。王陽明在太虛眼中不僅是儒學大師，得孔學真傳，同時也是禪宗心學大師，推崇備至，乃謂之為：「前乎陽明，未有逮陽明之盛者也；後乎陽明，未有逮陽明之盛者也。一推斯學，小之足以起中國，大之足以援天下。」（頁 404）

找專門研究王學的人或自稱是王學信徒者幾不可得。不過，作者特在山西省舉出曾有留日經驗且曾是革命黨人的趙戴文，趙氏並在 1916 或 1917 年間於太原文廟內成立「宗聖總會洗心社」，且刊行《來復雜誌》，宣揚國粹精神與陽明學說。這位曾經推行過王學精神者，算是在民國初年以來少數自稱是陽明學的實踐者。[28]此外，該文作者又拜訪過杭州馬一浮先生（1882-1967），得其告知浙江有夏靈峰、鍾氏與無錫的唐文治等人專治陽明學，但也聊備一處，未及詳查。[29]該文最有價值之處，是羅列了當時將近 30 幾本有關陽明學著作及傳記、論文的出版狀況，可讓我們略窺當時中國知識份子實亦重視陽明學的現象。筆者將之整理在【附錄二】之表，以供參考。

　　誠如浦野匡彥所感嘆的，在近代中國很少有人自稱是陽

---

[28] 《洗心總社》所成立的《來復雜誌》，創刊於 1918 年 4 月 7 日，終刊於 1930 年 11 月 16 日，共刊行 601 號。但趙戴文晚年轉向佛學，認為「欲認識陽明子，必須儒、釋兩家打成一片，方可以論陽明之學。」參趙戴文給浦野匡彥的書信，收入在浦野匡彥的〈滿支に於ける陽明學の現狀〉（收入木村秀吉編：《陽明學研究》，東京：東亞學藝協會，1938 年）一文中，頁 362。

[29] 浦野匡彥的〈滿支に於ける陽明學の現狀〉一文中，在滿州國亦舉出王永祥、朱顯廷兩位，但僅有簡述，未能知其詳。浙江所舉諸研究王學專家者，僅是從馬一浮（當時 52 歲）口中得知，並未親證之（頁 364）。作者似以馬一浮先生為專攻陽明學之研究者，但證之馬氏之學，實有其出入。馬氏之學問主在經學，其重視程朱學實甚於陸王學。

明學者，或是專門研究陽明學者。但是，並不代表中國近代知識份子輕忽陽明學，畢竟中國知識份子論中國傳統學問，是從整體的經學開始，不會只是專研王學或朱學。以下筆者考察清末民初以來中國知識份子對陽明學的基本態度與學說，以解釋陽明學在近代中國的復興現象。

（一）作為維新或革命形象的陽明學

毫無疑問，陽明學作為維新或革命的形象，係受到 1900 年代前後日本知識界吹捧陽明學以作為國民道德的影響。以這種形象來認知陽明學的，莫過於近代中國維新派的康有為、梁啟超，以及革命派的孫中山與蔣介石等人。他們雖各取所需，各發所論，但都受到日本這一波講求國民道德論及維新革命行動指導理論的風潮所影響。

首先論康、梁的維新派與陽明學的關係。康有為早年學於朱九江（1807-1881）時，「獨好陸王」已廣為人知。梁啟超受康氏影響，在萬木草堂學習之際，康有為即常以日本明治維新志士的事例教導與鼓勵弟子。梁氏自稱其《新民說》是專述王陽明及其後學之言，足見我們也可以陽明學說來理解其《新民說》，在此陽明學是被梁啟超視為啟蒙國人汲取自由、平等思想的傳統依據。[30]康氏弟子的譚嗣同也信奉王學，

30　梁啟超在《新民說》中〈論私德〉篇之〈私德之必要〉，全然以陽明的〈拔本塞源論〉洋洋灑灑地發揮：「功利主義，在今且蔚

摒棄程朱之學，觀其《仁學》一書，獨不列程朱著作，卻專
舉王陽明之書，對陽明的推崇，可見一斑。[31]總之，清末民初
的維新變法派特推崇陽明學，與陽明學在近代的復興有莫大
的關係，其間又受到日本近代陽明學的某些影響，其中最關
鍵的人物即是梁啟超。

　　梁啟超晚年講清代學術，極稱王學。他在講黃梨洲之際，
另略介紹邵念魯、全謝山及李穆堂等清代王學者，他說：「邵

成大國，昌之為一學說，學者非惟不羞稱，且以為名高矣。陽明
之學，在當時猶曰贅疣柄鑿，其在今日，聞之而不卻走不唾棄者
幾何？雖然，吾今標一鵠於此，同一事也，有所為而為之，與無
所為而為之，其外形雖同，而其性質及其結果乃大異。試以愛國
一義論之。愛國者，絕對者也，純潔者也。若稱名借號於愛國，
以濟其私而滿其欲，則誠不如不知愛國，不談愛國者之為猶愈
矣。王子所謂功利與非功利之辨，即在於是。吾輩試於清夜平旦，
返觀內照，其能免於子王子之所訶與否？此則非他人所能窺也！
大抵吾輩當發心伊始，刺激於時局之事變，感受乎時賢之言論。
其最初一念之愛國心，無不為絕對的，純潔的，此盡人所同也。
及浸假而或有分之者，寖假而或有奪之者。既已奪之，則謂猶有
愛國心之存，不可得矣。而猶貪其名之媺，而足以炫人也，乃姑
假焉！久假不歸，則亦烏自知其非有矣！夫其自始固真誠也，而
後乃不免於虛偽。然則非性惡也，而學有未至也。亦於所謂拔本
塞源者，未嘗一下刻苦工夫焉耳。」氏著：《新民說》，收入《飲
冰室文集》（臺北：名江書局，1980 年），〈論私德三．私德之必
要〉，頁 96。
[31] 有關譚嗣同《仁學》一書思想的分析，參拙著：〈論譚嗣同的《仁
學》思想〉，《北台通識學報》第 2 期，2006 年 3 月，頁 1-18。

念魯、全謝山結浙中王學之局；李穆堂結江右王學之局；這個學派，自此以後，便僅成為歷史上的名詞了。」[32]復在《中國近三百年學術史》中如是談及清代王學：[33]

> 清康、雍年間，王學為眾矢之的，有毅然王學自任者，我們卻不能不崇拜到極地。並非有意立異，實則個人品格，要在這種地方纔看出來。清代「朱學者流」──所謂以名臣兼名儒者，從我們眼中看來，真是一文不值。據我個人的批評，敢說：清代理學家，陸王學派還有人物，程朱學派絕無人物。李穆堂算是陸王學派之最後一人了。

李穆堂去世於乾隆十五年（1750），也就是乾嘉學興起之際，乾嘉學興，不僅程朱學衰，王學亦氣若游絲，故梁啟超謂李穆堂是陸王學派最後一人。但是，考證學也有衰疲的一天，清末方東樹（植之，1772-1851）所稱「考證學衰，陸王將興」，[34]亦不無其道理，這種現象在清末完全顯露出來。

　　梁啟超對王學的推崇，早在康有為於「萬木草堂」授徒時，即以幕末維新志士吉田松陰的事蹟及著作當成教材來激勵士徒。康氏並著有《日本之變法由遊俠浮浪之義憤考》，把

---

[32] 梁啟超：《中國近三百年學術史》（臺北：里仁書局，2000 年），頁 77。

[33] 同上，頁 77。

[34] 參方東樹：《漢學商兌》（臺北：廣文書局，1977 年）一書之語。

明治維新志士比擬為司馬遷（約 145-86 B.C.）《史記》中的〈遊俠列傳〉之戰國遊俠，期望中國也能如日本得志士義俠以救國難。[35]梁啟超亡日不久，恰好是井上哲次郎出版《日本陽明學派之哲學》（1900）前後，日本知識界大力鼓吹陽明學的時期，故相當留心明治維新人士與陽明學的關係。不過，我們也必須注意梁氏的王學啟蒙甚早，不盡然只是受到日本維新論的影響。[36]換言之，王學的復興課題，尚有中國本土學術的流衍因素。

梁啟超亡日後，特感於日本明治維新志士受到陽明學精神之行動論，而提倡中國的武士道，故特別著有〈中國的武士道〉（1904）一文。梁啟超又在〈論宗教家與哲學家之長短特質〉（1903）中說：[37]

---

[35] 康有為所著《日本之變法由遊俠浮浪之義憤考》於 1898 年春由大同印書局刊行，乃命其長女康同薇編纂而成。

[36] 梁啟超所著《王陽明》雖是 1920 年代晚年的作品，但是梁啟超的王學啟蒙甚早，黃克武的〈梁啟超與儒家傳統：以清末王學為中心之考察〉（《歷史教學》第 3 期，總第 484 期，2004 年）一文即指出任公提倡陽明學，雖受日本影響，但也具本土學術特色，並對學界將任公稱頌王學是帶有「工具性」的看法，作者從任公的陽明學早受《明儒學案》影響，以及任公對中國傳統學術之間的連續性（並無斷裂性），提出反論（頁 18-23）。

[37] 參梁啟超：〈上品川彌二郎子爵書〉，《民報》24 號〈附錄〉，梁啟超自稱：「啟超因景仰松陰、東行兩先生，今改名吉田晉。」近年來，吉田松陰思想對晚清民初思想家梁啟超的影響之研究漸被

> 吾國之王學，維新派也。苟學此而有得者，則其人必
> 發強剛毅，而任事必加勇猛。觀明末儒學之風節可見
> 也。本朝二百餘年，斯學銷沈，而其支流超渡東海，
> 遂成日本維新之治，是心學之為用也。

梁氏將日本明治維新的成功，歸諸陽明心學，又特別佩服幕末維新志士吉田松陰，特在 1906 年出版《松陰文鈔》，將之推尊為是明治維新「首功」、「原動力」、「主動力之第一人」，甚至因景仰吉田松陰、高杉晉作兩師徒，特取一「吉田晉」的日本名字。總之，梁啟超之所以推崇王學，係將陽明的心學視為具有勇猛精進的實踐行動力，而這樣的推崇背後，實受到日本當時井上哲次郎等人所推崇的陽明學很大的影響。

　　維新派另一推崇明治維新並關注維新志士的核心人物，是也有留日經驗的蔡鍔。蔡鍔這位反對袁世凱（1859-1916）復辟第一聲的護國軍將領，湖南出身，曾留學日本三年（1898-1901），與梁啟超、譚嗣同有深厚師生關係。他在〈致湖南士紳〉（1902 年）一文中，自稱留日之際是：「自浮海而東，登

重視，大陸學者郭連友的〈梁啟超と吉田松陰〉（《季刊日本思想史》第 60 號，2002 年，頁 68-88）一文是這方面研究的先聲。關於梁啟超的研究，日本學者最近的研究成果是由狹間直樹編《共同研究 梁啟超——西洋近代思想受容と明治日本》（東京：みすず書房，1999 年）。另有關梁啟超的陽明學說之研究，亦可參考竹內弘行：〈梁啟超陽明学説：1920 年代を中心に〉，《名古屋学院大学外国語学部論集》卷 9，1 號，1997 年。

三神山，飲長橋水，訪三條（實美，1837-1891）、大隈（重信，1838-1922）之政策，考福澤（諭吉，1834-1901）、井上（馨，1835-1915）之學風，憑弔薩摩、長、肥，遍觀甲午、庚子戰勝我邦諸紀念。」[38]蔡鍔希冀湖南能成為羅馬之英法、日本維新之薩摩，鼓勵湖南子弟「通西籍」、「譯西書」、啟民智，效法明治維新第一功臣西鄉隆盛，而說：[39]

> 今數維新之大傑，攬志士之盛名，莫不共推三藩士（筆者按：長州、薩摩、土佐）。三藩士之中，莫不獨推薩摩之西鄉南洲翁。……彼日本既小邦，則日本變法，固應自有小薩摩，而小薩摩則竟足以變日本矣，是其實已至也。是故地雖小而成名大，所以為榮也。

湖南曾經是康有為組強學會中最有力的「南學會」的省分，也是其學生譚嗣同的故鄉，梁啟超亦曾在湖南長沙時務學堂擔任過總教席，所以湖南是內陸開風氣之先的省分，留日風氣興盛。蔡鍔雖沒有直接論及陽明學，但梁啟超、譚嗣同曾為其師，蔡鍔在日本亦協助過梁啟超辦《新民叢報》，故特別留意過明治維新的歷史。從引文中他相當高捧西鄉隆盛，如所周知，西鄉曾經是明治第一功臣，但十年後同時也是舉兵對抗他所締造的明治政府，可以想見蔡鍔何以能夠毅然決然

---

[38] 蔡鍔：〈致湖南士紳書〉，收入毛注青等編：《蔡鍔集》（湖南人民出版社，1983 年），頁 13。

[39] 前引蔡鍔：〈致湖南士紳書〉，頁 16-17。

地投入倒袁的第一個軍人，率先宣布雲南獨立，西鄉軍人本色及偉大人格曾經深刻地影響過蔡鍔。可見，從蔡鍔如此推崇西鄉看來，也是著眼於陽明學具有革命的行動力精神。

相較於維新派對陽明學的推崇，革命派亦不遑多讓。當年流亡到日本的革命黨人，對日本這股陽明學風潮自然不陌生，只是陽明學已經為變法維新所運用的學說，當時章炳麟（1869-1936）即不認同陽明學，[40]不過仍承認陽明學在日本維新的影響力。

蔣介石自認是繼承中山先生的遺教，同時也是個醉心於陽明學的人。他來到台灣後，把台北郊區的「草山」改為「陽明山」，在台灣的一些行館，部分也都命名為「傳習館」作為學習與開會的地方，即連中正紀念堂的正門「大中至正」一詞，也出自《傳習錄》，可見蔣介石對陽明學的熱衷程度。蔣介石曾自述他對陽明學的興趣是從十八歲開始，他說：「王陽明『知行合一』的哲學，我是自十八歲從顧葆性先生時候起，就開始研究的，以後五十年來，更曾經讀了再讀，研究再研究，他的《傳習錄》與《大學問》這兩個小冊子，真使

---

[40] 章太炎批判王學的觀點，可參氏著：《訄書》（北京：華夏出版社，2002 年）〈王學第十〉，這樣評論王學：「王守仁南昌、桶岡之功，職其才氣過人，而不本於學術。其學在方策矣，數傳而後，用者徒以濟詐，其言則只益繆簡粗粗。何也？王守仁之立義，至單也。……嘗試最觀守仁諸說，獨致良知為自得，其他皆採自舊聞，工為集合，而無組織經緯。」頁 39。

我百讀不厭，心嚮神馳，不知其樂之所止。」[41]到了 20 歲蔣
介石留學日本時（即 1906 年），此年也正是井上哲次郎出版
《日本之陽明學》不久，風靡日本之時，所以蔣介石自稱當
時目睹日本的陸海軍官，幾乎無人不讀陽明的《傳習錄》，
他這樣敘述日本對陽明學的熱衷程度：「當我早年留學日本
的時候，不論在火車上、電車上，或在輪渡上，凡是在旅行
的時候，總看到許多日本人都在閱讀王陽明《傳習錄》，且
有很多人讀了之後，就閉目靜坐，似乎是在聚精會神，思索
這個哲學的精義；特別是他的陸海軍官，對於陽明哲學，更
是手不釋卷的在那裡拳拳服膺。後來到書坊去買書，發現關
於王陽明的哲學一類的書籍很多，有些還是我們國內所見不
到的，我於是將陽明哲學有關的各種書籍，盡我所有的財力
都買下來。」[42]日後蔣介石在抗戰期間多次造訪陽明當年悟道
所住的貴州陽明洞，可窺他醉心陽明學的程度。

　　蔣介石對陽明學的熱衷，不只是受到日本陽明學風潮的
影響，也與他和王陽明同為浙江省出身有關。[43]另外，孫中山

---

[41]　參《蔣總統言論選集：教育與文化》（臺北：中央文物供應社，
　　　1977 年），頁 154。

[42]　參《蔣總統言論選集：哲學與科學》（臺北：中央文物供應社，
　　　1977），頁 128。有關陽明學說對於蔣介石的影響，可參楚崧秋，
　　　〈陽明學說對於蔣公思想德業的影響〉，《中華文化復興月刊》，
　　　第 19 卷第 11 期，1986 年 11 月。

[43]　王陽明出身浙江餘姚，1903 年《浙江潮》特以「中國道德實踐家
　　　王陽明像」為封面，並在社論提到浙江學術風氣時，特別這樣介

在陽明的「知行合一」思想基礎上提出「知難行易」的革命
行動論，也多少影響蔣中正。毫無疑問，孫中山也是受到日
本這股陽明學風潮的影響。孫中山是 1895 年開始亡命日本，
與支援中國革命的宮崎寅藏（滔天，1870-1922）等志士相交，
至 1905 年以前，共計十一次渡航日本，地點均在橫濱，以後
方將據點移至東京。孫中山奔走革命，也都比康、梁早，故
對日本明治維新自有相當的觀察，而 1895 年至 1905 年期間，
也正是井上哲次郎等熱烈提倡陽明學的時期，故孫文於 1905
年在東京對清末留學生發表演說時，其中提到：「五十年前，
維新諸豪傑沉醉于中國哲學大家王陽明知行合一的學說，故
皆具有獨立尚武的精神，以成此拯救四千五百萬人于水火之
大功。」[44]

　　孫中山從事革命活動，不會對這個學說不動心的，所以
他曾說：

紹王學：「王陽明氏以『唯心學』，朱為學敵，其學說含歷史的哲
學的觀念，而推原于『知行合一』。其後蕺山繼之，梨洲又繼之，
明清之際，凡起兵江上而身殉以死者，大半出王學之門。餘姚朱
舜水氏，則以不得于中國，來游日本，日本之有王學，自浙中往
也。」參匪石：〈浙風篇〉，《浙江潮》（1903 年 4 月），收入羅家
倫主編：《中華民國史料叢編》（臺北：中央文物供應社，1968
年），頁 9。

[44] 孫文：〈中國應建共和國〉，收入《國父全集》第三冊（臺北：中
央文物供應社，1989），頁 3。

> 以陽明知行合一之說，以勵同仁，惟久而久之，終覺
> 奮勉之氣，不勝畏難之心。……予乃廢然而返，專從
> 事於知難行易一問題，以研求其究竟。

由此可知，孫中山曾經從陽明的知行合一學說精神，求證革
命之道，但為何終不直接倡導「知行合一」，甚至批評「知行
合一」，[45]而另立「知難行易」之說。關於這方面的轉折，賀
麟（1902-1992）曾如是分析道：[46]

> 王陽明因太重視注重道德方面的篤行，感到知行合一
> 說還不夠用，進而提出致良知之教。則中山先生因注
> 重革命建設的重大行為，因而感到知行合一說的不合
> 用，進而提出知難行易的學說，以使人無所畏而樂於
> 行，確是很有見解，且應為王陽明所讚許。由此愈見

---

45 孫中山曾這樣批評「知行合一」說：「夫知行合一之說，若於科
　學既發明之世，指一時代一事業而言，則甚為適當；然陽明乃合
　知行於一人之身，則殊不通於今日也。以科學愈明，則一人之知
　相去愈遠，不獨知者不必自行，行者不必自知，即同為一知一行，
　則以經濟學分工專職之理施之，亦有分知分行者也。」實則中山
　先生這個批評是誤解陽明「知行合一」學說，知行就陽明而言，
　皆就「本體」意義而言，不會是就「一時代、一事業」乃至「一
　身」而言，而且知行合一精神也不反對科學，更重視職業倫理本
　分，故與近代科學與經濟原理實不相衝突。中山先生的批評犯了
　「以今釋古」之嫌。
46 賀麟：〈《孫文學說》的哲學意義〉，收入張學智編：《賀麟選集》
　（吉林：吉林人民出版社，2005 年），頁 417。

　　王陽明致良知與中山先生知難行易的學說，其目的均
　　在注重認真行為或篤行實踐。

賀麟上述之論，實從自己一廂情願的政治觀點著眼，勉強調
和陽明晚年提倡的「致良知」與孫中山的「知難行易」學說，
以求兩者互相發明。實則陽明「知行」皆就道德本體而言，
與中山先生的「知難行易」的「知」係傾向科學知識的「知」
是不同的概念。不過賀麟故意忽略這項差別，由此接著講孫
中山的「知難行易」，以印合陽明的「致良知」。

　　由此可知，中山先生「知難行易」學說的提出，除為了
與康、梁維新人士互別苗頭之外，盱衡國內外的當代局勢，
必要提出一套革命學說，以收革命之功效，因而「知難行易」
之說，有改造陽明「知行合一」說的意味，就此意義而言，「知
難行易」之說，不是站在「知行合一」的對立位置，而是站
在「知行合一」的基礎上而成立的學說精神，故如賀麟所說：
「知難行易的歸宿是知行合一」。[47]

　　職是之故，我們只要比較孫中山的「不知而行」、「能知
必能行」與「不知亦能行」的學說精神，實皆不與陽明「即
知即行」、「知是行之始，行是知之成」的良知教相衝突。

---

[47] 前引賀麟：〈《孫文學說》的哲學意義〉，頁 416-423。

（二）作為保存國粹的陽明學

　　由於幕末維新志士，多感於陽明學精神，維新後的日本學界亦鼓吹陽明學，留日的中國知識份子多少感染這股風潮，呈現陽明學的中日交流盛況。如清代胡泉所撰的《王陽明先生經說弟子記》（1853 年出版）在明治維新後的日本知識界流傳。[48]再如，忽滑谷快天（1867-1934）的《陽明與禪》，則在 1921 年由劉仁航翻譯在上海出版。這一類雖與維新派與革命派推崇陽明學的觀點有些同質性，本文之所以將之獨立成節，是為與之區分，凸顯其「保存國粹」這一特點，不像維新與革命派側重在陽明學的革命與行動精神上，而是比較強調陽明學作為傳統文化的延續性或代表者之觀點。這方面的代表人物頗多，以下簡述之。

　　在晚清到革命前夕，陽明學已在沈悶的學術氣氛中，因為日本學界的提倡，而重新得到中國知識份子的重視，例如明代殉節名臣的陽明學者施邦耀所編纂的《陽明先生集要》在 1906 年重刊，顯然受到日本陽明學風潮之影響，並流行到

---

[48] 這本書的編法是依胡泉自己的說法是：「王陽明先生經說，散見於《傳習錄》者，照《五經》《四書》次序，分成四卷，名為《經說弟子記》，少加按語，見與講學書旨印合，且與經說拾餘相發明也。」氏著：《王陽明經說弟子記》（臺北：廣文書局，1975 年），出版年代若根據序文應是咸豐 3 年（1853）。

日本。[49]

　　孫鏘（號玉仙，別號硯舫居士）是浙江奉化人，清末進士。他不僅與蔣介石同省同縣，地緣也接近陽明故鄉餘姚。這位清末民初，一生服膺陽明學，鼓吹陽明學不遺餘力。他在 1914 年刊行《王陽明先生傳習錄集評》，有鑑於王陽明的《傳習錄》傳本的不易取得及諸多的訛誤，乃付印以廣流傳，並大量介紹維新後的日本學界有關陽明學的作品，是一部民國初年屢次再版的書。所謂「集評」是由孫夏峰、施四明、劉念台、黃宗羲的「參評」，加上陶春田、梁啟超的「續評」組成的。孫鏘在再版中說：「舊版發行以來曾風靡一世，由留學日本人士帶來的，又購得幕末至當時的陽明學書籍十二冊以補舊版。」[50]孫氏希望該書能成為救亡之書，[51]以供「維持

---

[49] 此書曾請求嚴復（1853-1921）作序，嚴復在序說中說：「陽明之書，不待序也。夫陽明之學，主致良知。而以知行合一，必有事焉，為其功夫之節目。其言既詳盡矣。又因緣際會以功業顯，終明之世，至於昭代，常為學者宗師。近世異學爭鳴，一知半解之士，方懷鄙薄程朱氏之意，甚或謂國之積弱，以洛閩學術為之因，獨陽明之學，簡徑捷易，高明往往喜之。又謂日本維新數巨公，皆以王學為嚮導，則於是相與偃爾加崇拜焉。然則陽明之學，世固考之詳而信之篤矣，何假不肖更序其書也哉！」從這個序中，嚴復實則並沒有推崇陽明學。不過，嚴復道出當時中國知識界也風靡日本明治時代知識界盛行陽明學的實情。參嚴復：〈《王陽明先生集要三種》・序〉。

[50] 孫鏘編：《王陽明先生傳習錄集評》（上海：新學會社，1914 年依據四明七千卷樓孫氏校印本）。以下是孫氏收集到的日本陽明學

國運，保存國粹之君子」之參考。這本書蒐羅了當時日本人
熱衷陽明學的研究作品，也間接刺激了中國知識界陸續出版

書籍一覽表：
（1）三輪執齋：《補注傳習錄》，1913 年（漢文大系）。
（2）佐藤一齋：《傳習錄欄外書》，1897 年。
（3）春日潛庵：《陽明學真髓》，1909 年。
（4）三宅雪嶺：《王陽明》，1893 年。
（5）井上哲次郎：《日本陽明學之研究》，1900 年。
（6）宮內鹿川：《王學指南（掌）》，1901 年。
（7）木村鷹次（太）郎：《王陽明人物養成譚》，1902 年。
（8）吉本襄：《陽明學》（鐵華書院，1896-1900 年）。
（9）高瀨武次郎：《日本之陽明學》，1898 年。
　　　高瀨武次郎：《王陽明詳傳》，1898 年。
　　　高瀨武次郎：《精神教育陽明學階梯》，1899 年。
　　　高瀨武次郎：《陽明學新論》，1906 年。
（10）東敬治（正堂）：《傳習錄講義》，1906、1907 年。
（11）東敬治：《陽明學要義》，1911 年。
（12）亘理章三郎：《王陽明》，1911 年。
（13）另有《雲井龍雄手抄傳習錄》（1910 年出版），附有井上哲
　　　次郎、三宅雪嶺、服部宇之吉、高瀨武次郎、遠藤隆吉、
　　　宮內鹿川等人的序言。
　毫無疑問，孫鏘所收錄到的這些日本陽明學著作跨越近世與近
　代，筆者在本計畫研究期間，赴日蒐羅了多達 30 幾本，超過孫
　鏗所列出的陽明學著作。
51　孫鏘在這本書的序中說：「夫禮樂由政府出，非人民所敢議。若
　學也者，固古之人所謂化民成俗，其必由是焉者也。然以天下之
　無學故，而即有賊民之興，即有喪亡之慘，則可見救亡之必以學
　也明矣。」氏著前引《王陽明先生傳習錄集評》，頁 1。

有關陽明學的研究，例如孫毓修編纂的《王陽明》（1914）、金重耀的《陽明先生傳纂》（1923）、邵啟賢的《王學淵源錄》（1920）、梁啟超，《王陽明知行合一》（1920 年代）、胡美琦的《陽明教育思想》（1927）、錢穆的《陽明學述要》（1930）、胡哲敷的《陸王哲學辨微》（1933）等等。[52]以下僅舉錢穆等人的王學態度說明之。

　　錢穆的《陽明學述要》完成於 1930 年，1954 年再版時序中如是說：「總統蔣公提倡王學，朋好相知，謂予此書，可資參發，慫恿再版。」[53]綜觀錢先生此書撰寫手法，偏重編年的思想傳記方式。此書不像維新與革命派之提倡王學者，常將陽明學與日本維新相對照，故絕口不提王學在日本維新運動的扮演角色，顯見錢先生並不把陽明學當成維新或革命份子所吹捧的陽明學，而直從陽明本身探索其在傳統所扮演的角

---

[52]　以上引用的陽明學著作，出版如下：
　　孫毓修編纂，《王陽明》（上海：商務印書館，1914 年）。
　　邵啟賢：《王學淵源錄》（紹興，1920 年）。
　　胡美琦：《陽明教育思想》（上海 1927 年初版，臺北：中央文物供應社，1957 年）。
　　胡哲敷：《陸王哲學辨微》（上海 1933 年初版，臺北：水牛出版社，1966 年）。
　　錢穆：《陽明學述要》（1930 年完成，1955 年由正中書局出版）。
　　謝無量：《陽明學派》（上海：中華書局，1930 年）。
　　宋佩韋，《王陽明與理學》（上海：商務印書館，1931 年）。
[53]　錢穆：《陽明學述要》（臺北：正中書局，1984 年七版，）〈再版序〉。

色，也就是把陽明還原給真實的陽明，所以特在第一節論述「宋學裡面留下的幾個問題」，釐清朱熹與陸象山「尊德行與道問學」的支離與簡易之思想分歧脈絡，以清楚掌握陽明學的貢獻與意義。[54]錢穆並不把陽明的思想或貢獻當成是高於朱子，更明白地說，晚年的錢先生註解朱子，完成巨著《朱子新學案》，顯然熱中朱子甚於陽明。錢先生講陽明學，是把陽明當成中國重要的思想人物，亦可作為國粹的寶貴遺產來強調陽明學。

1930 年出版有關陽明學作品者，還有賈豐臻的《陽明學》以及胡哲敷的《陸王哲學辨微》兩本書。賈豐臻曾有留日經驗，他在《陽明學》這本書的序中如是說：「我國近百年來，朱學派和王學派的暗潮，已逐漸消滅，這並不是好現象，實因研究二人學問的人數減少之故。日本則至今未曾減少，因明治維新大功告成，和王學很有關係。我在日本哲學館大學的時候，確看見朱學派人詆毀王學派，王學派詆毀朱學派，想起吾國乾嘉以前亦不過如此。」[55]

此外，胡哲敷的《陸王哲學辨微》封面有胡適的題字，作者自稱他是「信仰陸王，而不迷信陸王」。[56]胡哲敷在自序

---

[54]　錢穆：《陽明學述要》，頁 1-20。

[55]　賈豐臻：《陽明學》（國學小叢書，上海：商務印書館，1930 年），頁 2。

[56]　胡哲敷：《陸王哲學辨微》（臺北：水牛出版社，1966 年重印），

中說：「我嘗於讀書之餘，默想能兼古今之長，去古今之短，學問有深造，事業可驚人者，就莫過於宋朝的陸象山，明朝的王陽明了。」[57]故此書偏重在分析陸王思想之關係及其異同。

民國以後的眾多著作中雖皆推崇陸王，但亦有不滿彼此的解釋者，如謝無量的《陽明學派》說：「陽明之學，實出於象山，而益擴充之。讀象山之書，可以知陽明學之淵源；讀陽明之書，可以知象山學之發展。」[58]對此論點，胡哲敷批評道：「照此看來，似乎象山、陽明竟無二致。陽明之學，亦不過為象山學的殖民地，這真太污衊了陽明。」[59]陸王二家思想自有許多相似處（如同主「心即理」），唯象山本《中庸》尊德行及《孟子》先立其大，陽明則本《大學》止至善及《孟子》良知之義，立論說教，自有不同，況二者的時代背景、身世、思想、事業均不同，故胡說甚是。但是，細查謝無量之說，並無直接把陸王二家視為全然相同之論，顯然胡氏也對謝說有過度解釋之嫌。

以上係對民國以後的陽明學作品作一簡略之評析，他們之所以與「作為維新或革命的王學形象」之不同，主在中國

　　頁 3。

[57]　胡哲敷：《陸王哲學辨微》，頁 2。

[58]　謝無量：《陽明學派》（臺北：廣文書局，1980 年重印），頁 4。

[59]　胡哲敷：《陸王哲學辨微》（臺北：水牛出版社，1966 年重印），頁 11。

學術脈絡或朱王、陸王學的爭議中，看到王學的時代意義。

（三）作為哲學深化的陽明學

陽明學在近代知識份子的復興趨勢，不僅表現在政治熱衷者的革命與維新派，同時也讓知識份子努力深掘其思想內涵，以彰顯陽明學也能與近代民主、科學化接軌，熊十力、梁漱溟、賀麟、張君勱等都是其中的佼佼者。

當中國維新與革命之際，正值熊十力（1885-1968）的少年時期，他曾受到維新份子的影響，同時也加入了革命軍，還參與過孫中山的護法運動（1917），以後始正式棄軍從學。如前所言，維新份子及革命黨人都大力提倡陽明學，熊氏青少年期的這段與維新派及革命黨人的經歷，一定注意過陽明學。

熊氏的《新唯識論》在近代中國異軍突起，以佛教義理來融通詮解儒學諸多概念，他曾自言本書最根本問題在於解決體用論的課題，[60]強調「體用不二」、「即用顯體」、「即用即體」。這本著作是 1944 年在重慶，經過友人翻譯成不古不今的語體文而以全文初版。全書分〈明宗〉、〈唯識〉、〈轉變〉、〈功能〉、〈成物〉、〈明心〉五部九章，前後呼應，自成一家

---

[60] 熊十力在〈初印上中卷序言〉中說：「本書根本問題，不外體用。」收入《新唯識論》（臺北：河洛圖書出版社，1974 年再版），頁 2。

之言。在這本著作中，我們不難找到熊氏肯定陽明學的例子，以下論之。

熊氏在《原儒》中，曾經批評晚明清初諸儒如習齋、船山、亭林等人，雖盛張反對宋儒主靜之幟，卻不知孔子亦未嘗不靜也，獨獨稱讚王陽明是儒學正脈，繼承真正的孔孟精神。因此熊氏在建構其新唯識論體系時，特別是他的「體用不二」之說，清楚地有王陽明「即用顯體」思想的影子。學者指出當時新唯識論的形成背景是在科學與玄學論戰中，熊十力不滿兩派，激發了他的新唯識論，即以陽明的體用不二說為出發點。[61]

熊氏《新唯識論》首章談「性智」與「量智」的概念，頗類陽明論「本體」與「工夫」。熊氏說性智離不開本心，又說：「真性就是本心」、「此心就是吾人的真性，亦即是一切物的本體。」[62]又特區別性智的「本心」與量智的「習心」，故在心性論上認同陽明的心即是性，質疑宋明理學家的心性論。熊氏說：[63]

> 宋明理學家，有以為心未即是性者，此未了本心義。
> 本心即是性，但隨義異名耳。以其主乎身曰心，以其

---

[61] 相關研究，可參楊國榮：《從王陽明到熊十力》（上海：華東師範大學出版社，2003 年）。

[62] 熊十力：《新唯識論》卷上，〈明宗〉，頁 5。

[63] 熊十力：《新唯識論》卷上，〈明宗〉，頁 5。

> 為吾人所以生之理曰性，以其為萬有之大原曰天。故
> 盡心則知性知天，以三名所表，實是一事。

《新唯識論》的開宗明義，即言「心即是萬物之本體」、「本
心就是吾身與萬物所同」，更以《易經》的「乾知大始」，申
其義為「乾謂本心，亦即本體。知者明覺義，非知識之知。」
云云，皆有陽明「人心與物同體」以及良知學的色彩。熊氏
更在〈唯識〉章中精析「境不離心」的萬物一體論，特舉陽
明有名的遊南鎮之例，[64]並評曰：[65]

> 陽明這段話，可謂言近而旨遠，實則這種意趣，也是
> 孔孟以來一脈相承的。本來，境和心，是不可分的整
> 體的兩方面。我們似乎不必說識名唯，但因對治他們

---

[64] 熊氏曰：「後來王陽明學問的路向，和陸象山相近，他（王陽明）
也是昌言心外無物的，他的弟子記錄他的談話，有一則云：『先
生遊南鎮，一友，指巖中花樹問：先生說天下無心外之物，現在
就這花樹來說，他（花樹）在深山中，自開自落，於我的心有何
相關呢？先生曰：汝於此花，不曾起了別的時候，汝的心是寂寂
地，沒有動相的。此花也隨著汝心，同是寂寂地，沒有色相顯現
的。（此時的花，非無色相，只是不顯現）汝於此花，起了別的
時候，汝心便有矗動相，此花的色相，也隨著汝心，同時顯現起
來。可見此花，是與汝心相隨屬的，決不在汝之外的。』」
按：熊氏之引文與陽明的原文有所出入，用比較淺白的方式及加
上自己的解說，然大意不差。氏著：《新唯識論》卷上，〈唯識〉，
頁23。
[65] 熊十力：《新唯識論》卷上，〈唯識〉，頁23。

把一切境，看作是心外獨立的這種倒見，所以要說唯
識。

熊氏的這種「境不離心」，並且往下所析論心與境的「非一非
異」、「不即不離」之關係，除卻「境」的用詞比「物」多帶
有佛教的唯識論以外，實則與陽明的「無心外之理，無心外
之物」之說甚為相近，故他不能同意朱子理學的「心與理」
的關係之論。

　熊氏直讚陽明，但並未多稱許陽明後學，與以下所要提
到的梁漱溟之獨嘉許泰州學派，自有不同。熊氏不但反對用
西學的「唯心論」來概括陽明學；[66]而且熊氏也未用伯格森的

66　熊十力對宋儒主靜以及明末清初儒者主動的批判中，獨稱讚陽明
　　學，如〈原內聖〉篇中特如此論王陽明之學：「王陽明之學，以
　　致良知立宗。船山譏其簡單，則未免褊衷，而妄議先賢也。……
　　陽明之造於道也，可謂宏大而亦密（就其知見言），安放而不放
　　矣（就其行持言）。船山攻之，亦何傷日月乎？近人輒以良知學
　　說為唯心之論，此甚錯誤。西學唯心論者，祇承認心是惟一實在。
　　中學以心物為本體流行之兩方面。彼此絕無相似處，不待論矣。
　　陽明語錄有曰：『目無體，以萬物之色為體；耳無體，以萬物之
　　聲為體；口無體，以萬物之臭為體；口無體，以萬物之味為體；
　　心無體，以天地萬物之是非為體。』……據此，則心物本來俱有，
　　而不可相無。心無形而體物，物凝質而從心，涵受乎心者物，引
　　發乎心者物，從心之化裁，而與之俱轉者亦物。心則默運乎物，
　　主領乎物，認識體察乎物，化裁改造乎物。二者相需以成用，不
　　可相無。實則所云，心物二者，祇是本體流行之兩方面。此乃大
　　易乾坤之奧義，而陽明子猶秉之弗失也。若以西學唯心論之倒

「直覺主義」來說明陽明學。可見熊十力肯定陽明學自非受
到西學及日本維新之論影響，而是純從傳統學術脈絡，以重
新定位陽明學在現代哲學的積極意義，並深化陽明學體用不
二的哲學內涵。

　　梁漱溟（1893-1988）在 1921 年即著有《東西文化及其
哲學》，係根據其歷次的講演錄彙集而成。[67]此書出版後，引
起當時學術界對東西文化論戰的重視。當然，此書的形成也
是在五四運動後國內知識青年瀰漫著全盤西化，東方文化面
臨嚴峻挑戰的時代氛圍中。梁氏在此書中頗肯定陽明學，但
顯然不是受日本影響，固非康、梁一派肯定陽明學的思路，
他對於康有為假借孔經，把孔子、墨子、釋迦、耶穌、西洋
的道理亂講一氣的態度，極端反感，因而梁氏特別反對維新
改革派的東西文化調和融通論，他這樣批評梁啟超：[68]

　　梁任公先生到歐洲也受到這種影響（按：指東西文化

見，而誣陽明，倘非天愛，何忍出此哉！」氏著：《原儒》（臺北：
明文書局，1988 年），頁 385-386。如前所述，熊氏《新唯識論》
旨在闡析體用不二論，此處亦然，並澄清把陽明學當成西方的「唯
心論」之錯誤。

[67]　梁漱溟的《東西文化及其哲學》一書，戰前的出版狀況如下：1921
年 10 月，首先由北京財政部印刷局出版，1922 年 1 月起改由上
海商務印刷館出版，至 1930 年先後印行八版。

[68]　梁漱溟：《東西文化及其哲學》（臺北：台灣商務印書館，2002
年），頁 17。

調和融通），在《歐遊心影錄》上面說，西洋人對他說：
「西方文化已經破產，正要等到中國的文化來救我
們，你何必又到我們歐洲來找藥方呢？」他偶然對他
們談到中國古代的話，例如孔子的「不患寡而患不
均」、「四海之內皆弟兄也」以及墨子的「兼愛」，西洋
人都嘆服欽佩以為中國文化可寶貴。梁先生又說伯格
森、倭鏗[69]等人的哲學都為一種翻轉的現象，是要走禪
宗的路而尚未走通的。如此種種<u>稱</u>揚中國文明。其實
任公所說，沒有一句話是對的！他所說的中國古話，
西洋人也會說，假使中國的東西僅只同西方化一樣便
算可貴，則仍是不及人家，毫無可貴！中國文化如有
可貴，必在其特別之點，必須有特別之點才能見長！
他們總覺得旁人對我稱讚的，我們與人家相同的，就
是可寶貴的；這樣的對於中國人文化的推尊，適見中
國文明的不濟，完全是糊塗的、不通的！我們斷然不
能這樣糊糊塗塗的就算了事，非要真下一個比較解決
不可！

梁氏對任公的批評，其實也是對康梁一派作學問態度的批
評，我想特別凸顯梁氏在文中所說：「中國文化如有可貴，必

---

[69] 倭鏗（Rudolf Christoph Eucken, 1846-1926），是德國哲學家、文
學家；伯格森（Henri Bergson，1859-1941）則是法國猶太裔的哲
學家、文學家。倭鏗與伯格森皆曾獲諾貝爾文學獎，聞名於歐洲
學界，梁啟超遊歐之際，更曾在德國與倭鏗一會。

在其特別之點，必須有特別之點才能見長！他們總覺得旁人對我稱讚的，我們與人家相同的，就是可寶貴的。」此一批評，點出梁氏與任公在東西文化研究方法論上的根本不同態度。任公藉由外來肯定中國，才來強調中國本身的特點；梁漱溟則直從中國本身特點，以對應於西方文化。職是之故，任公會有感於日本的明治維新，係因維新志士受到陽明學精神影響，從而回國提倡陽明學。但是，梁漱溟肯定陽明學是從孔學的「直覺」精神上看到陽明學承繼著孔學精神而來。對於任公的肯定陽明學態度，用梁漱溟的話來說，是「打量計算」、「計算利害」的態度，是外向靜態的「順轉」，不是本身努力奮鬥的「翻轉」。[70]

　　梁漱溟講中國哲學特點，特凸顯「直覺主義」（intuitionism），頗有當代法國哲學家伯格森（Henri Bergson，1859-1941）之色彩。[71]如梁漱溟論及孔子的「仁」，曾經批判胡適不懂得孔

---

[70] 「順轉」與「翻轉」見之於上面註文中梁漱溟批評梁啟超之藉由西方人的肯定中國才來發覺中國的特別，見之於《東西文化及其哲學》之〈緒論〉，頁 16-17。

[71] 哲學上的「直覺」（intuition），意謂一種不基於知覺、記憶或內省，而與命題、概念或實體等有關的非推理性知識或領會（grasp）。其應用在倫理上則有所謂的「倫理直覺主義」（ethical intuitionism），認為我們不但對某些不可定義的道德概念擁有直覺知識，同時也能通過直覺理解某些道德命題。參《劍橋哲學辭典》（臺北：貓頭鷹出版社，2002 年），頁 600。伯格森即強調直覺主義且在當代具有相當影響力的哲學家。

學核心精神的「仁」。梁氏特以「直覺敏銳」論「仁」，而言「仁是體，而敏銳寂感則其用」，從而講到宋明人都講靜坐，其中特舉王門聶雙江「一力主張『歸寂以通天下之感』，尤為有確為所見，雖陽明已故，無從取決，然羅念庵獨識其意。」[72]其次，梁氏談孔子的生活之樂，在宋明儒中最能欣賞的也是陽明弟子王心齋，而說：[73]

> 據我所見，宋明學者雖都想求孔子的人生，亦各有所得；然惟晚明泰州王氏父子心齋先生、東崖先生為最合我意。心齋先生以樂為教，而作事出處甚有聖人的樣子，皆可注意處也。

梁氏在他這本名著《東西文化及其哲學》中特講孔學的「一任直覺」，[74]而他能舉例得孔學的這種精神者是陽明學者聶雙江與羅念庵，可見他對陽明學的肯定態度。梁氏亦批判韓愈或宋代理學們不得孔學要旨，唯一受其肯定的即是陽明學的泰州學派。他說：[75]

> 及明代而陽明先生興，始袪窮理於外之弊，而歸本直覺——他叫良知。然猶忽於照看外邊；所謂格物者實

[72] 梁漱溟：《東西文化及其哲學》，頁 162。
[73] 梁漱溟：《東西文化及其哲學》，頁 174-175。
[74] 梁漱溟在《東西文化及其哲學》之第四章專有〈孔子之一任直覺〉一節，論孔子的「直覺」形上論，是不同於西方與印度的哲學。
[75] 梁漱溟：《東西文化及其哲學》，頁 188。

> 屬於照看外邊一面，如陽明所說，雖救朱子之失，自
> 己亦未為得。陽明之門盡多高明之士，而泰州一派尤
> 覺氣象非凡；孔家的人生態度，頗可見矣。

在中國近現代肯定陽明學的知識份子群中，梁漱溟頗為特
別，他之所以肯定孔學，有許多伯格森的「直覺主義」影子。
由此他在中國孔孟以後的學問者中，找到最能契合孔學的「直
覺」精神者，即是陽明學的泰州學派。梁氏此一肯定泰州學
派，可以說是日後容肇祖（1899-）重新評價李贄（1527-1602）
及嵇文甫（1885-1963）大力肯定「左派王學」的先聲，或許
也可以如此說，梁氏之肯定泰州學派，成為日後左派王學在
中國的研究，打開了第一扇窗。

　　另外一位企圖深化陽明哲學的思想家是張君勱（1887-
1969）。張君勱對陽明學的推崇，甚至比維新派或革命派更為
積極，他曾說：「若有人問我：誰是中國最具影響力的思想家，
我將毫不猶疑地回答是王陽明。」把陽明看成是比朱子更為
重要，更希望陽明哲學能在「遠東復活」。[76]張君勱熱衷陽明
學在近現代中國的知識份子中，獨樹一幟。除了其名著《比
較中日陽明學》（1954）外，另有 1962 年英文完成的《王陽
明：中國十六世紀的唯心主義哲學家》（以下簡稱《王陽明》）。

---

[76] 張君勱：〈王陽明的哲學〉，收入江日新譯：《王陽明》（臺北：東
　　大圖書公司，1991 年），頁 69-90。

77

　　張氏在《比較中日陽明學》的〈序言〉中屢被學者引用
的話，即鮮明地點出中日陽明學所招致的不同處境。他說：[78]

> 嗚呼！陽明學之在吾國，人目之為招致亡國之禍，而
> 在日本則殺身成仁之志行，建國濟民之經綸，無不直
> 接間接受王學之賜。語曰：「種瓜得瓜，種豆得豆」，
> 瓜豆之種同，而所獲之果大異。在吾國則為性心空譚，
> 在日本則實現近代國家建設之大業。

因此，張君勱關注陽明學顯然受到日本近代陽明學很大的影
響。他在這本書爬梳中日王學思想的重點，係偏重在王學倫
理之一面，而不在其本體論一面。這是張氏為了提倡王學，
在策略上的運用，如他所告知牟宗三先生（1909-1995）所說：
「惟如此，可以復活王學」，足見作者之用心與識度。因此，
通書所見，作者解析中日王學者的思想時，皆專就其事功面
與實學面論之，以給讀者明治維新的精神動力與陽明學精神
有莫大之關係的印象。這種觀點，作者並不諱言係受到日本

---

[77] 雖然張氏有關陽明學的著作均在戰後，但因其在戰前中國思想界
　　相當活躍，1923 年發表〈人生觀〉後，引起著名的科學與玄學
　　的論戰。由於張氏《比較中日陽明學》直接觸及本文討論的重點，
　　故本文亦一併納入分析。

[78] 張君勱：《比較中日陽明學》（臺北：臺灣商務印書館，1976 年二
　　版），頁 3。

明治時代井上哲次郎、高瀨武次郎等學者鼓吹陽明學精神之影響，書中所論觀點亦不脫井上、高瀨等對中日陽明學的觀點。[79]張氏如是綜結日本人何以較能接受陽明學，有以下三點：[80]

> 第一：陽明學簡易直截，合於《易經》所謂「乾以易知，坤以簡能」條件，因而合於日人快刀利刃之性格。
>
> 第二：陽明學側重於即知即行，合於日人勇往直前之習慣。
>
> 第三：日本人注重事功，將陽明學應用於人間社會，發生大效果。況乎日人不長於理論之精細分析，故對於朱子之理氣二元與王子之理氣合一，不作抉擇可否之表示，惟其在迎王之中，不作排朱之論，而成為日本之折衷主義。

上述三點，誠然所觀察不差，卻有點簡約，主要張氏尚未能從神道教或是武士道等傳統文化因素，深掘為何日人比中國人更具「勇往直前」、「注重事功」及較容易接受「簡易直截」的理論。

---

[79] 從張君勱多處引用井上哲次郎及高瀨武次郎的觀點看來，可以確定張氏對日本陽明學的認識，均從井上氏《日本陽明學派之哲學》（1900）及高瀨武次郎所著《日本之陽明學》（1898）二書而來。

[80] 張君勱：《比較中日陽明學》，頁60。

　　張氏要「復興王學」，呼籲中國人應重視王學，故亦不能只是爬梳陽明的思想，他還必須正視陽明在現代的適用性。因此不得不繼續深化陽明哲學的現代性，這方面表現在張氏的著作《王陽明》。陽明學說號稱「簡易直截」，但張氏自己坦言：「王陽明的體系並不容易為現在讀者所瞭解，這是因為他並不刻意在如形而上學、倫理學、心理學等名目下作系統性的陳述。」[81]因此張氏把陽明的「心即理」及「致良知」歸為繼承孟子「四端之心」以降的「直覺主義」的道德存有論者。張氏特別撇清「直覺」與「直接的解悟」不同，用來區隔陽明心學與佛教心學的不同，因後者是人所認識且可以把握，故可以很清楚地理解只是其整個歷程中的一個部分而已。[82]

　　張氏反對把陽明哲學只看成在道德倫理學的範疇而已，所以屢屢強調陽明哲學的形而上的宇宙論性格，以期為世人批評陽明只是作為一個道德家，不涉自然物理的科學世界的觀點提出辯解。張氏特別強調陽明的「萬物一體論」的人與自然世界一氣相通的宇宙觀。他藉由陽明說：「人的良知，就是草木瓦石的良知」的說法，而對陽明的「直覺主義」闡釋其宇宙與人心一體的整體論。他說：[83]

---

[81] 張君勱：〈王陽明的哲學〉，頁 51。

[82] 張君勱：〈王陽明的哲學〉，頁 58。

[83] 張君勱：〈王陽明的哲學〉，頁 64-65。

> 由於動物植物能夠養人，藥石能夠治療人的疾病，因
> 此在生物世界——物理世界與人類兩方面之間必然要
> 有精神一氣相通之處，因此宇宙核心中存有靈覺這一
> 點是王陽明的根本信念。在這一核心處，人緊密地與
> 在上的自然世界和在下的自然世界連在一起。宇宙即
> 是以人為中心的一個整體。

張氏正是基於陽明良知說的宇宙論，良知彷如光明而富有能
量的太陽，具有無上命令，可以判定是非，因而張氏歸結良
知的定義，即是真理與至善的光，也就是宇宙的實體。[84]張氏
並把「良知」翻譯為「intuitive knowledge」謂其具有康德的
純粹理性及實踐理性的基本範疇，而植基於心、意、知不能
無對的「心即理」說則接近柏克萊（George Berkeley，1685-
1753）「存在即知覺」的中國版，即事物首先必須先要在心中
為意所對，理亦是在我們心中，而不是在外在世界裡。[85]總之，
張氏不厭其煩地解釋陽明哲學與近代西方康德與柏克萊哲學
的互通，非但是個未過時的哲學，並且是個極具現代意義的
哲學。張氏並感嘆陽明學在中國明末清初的命運，其學說終
究被朱子學的反對勢力所取代，不過陽明後學的流弊不應算
到陽明哲學的身上，在飄洋過海後的日本找到新生的土壤，
並締造了明治維新，產生正面的影響。張氏從這裡看到了陽

---

[84] 張君勱：〈王陽明的哲學〉，頁 67。
[85] 張君勱：〈王陽明的哲學〉，頁 80-87。

明哲學仍具有很強的活力，真切希望它能在遠東復活，成為東方哲學的一大特色。

　　不過，對於梁氏用「直覺」來概括孔學精神，張君勱用「直覺」解釋良知，本是梁氏與張氏的特解，馬一浮曾作過如下之批評：[86]

> 今人亦言直覺，若有近於良知；言本能，若有近於良能。然直覺是盲目的，唯動於氣，良知則自然有分別。本能乃是氣之粗者，如「飲食」、「男女」之類，亦唯是屬氣，良能則有理行乎其間，如「未有學養子而[後]嫁」、「徐行後長」之類乃是即氣之理。此須料簡。若但以知覺運動言知能，其間未有理在，則失之遠矣。

上述之言，當是針對梁漱溟而言，但是，梁漱溟雖云「直覺」，未必就如馬一浮這裡所稱「唯動於氣」。但馬氏之批評也不無道理，梁氏用「直覺」確有「單提直指」，而非「全指」之意。總之，梁漱溟與馬一浮的差別在於一不取宋學理氣論，一則深受宋儒理氣之影響，故在對陽明的肯認態度上，梁氏傾向正面肯定陽明，馬氏則語帶保留。[87]

---

[86]　馬一浮：〈泰和宜山會語〉，收入《馬一浮集》（杭州：浙江古籍出版社，1996 年）第一冊，頁 44。

[87]　馬氏肯定朱子甚於陽明，如以下他所說：「向來先儒說《大學》『格物』，各明一義，異執紛然。大略不出兩派：一宗朱子，一宗陽

近代中國知識份子最能欣賞並極力鼓吹陽明學說的學者
當屬賀麟（1902-1992）。賀麟曾極力稱讚陽明學說的「知行
合一」，他說：「知行合一說不僅是王陽明在中國哲學史上的
偉大貢獻，而且也是關於知行問題中外古今哲學家最根本的
見解。」[88]孫中山提出「知難行易」說，批評者眾，胡適、傅
銅、馮友蘭皆批評過此說，[89]但是，孫中山這個學說似乎找到

明。朱子釋『格物』為窮至事物之理，『致知』為推極吾心之知。
知者，知此理也。知具於心，即理不在心外明矣，並非打成兩橛。
不善會者，往往以理為外。陽明釋知善知惡是『良知』，為善去
惡是『格物』。不善會者，亦遂以物為外。且如陽明言，則《大
學》常言『格物在致知』，不當『致知在格物』矣。今明心外無
物，事外無理，即物而窮其理者，即此自心之物而窮其本具之理
也。此理周遍充塞，無乎不在，不可執有內外。陽明『致良知』
之說，固是直指，然《大學》須還他《大學》。教有漸頓，《大學》
說先後次第，明是漸教；《中庸》顯天人一理，『君子篤恭而天下
平』，中和即位育，方是頓教。陽明是就自家得力處，朱子卻還
他《大學》元來文義，論功夫造詣是同，論詮釋經旨卻是朱子較
密。」根據上引，馬氏認為朱子解釋「格物」較符合《大學》原
義，認為「較密」、較具「全指」，而陽明之「直指」，則有如孟
子「單指」之味。實則只要一讀〈復性書院講錄〉，即可感受到
馬氏盡是程朱語脈，尊朱抑王之味濃厚。參氏著：〈泰和宜山會
語〉，收入《馬一浮集》（杭州：浙江古籍出版社，1996 年）第
一冊，頁 41。

[88] 賀麟：〈《孫文學說》的哲學意義〉，收入張學智編：《賀麟選集》
（吉林：吉林人民出版社，2005 年），頁 416。

[89] 關於胡適從實用主義、傅銅從普遍主義、馮友蘭從折衷「知難行
易」與「知易行難」的觀點批判孫中山的「知難行易」說，可參

最佳的解讀者與信服者賀麟。賀麟從「知識可貴」、「人類文明進化的階段」、「人類分工」、「哲學史的發展」等觀點，一一證明「知難行易」是確實不可易的學說。[90]賀麟又紬繹孫中山「知難行易」的兩條義理——「能知必能行」與「不知亦能行」之根本原則，呼籲讀者能夠正面（而不是從負面）理解孫中山這兩條原則，將可看出知難行易實具有「實驗探索」的求真、「革命建國」的信仰之近代精神。

　　賀麟在 1938 年特著有〈知行合一新論〉，儘管他很清楚陽明的知行合一係專就道德倫理學，且皆就「本體」義而言，但賀麟講知行合一，為要打破那些不探究道德的知識基礎的「武斷道德學」，所以他先作了批判與抒解的工作，從而提出他自己批判性繼承的「自然知行合一論」。[91]因此，賀麟在這篇文章爬梳了知行合一的種種關係，有主從、目的手段、體用等關係，又區分較高級與較低級的知行合一，以及「價值的知行合一」與「自然的知行合一」等等，皆可說是賀麟對知行合一種類的知識綜合。[92]「價值的知行合一」與「自然的知行合一」的區分是賀麟這篇文章的重點，毫無疑問，陽明

前引賀麟的〈《孫文學說》的哲學意義〉一文的分析，頁 394-398。

[90] 賀麟的〈《孫文學說》的哲學意義〉，頁 401-410。

[91] 有關賀麟的「知行合一新論」的哲學思想之解析研究，可參楊國榮：《王學通論：從王陽明到熊十力》（上海：華東師範大學出版社，2003 年），頁 255-259。

[92] 賀麟：〈知行合一新論〉，頁 382-386。

的知行合一的本體論，是屬於賀麟上述區分的價值意義上的知行合一論，是一種賀麟所分析的「率真的或自動的（spontaneous）、不假造作的知行合一觀」，此與梁漱溟歸陽明良知學為一種「直覺」體驗的學問，實則相同。賀麟更區分這種價值的知行合一之兩派，一派為理想的價值的知行合一觀，以朱子為代表；一派為直覺的或率真的價值的知行合一觀，以陽明所創立所倡導。[93]

　　賀麟之所以費詞說明各種知識論上的知行合一，最終濃縮為「自然的知行合一」與「價值的知行合一」兩類，實有其深意。他為陽明的「價值的知行合一」論，未能開出「自然知行合一」論的科學思想，感到惋惜，所以他說：「只可惜陽明所謂知行，幾純屬於德行和涵養心性方面的知行。同樣的意思，只消應用在自然的知識和理論的知識方面，便可以作科學思想，以及道德以外的其他一切行為的理論根據。」[94]職是之故，賀麟在這篇文章的最後，希望能藉由朱子或陽明的「價值的知行合一」論開出真正的「自然的知行合一」，所以，賀麟特別觀察到陽明雖講直覺的、率真的知行合一，但當陽明論知行本來體段時，「已具有濃厚的自然知行合一觀的意味」，頗呼籲在今日當代的中國，講求「自然的知行合一論」是在講求「價值的知行合一論」之後的必然趨勢。

---

[93] 賀麟：〈知行合一新論〉，頁 387-388。
[94] 賀麟：〈知行合一新論〉，頁 388。

　　賀麟上述從陽明的「知行合一」論中，企圖藉此開出「自然科學意義的知行合一」，從而走出中國自己的科學一條路，以回應西方科學的挑戰。這種走法，並不與傳統決裂，甚至承認傳統，只消轉換在「知識與理論上」的應用上，並無多大衝突，我們可稱賀麟這種對傳統的態度是一種「知識的轉向」取向。

　　以上梁漱溟、張君勱引進伯格森的「直覺主義」、柏克萊的「存在即知覺」以解釋良知，還有賀麟所提出的「知行合一新論」，眾所皆知賀麟是熱衷研究黑格爾哲學的專家，故楊國榮稱賀麟「企圖將王學與新黑格爾主義雜揉一體，以建立他的『新心學』」[95]，雖皆可深化陽明學的現代化，亦不免遭雜揉混融東西思想之譏。

四、結論

　　近代中國知識份子除了嚴復、章太炎對陽明學適度保持距離外，從龔自珍（1792-1841）、魏源（1794-1857）到康有為、譚嗣同、梁啟超，繼而梁漱溟、熊十力、賀麟、張君勱等無不推崇陽明學，故可說陽明學在近代中國實已有其本土學術的復興之勢。但是，王學在中國的復興，實亦有日本陽

---

[95]　楊國榮：《王學通論：從王陽明到熊十力》，頁 255。

明學風潮的外力助緣，特別顯現在維新變法派的康有為、梁啟超及革命派的孫中山、蔣介石身上。本文在此一背景的基礎上，試圖探索與比較近代中日陽明學的發展關係及其形象。

經由本文的分析，我們可以一窺中日近代陽明學發展的異同。日本明治維新後，陽明學有國家主義及民權主義派的對峙，而在近代中國的陽明學發展中，我們實看不到這樣激烈的對峙，無論把陽明學當成國粹，或是引進西方理論以改造陽明學，只見學術內部的異同意見，未見引起政治與個別思想家之間的緊張關係，強調國民道德論者壓倒一切，陽明學僅成了道德修養的修身之書，似乎被改造為適應日本國民道德精神的學說，因而陽明學的革命行動論被提倡「國民道德論」的官方教育學者所極力掩飾，甚至陽明學也被推為「忠孝一體」國體論的發揚學說。

反觀近代中國的維新及革命派，熱衷革命行動論的觀點以吸收王學者頗多。換言之，康、梁等維新人物及革命家孫中山、蔣介石所體認的陽明學是作為革命行動的陽明學，是吸收維新前的日本行動革命論者的「知行合一」、「致良知」觀點，而不是井上氏把「知行合一」、「致良知」轉化為「國民道德」的觀點。若就中日陽明學的發展關係而言，由於陽明學成為日本明治維新的精神動力泉源之一，並在維新後1900年代前後，得到一些強調國民道德學者如井上哲次郎等人的提倡，陽明學在日本蔚為風潮，歷久彌新，而這個時間點也正是梁啟超等維新派亡日時期，革命派如孫中山以後強

調的「知難行易」學說，也是在陽明學的「知行合一」基礎上提出的哲學思想，因此近代中國陽明學的復興，誠然有本土學術的復興之勢，但與維新派與革命派的留日或亡日者的推動亦息息相關。

　　其實，上述中日這種陽明學的不同形象或作用，放諸中日現實脈絡即可一目了然，畢竟在中國尚有革命的需要，所以革命家必停留於革命理論，但在日本已經走過革命階段，因此所要提倡的另一個階段——即是統一國民的精神道德，而陽明學在此亦可扮演重要的角色。同時，我們也會發現，在日本有基督教學者直接地把陽明學視為宗教，重視其「致良知」的功夫論學說，以與基督教的信仰相結合，但是，在中國除了佛教界（如太虛和尚）以外，近代中國知識份子幾乎沒有人把陽明學當成宗教，也沒有教徒藉著陽明學說精神，反抗威權的專制政府。不過，值得注意的是，由於在中國未將陽明學視為宗教，但深化其哲學理念的名家輩出，如熊十力的「新唯識論」、賀麟的「知行合一新論」、梁漱溟的以直覺主義說良知等，使得陽明學在近代的發展過程中，帶有既學術又政治的雙軌並行現象，迥異於近代日本陽明學則是國民道德精神論的政治學壓倒宗教或革命的陽明學之現象。[§]

§ 本文為國科會計畫（編號：NSC 93WFD2005050）之研究成果，感謝國科會對本研究之經費補助。本文曾發表於 97 年 3 月 29 日，

【附錄一】　日本戰前有關陽明學出版作品表（依出版年代）

（1）1880，村瀨石庵（誨輔）編：《王陽明文粹》，山川九一郎出版，計有四冊。

（2）1894，植村正久：〈王陽明の「立志」〉，新教出版社，收入《植村正久著作集 2》（1966）。

（3）1895，三宅雪嶺：《王陽明》，哲學書院。

（4）1896-1900，吉本襄主編：《陽明學》（雜誌），鐵華書院。

（5）1898，高瀨武次郎：《日本之陽明學》，鐵華書院。

（6）1899，高瀨武次郎：《陽明學階梯》，鐵華書院。

（7）1899，杉原夷山：《陽明學座右銘》，大學館。

（8）1899，杉原夷山：《陽明學神髓》，大學館。

（9）1900，井上哲次郎：《日本陽明學之哲學》，富山房。

（10）1900，白河次郎：《王陽明》，「世界歷史譚第 18 編」，博文館。

（11）1901，宮內鹿川：《王學指南（掌）》，出版上不詳。

（12）1901，東敬治：《沢瀉伝》，白銀日新堂。（作者為幕末陽明學者）

（13）1902，木村鷹次（太）郎：《王陽明人物養成譚》，大學館，附：〈知識論及び形而上學として見たる陽明学〉。

由台灣大學文學院、中研院文哲所與二松學舍大學共同舉辦的「第五屆日本漢學國際學術研討會」中，感謝會議中張寶三老師的評論，使本文在文章結構上有更為完善的調整；又對於本文的兩位匿名審查人所提供寶貴的修正意見，使得本文能夠更為嚴謹，在此特申謝悃。

（14）1902，烏有生：《精神修養と陽明學》，東海堂。

（15）1903，日戶勝郎編：《王竜渓全書》，三省堂。

（16）1904，高瀨武次郎，《王陽明詳傳》，文明堂。附錄：〈朱子学と陽明学〉。

（17）1904，里見常次郎：《陽明と禅》，寶文館。

（18）1906，高瀨武次郎：《陽明學新論》，榊原文盛堂。

（19）1906，東敬治：《傳習錄講義》，出版社不詳。按：作者為幕末陽明學者東澤瀉之子。

（20）1906-1914，東敬治主編：《王學雜誌》，明善學社。1908 年改以《陽明學》出刊至大正三 1914 年。

（21）1908，德富蘇峰：《吉田松陰》，明治書院。

（22）1908，忽滑谷快天：《達磨と陽明》，丙午出版社。

（23）1909，塩見平之助：《王陽明の修養》，東海堂。

（24）1909，渡邊芳雄：《王陽明言行錄》，內外出版協會。

（25）1909，三島中洲：《中洲講話》，文華堂。後有〈附錄：明史名臣品第等 2 篇〉。三島中洲（毅）為幕末陽明學者山田方谷之學生。

（26）1909，杉原夷山：《陽明學實踐躬行錄》，大學館。

（27）1909，杉原夷山：《陽明學精神修養談》，大學館。

（28）1909，杉原夷山：《西鄉南州精神修養談》，大學館。

（29）1909，杉原三省：《吉田松陰修養談》，大學館。

（30）1909，杉原夷山編：《陽明學座右銘》，大學館。

（31）1909，塩見平之助：《偉人之風化》，東亞堂。按：此書分天、地、玄、黃四篇，介紹中日陽明學的篇幅係在天篇中。所佔比例甚多，且列為第一篇。

（32）1909，宮內默蔵（鹿川）：《王陽明先生傳》，文華堂。

（33）1910，忽滑谷快天：《宇宙美觀》，文泉堂。按：下篇《陽明
　　　と禪》，在 1921 年由劉仁航譯為中文。

（34）1910，南山隱士：《近江聖人百話》，大學館。按：本書介紹
　　　陽明學者中江藤樹之專書，兼及其弟子熊澤蕃山、淵岡山。

（35）1910，陽明學研究会編：《陽明學活眼》，文學書院。

（36）1910，雲井龍雄手抄、杉原夷山註解：《王陽明傳習録》，
　　　千代田書局。

（37）1910，近藤元粹：《王陽明詩集》，清木嵩山堂（大阪）。

（38）1910，三島復：《哲人山田方谷》，文華堂。按：三島復為幕
　　　末陽明學者山田方谷之弟子。

（39）1910，高橋淡水：《偉人と言行》，樂山堂。按：本書在各章
　　　介紹的陽明學人物有中江藤樹（第一章）、佐藤一齋（第四
　　　章），以及幕末維新景仰陽明學人物者吉田松陰（第六章）、
　　　西鄉南州（第七章）。

（40）1911，東敬治：《陽明學要義》，昭文堂。

（41）1911，春日潛菴（仲襄）：《陽明學真髓》，春日昇一郎自印。

（42）1911，仙洞隱士（佐藤庄太）：《陽明学と偉人》，武田文永
　　　堂。

（43）1911，亘理章三郎：《王陽明》，丙午出版社。

（44）1911，栃城学人：《熊沢蕃山教訓録》，中村書院。按：熊澤
　　　蕃山為江戶時代陽明學者。

（45）1911，河村北溟：《中江藤樹百話》，求光閣。

（46）1912，六花園主人：《大塩平八郎》，講談文庫。

（47）1912，石崎東國：《陽明學派の人物》，前川書店。

（48）1912，服部靜夫：《坐禪と靜坐》，弘學館。按：本書有相當的篇幅論述「陽明學與靜坐」。

（49）1912，大木九造編：《陽明學管見》，館町（茨城縣）懷德書院。

（50）1913-1918，石崎東國主編：《陽明》（雜誌），大阪陽明學會。按：此雜誌 1918 年 1 月改為《陽明主義》續刊不久停刊。

（51）1920，石崎東国：《中斎大塩先生年譜》2 冊，大鐙閣（大阪）。按：石崎自稱私淑幕末陽明學者大鹽中齋。

（52）1922，安岡正篤：《王陽明研究》，明德出版社。

（53）1924，高瀨武次郎：《陸象山》，內外出版社。

（54）1924，芝本善次郎：《陽明學撮要》，田宋榮堂。

（55）1926，三島復：《陸象山の哲学》，宝文館。按：作者為幕末陽明學者三島中洲之子，三島中洲學於山田方谷。

（56）1928，高瀨武次郎：《陽明学講話》，弘道館。

（57）1930，廣瀨豐：《吉田松陰の研究》，武藏野書院（武人教育史研究　第 1 編）。

（58）1938，木村秀吉編：《陽明學研究》，東亞學藝協會。按：本書收有安井小太郎、小柳司氣太、諸橋轍次、柴田甚五郎等人的陽明學論文。

（59）1932，高瀨武次郎：《陽明学草話》，成象堂。

（60）1932，高瀨武次郎：《陽明學叢話》，懷德書院。

（61）1932，廣瀨豐：《續吉田松陰の研究》，武藏野書院。

（62）1933，杉原夷山：《王陽明》，近代文芸社。

（63）1934，山田準：《現代指導陽明學講話》，明德出版社。

（64）1934，三島復：《王陽明の哲學》，作者遺著。按：1909 年脫

　　稿，1934 年才刊行

（65）1936，武內義雄：《朱子・陽明》，岩波書店大教育家文庫 3。

（66）1936，山田準：《陽明學と拔本塞源論》，日本文化協會。

（67）1938，木村秀吉編：《渡辺翁追悼 陽明学研究》，渡邊翁追
　　　悼陽明学研究刊行会

（68）1939，安藤州一：《陽明學講話》，東洋思潮研究會。

（69）1940，山田準訳註：《大塩中斎　洗心洞箚記》，岩波文庫。

（70）1941，廣瀨豊：《吉田松陰講孟余話》，教學局，日本精神叢
　　　書 57。

（71）1942，保田清：《王陽明》，弘文堂書房。

（72）1942，安藤州一：《王陽明の解脱観》，敞文館。

（73）1943，山本正一：《王陽明》，中文館書店。

（74）1943，山田準：《陽明学精義》，金鈴社。

附註：

1. 本表係根據日本國立國會圖書館之「近代デジタルライブラリ
　ー」（Modern digital library）資料及筆者近年來蒐集的作品整理而
　成，必有遺珠，尚祈指正。本文發表之際，感謝與會學者佐藤將
　之教授提供日本國立國會圖書館的「近代デジタルライブラリ
　ー」之資訊資料，使本附錄資料能夠更為完整。

2. 本附錄乃專指戰前日本有關陽明學的專著，若是與其他學派或學
　者所共同綜論之著作，此類亦頗多，則不在本表之列。但若篇幅
　甚多者，本表一併列之。如高橋淡水的《偉人と言行》一書即是。

3. 有關西鄉南州、吉田松陰等幕末維新人物，嚴格言之，不能稱是
　陽明學者，僅能視之為景仰陽明學者。但戰前知識份子頗將之視
　為陽明學者，今依其戰前認識狀況，亦收入本表中。

【附錄二】 日本學者浦野匡彥於 1938 年左右蒐集到的中國有關陽明學的出版作品

年代		編著或註釋者	書名或論文	出版社	備註
全書、學案類	1924	華潛標點	新式標點王陽明全集	上海：中華圖書館	
	1925	倪眙德標點	標點分段陽明全書	上海：泰東圖書局	卷首有章炳麟題辭，後序則有太虛的〈王陽明論〉及郭沫若的〈偉大的精神生活者王陽明〉
	1926	許嘯天整理，胡翼雲校閱	王陽明集	上海：群學社	附有馬湘伯、嚴復、鄭孝胥、黃道周等之序。附錄有梁啟超的講演稿〈清初五大師學術梗概〉
	1929	許舜屏評註	評註王陽明先生全集	上海：中原出版社	
	不詳	謬天綬選註	選註宋元學案、選註明儒學案	商務印書館	作為「學生國學叢書本」出版
傳習錄、古本大學類	1927	葉紹鈞點註	點註傳習錄	商務印書館	作為「學生國學叢書本」出版
	1931	陳筑山（中華平民教育促進會）	王陽明年譜·傳習錄節本	商務印書館	製成口袋書形式，易攜帶
	1932	汪震	大學古本集訓	北平：文化學社	附錄有朱熹〈大學第五章〉、〈朱子語錄〉、〈王守仁答顧東橋書〉、〈大學問〉（節錄）

	1932	陳全三	古本大學述義	在上海出版	
傳記類	1914初版	孫毓修	王陽明	上海：商務印書館，1933年再版	作為「少年叢書故事」
概論、研究論文類	1923	余重耀編輯	陽明先生傳纂（附陽明弟子傳纂）	上海：中華書局	附錄有：〈毛西河折容辨學文〉、彭南昀〈姚江毀釋錄〉、〈陽明先生著書〉、〈陽明祠記〉、〈陽明遺跡〉
	1925	胡越	王陽明	上海：中華書局	作為「名人傳記叢書」
	1915	謝無量	陽明學派[96]	上海：中華書局。至少有十版，故流傳很廣	作為「學生叢書」，附錄一〈陸象山學略〉、附錄二〈王門諸子略述〉，梁漱溟有〈評謝著陽明學派〉（1924）及汪震〈讀評謝著陽明學派〉之書評
	1927	梁啟超	王陽明知行合一之教	上海：商務印書館	原刊於《國學論叢》，第1卷第1、2號連載（北京清華學校研究院編輯）
	1927	甘蟄仙	宋明哲學家的人格活動（論文）	上海：群學出版社	收入《國故學討論集》
	1927	許嘯天	王陽明思想的研究（論文）	上海：群學出版社	收入《國故學討論集》

---

[96] 本書雖名為《陽明學派》，實則主要仍分析陽明思想，僅在第六章及附錄處提及王門後學。

	1930	賈豐臻（有留日經驗）	陽明學	上海：商務印書館	作為「國學小叢書」
	1930	錢穆	王守仁	上海：商務印書館	作為「萬有文庫」本書後改為《陽明學述要》在台灣出版
	1930	胡哲敷	陸王哲學辨微	北京：中華書局	
	1931	宋佩韋編	王守仁與明理學	上海：商務印書館	作為「中國歷史叢書」
	1932	馮友蘭	宋明道學中理學心學二派之不同（論文）	北京：《清華學報》第8卷第1期	
	1933	公靄	王陽明的事業及其與良知說的矛盾（論文）	上海：汗血月刊社發行，《汗血》第2卷第1號	
其他有間接關係之研究	1931	呂思勉編	理學綱要	上海：商務印書館	
	1932	何炳松編	浙東學派淵源	上海：商務印書館	作為「國學小叢書」
	1932	謝國楨編	黃梨洲學譜	上海：商務印書館	
	未詳	未詳	孫鍾元・李中孚學譜	上海：商務印書館	
	1930	姚明達	劭念魯年譜	上海：商務印書館	作為「中國史學叢書」

| | 1932 | 蔣天樞編 | 全謝山先生年譜 | 上海：商務印書館 | 作為「中國史學叢書」 |
| | 1933 | 黎錦熙編纂 | 宋元明思想學術文選 | 北平：著者自印 | |

表註：

1. 本表是依浦野匡彥：〈滿支に於ける陽明學の現狀〉（收入木村秀吉編：《陽明學研究》，東京：東亞學藝協會，1938年）一文所製，頁353-384。

2. 書名或論文欄中，屬於「論文」者，在著作後會有特別括號標示「論文」，其餘皆是書名。

西學入眼來：
幕末維新的留學生與「漢學」的轉折

陳瑋芬[*]

一、幕末留學生與西學西教的受容

　　十九世紀中葉，日本開啟了向西方學習的運動，「文明開化」的說法意謂著，西方並不只是遠方的國度、另一類人群，而代表了一個超越的理想——文明。與此同時，日本也開始向西方送出大量留學生，透過「西行」而「西學」文明，目的在於加速自國的「西化」、「近代化」。

　　在德川幕府 1639 年頒佈「鎖國令」後，日本幾乎自己孤立於世界二百五十年。大清帝國在第一次鴉片戰爭（1839-1842）的敗戰，驚醒了日本人，佐久間象山（1811-1864）提出「東洋道德，西洋藝術」[1]以補日本之不足，主張「以夷之術防夷」。橋本左內（1834-1859）也提出：「仁義之道，忠孝

[*] 中央研究院中國文哲研究所副研究員。
[1] 佐久間象山：《省諐錄》，收入《日本思想大系》第 55 卷（東京：岩波書店，1976 年），頁 413。

之教由吾開。器技之工，藝術之精取於彼。」[2]他們依然推崇儒教道德至上，視西洋技藝為奇技淫巧，無奈地認識到必須「師夷之長以制夷」。而黑船叩關（1853）迫使幕府遷就現實，開始一連串的「安政改革」（1855-1860）——向荷蘭商館訂購軍艦、槍砲及軍事書籍，派人學習荷蘭砲術；又成立洋學所、長崎海軍傳習所。各藩也競相學習西洋科技：長州藩採用洋式槍炮、製作洋船、刊行世界地圖，薩摩藩採西洋技術煉鐵、製作電信機、槍砲、農具、蒸汽船，肥前藩製造火砲⋯⋯。

海禁的開放，表徵著一個迥異於以往的交流方式之啟幕。在此之前，日本與西方的接觸是透過舶載書籍、傳教士、貿易行為，一種「被動」的受納，海禁開放後，大量外交使節的派遣與留學生的出洋，將與西方的接觸由被動轉為主動，不再是等候資訊流入，而成為親自見聞、吸取、選擇、判斷的景況。由私費留學生的遠航和公費留學生團的派遣，日本開始擴大了西學、西化的深度與規模。例如，第一批公費留學生於 1862 年成行，目的地是荷蘭，西周（1829-1897）、津田真道（1829-1903）都在其中；1864 年，新島襄（1843-1890）冒著被處死的危險，在出洋政策尚未擴及一般人之前，便赴美學習神學並取得碩士學位。與他同期，長州藩與薩摩藩分

---

[2] 轉引自山口宗之：〈橋本左內・橫井小楠：反尊攘・倒幕思想の意義と限界〉，收入《日本思想大系》第 55 卷（東京：岩波書店，1976 年），頁 701。

別於 1863、1864 年選派藩士留英，在近代日本法、政、教育、思想界留下赫赫之名的伊藤博文（1841-1909）、五代友厚（1836-1885）、井上勝（1843-1910）、外山正一（1848-1900）都在其中。1866 年幕府派出的第一批公費留英學生，包括林董（1850-1913）、箕作大六（即菊池大麓，1855-1917）等人。此外，也陸續派公費留學生前往歐陸如法國（1864）、俄國（1865）、德國（1866），學習海軍、陸軍、造船、礦術、醫學、法律、測量、砲術等實用社會科學及應用科學，甚至數學、物理、化學、文學、哲學等基礎科學。而隨著私人留學許可的頒佈，也陸續出現非公費的留洋者。

明治維新後，日本積極走上西化道路的過程中，留學生扮演著不可或缺的推手角色，舉例而言，留美的新島襄選擇「教育」事業來作為自己推動國家現代化的實踐，創辦同志社教育系統，傳播基督教義；留英的中村敬宇（1832-1892）選擇「翻譯」事業來介紹西歐的啟蒙思想——自由論、政體論、進化史觀、文明論等；留德的井上哲次郎（1855-1944）則除了應用德國觀念論來建構一個系統的哲學體系外，也將德式的教育理念引入日本的教育體系之中。

西教、西學由上述具備深厚漢學素養的留學生導入日本後，的確刺激了近代「漢學」在樣態和內容上產生調整轉變，引發漢學界內部的近代性思考。漢學作為日本近代思想史的基礎，即使已非思想史的主流，但正由於它順時而新，不但造就了它的「不死之身」、護衛了它所處的文化位置，也令它

持續地作為湧動在各種思潮深處的潛流，發揮不可忽視的歷史作用。

　　本文將取幕末第一位私費留美學人新島襄、第一位公費留英學人中村敬宇、第一位公派留德學人井上哲次郎為例，由三人對西學、西教的觀點及實踐為主軸，嘗試描摩漢學透過幕末到明治初年的留學生為觸媒，階段性地發生的轉折的過程。

二、新島襄、中村敬宇、井上哲次郎的漢學素養及傾心西學

　　新島襄、中村敬宇、井上哲次郎自小所接受的東方古典教育，根深蒂固在他們的血肉血脈之中，左右了三人的畢生的思想和作為，他們也高度肯定漢籍古典素養的必要性。但同時也因受到西方的語言和文化的深刻吸引，而選擇投身西方社會，積極學習，具備直接以西國語言直接閱讀西國文獻的能力。儒學根底及西學態度在他們一生裡，投射出交錯複雜的思想光譜，更促動著他們對東西會通的實踐。

　　新島襄（幼名七五三太）生於江戶安中藩下級武士之家。由於其父在安中藩任祐筆職，並在家開辦書道塾，自幼便逐

步累積書道、四書五經等儒學基本教養——五歲習書法，[3]十歲入安中藩學問所，跟隨添川廉齋學習漢籍古典，以及劍術、馬術。十三歲依藩主之令，隨田島順輔、手塚律藏學習蘭學。十四歲元服，擔任安中藩文書輔佐。他的書法渾實飽滿，他的水墨畫蒼勁雅致，他畢生維持著以漢文漢詩書寫的習慣，對漢籍古典有相當程度的熟悉。然而他旅美時曾致信給美國外籍傳道人協會，敘及對幼少時期基礎教養，心感不足，轉向西學的過程，全文如下：

> 拜啟　請容我敘述我幼少時期所受的教育、基督教的體驗、以及獻身傳教的熱望。我本佛教徒，自幼深受孔子德育的薰陶。及長，前者令我感到不快，而後者讓我感到不滿足。有甚者，我對於良善之物抱持著某種願望，產生這種心情狀態時，我閱讀旅華美籍傳教士所撰寫的聖經歷史（the Bible History）中譯本，獲得撫慰，其中對於神的作為有深入的描寫，引領我冀求神的慈惠。因此我離開祖國，來到異邦。這是神的旨意，祂在波士頓為我準備了熱情的友人，資助我的教育。抵美未久，我便立意成為神的子民，讚美神的話語，求索神之光耀。我希望能把這樣的體驗傳達給我的同胞，讓他們得知神的福音。我獻身神職的動機，

3　太田雄三：《新島襄：良心之全身二充滿シタル丈夫》（京都：ミネルヴァ書房，2005 年），頁 14。

> 出於對祖國匱乏的同情，和對祖國悲慘同胞的愛。特
> 別是對主耶穌的愛，賜給我力量。我即將完竟學業，
> 償清債務。在祖國時身體原本健康，來此地後稍差，
> 但在逐日復原之中。我將暫時不會成婚，專事神職。
>
> 　　　　　　　　　　　　　　　　　新島襄　敬具[4]

這一封信，是新島清楚表白自己由佛教、儒家而傾心基督教
之歷程的重要文獻之一。

　　面對黑船叩關（1853）及東京大地震（1855）等國內外
情勢的焦躁和危機感，促使他在十五歲那年上書藩內家老尾
崎直紀，表達將學西書的心意。[5]翌年他放棄安中藩學的書道
教職，企圖逸脫武士規範，進入蘭學塾求學。此舉遭受藩主
責打，[6]他則滔滔闡述了國家危急存亡之秋，必須學習西學，
知己知彼的想法。十九歲入甲賀源吾的西學塾。二十歲閱讀
《魯賓遜漂流記》日譯本，驚訝地得悉世界上存在著與幕藩
體制截然不同的，個體可以自由可以自立的生存方式；又三
番兩次地熟讀傳教士E.C.Brideman（1801-1861）所著《聯邦
志略》中譯本，對美國的史地、政治、經濟、文化有所瞭解，
衍生脫離封建桎梏，爭取自由的念頭。

---

[4] 《新島襄全集》六（京都：同朋舍，1983-1996 年），頁 136-137。
[5] 前引《新島襄全集》三，書簡編 I，頁 5。
[6] Arthur Sherburne Hardy, *Life and Letters of Joseph Hardy Neesima*,
　（Boston and New York: Houghton, Company, 1902），p4.

於是他在基督教傳教遭禁的時代，試圖蒐羅日本可見的基督教讀物，[7]如中譯《聖經選錄》等，在其中感受到天父的慈惠，對西方文物，尤其是基督精神產生莫大嚮往。[8]二十一歲那年（1864），他立意衝破幕府渡航禁令，不顧死刑的恐懼選擇偷渡的方式，踏上留學之路。他先搭乘快帆船到北海道函館，再於夜半秘密藏匿在美國籍商船底艙，前往上海。並且在航程中自行剃去髮髯、改西髮西服，接受船長所贈予的英文名字：約書亞（Joseph），約書亞的事蹟激勵著他畢生的努力，甚至他還並主動由Joe這個發音而將自己的名字由「敬幹」改為「襄」。

中村敬宇（幼名釧太郎，後改為敬輔，號敬宇，諱正直），生於江戶麻布丹波谷的幕臣之家。雙親老來得子，對他疼愛非常。三歲開始學習四書句讀及書法，六歲奉父母之命抄寫《法華經》奉納給本傳寺，還病癒之願。十歲入昌平坂學問所，接受「素讀吟味」的教育，是最年少的學生。此後學業突飛猛進，並曾得聖堂白銀三枚之賞。十五歲入井部香山門下，屬折衷學派。十七歲入昌平坂學問所寄宿寮，修習漢學。當時的昌平坂學問所是日本文教中樞，收羅許多貴重漢籍，

---

[7] 十九世紀前半所出版的基督教相關讀物中譯本，約有八百種輸入日本。見小澤三郎：《幕末明治耶穌教史研究》（東京：亞細亞書房，1944 年），頁 157。

[8] 井上勝也：《国家と教育：森有礼と新島襄の比較研究》（京都：晃洋書房，2000 年），頁 77-80。

中村因此在讀書交友方面都蒙此惠，他也珍惜寸陰，志在向學，曾受到當時的儒官佐藤一齋稱譽為模範生，並以二十四歲（1855）之年，升任學問所教授，二十八歲到甲府赴任徽典館學頭，翌年返回江戶擔任御儒者見習，三十一歲升任御儒者，當時碩學名望者眾，以中村之年升任御儒者，可謂異例，也足見其秀異。他的學問以朱子學為主，尊崇佐藤一齋。

然而除了儒學古典之外，中村自小對西學知識十分渴求。他十六歲時遭受父親強烈反對依然悄悄隨《和蘭字彙》的作者桂川甫周（1826-1881）學習蘭學、閱讀西書。[9]升任「御儒者」後，更是經常「下問」於通英文的少年箕作奎吾（箕作秋坪之子，1852-1871），詢問英文單字的發音和詞義。[10]1865年向勝海舟（1823-1899）借來Lobscheid W. William（羅存德，1822-1893）的《英華辭典（English and Chinese dictionary）》，逐字抄寫。同時也閱讀許多由中國傳來的基督教書籍，對耶穌產生傾慕之情。

他在1866年主動向幕府遞交留英申請，獲准以擔任公費留學生團副監督的名義，前往英國。他作了一首漢詩敘述心

---

[9] 石井研堂：《自助的人物之典型 中村正直傳》（東京：成功雜誌社，1907年），頁30-31，敘及3歲便習漢籍漢文的中村在16歲這年請求父親允許他學習蘭學，父親不准，後來試圖說服母親後，始得碰觸洋書。他披掛頭巾掩人耳目躲進名為「天竺屋」洋書店，並且在蘭學書籍上假意覆蓋一本漢籍，掩耳盜鈴地閱讀。

[10] 同上註，頁42。

境：「豈是功名輕別離，欲研舊學擴新知。賴有家人知此意，使余萬里快心期。」[11]

井上哲次郎（字巽軒），九州太宰府人。他誕生於醫師家庭，八歲，在中村德山開辦的漢學私塾中，學習四書五經。但因正逢蘭學全盛期，他十四歲離開故鄉，出博多，在村上研次郎的西學塾接受英語教育。中學時期又逢維新時期變更學制，遂前往長崎的「廣運館」接受新制西式教育，習得優異的外語能力。畢業後獲選進入東京著名的高中「開成學校」，以兩年時間修完了三年的課程，考入東京大學，成為新設「史學哲學政治學科」的第一屆學生，主修哲學、輔修政治。

然而對井上而言，儒學是引導他朝向哲學的契機。他自述選擇哲學為主修科目的動機是：

> 不知名的原因，內心很希望能夠主修哲學。也許是小時隨太宰府的中村德山先生學習儒學的印象，成了根深柢固的力量，令自己對哲學產生莫大興趣吧！[12]

> 漢學課程由中村敬宇先生擔任，……在他的薰陶下，我再次著手漢學研究。

---

[11] 中村敬宇：〈十月二十一日發都〉（《浮海集》所收），轉引自高橋昌郎：《中村敬宇》（東京：吉川弘文館，1966 年），頁 41。

[12] 井上哲次郎：《井上哲次郎自傳》，頁 6。

> 原坦山教授最初講的課是大乘起信論，授課方式和自
> 撰講義都很能吸引學生，在當時的學界極受矚目。……
> 吾今日仍不懈怠於大乘佛典的研究，固然是對其哲理
> 感興趣，但喚醒這個興趣的，乃原坦山氏也。[13]

他跟隨美籍教師菲諾羅撒學哲學、中村敬宇學漢學、橫山由
清學國學、曹洞宗僧侶原坦山（1819-1892）學佛學。他十分
推崇中村敬宇的人格，認為其授課富於文學趣味，也特別提
及原坦山[14]對他的影響，指出是二人引導他著手東方思想研
究。[15]西方哲學的部分，菲諾洛沙的教學特別吸引他的興趣。
[16]菲諾洛沙依循史賓塞路線討論社會和宗教進化理論，作有
《東亞美術史綱》，透過岡倉天心、狩野芳本、橋本雅邦等人，
影響了日本美術的發展方向。

---

[13]　《井上哲次郎自傳》，頁 7。

[14]　原坦山在文學部講大乘起信論，以西洋科學解讀佛教思想。他
曾經創立「仙佛社」，擔任曹洞宗大學林（駒澤大學）總監。倡
議經過佛教與仙術的修行，可達到身心的調和。

[15]　他在《懷舊錄》（東京：春秋社，1943 年），頁 294-295，也回憶
道：「漢學教授中村正直與國學教授橫山由清，也令我印象深刻。
自我入長崎的廣運館，到畢業於開成學校預科為止，從不曾接觸
過任何此類課程。禪僧原坦山亦到東大來講授佛典（大乘起信論
等），自此我才首次領略了大乘佛教的妙味。」

[16]　「哲學課程主要是菲諾洛沙（Ernest F. Fenollosa）教授所擔任，
他是哈佛大學的畢業生，來日時（1878）年僅二十六。敏銳活潑
的教學，予我們相當不尋常的印象。」（《懷舊錄》，頁 293-294）。

　　1880年井上大學畢業，入文部省編輯局，參加「東方哲學史」的編輯工作。由於難以適應文部省官僚主義，於一年後退職，入東京大學編輯所任副教授，繼續編輯「東方哲學史」。1884年由文部省派往德國研究哲學。他認為：

> 西洋倫理以知識的探求為主，不重視心德的磨練。換言之，道德思想必須先經過知性的求索，才能付諸實踐。二者合一，不可偏廢。若能結合東西洋道德之長，古今未曾有的偉大道德必將出現。[17]

因此他開始尋繹東方傳統思想中能夠對應西歐哲學思想和倫理學說的內容。

　　新島、中村、井上三人皆立足於儒學的根柢，前二人身歷幕末時期黑船扣關等事件，體認到西力東漸，而關必開、局將不守的動盪，自發地對西學產生嚮往，後者則是生逢開國、維新之新局，得以在新制裡接受儒、西雙修的教育。他們開風氣之先，選擇跨出國門求取新知，讓自我所身處的外在環境由習慣轉未知，進入一種「夾縫」的處境中——東方和西方的夾縫、前近代和近代的夾縫、宗教和家國認同的夾縫、公意與私情的夾縫。「夾縫」有如一個臨界位置，兩界互交，製造了夾縫的存在空間。當介入兩種有衝突和對立的文化時，在價值觀或行為規範上產生隔膜，在兩種文化的磨擦

---

[17]　井上哲次郎：《日本陽明學派之哲學》，頁578。

下也遭受思想衝激與情感折磨，並由此發生文化與信仰的跨越。

三、文化的跨度與信仰的跨度

新島襄在赴美航路上，目睹清朝陳腐的實況，[18]又眼見上海、香港、西貢、馬尼拉被帝國主義殖民的情景，強烈的危機意識湧現，他不希望日本步上後塵，在波士頓港所填述的入境理由是：「欲讀懂英文聖經，深入認識耶穌基督」。[19]他進入麻州安道佛（Andover）的菲利普高中（Phillips Academy）就讀，在此立定傳道的志向，在美國求學期間的選科及學習，都在為成為傳道人而準備。高中畢業後在安道佛神學院（Andover Theological Seminary）附屬教會受洗，入安默斯特學院（Amherst College）理學科，1870 年獲頒理學士學位，入安道佛神學院（Andover Theological Seminary）深造，這是美國最初的神學研究所（1807-1965），嚴守清教教義。神學

---

[18] 新島作漢文嘆息道：「支那人尊己國，稱中華然。今其諸港為取奪，空受英人之管轄，嗚呼中華之意在干何處乎？」（《新島襄全集》二，頁 75）。

[19] 井上勝也指出新島決意偷渡，有三個原因可以考慮：（一）逃離封建桎梏，（二）自由親近基督教，（三）在國家存亡之秋前往先進國家學習近代科學，牽引國家進行西化。《国家と教育：森有礼と新島襄の比較研究》，頁 82。

院時期的新島，受新英格蘭神學運動最後的代表者帕克（E.A.
Park）教授的感化尤深。1874 年取得道學碩士學位，並且在
波士頓的弗農教會（Mt.Vernon Church）接受按手禮，正式成
為神職人員。

　　留美期間他汲汲於探尋美國先進的秘密，看到出生在肯
塔基州山間小屋的貧困孩子竟能當上美國總統，[20]主張國家的
力量來自於個體，而個體的力量來自於個體的生存樣態。作
為一個偷渡者，他反而擁有一定程度的自由，不受藩國與幕
府拘制，而能夠在清教色彩濃重的新英格蘭，成為嚴謹的基
督徒，以和清教徒幾乎同調的觀點和立場，審視美、日文化。

　　當岩倉使節團赴華盛頓考察時，他的留學身份受到認
定，然而他卻沒有接受森有禮由日本政府支付教育費的提
議，因為如此自己將受到明治政府的任命所拘束，無法當一
個「自由的日本公民」（a free Japanese citizen），[21]也無法專務
職事（Master's business）。他為了保有職業的自主選擇權，當
個自由自主的傳道人，婉拒政府的經濟援助：

　　　　我願蒙耶穌之大愛，順從自己良心之光輝，作為一個

---

[20] 即美國第十六任總統林肯（Abraham Lincoln，1809-1865）。
[21] 'To Mrs Flint', Andover, March 21, 1871, *Life and Letters of Joseph Hardy Neesima*, p102.

純正的基督徒，返回我的祖國。[22]

1874 年，三十一歲的他由舊金山搭船返回橫濱，眼見的是一個被西化風潮席捲的社會。在橫濱矗立著天主教堂，由橫濱到東京新橋之間鋪設了蒸汽火車使用的鐵道，基督教已解禁，西學塾林立、公費或自費的留歐留美學生，一批批出現。他返回安中老家面見雙親，秉告自己奉仕耶和華的決心。在家鄉小學及寺廟巡迴傳教，獲得鄉親熱烈迴響，雙親也信了他的教，把家中的佛教牌位及護符等，全數燒毀。翌年，他以返國前在拉特蘭（Rutland）第六十五屆美國公理會（American Board of Commissioners for Foreign Missions）所募得的約五千美金贊助款，在京都創辦同志社英學校，初步落實了在日本創辦基督教學校的理想。[23]

即便如此，從新島襄留下的許多書信裡，可以窺知他的歸國，不見得出自望鄉懷鄉之念或愛國之情，而是基於傳教

---

[22] 'To Mrs Hardy', Amherst, June 18, 1871, *Life and Letters*, p103.

[23] 同志社是第一所由日本人創立的基督教學校。在這之前美籍傳教士 Mary E‧Kidder 於 1870 年（明治 3 年）在 James Curtis Hepburn 的診所開始教授英語，1889 年正式定名為 Ferris 和英女學校，1941 年再更名為橫濱山手女學院；1870 年美籍女性傳教士 Julia Carrothers 也設立 A 六番女學校，1873 年改稱築地大學，可惜 1876 年即中絕。這兩所學校就建校時間而言，較同志社稍早，但皆屬慘淡經營，命運波折。

的渴望。[24]他大學期間罹患感冒休養時寫道：「身體病時，我也害了嚴重的相思，思念的不是日本安中的吾家，而是在安道佛的吾家」。[25]而面臨是否歸國的抉擇時，他剖白揮別美國，遠較當年潛逃出國門，要來得不捨。[26]踏上歸途前夕，他敘述了離別的揪心：

> 我有滿腔肺腑之情，卻橫溢胸中而難以言表。要與在這裡的眾多友人離別，內心苦痛無以言喻。好比由如日中天之地，前往夜色待旦之地般，感覺難過不捨。然而，我只能以天主由天之耶魯撒冷降到地之耶魯撒冷並將我救贖一事，為法為效，天主如此，我必跟隨。從此我不再哭泣。[27]

返航途中他則寫道：「在踏入母國國門的此時，我完全感受不到歡欣之情，為何如此自己也想不透。」[28]

　　可說對於留學期間及歸國後的新島而言，他眷戀美國比故土更甚，美國才是心之故鄉，日本並不。他對於母國種種

---

[24]　太田雄三：《新島襄：良心之全身二充滿シタル丈夫》，頁 188。

[25]　1867 年 11 月 22 日的信函。《新島襄全集》六，頁 24。

[26]　1870 年 7 月 25 日的信函。《新島襄全集》六，頁 76。

[27]　新島在 Rutland 演說後受訪之言，此段文字由記者記載，刊登於 Rutland Weekly Herald，日譯刊登於《同志社百年史：資料編二》，頁 64。

[28]　1874 年 11 月 21 日致哈帝夫人的信函，（Hardy, p179）

風習，感到強烈的不解與不能習慣，堅持在食物、器皿、住家樣式、穿著……[29]維持美國風尚。有人認為他不只是在宗教信仰上改信了基督，在文化信仰上也改信了美國——例如在留學時期他篤信素食能救生靈，回國後則主張肉食對健康之必要。[30]如此對美國文化的偏好，讓他與國內的基督徒間產生嫌隙。[31]

他迎娶京都知事山本覺馬之妹山本八重（1845-1932）為妻，這是京都有史以來第一場基督教婚禮。新島夫人護鄉愛國，行為俠義，曾在鶴之城攻防戰（1868）中持槍指揮砲兵，可惜依然挫敗而降服。她婚後與新島襄並肩傳福音，在女性地位低落的當時，這樣的舉動和信仰經常招來冷眼看待。然而繼新島於1875年籌設「同志社英學校」後，她也創辦了「同志社分校女紅場」（後升格為「同志社女學校」）。

---

[29] Isabella L. Bird, *Unbeaten Tracks in Japan: An Account of Travels in the Interior Including Visits to the Aborigines of Yezo and the Shrine of Nikkô*, II （London: J. Murray, 1911），p238.

[30] 例如他在〈遊奧記事〉中指出「未食牛肉者，一來是未開化的表徵，二來難以助進取之氣象。」（1888年8月執筆，收於《新島襄全集》五，頁216）。

[31] 植村正久（1858-1925）對新島之批判無教會主義，頗有微詞。參見植村正久著、佐波亘編：《植村正久と其の時代》（東京：教文館，1976），卷3，頁647。而在基督界握有影響力的井深梶之助（1854-1935）、本多庸一（1848-1912）等人，也不認同他向美國外籍傳道人協會籌措資金。參見《中央公論》1907年11月號，頁84-84。

　　新島辦學的宗旨是透過「科學、文學知識的學習」,「養成優良的品行及純正的精神」。他重視全人教育,主張大學的基礎在於人文教養(liberal education),所以不以培育政府官員、專業學術研究者為主要目的。在不違逆與京都府協定的原則下,他以個人名義購置豆腐店舊屋,講授《聖經》,招收熊本洋學校的優等生入神學預科,聘請美籍傳教士Alice J. Starkweather與H. Frances Parmelee等人教授基督教信仰與心靈等課程。比較起森有禮以「國家」為首要考量,新島以「國民」為首要考量,[32]他注重個體的主體性與自由,希望在日本教育出「自由,活潑,有德」[33]的人民,締造出美式「民有、民治、民享」的社會。對他而言「民治」尤其重要,因此他主張創辦基督教大學,以等比級數塑造出越來越多的「自治自立」[34]的公民。然而他對日本風土、傳統、和體制的疏離與排斥,致使他未能充分考量現實需求,而一味的導入西方宗教及政治思想,這樣的焦急很可能來自避免日本重蹈清帝國覆轍的心態。

　　新島的終極願望是在日本設立基督教高等學府——「同志社大學」,預備設置神學、醫學、法學等三個學院,並為了培育知識整全的牧師、傳教者,而廣泛地配置各種學系、學科,

---

[32] 井上勝也:《国家と教育:森有礼と新島襄の比較研究》,頁131。

[33] To Mr. and Mrs. Hardy, Georgetown, D.C. March 8,1872, Hardy ,*Life and Letters*, P103.

[34] 〈同志社大學設立の旨意〉,《新島襄全集》一,頁137。

希望兼顧多元化的學習需要，而招來更多學生，施以基督教
的感化。不過他因長年奔波，體力羸弱而英年早世，這個心
願直到1920年才由夫人完成。

中村敬宇與留學團一行由橫濱起帆，經上海、香港、新
加坡，抵達倫敦。留學團規定了嚴謹的作息，[35]經過一年勤奮
勉學，眾人皆入倫敦大學，中村則因年齡超過入學年齡底限
而未正式入學，不過他聘請英人擔任家庭教師，閱讀了不少
英國文學文化相關讀物，以及社會科學的著作。

他利用晨間時間朗讀漢文書，正午則熱衷於誦讀 New
Series 的「小英國史」。[36]從他的詩作及〈自序千字文〉可以
知道，他無時或忘故土，但也廢寢忘食、如飢似渴地學習西
方事物：

---

[35] 留學團全體人員的作息如下：七時晨起，九時以後由英籍教師帶
領學習。九時到午後一時半研讀，午餐後散步，晚餐後七時到九
時研讀，九時到十時將日本史書翻譯為英文，返回寢室後再各自
充實學業到午夜十二時就寢。課程隨替換的英籍教師專長不同而
有所變化，如物理、化學、會話等。

[36] 未能確定版本為何。學者推測有可能是彌爾頓（John Milton, 1608-
1674）所撰 *The History of Britain*（London：Printed by J.M. for
Spencer Hickman, 1671），但成蹊大學圖書館中村正直先生文庫裡
並未找到相關書籍。參見石田雄：〈Ｊ・Ｓ・ミル《自由論》と中
村敬宇および嚴復：比較思想史的試論〉，氏著：《日本近代思想
史における法と政治》（東京：岩波書店，1976 年），頁 8。

客舍迎春獨自憐，人生苦樂兩相纏。非無他國見聞異，
其奈故鄉情思牽。驚浪駭波成昨夢，明窗淨几入新年。
危樓百尺凌晨倚，目斷東方日出邊。[37]

朝課暮繹，較短角長。錐股懸梁，何暇憶鄉。[38]

他見識到英國黃金時期的榮景，嘆服於英國社會賞善懲惡及
完整的社會福利——在完善的醫療體系下對鰥寡孤獨皆有照
料，不過他認為英國的隆盛終究來自於國民性——信仰基
督、忍耐、獨立、自制、誠實、獨立、在各自的職務上盡力。

　　1868 年，他接獲幕府崩解、王政改新的消息，隨即自歐
洲束裝返國，追隨德川家達赴靜岡學問所擔任一等教授。作
為在舊時代被器重的幕臣，如今面對薩長新政權的統治，他
別無選擇地在生活裡沈潛、刻苦、自我排遣。他在靜岡北郊
築「雜農軒」，以教授漢學為業，提出〈敬天愛人說〉，[39]由上
下兩部分構成。上部他以「仲虺之誥曰」、「說命曰」、「詩曰」、
「孟子曰」、「張子曰」、「朱子曰」、「薛文清曰」、「貝原益軒
曰」、「子曰」、「魯恭曰」、「程子曰」、「西銘曰」、「真西山曰」
的方式，介紹中、日古來思想家有關於「敬天」和「愛人」

[37] 《浮海集》所收，轉引自高橋昌郎：《中村敬宇》，頁 43。

[38] 中村敬宇：〈中村敬宇先生自序千字文〉，《西國立志編》（東京：
博文館，1912 年），頁 5。

[39] 中村敬宇：〈敬天愛人說〉，收於松本三之介：《明治思想集 I》（近
代日本思想大系 30，東京：筑摩書房，1976 年），頁 28-30。

的各種闡述。下部則由「天者，生吾者，乃吾父也。人者，
與吾同為天所生者也，乃吾之兄弟也。天豈不可敬耶，人豈
不可愛耶」起頭，展開他獨特的「敬天愛人」論。他認為儒
教的「天」和造物主「真神」是等同的，即：「曰天，曰上帝，
曰神，曰造化之主宰，名異而義一也。」[40]

同時他開始著手翻譯事業，將 *Self Help*（Samuel Smile，
1812-1904）譯為《西國立志編》，在 1870 年於靜岡付梓，初
版就在書市暢銷數十萬本，[41]迅速鼓舞了熱衷於自由民權運動
的人們。河野廣中（1849-1923）讀後感嘆道：「向來的忠孝
至上思想一朝被顛覆，瞬間化為木葉微塵」，他開始認識「人
之自由、人之權利莫此為大。內心深感國家必須施行奠基於
廣大民意的政治，胸中銘刻自由民權之信條，吾之生涯因此
劃下至重至大之轉機。」[42]

接著他又翻譯《自由之理》上梓，1872 年出仕大藏省，
翌年受洗，改宗基督。身為武士之子，他自小研讀儒書，具
備深厚的漢學根底，三十歲以後始讀西書，卻不覺隔閡。雖

---

[40] 中村敬宇：《請質所聞》（1889 年稿），轉引自前引石田雄：《日本
近代思想史における法と政治》（東京：岩波書店，1976 年），
頁 14。

[41] 本書與福澤諭吉的《西洋事情》、內田正雄的《輿地誌略》並稱
為「明治三書」。

[42] 河野磐州傳編輯會：《河野磐州傳》上卷（河野磐州傳刊行會，
1923 年），頁 186。

然他少年時期曾奉父命抄寫《法華經》奉納，母親過世時以《法華經》助念，並參詣過淺草觀音，當親身經歷了基督教的社會作用後，主動放棄原生家庭的信仰，成為一位虔誠的基督徒。

他創辦私塾「同人社」，又與福澤諭吉、森有禮、西周、加藤弘之共同創立「明六社」、發行《明六雜誌》，致力於啟蒙思想、女子教育和盲啞教育的紮根和普及。1873 年到 1878 年間，陸續翻譯出《共和政治》(Ransom Hooker Gillet, *The Federal Government*)、《西國童子鑑》(原著者不明)、《西稗雜纂》(抄譯自西方多本訓典)、《西洋品行論》(John Wade, *Cabinet Lawyers: A Popular Digest of the Laws of England, Civil, Criminal and Constitutional*)、《西洋品行論》(Samuel Smiles, *Character*)，提倡「最多數人的最大幸福」之功利主義思想，主張個人的人格尊嚴及自由的重要性。

他強調古典素養的重要，指出透過翻譯的閱讀無異是「隔靴搔癢」。在《西國立志篇》他指出，若欲瞭解「西國之事理」，只憑單一譯本是辦不到的。提醒讀者若欲瞭解「西國之事理」，光憑單一譯本是辦不到的，自己的翻譯工作只是拋磚引玉。而 1887 年發表的〈漢學不可廢論〉[43]強調漢學素養愈紮

---

[43] 中村敬宇：〈漢學不可廢論〉，收於伊藤整等編：《日本現代文學全集》第 13 卷《明治思想家集》(東京：講談社，1968 年)，頁 107。

實，面對西學時將如魚得水。他批評當時的漢學者缺乏遠見：

> 吾邦漢學者，多不研究堯舜禹湯之經濟、文武周公之
> 薪傳。不知天道之欽崇，格致之學名存實亡。所謂經
> 學家，大抵止於文字章句之論，不過如玩古董古物。
> 所謂詩文家，大率流於浮華，實際疏闊。此二教者，
> 如何與聖賢大學之道相關乎？況不曉日進之理，所以
> 有甚者，當洋學佔上風之際，聽聞忠孝仁義名目外，
> 自主自由權利義務君民同治共和政治等稱呼，即驚之
> 為邪教。視開明諸國為夷狄，如懷井蛙之見。漢學日
> 益卑於世，豈非自取乎？（原訓讀文，筆者譯）

他認為維新以後漢學的衰退，是新時代的漢學者的管見所造
成，因為漢學者誤解了「漢學」本具的價值和與時俱進的可
能性。

　　他還列舉許多例證，習得西學必須借助漢學基礎，將事
半功倍。主張「莫沿支流，宜溯淵源」，「博綜廣採，禁黨戒
偏」，[44]以為在儒教與基督教之間，或說在各種宗教之間設下
區別、比較高下，是為「偏」。致力於為西歐的精神文化（西
歐致富強的源頭）與東洋古典找到連接點。探究西方倫理中
「德」的存在，再由檢討儒家的「天」觀著手，以「理一分
殊」來解釋「上帝之靈」與「人類之靈」，以「道心」與「人

---

[44] 前引〈中村敬宇先生自序千字文〉，《西國立志編》，頁8。

心」來說明「靈魂」和「肉體」等等，[45]將儒家的天與基督教的神進行相應連結。

1881 年他獲聘為東京大學古典講習科教授，1889 年發表〈古今東西道德一致說〉，將基督教義理解為「敬天愛人」式的德教，主張這樣的道德基本在古今東西都未曾移易。1900 年受託為〈教育敕語〉寫草案〈德育大意〉時，由秉持基督徒對「天」的認知來進行闡釋，被元田永孚、井上毅等主其事者認為不夠尊重天皇的至高地位，未獲採用。[46]

井上哲次郎於 1884 年留學德國，以日記《懷中雜記》[47]記錄留德六年十個月的時事和所思所感。揚帆後的第一則日記賦詩如下：

> 遲遲惜別出部門，蓮嶽摩天落日昏。此自所期唯一事，欲窮西洋哲學源。

秉持「欲窮西洋哲學源」的強烈信念，他先在柏林學習德、法、義大利、希臘、拉丁語四個月之後，入海德堡大學，修習費雪（Kuno Fischer）的哲學課，並旁聽動物學、物理學

---

[45] 前引源了圓：〈幕末・維新期における中村敬宇の儒教思想〉，頁93。

[46] 參見拙文〈井上哲次郎的《敕語衍義》：關於「忠孝」的義理新詮〉，《近代日本漢學的「關鍵詞」研究：儒學及相關概念的嬗變》（臺北：臺大出版中心，1996 年），頁 201-208。

[47] 都立中央圖書館「井上文庫」所藏，全 2 冊。

等自然科學課程。[48]1885年轉赴萊比錫大學，旁聽溫德（Wundt）的哲學課。[49]此時由於柏林大學新設「附設東洋語學校」，邀請井上擔任日語教師，對受領文部省獎學金的井上而言，是一能更長期滯留德國的機會。因此他欣然赴柏林任教三年，並於柏林大學旁聽切樂（Eduard Zeller）的課，同時在「萬國東洋學會」結識哈特曼（Eduard von Hartmann）和各國印度哲學的研究者，並特別推崇哈特曼的「無意識哲學」與「靈魂存在」的觀念。

井上自述並不喜大量聽課，但積極訪視當時德國哲學界的大家，與黑格爾、李普曼（Otto Lipmann）和菲希納（Gustav Th. Fechner）等人均有接觸，亦曾赴英國與史賓塞見面，再三提出「東洋哲學史」的寫作構想，與諸思想家交換意見。即將結束留學生涯返國之前，他再賦〈此日賦五絕一首述志〉詩，表明欲創新哲學的心志：

---

[48] 他在海德堡期間，與法學者宮崎道三同住，和如穗積八束、菊池大麓也都有交誼。他極為欣賞海德堡的居住環境，曾作詩：「萬里來投澗畔廬，樹陰深處俗塵虛。征鴻鳴斷千山雨，一穗青燈讀古書。」（《井上哲次郎自傳》，頁15-16）。

[49] 井上回憶溫德平時謙遜溫和，但授課時則十分嚴肅，雖乏雄辯滔滔的本領，見解卻相當富有新意，尤其對東方思想了解深刻，視孔子為一道德權威。此外，他在萊比錫時期與森鷗外相識，並成知交，經常一道觀劇。（《井上哲次郎自傳》，頁17-19）。

幾歲嘗辛苦，工夫漸入深。欲興新哲學，先自中心始。[50]

　　他返國後，著手由中國、印度、日本三方面來架構東洋哲學的體系。中國方面，他整理了先秦思想的流派，也發表〈性善惡論〉，[51]分析中國人性論的發展史及性論的個別內容，對照康德在 *Die Religion innerhalb der Grenzen der bloßen Vernunft*（1793）中對性之善惡的精密詮釋。[52]

　　印度方面，他重視釋迦牟尼與六派哲學，喜歡將叔本華涅槃論中灰身滅智的小乘思想、以及起信論等大乘經典的常樂我淨思想對照講述。他曾發表〈現象即實在論〉，[53]把東西思想作如下的比附。「現象即實在論」的標題譯自德文 Identitätsrealismus（同一實在論），文中他把儒教的「太極」和佛教的「如來藏」等觀念等同於西方哲學的「實在」概念，並認為這樣的「實在」與「現象」處於「同一世界」，「離開現象就沒有實在，離開實在就沒有現象」。二者「同體不離，二元一致」，所以「現象即實在論」又名「圓融實在論」。又把「實在」分為「客

---

[50]　《懷中雜記》，1888 年 1 月 22 日。

[51]　刊載於《哲學會雜誌》第 47、48 號（1891 年）。本文同時也是他出席 1889 年奧斯陸萬國東洋學會時，以德語宣讀的論文。

[52]　內田周平為文批評其論不過是一種西學知識的誇示，缺乏深度。兩人並因此展開論戰。詳細經緯參考大島晃，〈井上哲次郎：〈「性善惡論」の立場〉，《ソフィア》第 42 卷，第 4 號（1994 年）。

[53]　譯自德文 Identitätsrealismus（同一實在論）。井上哲次郎：〈現象即實在論の要領〉《哲學雜誌》第 12 卷第 28 號（1897 年）。

觀實在」（物的實在）和「主觀實在」（心的實在）兩個方面，
聲明這兩個方面的區分只是相對的，而「實在」本身實際上
「融合貫通於主觀與客觀之中，並非在主觀與客觀之外的第
三者」。他宣稱他的這種理論超越了以往的唯物論和唯心論，
「將精神和物質，即心物兩者調和融會於一個實在之中」，試
圖克服赫克爾（Haeckel）和加藤弘之的素樸實在論，[54]反駁
康德和哈特曼之二分現象與實在。

　　日本方面，他集中於德川思想史，以《日本陽明學派之
哲學》、《日本古學派之哲學》、《日本朱子學派之哲學》三部
作。他指出維新之後，啟蒙學者所倡導的功利主義與利己主
義，已經「破壞了我國民之道德心」。故致力於闡釋「我國民
道德心之本質」，對抗西歐功利主義；並尋繹東方傳統中能夠
對應西歐哲學思想和倫理學說的內容，作為對「西洋倫理，
東洋道德」的實踐。

　　從東方傳統進入西方社會，外來思潮衝擊著他們的知識
基礎、文化素養和既有信仰。審視新島襄、中村、井上之改
裝、改宗、不改裝、不改宗，除了必須考慮他們所面對的時
代及政治氛圍，也顯現著他們透過留學的體認，自發地選擇
不同程度的文化跨度與信仰跨度。在親身接受異文化洗禮的
過程中，重新尋找能讓自己安身立命的力量，有時在文化上

---

[54]　素樸實在論基於內在和直觀，企圖將實在與外界經驗畫上等號。

和宗教上尋覓新的認同、重整價值系統，或者更堅守原先的文化與宗教認同，對母國的傳統產生更強烈的熱情，賦予東西方思維嶄新的詮釋。

但我們也發現，由新島到中村到井上，對西方的瞭解積累越深，但另一方面，隨著社會文明開化的時間日久、程度益高，欲維繫東方傳統的心態也越濃烈。

新島身為武士子弟，別無選擇的接受武士教育，卻經由閱讀而嚮慕西學、基督，自陳冒死赴美的目的就是為了認識耶穌。他預見強勢的西方文明勢必凌駕於傳統文化之上，在出洋後隨著時間的推移，理智上、道義上的一切興趣和情感都認同了西方。他選擇了傳教的道路，尋求將日本變成基督教國家的可能，冀求借助基督教來超脫家國憂患。然而他借住在哈帝家，過著「富商之子」般的生活，對美國的見聞其實有限——根據許多記載顯示，新英格蘭雖人文薈萃，卻是一塊保守且歧視黃種人的土地，[55]但新島似乎從未感受到黃種人身份而遭受白種人的不公平對待，反過來認為本國風習野蠻落伍。他曾對美國友人表示：「較之於故國風習之野蠻，我

---

[55]　參見與新島同期的中濱萬次郎曾記述自己不被允許參加主日學、黃種人不得與白人平起平坐、也不能在同一學校受教育之事，參見中濱萬次郎：《中濱萬次郎傳》（東京：富山房，1936年），頁81；內村鑑三也多次在記述裡描寫自己的黃外表被白人歧視的不堪，參見內村鑑三：《內村鑑三全集》三十六（東京：岩波書店，1932-1933年），頁188的記載。

更欣賞貴國的風習。」「較之由樹木石頭間顯現的神明，我更
欣賞真實的神。」[56] 也屢次表示對神道、佛教的厭惡。[57]

　　中村敬宇與大部分的啟蒙思想家類似，在接受西學之
前，已經在朱子學的訓練裡習慣以「推理判斷」來理解和分
析事物萬象，練就了理解洋學所必需的判斷力。因此對他們
而言，西學並非異質的學問，在把握西歐的理論體系時，並
不如我們所想像的困難。他們所修習過的學問，幾乎都是富
於思辨性的思想體系，論證方法也充滿邏輯性，善於使用各
種「形」將事象概念予以概念化處理，因此可以比較容易地
把握西歐的文化事象以及作為其根基的哲學，並將這些納入
自身的語言體系之中，產生改變國人思維方式的力量。因此
他再三強調漢學基礎的重要，即使受洗為虔誠的基督徒，對
儒家思想依然不離不棄，對佛教和神道也維持著融通的看
法。宗教態度的融通，和他所處時代的學問特徵密切相關。
這些被規類為「天保老人」[58]——出生於幕末，在中壯時期迎

---

[56]　Hardy, *Life and Letters* ,p63.

[57]　《新島襄全集》六，頁 68。

[58]　德富蘇峰認為促成明治維新的革命家為「天保出生的老人」，而
　　自己的世代為「明治的青年」。參見德富豬一郎：〈第十九世紀日
　　本の青年及其教育〉，《新日本之青年》（東京：民友社，1888 年），
　　頁 5。色川大吉引這個說法，再把「明治青年」為「明治青年的
　　第一世代」與「明治青年的第二世代」。指出前者多數成為明治
　　政府的高級官員或自由民權運動的先鋒，後者的成長過程正好目
　　睹民權運動的挫折，對於政治化的價值觀審慎撿擇。參見色川大

來明治新局——的知識份子，雖然基本的學問型態還是「宋學」，但由於幕末儒學型態已經轉為折衷、多元，所以不僅受到陸王學一定程度的影響，也關注清朝的「漢學」，很難被具體劃分為某一學派。

井上不曾改宗，甚而排斥基督教，他認為神道在宗教意義上雖不如佛教、基督教嚴密，但是攸關國體命脈，遠遠優於佛、基兩教；而武士道不僅僅是武士的道德，且是超階級的、超時代的道德，是國民道德。至於基督教主張的「平等」、「博愛」，有悖於天皇至尊、忠孝一本的倫理，有害於國體。同時他選擇以儒學的倫理觀來作為「國民道德」的基礎，晚年所著《國民道德概論》、《我之國體與國民道德》，積極強調忠孝倫理，試圖結合儒教的家族主義與國家有機體說。他對西方哲學有進一步的掌握，甚至企圖否定赫克爾的一元論和康德的二元論，以彼此等同的實在論（a realism identifying and with the other）來超越之。他所謂的「實在」是個多義的概念——有時是認識的界線、有時是主客未分的一元狀態、有時是針對自然現象進行說明的假說、有時又是無我的精神現象，究其極，它是宇宙的根本原理。[59]這個充滿彈性的「實在」概念，構成井上哲學體系的基礎。然而他的「實在」概念並

吉：《明治精神史》下（東京：講談社，1992年），頁74-75。

[59] 井上哲次郎：〈現象と實在とに就いて〉，《哲學雜誌》第39卷第443號（東京：岩波書店，1924年），頁8-21。

沒有超出由「根本假定」、「悟性境界」、「終極理性」等語彙
所表述的觀念性、精神性內容，論述也並沒有妥當地演繹理
論本質，這也說明了他對近代認識的把握不夠周全。

四、漢學的轉折

　　緒形康曾經指出：在明治初期的 1870 年開始的十二年
間，剛剛創立的大學南校、大學東校（即後來的東京大學）
取消了漢學學科。明治政府的這一「漢學斷種政策」，有力地
促進了包括言文一致運動在內的近代日本文化的重構。[60]然而
這並不意味著漢學真正消失。明治天皇在稍後視察了東京大
學，對於日本舉國上下學西方科技的潮流表示了憂慮。他認
為如果不注重國文、漢文的話，醫學、理工科再先進，也無
法以之治國。[61]東京大學於是在一系列改組後，1889 年增設
了「漢學科」。緒形康認為：復活的漢學，在三個方面與德川
以來的漢學有著重大的區別：第一、把重心從仁齋、徂徠學、
折衷學派等德川儒學傳統移到以朱子學為中心的新儒學和注
重考證的宋漢學方面；第二、作為日本帝國鼓吹臣民道德的
意識形態工具，復活的漢學被要求以「純學術」的形態為後

---

[60]　緒形康：〈他者像の変容〉，《江戶の思想》4 號（東京：ぺりかん
　　社，1996 年），頁 14-15。

[61]　吉川幸次郎編：《東洋学の創始者たち》（東京：講談社，1976
　　年），頁 174。

來的日本侵華政策提供依據；第三、新漢學在文字符號的領域裡，部分成功地掌握了新的主導權。[62]

渡邊浩在討論日本、中國近代前後的「進步」觀時指出，明治政府樹立的正是「參照儒學價值基準的理想化了的西洋圖像」，並以此為目標為維新定義。儒學的思維方式、價值觀念對於近代日本人製造「西洋圖像」的直接影響，暗示了日本漢學不僅不能侷限於一個學科，甚至也不能僅僅在一個領域中加以認識的複雜歷史實態。

嚴紹璗則分析了「日本漢學」到「中國哲學」的轉變：

> 大約從明治時代第三個十年起，在部分受到歐美近代人文科學思想薰陶的日本學者中，正試圖實現把對中國思想文化的研究，從「日本漢學」形態向「支那（中國）哲學」的轉變。……其主要的方向與內容，便是把漢學時代的傳統「經學」，改造作為「哲學」的內容加以闡述和研究，它經歷了漫長的過程。[63]

這個漫長的過程由「印度及支那哲學」講座開始，它以「哲學」為名，但課程內容仍著重經學的知識和經學的解讀，所以主要表現還是「經學」的形態，還不能說具備充分的「哲學」意義。換言之，與其說它是哲學形態，不如說它更接近

---

[62] 同上註，緒形康：〈他者像の変容〉，頁 16-17。

[63] 《日本中國學史》第 1 卷，頁 295。

於語言文獻學形態。

　　新一代的「漢學」是由具備西學教養和中國知識的漢學者，以區別於舊漢學的近代科學方法所建立的。而如新島、中村、和井上等留洋者，即使不自詡為漢學家，也不斷地為漢學注入新的質素。

　　比方說，1879 年，明治政府所發佈的《教育令》，是由新島襄起草、田中不二麿行文的《理事功程》為基礎制定的。這個取法於美國自由主義的《教育令》替代了舊《學制》，但翌年所頒佈的《改正教育令》則更強調倫理道德和修養的重要性。《小學校教則綱令》、《中學校教則大綱》，則增加了中、小學裡和文與漢文教學的比重。[64]漢文的學習當然並不等於漢學，然而法規實際令漢文教育在基礎教育中占有確定的位置，使明治維新以前以藩校教育為中心的傳統文化教育，在新的教育體制中固定下來，沒有這樣的社會文化基礎，就不可能有近代日本漢學的發生。

　　教學方針的易轍，同時令東方思想的課程在東京大學重獲重視。1881 年由「史學哲學政治學科」分出「哲學科」，增設「印度及支那哲學」課程，表徵著欲將傳統「經學（日本

---

[64] 野地潤家編：《國語教育史資料》六〈年表〉，「明治十四年」條下，頁 47（東京：東京法令出版社，1981 年）；山住正己：《日本教育小史》（東京：岩波書書，1992 年），頁 41 以下。

漢學）」過渡為「（中國）哲學」的嘗試，也意味著儒學界棄舊圖新的整體態勢。1882 年，「古典講習科」成立，許多日本漢學界的重要人物都曾在這裡任教或就學，造就日本近代漢學的主力。

「古典講習科」的必修科目包括正史、雜史、法制、故實、事實考證、支那法制、支那歷史、漢文等等，它採用當時中國最新的研究叢書《皇清經解》來推動實證研究，這樣的教學安排象徵著傳統「左國史漢」的漢學觀已由重視近代性和實證性的研究態度所取代。[65]

1884 年，古典講習科分設國書科及漢書科。教員及擔任科目如下：

教　　授：中村正直——漢文學，中國哲學。
　　　　　三島毅——漢文學
　　　　　島田篁村——漢文學，中國哲學
副教授：井上哲次郎——史學，東洋哲學史
講　　師：大澤清和——日本文學
　　　　　小杉榲村——雜史，辭章

他們以為幕末以降的日本漢學落後於清朝考證學，企圖開創富日本特色的漢學研究。中村正直闡發儒學的「天」與

---

[65] 町田三郎：〈東京大学「古典講習科」の人々〉，氏著：《明治の漢学者たち》（東京：研文出版，1998 年），頁 135。

基督教的「神」一致之道，指出西洋由於基督教的宗教改革
而產生「實踐倫理學」，進而發展為近代的「道德哲學」，在
儒學倫理中存在著構造與機能的一致性。[66]井上哲次郎在西洋
哲學之上，加上以佛教之「宗教哲學」、儒家之「道德哲學」
來構造東洋哲學的體系，而《日本陽明學派的哲學》、《日本
古學派的哲學》、《日本朱子學派的哲學》中的學派分類，直
到今天依然受到承襲。此外，重野成齋（1827-1910）受到德
國史料批判方法的影響，不再滿足於編年或記傳式的記述，
而致力於能將文明進步予以實據的史學；島田篁村（1838-
1898）引入清朝的樸學，致力於實證的經學。

　　他們引導古典講習科的學生林泰輔（1854-1922）著手朝
鮮史、龜甲獸骨文字的研究，瀧川龜太郎（1865-1946）撰《史
記會注考證》，集史記注之大成並加以校勘，市村瓚次郎（1864-
1947）擴大東洋史研究的範圍，強調歷史的實證，反對以神
器說推定南朝正統，長尾雨山（1864-1942）展開中國藝術論
的研究。服部宇之吉（1867-1939）編纂《漢文大系》，小柳
司氣太（1870-1940）進行道家、道教研究，宇野哲人（1875-
1974）釐定西洋概念用語的意義，探查各構造倫理中的自律
性與相關性，[67]又模仿溫德爾班（Wilhelm Windelband，1848-

---

[66] 大久保健晴：〈明治エンライトメント中村敬宇：「自由の理」と
　　「西学一斑」の間〉，《都立大学法学会雑誌》39 卷 1 號（1998
　　年），頁 20。
[67] 廣常人世：〈宇野哲人〉（前引《東洋学の系譜》第二輯，1994

1915）的哲學史寫成《支那哲學史講話》。鹽谷溫（1878-1962）
開啟俗文學的研究，久保天隨（1875-1934）對「日本漢學史」、
「日本漢文學史」有新的闡發，都為漢學研究啟開新頁。

　　透過留洋、中國旅行，新一代漢學者拓展了對西洋與中
國的認識，試圖開發一種不同於西洋與中國、適合於日本的
新儒教研究，並將視野擴及至朝鮮研究、東洋各國歷史等範
疇。

　　如同中村敬宇多次以「實學」來敘述自己所推崇的學問
型態、又描述西學是「實做實驗」之學[68]般，新一代漢學者對
漢學保持著一種「實學」的志向，追求能夠回應時代課題的、
與時俱新的學問內容。這個「實學」，是「道德實踐之學」、「人
類真實追求之學」，亦即具備實用性的學問。[69]同時，他們特
別強調儒學與西洋哲學的類似性，其中也包含了重新質詢自
身的生存意義的深刻問題——捨棄舊「漢學」直接參與社會
的方式，轉變為「近代的」學問，也就是對應西洋的文學、
歷史學、哲學等學科分類，引進西歐新的科學方法。

年），頁 76。

[68]　「養成人才時亦在於黜虛文，尚實學，而亦廢武事。」中村敬宇：
　　〈送島村某序〉，轉引自荻原隆：《中村敬宇研究》（東京：早稻
　　田大學出版部，1990 年），頁 72。「夫國人之富強，必有其國。
　　英人之性，忠實勉強，好實學，敬真神。」中村敬宇：《敬宇文
　　集》卷八。
[69]　源了圓：〈幕末・維新期における中村敬宇の儒教思想〉，頁 73。

　　1904 年，依修正後的文科大學學科規定，將「漢學科」區分為支那哲學、支那史學、支那文學，各自分配至哲學科、史學科、文學科的範疇內。[70]這個動向告訴我們大學中的儒學研究在形式上已朝向「支那哲學」的方向邁進。1907 年，京都帝國大學「支那學社」[71]的出現，在名稱裡已內含著與過去的「漢學」訣別，由「近代的」中國研究的重新出發的意思在內。[72]狩野直喜（1868-1947）、小島祐馬（1881-1966）、青木正兒（1887-1964）所採用的研究方法，是以批判的態度涉入研究對象──中國思想──之文本內，透過客觀的解讀，實際掌握其特質後，以社會史角度加以分析，再組織為論述。由此衍生出重視批評經典本文的態度，不拘泥於先見與權

<hr>

[70] 設立儒學研究相關講座的經緯，可參看《東京大學百年史》，以及戶川芳郎：〈漢學シナ學の沿革とその問題點〉，《理想》397 號（東京：理想社，1966 年）與坂出祥伸：〈中國哲學史研究の回顧と展望〉，《東西シノロジー事情》（東京：東方書店，1944 年）。

[71] 關於「支那學社」，《京都大學文學部五十年史》（1956）以外，野村浩一：〈近代日本における儒教思想の變遷についての覺書〉，《近代中國研究》，三輯（1959）、坂出祥伸：〈日本における中國哲学研究の学問的確立〉，關西大學《中国文学会紀要》第 19 號（1998 年）、以及子安宣邦：〈近代知と中國認識：《支那学》の成立をめぐって〉，《近代知のアルケオロジー：国家と戦争と知識人》（東京：岩波書店，1996 年）。

[72] 町田三郎：〈明治漢学覚書〉，《町田三郎教授退官記念中国思想史論叢》（福岡：中國書店，1995 年），頁 24。

威，令古典與人物脫去其神秘與權威的虛假面具，顯現出其個別時代所擁有的原始風貌。

五、與中國的比較

中國和日本一樣，在十九世紀下半葉受西潮的強烈衝擊，一後一前邁向近代化的道路。不過清廷改革的腳步沈重和緩慢許多，西化政策的舉棋不定。同治年間，保守的滿蒙大員中終於出現了一些有識之士，預見列強堅船利炮對中國的衝擊，希望通過自強，把中國引到「現代化」的道路上。在洋務派的努力下，從十九世紀的六十年代開始，中國的某些城市出現新變化：曾國藩設立安慶軍械所（1861）、李鴻章籌辦上海江南製造局、在南京設立金陵機器局、左宗棠設立福州船政局（1866）、崇厚設立天津機器局（1867）。1867年，福州城南定光寺的古剎裡，飄出幾十名孩子誦念 ABCD 的聲音，這是左宗棠和沈葆禎創辦的福州船政學堂，完全採用西式教育，由法國和英國教習執教，思想家嚴復、海軍將領劉步蟾、鄧世昌、林泰曾，都出自這裡。

可惜古老的書桌並不容易搬動。洋務官員開辦京師同文館，準備由洋教官開設外語、天文、算學等西學內容，招收科舉出身的官員來學習。此議引起軒然大波，御史們主張必須以儒家之道培養臣民的氣節，警告同文館「變而從夷」的舉動，將會使中國拱手讓人。然而保守派和洋務派之間的拉

拒，讓清廷的留學政策搖擺不明。

　　無獨有偶，中國制度未開之際，容閎（1828-1912）迫不及待打了前鋒。他於 1854 年獲耶魯文學士學位，是第一位取得美國大學學位的華人。他的留美早了新島襄十九年，卻由於清廷西化政策的舉棋不定，在他留學返國足足十八年後才出現留洋踵繼者，中國派遣公費生留歐，也落後日本整整十六年。

　　中國第一批公派留英學生嚴復（1854-1921）恰好出生於容閎學成返國那年，二十五歲以海軍生身份由清廷公派出洋，晚於中村敬宇之留英約十一年。至於公派的留德學人蔡元培（1868-1930）小於井上哲次郎十三歲，於 1907 年出洋，晚於井上二十三載。

　　不過，容閎與新島襄留學返國後不約而同地選擇「教育」、中村敬宇和嚴復不約而同地選擇「翻譯」、而井上哲次郎和蔡元培不約而同地選擇「教改」來作為後半生的志業，兩相比較，顯現出中日近代化的不同向度——相較於新島襄躬身在日本播下基督教的種子，以西方思維教育同胞，容閎奏議將中國幼童送出國門，遠赴工業革命的競技場鍛鍊和學習；相較於中村敬宇巧妙運用漢語，且雅俗隨意混合，嚴復譯語必有據且務淵雅，刻意模仿古文；相較於井上哲次郎視儒家教義為道德教育的重要思想資源，是論述忠君之義時，容易運用的思想素材，而力圖保留漢學在新學制裡的獨特地

位；蔡元培則主張在教育體制上應該完全革除舊制，在教育內容上卻不能盡棄舊學，最妥當的作法是將儒學分別歸入新制度中，賦予它現代的學術意義。

檢視容閎與新島襄的教育愛國思想，似乎前者比後者對國情抱有更多「同情的憐憫」，因為入世，所以見聞更貼近社會現實。即便漢文基礎不足以令他有望於「科舉取士」，他個人的興趣、觀念和人格都與傳統士人不同。然而他返國後，著眼於「教育」以「救國」，與政界互動頻繁，思想和行動一直跟隨著時代潮流向前進，不保守也不封閉。[73]他先是同情中國的農民起義，對太平天國提出的七項建議[74]中，有四項直接涉及教育，其餘三項也間接與近代化教育有關。而當意識到太平天國之腐敗蒙昧後，他轉向洋務派，參加「自強求富」活動，1867 年向曾國藩建議「於江南製造局內附設兵工學校」，以培養科技人才；又透過丁日昌向朝廷建議派遣幼童赴美留學，才是「中國復興希望之所繫」。他目睹中國的貧弱和人才的缺乏，深感唯有迫切地推進教育近代化，培養新式人

---

[73] 戴學稷、徐如：〈論容閎的愛國主義其貢獻及其歷史地位〉，《容閎與中國近代化》（廣東：珠海出版社，1999 年），頁 1-14。

[74] 一、依正當軍事制度，組織一良好軍隊；二、試立武備學校，以培養多數有學識的軍官；三、建設海軍學校；四、建議善良政府；五、聘用富有經驗之人才，為各部門行政顧問；六、頒定各級學校教育制度，以耶穌教聖經為主課；七、設立各種實業學校。（參見黃順力：〈容閎與近代「教育救國」的思想和實踐〉，《容閎與中國近代化》，頁 109-119。

才，才能真正救國。可惜因為幼童留美計畫無法貫徹，容閎
式的改革最終並沒有他所設想的，培養出新一代的政治領導
者，甚至在一連串的戰亂和革命後，結果並沒有形成西化的
中國，而是共產中國。

嚴復之著手翻譯，差不多晚於中村三十年，但他們面臨
同樣的情況，就是西書裡的多數詞語「無跡可循」，必須由漢
字詞中尋找相對應的詞彙來表述，同時他們也都面臨近代中
日兩國在文體上的摸索期。中村敬宇參照《英華字典》及前
人如西周（1829-1897）的譯語，但他部分照搬、部分修正為
日式語彙（如譯為訓體語、採和譯語法、謹選用主要漢字加
上日文語態、文字倒置、或採用類似的文字重新組合等）、部
分則不依循羅存德的譯語而自創新詞（如使用不同的漢字意
譯、或獨創日式譯語等等），顯示了相當的自主性。嚴復則企
圖保護傳統漢語詞，免遭日語借詞的侵入，總是盡量不採用
已經廣為使用的語詞，而企圖尋找古詞、或重新啟用已過時
的近義詞來相應於西方概念。[75]比較嚴復和中村敬宇的譯語，

---

[75] 例如當時日人所翻譯的「資本」（capital）和「銀行」（bank）都
　　已廣為人知，他卻創造「母財」一詞來表述前者，並將之與經濟
　　學上的詞語連用如 floating capital, fixed capital，又使用「鈔店」、
　　「鈔商」、「版克」來表示後者。而他在 1898 年創造新譯名「計
　　學」（economy）和「群學」（sociology）時，還不知道日語借詞
　　「經濟」、「社會學」已經存在，但當他發現後仍然堅持以「計學」、
　　「群學」來表達。他也沒有沿用西周所譯「哲學」（philosophy）
　　或井上哲次郎所譯「形而上學」（metaphysic），而以「理學」或

會發現嚴復以「一名之立，旬月踟躕」的態度謹慎創造的許多詞彙，似乎相當短命。《天演論》初問世時，「物競」、「天擇」都成了社會的流行語，但其他許多詞彙在現代漢語中絕大多數成了「死語」，除了「烏托邦」（utopia）、「圖騰」（totem）等少數尚在使用的詞語以外。反而中村敬宇所創造的新漢語詞彙，在現代日本還普遍被使用的卻不少，甚至反過來在漢字圈裡廣受歡迎。

　　至於蔡元培在改革北大時的種種言論中，很少明確地援引德國大學為自己的改革主張辯護，也沒有使用德國大學觀念中的術語，如「研究與教學統一」或「學習自由」等來闡述自己的教育思想。[76]他對西學的接收，還是站穩在儒學的腳跟，巧妙借鑑以德國為主的西方經驗，但強調必須「相應於國家文化」，「囊括大典，網羅眾家」、「萬物並育不相害，道並行而不相悖」。相較於井上哲次郎將儒學的功能限制在道德

「斐洛蘇非」代表前者，「玄學」或「美台斐輯」代表後者。然而，儘管懷抱著「詞彙民族主義」，他並沒有完全捨日語外來詞不用，而且隨著翻譯經驗的累積，我們可以發現他在越晚期的譯著中使用越多日譯詞，如「市場」（market）、「化學」（chemistry）、「民主」（democracy）、「自由」（freedom）、「文學」（literature）、「議院」（parliament）、「國債」（national debt）、「保險」（insurance）等等，有意思的是他直接沿用了日譯語「汽車」（railway）。

[76] 葉雋：〈中國現代制度的構建與蔡元培留學德國〉分析了蔡元培如何以德國經驗改革北大，收於《德國研究》總第 68 期，頁 38-79。

層面上頭發揮，人格養成的意義雖然受到承認，作為學問的地位卻下降了，「習得漢學」與其說是目的，不如說更像是手段，比較近似「培養國家忠誠的有用工具」。蔡元培則主張思想自由，拒絕黨派或教會的壓制，以保持教育的相對獨立性，並試圖建立一種和西方對等、合理的世界觀。北大在他的主持（1912-）下，開始擺脫國家的控制，逐漸獲得學術上的獨立，也改變了原本儒家獨大的局面，改由專業的分科所取代。一方面由於日本對中國侵略的轉強，學制開始部分模仿歐陸，按照德國的制度來設立系所，在課程設計上也引進西方的概念，例如近代史方面以線形進化論史觀為主進行敘述等等。他大量引入新派的知識分子或革命黨人，不盲目地沿襲西學西制，而慎重地考量了國體風俗的異同。他打破中學和西學的二分法，改以人文學門或哲學系一類較廣義的範疇來含括兩者，並確立以文、理兩科為重點的發展方向。由於他能以超越性的角度看待知識，使他從在學術上平等對待中西學術，兼容並包。

　　檢視由容閎、新島襄、中村敬宇、嚴復、井上哲次郎、蔡元培，以及更多前仆後繼的留洋者所構造的中、日西行與西學的光譜，可以看到這些先知先覺的留學者透過異域和跨界的經歷，落實著對家國富強的期許。漢學之作為他們共通的重要的知識基礎，被使用來傳譯西方文明，或在新的學術觀念中重新得到歸屬。這樣的光譜可以證明近代化之後的日本和中國，都背負著前近代的儒學基礎，而近代的知識和語

言，其實相當程度地依賴漢學的知識和語言。雖然當漢語成為西歐概念的譯語時，它本身承載的表意性多少被犧牲，當中、日以西歐先進國為典範，建立「西化」的國家時，若缺乏儒學這個基礎，就沒辦法成功地把知識推向近代的道路。而漢學自身也隨著近代化的躊躇、摸索和進退裡，進行著轉折與轉型。

江戶時代的漢籍目錄：
關於地方外樣大名統治下的漢籍受容

高山節也[*]

前言

　　舉凡漢學、漢詩文、書畫骨董乃至於中醫，日本文化的底層一直有著中國文化的影響，而江戶時代或許是積極承認此一現象的最後階段。在這個時代，漢學及漢文等相關文化，普遍流通於社會各個階層，確實構成當時部分文化的重要基礎，一般對此應無異議。此外負責進行推動的，主要為當時的統治階層，因此漢學及漢文無論在文化方面或政策方面皆遍及於日本全國各地。

　　此一現象在日本江戶時期究竟以何種形態呈現出來，可從時間上的角度、階層上角度、政策上的角度、區域上的角度等各式各樣的研究方法來加以探討。在此擬站在區域上的角度，以距離將軍直轄地江戶甚為遙遠的肥前佐賀為例，來進行考察。即嘗試從漢學之研究及教育的文本——漢籍此一

[*]　二松學舍大學東亞學術總合研究所教授。

類書籍著手，不以中央而以地方上的外樣大名之領地佐賀藩的漢學形態為探討對象，從量上面的狀況乃至於質上面的關聯，來進行概括性的論述。本文的目的無他，乃希望藉此對日本的漢學受容之形態，有一番新的理解。

從量的方面來掌握特定區域的文化時，除了考量到其累積的成果之外，同時針對促成此一結果的基本事項及物證亦必須予以確認。而在這些基本事物中，漢籍可說是最顯著反映出每個區域的文化現象之物證。若要從量上面來掌握漢籍，首先應釐清在特定區域的歷史條件下，究竟累積了多少漢籍。而第一步的工作就是要調查在特定藩閥過去所統治的區域中，現今到底還存在著多少漢籍。

而若要瞭解質上面的關聯，筆者認為在處理漢籍相關資料時，探討其受容的形態乃最直接了當的方法。關於受容的形態，我認為透過釐清到底累積了何種類型的漢籍，並瞭解當時的統治階級與知識份子又是如何使用這些書籍，應至少能對該區域文化的表面情況有一定程度的認識。

至於使用漢籍最典型的例證，應屬當時所製作的漢籍目錄；藉由釐清其記載方式，特別是分類方法的部分，可說是瞭解當時漢籍受容形態的捷徑。中國的漢籍分類法，即所謂四部分類係以其獨自的價值體系為依歸，乃眾所皆知之事。無論是繼承此分類法也好，或者予以變更也罷，之中多少隱含了江戶時期此一時代上的因素，以及特定地區之區域性因

素下所產生的，對中國式價值體系的評判。這無疑反映出日本的漢學受容形態的一個層面。

原本應進一步探討漢籍及漢學的影響如何深入平民階層中的文化生態中，惟目前筆者尚無法充分掌握這方面的資料。又，不以江戶幕府或當時著名的漢學家為對象，而選定地方的外樣大名之統治區域進行探討，係由於在中國文化受容的形態上，地方的環境與中央相比之下較不易與中國式思維直接聯結，故筆者判斷此一環境條件較為切合本文探討的目的。此外，之所以選定佐賀藩為探討的對象，稍後會再提到，與藩政時期的佐賀之統治結構有關。當時設有許多學校及其附屬之文庫，長期以來進行組織性的漢籍收藏，係現今眾多的藏書機關單位的前身，因此筆者判斷有許多資料可供比較與探討。

基於以上的目的與方法，本文擬分為以下各章節進行論述。

一、佐賀藩的學校與漢籍
二、藩政時期的漢籍受容（漢籍目錄及分類之實際形態）
　　（一）小城藩的情形
　　（二）蓮池藩的情形
　　（三）本藩的情形
結語

一、佐賀藩的學校與漢籍

從鍋島本藩與其三支藩，鍋島氏的御親類以及被封為御親類同格的前任太守龍造寺方面的子孫，乃至於門下的家老，各自都擁有複雜的統治領域，同時亦各別設有藩校或邑學；這一點可說是佐賀藩的體制，特別是在文教體制上的一大特徵。

關於鍋島藩的支配結構，已有《佐賀藩之總合研究》正、續等相關先行研究，[1]在此不需一一贅述。惟其內容由於係歷史研究之故，重點放在統治結構及經濟狀況上，在文教體制及文化史方面的探討顯得不盡完善。另一方面，從教育史的觀點來探討藩校及鄉學的教育之實際情況，諸如教學科目的內容及教育課程等相關研究，也已有專家提出研究成果。[2]而這類研究的基本資料除了《日本教育史資料》以及《佐賀縣教育史》之外，還有這些文獻的原始資料，即明治初期的《舊藩學校調查》這類的第一手資料存在。關於本文擬進行探討的漢籍之實際狀態及受容之形態，僅有《舊藩學校調查》中附有各學校的舊藏書目之一部分，實質上可說幾乎遭到漠

1　藤野保編：《佐賀藩の總合研究》（東京：吉川弘文館，1981 年）。
　　藤野保編：《続佐賀藩の總合研究》（東京：吉川弘文館，1987 年）。
2　諸如生馬寬信等編：《幕末維新期漢学塾の研究》（東京：淡水社，2003 年）等。

視。[3]此一現象可能與漢籍在現今日本屬於大眾所不熟悉的文獻一事有關，從一般的圖書館都對漢籍敬而遠之的實際狀況來看，或許是情有可原。因此，本文所提出的這一類問題，只能由中國學及漢文學，乃至於漢籍書誌學等專家來負責解決，實為無可奈何的現狀。

　　鑑於以上之因素，針對佐賀藩的統治結構與學校及文教體制，本文大致上以參考文獻之介紹為主，本章則依據【資料1】及【資料2】的附表，僅止於對各藏書單位進行概括性的說明，以期對藏書狀況能有整體性的展望。

　　以下為提供參考的二張附表。

　　【資料1】　「佐賀藩體制與文教」：
　　此表針對藩政時期佐賀的統治結構，以及其下附屬的藩校、鄉學等之狀況加以整理，並一一列出當時所利用及收藏的漢籍目前存在於何處之機關、組織。

　　【資料2】　「各文庫中的漢籍」：
　　此表統計各文庫現存的漢籍數量，以及各自當中四部

---

[3] 文部省編：《日本教育史資料》（東京：富山房刊再版本，1903年）。有關佐賀藩的部分，第三冊（卷8、9）中有詳細介紹。西村謙三編：《佐賀縣教育五十年史》（佐賀：佐賀縣教育會，1927年）。佐賀縣教育史編纂委員會編：《佐賀縣教育史》全卷（佐賀：佐賀縣教育史編纂委員會，1989-1992年）。《旧藩学校調べ》則據佐賀縣立圖書館藏抄本。

分類下各部的數量，並記載相關藏書印（含朝鮮漢文及准漢籍，以供參考）。另表中之數量皆為漢籍之筆數，非冊數。又本文內文中的四部比例之計算，依現存漢籍數量，以十筆為一單位，每一單位採四捨五入計算。例如經部之漢籍若有 167 筆，則經部之統計數字則為 17。

1、鍋島文庫

　　鍋島本藩的文庫。於昭和三十八、九年這兩年間，由佐賀以及東京的鍋島家交予佐賀縣立圖書館保管。惟明治七年二月的佐賀之役時，城內書庫遭到燒燬，現存圖書以大正三年時鍋島氏興建佐賀圖書館時捐贈之書籍為主，再加上其他江戶藩邸之舊藏書，以及據信原為境內須古之寶泉寺所藏的大量佛書等，遂構成現今的鍋島文庫。因此本文庫的漢籍收藏狀況，在整體上無法純粹視為江戶時期的收藏。而原屬江戶藩邸藏書的書籍中，雖很可能混有明治以後才納入的藏書，其中確實仍不乏具有歷史資料價值者。這一批書中蓋有「永田町／鍋島家／藏書印」之藏書印者有 70 筆，其中部分同時蓋有明代藏書家謝肇淛的「謝在杭／藏書印」，或幕末文章博士勘解由小路近光的「勘解由小／路藏書」等藏書印，大有來頭的貴重書籍可說大多集中於此。原江戶藩邸的藏書數量應為這 70 筆，再加上蓋有江戶的學問所明善堂之印的 13 筆書籍之總和。附表中姑且填上了四部之數量，惟基於上述

的理由，在論及與江戶時期的漢學之間的脈絡關係時，此一資料的可信度並不高。

此外，關於本藩的漢籍收藏狀況，鍋島文庫中有各種書籍目錄，其中《芸暉閣經籍志》內的漢籍著錄數量更超過 1000 筆，擬於下一章中就這一點進行詳細敘述。

2、弘道館舊藏書（隸屬鍋島本藩）

弘道館之前身為寶永五年時設立於鬼丸聖堂內的學問所。天明元年創立於松原小路，其後歷經變革，於天保十年遷移至北堀端，明治維新後則一路從變則中學、佐賀中學逐漸演變為現在的佐賀西高校，在這當中弘道館原來的藏書也依次進行移交，平成三年時交由縣立圖書館管理。其中有不少書籍因為各種原因混入了鍋島本家的藏書中，進而在佐賀圖書館設立時直接移交該處管理。惟這批書蓋有藩校之藏書印「弘道／館藏／書印」「弘道館／藏書印」（二種），因此得以據此將原屬弘道館之藏書數量大致還原。附表中記載的數量 451 筆，即為加上現鍋島文庫中蓋有該藏書印的書籍後的數量。所藏漢籍之四部比例為 13：16：8：5，集部在整體上佔的比例偏低是為其特徵，此一狀況與後述部分文庫中集部書籍的比例傾向大致符合，惟史部的比例特別高應屬少見。另《日本教育史資料》中，未見與弘道館有關的書籍收藏狀況之記錄。

3、小城文庫

　　小城藩為鍋島藩三支藩之一，以鍋島勝茂長子元茂為藩祖。藩校的設立始於天明七年時鍋島直員創建學寮，至寬政初年鍋島直愈將之命名為興讓館。小城藩的原藏書現為小城文庫，收藏於佐賀大學圖書館，關於原藏書的實際狀態詳細後述，明治五年的藏書目錄現存國立公文書館內閣文庫，其中記載了 600 筆漢籍，約略為現藏數量 325 筆之兩倍。現藏漢籍中蓋有藩校興讓館之藏書印「荻府／學校」「荻學／藏書」者有 176 筆，大約相當於一半。惟藩主方面的印及個人印亦不少，這類來自學校以外的收藏本也不應忽視。《日本教育史資料》中有關藏書種類及數量的項目中寫道：「因維新前後之改革，或散佚或失簿書，今不得其詳。」顯然未參閱現藏於內閣文庫的明治初年目錄，否則就是當時該目錄處於遺失之狀態。現存漢籍的四部比例大致為 11：7：8：6。關於經史子集四部的比率，各文庫雖多少有些許出入，從整體來看，比例上大致呈現出高低高低的波浪形態，這一點值得特別注意。[4]此外，還有一些元版及明代古活字的零本。

---

[4] 關於此一波浪形態，井上進：〈三重県立図書館の漢籍 井上文庫〉中提到，日本的舊藏漢籍一般而言有重經、子，輕史、集的傾向，理由為重視具備普遍性的文獻，而特殊的中國歷史在學術上較不具必要性。本文將於第二章就這一點詳細說明；擬不針對現存的漢籍，而針對當時的目錄之編寫及分類之型態，透過鍋島藩漢籍的實際情況來加以探討。希望對井上所謂的「一般」之範圍，能

4、蓮池文庫

　　蓮池藩為三支藩之一，以鍋島勝茂之三男直澄為藩祖。藩校成章館以安永二年時任師範役的栗原嘉十之創校指示為濫觴，之後在天明四年時定名為成章館，亦訂定了學規等。惟現存漢籍 270 筆中，蓋有「成章／館／藏書」之印的只有區區 7 筆，蓋有藩主鍋島直與之印「鳴琴／堂圖／書章」者則有 44 筆。在歸類上應屬於個人收藏之文獻較較多的藏書。目前收藏於佐賀縣立圖書館中。在現存漢籍的比率上，子部佔了將近一半的數量，是為其特徵。惟如所後述，這未必直接反映出江戶時期之實際狀況。現存漢籍四部比例為 4：3：12：6。另外，根據《日本教育史資料》中有關藏書之種類及數量的項目，有經書 192 部、歷史 286 部、諸子 63 部、詩文集 55 部。這裡所謂的部數若與本文所稱的筆數同義，則當時漢籍總數應為 596 筆，大約相當於現有漢籍的兩倍。此一數字與古文書上所記載的藩政期漢籍庫存目錄相較之下，比《鳴琴堂秘藏經籍譜》的 635 筆還少，若再加上《鳴琴堂續藏書目錄》中所載的約 50 筆漢籍，差距將進一步擴大。該書中的記載基本上以四部的分類法為基準，其次再另外列出國史及神典、歌書等，惟諸如《日本外史》之類的日本漢文等所謂准漢籍類書籍亦可能直接包含在漢籍之中，此外也沒有日本漢

夠進一步具體說明。參照井上進：《書林の眺望》（東京：平凡社，2006 年），頁 143。

詩文此一項目，可能直接歸類在詩文集之中。由於欠缺具體的書籍名稱記載，因此難以據此正確掌握漢籍的實際狀況。

又關於本文庫現存漢籍很少蓋有學校之藏書印，並非表示當時藩校裡只有些許少量的漢籍。藩校與藩主的關係通常比一般想像中還要密切，兩者之間有書籍之貸借乃其他文庫的古文書等資料中司空見慣的事，鹿島、諫早、武雄之相關文獻中可見附帶有貸借字條的目錄，或記載著貸借備忘錄的目錄。《日本教育史資料》有關藏書之種類及數量之記載，原則上係指成章館中的藏書，然而從現今的角度來看，透過《鳴琴堂秘藏經籍譜》等明確記載書籍名稱的資料，來探討當時的藏書傾向以及目錄記載的方法等，應該較為妥當。

5、中川文庫（鹿島）

此為三支藩之一的鹿島藩之文庫。目前由佐賀縣鹿島市佑德神社所管轄的佑德博物館代為保管收藏。漢籍總數 777 筆（此係扣除鹿島之儒學家谷口藍田以及佑德神社的原藏書後的數量）中，蓋有藩校印「學館」「鹿州學館」「弘文館」者僅有 18 筆，其他幾乎全為與特定藩主相關的收藏。也因此善本及貴重本之數量甚多，在加上一般國書的收藏，規模上係佐賀縣內數一數二的文庫。該藩由鍋島勝茂之五男直朝所創，之後陸續誕生了鹿島藩二代直條、四代直鄉等多位好學的藩主。特別關於在漢籍方面，十一代藩主直彬的收藏亦多頗為可觀。漢籍中以唐本所佔的比率最高，此外有元版 1 筆、

明版 95 筆、清版 133 筆，在各藩的文庫中號稱最多。其中亦有林羅山及古賀精裡的手校本。

　　惟關於藩校方面，《日本教育史資料》等資料中對其草創期的實際情況鮮少著墨，只知道七代藩主直彝於文化二年將其命名為德讓館之後，安政六年直彬將之改名為弘文館，到了明治時代又再度改名為鎔造館。該書中對藏書無相關敘述，不過根據學校所在之項目的記載：「明治維新之際因校舍燒失，書籍等過半化為烏有」，現存書籍可能幾乎皆為藩主等人的藏書。現存漢籍的四部比例為 15：11：24：16。又明治初期的藏書目錄現存於福岡市立博物館，[5]內容之記載可能係以木箱等容器上之函號為基準，漢籍與國書混雜在一起，故四部分類上不甚明確。單就書名上來看，現存之漢籍亦包含在其中，之前頗有可能是藩主家中的藏書目錄。

6、東原庠舍舊藏本（多久）

　　本藏書目前收藏於佐賀縣多久市鄉土資料館（歷史民俗資料館）。

　　多久氏一族以龍造寺周家之次男長信為家祖，長信係龍造寺家本家隆信之弟。在鍋島家的統治確立之過程中，多久

5　福岡市立博物館藏：〈明治七年　御藏書調子帳〉、〈明治九年改　御書物帳〉。

氏亦被封為鍋島家之親類同格，領受二萬一千六百石的俸祿配給。[6]其邑學東原庠舍係多久氏所統治的現多久市周邊區域的學校，由第五代茂文創立於元祿十二年。當初稱為學寮，也稱作「鶴山書院」，藏書印中可見此一名稱。東原庠舍是後來才開始流通的的名稱，不過若將「東原鄉校」之藏書印視為明治維新之後才產生的，在判斷上恐怕也有問題。[7]學校創立後約十年後聖堂的興建亦完工，稱為恭安殿。這充分反映出茂文強烈的向學志向。

在鍋島藩各文庫的藏書當中，本文庫的數量僅次於中川文庫，共有多達 541 筆的漢籍。其中明版有 94 筆，在藏書比率上還高過中川文庫。蓋有之前提的兩種邑學東原庠舍相關藏書印的漢籍有 222 筆，佔整體的一半左右，《日本教育史資料》中並無藏書結構等之相關記錄。四部比例為 16：9：11：8。其中不乏貴重書，亦有中村惕齋的原藏書以及賴山陽的手校本。中村惕齋同時也是多久聖堂中的孔子像之作者。

多久資料館的古文書中，有《御屋形日記》《役所日記》等一級資料，然而由於缺乏書籍目錄之類的資料，究竟多久

---

[6] 據明歷二年〈泰盛院樣御印帳〉。指支藩、親類等制度完成之後的俸祿。藤野保：《佐賀藩の總合研究》第 28 表，以下言及俸祿之際皆以本書為依據。

[7] 此項記錄見《佐賀縣大百科事典》（佐賀：佐賀新聞社，1983 年），587 頁，東原庠舍之項目。

氏是如何管理、掌握這些為數甚多的漢籍收藏，並無具體相關資料可供參考，殊為可惜。其中有宋版遞修本、嘉靖以前的明版、傳本稀少的通俗小說以及陶活字印本等貴重書籍。

7、諫早文庫

　　本藏書本為長崎縣立圖書館所藏，現為諫早市立諫早圖書館所藏。

　　諫早家與多久氏同屬龍造寺系統的親類同格，家祖為龍造寺家門的次男鑑兼之子家晴。俸祿為 26200 石。其邑學好古館據稱創立於天明三年諫早茂圖之時。惟現存書籍中，蓋有「好古館／圖書記」「好古／館藏／書記」之藏書印者僅有 4 筆，估計藏書整體上應以諫早家的個人收藏為主。《日本教育史資料》有關出版藏書的項目中亦無藏書等相關記錄，缺乏值得一提之處。惟諫早宮內少輔鳥道居士在明歷元年曾出版《千手千眼觀世音菩薩圓滿無礙大悲心陀羅尼經》，由於此係諫早氏個人的出版，估計因此並未出現於教育資料之中。關於藩政時期的藏書目錄等古文書資料尚未進行調查，擬作為今後的研究課題。現存漢籍計 384 筆當中，四部比例為 11：3：12：6。

8、武雄鍋島資料

　　本資料屬佐賀縣武雄市教育委員會所管轄。

　　武雄鍋島家以龍造寺隆信的三男家信之子茂綱為家祖。
屬於親類同格，俸祿為 21600 石。其邑學身教館的創立年代
目前無法確認，《日本教育史資料》沿革之項目中記載為享保
年間，估計大概在第四代茂正之時學校就已經存在了。然而
現存書籍中無法發現載明身教館之藏書印。教育資料中亦記
載道：「由於明治元年失火，已全數燒失或僅存零本。」現
存之藏書印中，有總括印「武縣庫籍」，個人印則有第三代茂
紀之印或「皆春齋」（茂義）之印等，為數眾多，性質上大致
偏向私家藏書。據說本資料是在捐贈予武雄市之際，從武雄
鍋島家的倉庫中搬運出來的。

　　古文書中附有簡易分類的相關目錄，計有「文久三癸亥
年／淨天樣／御手元御書物帳／二月御書物方」以及「慶應
元　茂昌公御當世／御藏書控／乙丑七月調子」兩種，基本
上雖以四部分類為基準，與國書之間亦有混淆的現象，尚有
待日後的釐清。惟與後述的本藩目錄以及蓮池目錄之間亦有
共通點，不應等閒視之。現存漢籍 281 筆中，四部比例為 9：
4：9：1。明版書籍集中於子部醫家類，是為特異之傾向，惟
文久三年的御書物帳中有醫學校書籍之項目，顯示除了身教
館之外可能還有其他醫學校存在。[8]另外亦收藏了元版以及傳

8　關於武雄之史料，可參考石井良一著：《武雄史》（佐賀：石井義
　彥刊，1956 年），然本書並未提及醫學校。又關於身教館之藏書
　印，本書舉「武縣庫籍」之印為例，並指出已燒毀而不復存在，
　惟蓋有此印之書籍尚且存在，有待進一步釐清。

本稀少的明版之零本。

9、神代鍋島史料

　　神代鍋島家的家祖來歷久遠，以鍋島直茂之兄信房為始祖。俸祿約為 5500 石。之後第十一代茂堯之時，創立了邑學鳴鶴所。

　　本史料於平成七年由神代鍋島家捐贈予佐賀縣教育廳文化課，其中漢籍共 217 筆。蓋有學校藏書印「鳴鶴／所／藏書」「鶴洲／精舍／藏書」者有 75 筆，整體上來看私家藏書與學校藏書的數量可謂不分上下。《日本教育史資料》中就藏書之結構記載如下，四書五經類 15 部、諸歷史類 35 部、皇國諸類 20 部、諸雜書類 50 部，總計 120 部，細目不明，大約記載了現存書籍中的一半。惟關於諸子及詩文在此並未分門別類，可能發生相互混淆的狀況，故無法明確判定四部之比例。若依現存書籍來計算，則為 7：4：4：2。另外史料中有藏書者自行整理的〈御書籍目錄〉1 筆，其中附有摘要，載明一號到十八號的編號，估計應為函號。四部混淆的可能性很高，尚有待調查。

　　以上為佐賀藩長年累積的漢籍中所有現存的部分，其他所在地不明或佚失的部分，必須對當時的目錄、備忘錄等進行廣泛的搜尋並加以探討，一併留待今後之考究。

二、藩政期的漢籍受容（漢籍目錄與分類的實際形態）

至此以現有資料之狀況為中心進行了一連串的介紹，然而僅藉此來判斷近世佐賀藩的文化以及漢學之實際形態顯然有其危險性。從近世到近代的過程，以及第二次世界大戰敗戰後的社會變動等，書籍在歷史的發展當中的往往會遭到許多的劫難，這一點在佐賀也不例外。因此為了推知之前的狀況，同時也必須調查保留至今的古文書，以及當時的目錄等相關資料。藉此方能瞭解當時文庫收藏漢籍之實際情形，釐清究竟何種漢籍已經佚失，並進一步取得相關線索以便確實掌握當時學問與文化之方向性。

此外，透過檢視當時所編集而成的書籍目錄，並觀察其中究竟是何種分類原則在運作，得以一窺當時的人們對漢學及中國文化的理解度，抑或其帶有批判性的文化受容方式，乃至於著手進行改變並加入日本特色的具體實例。

對此，本文在資料上擬選定三種書籍目錄，透過與中國傳統之四部及其下的細目分類法之比較，釐清此三種目錄究竟以何種方式進行分類，並嘗試從中探索日本的漢籍受容之具體形態。正因為如此，在此所選定的目錄，必需具備足以達成上述目標之基本要件。換句話說，書名依假名順序排列者，國書亦混入排列者等單純依進書之先後次序或函號之順序排列的目錄，難以從中深入探討當時的人們對漢籍所抱持

的看法。除了至少必須為漢籍目錄之外，具有某種程度的分類原則亦為先決條件。

　　以下所選定的三種目錄，不僅符合此一條件，同時各自亦有值得關注的特徵。除了這三種以外，在原鍋島藩相關的漢籍目錄中，尚有其他具有類似傾向者，惟為避免過於繁雜，本文擬將範圍縮小至三種來進行探討。

（一）小城藩《興讓館所藏目錄》的情形

　　首先關於原小城文庫藏書的目錄，雖然文庫內的古文書中已有數種目錄，本文擬採用內閣文庫所藏之《興讓館所藏目錄　下》。理由在於本目錄總計網羅了 660 筆漢籍，同時記載上看似繁瑣實際上有依整體結構來進行分類。本目錄係明治五年因應中央政府的調查所提交的，後記寫道：「以上為現今所藏書圖之調查結果／明治五年／壬申二月／原小城縣」，內容則謄寫在內務省專用的稿紙上。估計係因應有關舊藩校之調查所提出的，如前述，《日本教育史資料》中並無相關記載。

　　全一冊，題籤「興讓館所藏目錄　下」，首先為「原小城縣／興讓館所藏目錄／國典之部」至第十丁表第一行為止，其次為「圖畫之部」第三行至第六行，接著是「洋籍之部」第八行至第十四丁裡第四行，接下來是「圖畫之部」第六行，接著就是「漢籍之部」第八行至第四十七丁表第八行，最後

為「圖畫之部」第十行至第四十七丁裡第八行為止。每半丁十行，各行上半段為書名，下半段為冊數。到處可見欠缺數、唐本、奇本等注記。題籤標明為下，但本冊在內容上全為書籍，故上冊可能為書籍以外之器物類的一覽報告。從明治初期到目前為止，大約有近半數的書籍已佚失。

各個部分皆僅列出書名，並未詳細分門別類，不過從整體的書籍排列來看，漢籍方面大致依四部的順序排列。惟經史子集之間完全沒有間隔，有可能在不知不覺中就進入到另一部裡去，必須加以注意。

漢籍部分首先為《十三經註疏》2 筆，接著是《四書大全》以及其後的四書類共 40 筆（其中雜有九經類 1 筆），其次依序為孝經類 3 筆、易經類 17 筆、詩經類 10 筆、書經類 19 筆、禮記類 13 筆、春秋類 6 筆、五經 3 筆，接下來為《性理大全》以及其後的宋學類 35 筆（其中雜有《經典釋文》），其次為春秋左氏傳類 33 筆，大致上皆為經部的書籍。至此從第十四丁裡第七行到第二十三丁裡第十行止，總計 183 筆。

將註疏置於前頭是偶而可以見到的排列法，可視為注重經學文獻之網羅性的反映。其次將四書類置於前，孝經置於後的作法，在正統的四部分類順序上應屬異常。《四庫全書總目提要》中，一般根據各經書內容的成立先後排列，依序為易、書、詩、禮、春秋，之後才陸續為孝經、五經總義、四

書、樂、小學。[9]以下將此一中國的正統分類法稱為四庫分類。至於將四書及孝經置於五經之前的用意，與其說牽涉到這些文獻的實質內容，不如說與負責啟發初學童蒙的藩校教育課程之本質以及學生程度的問題有關，抑或反映了本目錄的編輯負責人對漢學的看法。

其次有關五經的部分，依序為易、詩、書、禮、春秋，不僅與四庫分類的類目不同，與其他的六經排列學說，諸如《莊子》天運的詩書禮樂易春秋、《漢書》武帝紀注的易詩書春秋禮樂、《禮記》經解的詩書樂易禮春秋等亦不吻合。很有可能是草率進行編輯的結果。

暫且不論將五經排列於四書之後的作法，其次排入宋學相關書籍 30 筆以上，接下來又是《春秋左氏傳》則大有問題。首先在四庫分類中，性理文獻應歸屬於子部儒家類。然而本目錄在五經之後便將其排入，似乎可視為本目錄不遵照四庫分類的具體例證。惟緊接其後又排入左氏傳類，則顯示在編者的概念中，性理文獻亦歸屬於經部。不將《春秋左氏傳》歸於春秋類而列於此處固然有問題，不過若考量到左氏傳之後又排入春秋外傳《國語》，接著陸續是《戰國策》以及史部

---

[9] 本文參考《四庫全書總目》之分類，作為正統四部分類的依據。理由為該目錄在歷史悠久的分類目錄之傳統當中，被譽為一個高峰。而部分早於《四庫全書總目》的目錄亦以此一基準進行比較，係為避免基準之變動所致，特此注明。

正史等一連串的排列，從中似乎隱約可發現本目錄在排序上的某種強烈意圖。亦即將性理文獻定位為藩學公認的朱子學相關書籍，因此收編於經部。此一歸類法，無異於將四書與孝經定位於五經之上的意圖，彼此在觀念上是共通的。而關於隨後又排入《春秋左氏傳》，則可作以下的解釋：亦即表示此處仍屬經部的範疇，並透過接下來的《國語》《戰國策》，說明之後正式進入史部正史的部分，以便順利銜接史學相關書籍。這一點或許亦反映出當時的漢學與藩校教育之實際狀況，即原本屬於經學文獻的《春秋左氏傳》在相當程度上亦被定位為史學文獻。

其次為史部的部分。未設細目分門別類（以下皆然）。正史 48 筆，接下來依序為編年類 26 筆、紀事本末 1 筆、次別史 3 筆、雜史 2 筆，之後為編年、載記等雜編 9 筆。以上從第二十四丁表第一行起，至第二十八丁表第九行為止，共 89 筆。其中明南監本與和刻本史記、漢書等正史類有 54%，編年類有 29%，兩者加起來佔了絕大部分。史部之中鮮少有的其他書籍混入，沒有太多值得一提的事項。

接下來為子部，這一部分似乎相當混亂。一般而言四庫分類中的子部分類細目為儒家、兵家、法家、農家、醫家、天文算法、術數、藝術、譜錄、雜家、類書、小說家、釋家、道家。本目錄子部的開頭為儒家類 8 筆、道家類 12 筆，緊接著為荀子、列子、管子、墨子、韓非子等為數眾多的諸子，其後又回到儒家道家，在性理書籍數筆之後還有兵家類 13

筆。至此儘管極為繁雜大體上還是以諸子為主。接著則有史部政書、史鈔、傳記等，之後為天文算法類，接下來又有史部政書類、子部類書類、經部小學類（以字書為主）等，最後則為醫家類 30 筆。在此姑且可看出依據類目分類的意圖，然而由於書籍內容繁雜，導致無法徹底分類。

　　例如《名將譜》等為子部兵家類，之後的《聖武記》原本應歸屬於史部紀事本末類。惟《聖武記》在內容上為軍事史，與《名將譜》之間亦不無脈絡關係，接下來為《歷代君鑑》以及《帝範》等書，最後則銜接至一般傳記類；這一連串的排列順序，並非全然無法理解。儘管在解釋上可能頗為牽強，在雜亂無章又模糊不清的分類當中，還是可以看出部分分類的意圖。關於這一部分，與經部編集上的明確方針相較之下，只能看出編者對漢籍相當初步的理解程度，也顯示了當時經學與諸子學兩者在一般環境中的普及程度，乃至於一般對其認識理解的程度，皆有相當大的落差。本目錄或許反映出了此一時代背景。

　　以上從第二十八丁表第十行起，至第三十八丁裡第六行止，總數 207 筆。

　　關於集部，在四庫分類上依序為楚辭、別集、總集、詩文評、詞曲，惟本目錄的特徵為將總集置於別集之前，並將文集置於詩集之前。此外，在這裡要指出的是，由於子部類書以及經部小學等與詩文有所關聯，如同上述的子部目錄一

般，此處也有因彼此之間某種程度的類似而產生混淆的現象。

　　首先一開頭為《文選》相關書籍 13 筆，其次為六朝相關別集、唐宋相關別集總集、《文章軌範》7 筆，接下來為宋明清之別集 24 筆、尺牘相關文獻 3 筆、詩文解讀之辭書，之後為《書言故事大全》等詩文相關類書 10 筆，以及《古文真寶》《三體詩》《唐詩選》等約 20 筆、唐代別集 12 筆，之後銜接宋元明清詩集，最後在再回到類書以及經部小學（韻書）。以上從第三十八丁裡第七行起，到第四十六丁表第八行為止，共 172 筆。

　　此處與子部目錄相同，也有因彼此之間某種程度的類似而產生混淆的現象，例如詩別集之後銜接《圓機活法》《詩學大成》等詩文相關類書，以及在《太平御覽》《淵鑑類函》等類書之後排入韻學相關的類書《佩文韻府》及《古今韻會舉要》等排列方式。

　　本目錄最後的圖畫之部共計列出 9 筆。圖畫之部亦可見於國典及洋籍的部分，在此是指漢籍中的圖畫。其中包含在四庫分類上列屬於子部藝術類，以及歸於史部地理類、傳記類中的圖畫。

　　本目錄係因應外來之要求而編寫，這一點從後記及稿紙上的版心皆可得知。似乎是在有限的時間內倉促編寫而成，負責人對四部分類應有一定程度的瞭解，以經部書籍的排列問題為例，可發現本目錄刻意在排序上進行更動。尤其在經

部方面,將四書、孝經置於易經之前,以及將性理文獻置於左傳與史書之前,比起個個經學文獻更重視四書、孝經,還將性理文獻的一部分納入經部中,抑或使其貼近經部;結果反映出當時的學問之特質,以及重視朱子學、宋學的傾向。關於史子集各部,不若經部一般歸納出明確的編集意圖,惟子部之混亂狀況,以及集部擴展至其他各部的傾向,應有必要予以注意。此外,以上包括經部在內的一連串傾向,應藉由與其他的目錄內容之比較,進一步突顯其特點。有關四部之比例儘管不全然正確,大致上為 18:9:20:17。

(二)蓮池藩《鳴琴堂秘藏經籍譜》的情形

關於原蓮池文庫藏書,在此擬以《鳴琴堂秘藏經籍譜》為根據。蓮池文庫中另外還有《鳴琴堂續藏書目錄》《舊目錄》等目錄,惟或依函分類,或與國書混合排列,難以進行直接的比較,因此本文主要將以《鳴琴堂秘藏經籍譜》為中心進行探討。鳴琴堂係蓮池藩第八代藩主鍋島直與的雅號。而本目錄冠有鳴琴堂三字,研判應為藩主鍋島直與所持有之漢籍目錄。鍋島直與卒於元治元年,故本目錄之成立估計應不晚於此一時間點。有關藩主直與的事跡,已受到多方的稱許與表揚,個人在文化上的見識亦相當優異,著有《鳴琴堂稿》(漢詩文集)、《深溪遺葉集》(和歌集)、《天賜公御自選》(米芾詩文集)、《天賜園書畫記》等書。另外本目錄中尚有出自他人之手的補記,惟本文所標示之數字皆以原始之記載為準。

有關各部的筆數請參照【資料 3】「江戶時期漢籍目錄的分類」②。

　　或許是持有人的身份地位之故，本藏書目錄在分類方法上極為正統。未將宋學相關書籍併入經部，而將其列入子部儒家類即屬正統之分類法，研判編寫目錄者應為相當精通於四部分類的人物。此外有些部分不用《四庫全書總目》之分類，而改採近似於《新唐書》藝文志（以下簡稱《新唐志》）或《宋史》藝文志（以下簡稱《宋志》），甚或《文獻通考》經籍考（以下簡稱《通考》）之分類法。例如在史部下另設故事類並排入之後的政書文獻，以及在集部下另立文史類並將之後詩文評文獻排入等，即屬於此類相關之分類法，可以想像當時有高度專精於目錄學的專家存在。

　　關於經部方面，將春秋類置於禮樂類之前並將總經類置於四書類之後的分法，雖然有別於四庫分類，在總經類定位上則與《宋志》相符。至於將春秋置於禮樂之前，據筆者所見其他現存的目錄中並無相同的例子。有可能只是單純的誤判。[10]《宋志》經部的類目依序為，易、書、詩、禮、樂、春秋、孝經、論語、經解、小學。另外《新唐志》亦在論語之後排入讖緯，《通考》雖在之後排入孝經，在位置關係上與《宋

10　關於在春秋之後排入禮的做法，在江戶時代所出版的五經中係屢屢可見的現象，應為出版時考量到各經書在分量上的均衡所做的調整，此處可能也是基於同一理由。

志》相仿。論語類即之後的四書類，經解類即之後的總義類。
又小學類中排進《譯文筌蹄》《訓譯示蒙》《助辭譯通》之作
法，就小學的意義層面上來看或許尚屬妥當，在漢籍的認知
上則有問題。

史部分為正史、編年、雜史、傳記、史評、故事、地理
共七類。這些類目皆可在《新唐志》《宋志》以及《通考》中
分別見到，以下列出其對照表。

《新唐志》　<u>正史</u>、<u>編年</u>、偽史、<u>雜史</u>、起居注、<u>故事</u>、
職官、<u>雜傳記</u>、儀注、刑法、目錄、譜牒、
<u>地理</u>（相同者6種）

《宋志》　<u>正史</u>、<u>編年</u>、別史、史鈔、<u>故事</u>、職官、<u>傳
記</u>、儀注、刑法、目錄、譜牒、<u>地理</u>、霸史
（相同者5種）

《通考》　<u>正史</u>、<u>編年</u>、起居注、<u>雜史</u>、<u>傳記</u>、偽史霸
史、<u>史評</u>史鈔、<u>故事</u>、職官、刑法、<u>地理</u>、
時令、譜牒、目錄（相同者7種）

其中具備所有類目者為《通考》。史評類古時見於《郡齋
讀書志》，之後可見於《通考》或四庫分類中，本目錄之編者
在整體上應該是參考了現存於本文庫中的《通考》之分類。
惟與四庫分類史評類共通之書籍僅《涉史隨筆》《讀史吟評》
2筆，其他例如《非國語》《兩漢刊誤補遺》《二十二史劄記》

等，應為編者自行判斷而排入的。即便是在其他類目中，有關所記載的文獻之定位方面，不全然以藝文志或四庫分類為基準的部分亦不少。例如為了《文獻通考》1筆而另設故事類，將《國語》《戰國策》《吳越春秋》等排進雜史類，以及將《穆天子傳》《神仙傳》《飛燕外傳》等排入傳記類等，在四庫分類上是否適當尚為其次，主要還是以編者對內所作的判斷為依歸。換言之，在分類項目上雖以既有的史書為基準，在分類本身方面則相當自由地加以改變。

至於子部方面，則分為諸子、儒家、雜家、小說家、兵家、醫家、藝術家、類書八類。首先將諸子類置於開頭，內容包括道家、法家、儒家，以及雜家的一部分；這或許是將少量的文獻一併管理的應變措施，否則就是受到蓮池文庫中以叢書居多的情形所影響，意圖將這些書籍統合為類似諸子叢書的形態。這之中包含了本來應屬儒家範疇的《荀子》《揚氏法言》《劉向說苑》《賈誼新書》等書，另外也設了儒家類，僅納入了《太極圖說》《二程全書》《性理大全》等宋學系統的文獻。換句話說，儒家此一類目乃專門為宋學相關書籍而設，若進一步大膽推論，可以發現編者對經學與宋學以外的非正統思想之書籍不另立細目，一律視為諸子而加以統合。雜家以下的六個類目與其說是思想書籍不如稱之為雜編、技術以及事典。基於上述各點，本目錄的分類原則與小城文庫對宋學文獻的處理方式可以相提並論，兩者皆可視為近世日本在漢籍文獻的處理上獨特的一面。

　　集部的分類細目較少，只有別集、總集、文史三類。《新唐志》分為楚辭、別集、總集三類，《宋志》則再加上文史共四類。文史此一類目在《崇文總目》中可以發現，《通考》及《明史》藝文志中亦見得到，內容上皆屬於之後的詩文評類。另本目錄中雖無楚辭類之項目，並不表示沒有楚辭相關書籍。《王注楚辭》《離騷集傳》《離騷草木疏》3 筆列於總集類中，這或許與《楚辭》之編撰者不止一人有關。又別集類的開頭為《陸宣公全集》《韓昌黎集》等個人全集，其次排入《朱子文集》《蘇老川文抄》等文集，接著列入《分類補注李太白詩》《朱竹垞詩鈔》等詩集。文集優先於詩集這一點，與小城文庫相同。最後為《孤山遺稿》（內海孤山）《詩聖堂集二編》（大窪詩佛）《鳴琴堂詩文稿》（鍋島直與）3 筆，可能由於係漢詩文故將之視為漢籍，等於將國書混入漢籍目錄之中，不甚妥當。這一現象在出自他人之手的補記上更是嚴重，總計有 18 筆國書被列入其中。惟若將本國人所著之漢詩文視為漢籍乃當時一般的傾向，則必須對此一見解予以尊重。應透過其他的目錄進一步展開探討。

　　如上所述，在《鳴琴堂秘藏經籍譜》方面，可以推知有精通分類的編者存在。編集此目錄時所選擇的參考文獻，大致以《新唐志》《宋志》《通考》為主，另外在類目的訂定上有時亦以編者自身的見解為依歸，相當自由地進行書籍的分

類與排列。[11] 又關於宋學系統的文獻之處理，採取了有別於小城文庫的獨特方式，在集部方面則同於小城文庫，文集優先於詩集。這些皆為本目錄的特徵。另外可以發現在漢籍中混入應為國書的漢詩文或辭典類之現象，這一點係漢籍定位方面的問題，應屬日後探討的課題。

本目錄所記載的漢籍，依《鳴琴堂秘藏經籍譜》所記載的數量來計算，共有 635 筆。四部比例為 21：11：24：7。另外本目錄漢籍部分的最後寫道：「墨本雖屬書藝，古來編目未嘗置於經史子集中。別自為一類。今亦從是」，列出從《淳化帖》至《義人遺芳》等墨本類 11 筆。若將之併入藝術類，則子部共計 248 筆，比例數字為 25。

（三）本藩《芸暉閣經籍志》的情形

關於本藩之原藏漢籍，從現存的文獻中無法看出藩政時期的實際狀態。其中鍋島文庫的古文書內有《芸暉閣經籍志》此一目錄，以獨特的分類方式記載了大量的漢籍。研判該編者應大致了解四部分類，卻刻意大膽進行書籍的重新編列。另外亦有其他記載漢籍的目錄，惟幾乎都與國書混合編排，

---

[11] 《鳴琴堂秘藏經籍譜》中並無《宋史》之記錄，編者參考《宋史》的可能性很低。不過有閱覽或借貸其他文庫之文獻的相關記錄，因此無法完全排除此一可能性。另外，根據各目錄之記載，本藩及小城藩皆有收藏《宋史》。

或者依函號排列，如果又考量到記載了大量漢籍的《鬼丸聖堂御藏本》係依日文假名順序排列的目錄，則沒有其他資料比《芸暉閣經籍志》更好。

其實芸暉閣此一名稱就是出自於命名者的漢學涵養。第三代藩主鍋島綱茂在位時，興建別墅觀頤莊（之後被稱為西之御茶屋）之際，在其中一個角落建立了孔子廟（之後遷移至鬼丸聖堂），並將其中一邊的迴廊蓋為漢籍書庫「芸暉閣」，另一邊的和書書庫則稱為「隨擇府」。關於命名的由來，觀頤出自《易經》頤卦之卦辭：「頤貞吉。觀頤，自求口實」，以及象傳：「觀頤，觀其所養也。……天地養萬物，聖人養賢，以及萬民」等敘述。意思是說，注意觀察自己所養者何人，多養賢人以便造福萬民。芸暉是驅蟲用的香草，據說將之塗進壁土之中，可以驅趕蠹魚及蚌蟲。諸如《書言故事》便記載：「藏書，以芸草辟蠹。」隨擇則源自於《古今和歌集》〈真名序〉之中的「所以隨民之欲，擇士之才也」之詞句。

鬼丸聖堂當初是用來教育藩士的場所，在天明元年設立弘道館之後，聖堂便失去了學校的功能。又西之御茶屋本身在第四代藩主吉茂在位時已全面移除，相關記錄見堤主禮的〈雨中迺登幾〉。另根據綱茂所著之〈觀頤莊記〉，此為相當大規模之建築，到底實際上有無完工都難以確定。例如雖然和書書庫稱作「隨擇府」，現存的《芸暉閣經籍志》中亦收錄了和書，研判「隨擇府」甚至可能未完工。

　　關於本目錄的成立年代，在綱茂過世前夕，當作遺品獻給江戶林家的書籍 6 筆，本目錄之結尾有相關記錄，載明「予林家之御遺物」，因此本目錄的完成應不早於綱茂過世的寶永三年六月。另一方面應不晚於吉茂移除觀頤莊之時。吉茂卒於享保十五年，故本目錄應成立於寶永三年之後的二十幾年之間。在本文所論及的目錄中雖然是歷史最古老的，從內容上來看卻是最通曉漢籍的人所編寫的。有關各部的函號、冊數以及簡單的說明，請參考【資料 3】「江戶期漢籍目錄之分類」③。

　　分類上大致以四部分類為基準，並大膽地進行改變，分為經書、史書、事類、字書、雜書、詩文、醫書、兵書、道書、佛書、銀鉤書藪共十一部，各自都附有從一號開始的函號。子部本身並未標明「部」，相對地設有事類、雜書等部，醫書、兵書、道書、佛書也都在同樣的層級上個別立部。將醫書、兵書獨自立部的作法可追溯至《漢書》藝文志，將道教、佛教個別立部的先例則可回溯自南朝宋之王儉《七志》，或者南朝梁之阮孝緒《七錄》。另外字書亦單獨立部，內容上就好比將經部小學類與子部藝術類的書畫之屬合併一樣；在小學類中加入藝術領域的文獻係古式的分類法。[12]最後在銀鉤書藪之項目下個別列出篆刻相關書籍，應該也有其特殊的用

---

[12] 在《唐書》藝文志經部小學類中排入書法筆墨相關文獻，在《宋史》藝文志經部小學類中排入書品筆法法帖等。

意。

　　至於經書的部分，開頭為《通志堂經解》，緊接著為《十三經註疏》二種（研判係南監本及嘉慶本）、《五經大全》以及《性理大全彙要》等，接下來是易、詩、書、春秋、五經、總義等混在一起，其次為四書類共六函，混合排列的書、禮、孝經、春秋一函，接著依序為史部傳記類、詔令奏議類、子部儒家類、集部別集類。之後又是各經書及其他書籍混合在一起，計五函，至此經書的部分完全結束。有部目但無類目。從收錄在其中的文獻之種類來看，確實有選定經學文獻的意識在運作，若要進一步細分類目，應該也是可能的。惟其中亦包含了部分史、子、集部之書籍，這在四庫分類上是不可能的發生的狀況，進一步從內容來看，相當於傳記類的部分列有《孔子闕里志》《孔聖全書》《朱子實記》等，相當於詔令奏議類的有《朱子奏議》，相當於子部儒家類的有《孔子家語》《性理大全》《朱子語略》等，相當於集部別集類的則列入了《朱子大全》。除了當時的學校在基本上所重視的儒教文獻之外，同時還加入了儒家思想的始祖孔子個人的相關著述，以及當時幕府的官學朱子學之文獻，不得不承認這與四部分類理念中的經之概念大異其趣。惟如前所述，此一作法並非本目錄特有之傾向。有關這一點在結語的部分將再次提及。

　　關於史書方面，似乎沒有充分運用其詳細之分類，首先是十七史及二十一史（研判為汲古閣本及南監本），但之後就

是史部各類書籍雜亂地混在一起，在分類上不甚明確。在類目層級上的混合排列可說是本目錄各部之共通現象，在史書方面和經書的部分相同，與他部的書籍產生混和排列時似乎有一定的原則可循。相當於集部戲曲小說類的有《三國志演義》，相當於子部儒家類的有《鹽鐵論》《經世大訓》等，相當於集部總集類的則列入了《古今女史》等書，整體上還是可以看出與史學相關的脈絡。

事類係指類似之事項，意指網羅了類似的項目，有如百科全書般的文獻。惟此語鮮少用於分類項目中，《舊唐書》經籍志子部類目中雖有事類，實際上本文的類目卻為類事。《宋史》藝文志中也有類事。兩者皆為四庫分類中所謂的類書，本目錄中的事類亦同。開頭為《太平御覽》，之後列出《三才圖會》《唐類函》《白孔六帖》《群書集事淵海》《萬寶全書》《對類大全》《類書纂要》《事文類聚翰墨大全》《錦繡萬花谷》《圓機活法》《藝文類聚》等具代表性的類書。至於他部之文獻，只要是具備類書特有的涵蓋性之文獻以及事例集亦列入，似乎是從類書的方向來確保事類的一致性。[13]

字書原本應該是列於經部小學類之下的文獻，在此亦涵蓋了子部藝術類，建構出以文字本身為主體的新類別。之前已提過將書藝方面與文字學合而為一的例子。在此擬針對小

---

[13] 《萬姓統譜》、《百家類纂》、《歷代臣鑑》、《農政全書》等。

學相關書籍與藝術相關書籍，以及其他文獻的數量進行對比。小學相關者有 62 筆，藝術相關者有 48 筆，其他則有 54 筆，大致上以這三種文獻為主。惟分類不明的文獻中[14]與文字相關之書籍有 16 筆，與韻書相關者有 10 筆，這些亦可納入小學或藝術的項目中。而其他分類清楚的文獻中，也有與書畫音韻文字相關者，亦即幾乎皆可視為在某個形式上與小學或藝術有所關聯。或許正因為欲將這兩者合併，所以才產生了另立新部目的必要。

雜書在一開始列出《津逮秘書》《百川學海》《正續說郛》《欣賞編》這 4 筆叢書雜叢，之後的內容則含混不清。其中經部的文獻極少，然而其他的部分則形形色色，彼此之間的關聯亦不清不楚。或許這就是雜書之所以雜的緣故。

本目錄的完成早於《四書全書總目》，在此就與四庫分類相對應的類目及其文獻之筆數作一總整理，以便進行比較。四庫分類中所沒有的另設類目則以括弧標示。

　　經部　　禮 3、樂 1、小學 5，全 9
　　史部　　傳記 3、史鈔 2、地理 6、目錄 1、史評 1，全
　　　　　　13
　　子部　　農家 1、醫家 1、術數 10、藝術 15、譜錄 11、

---

[14] 分類不明係指在現存的目錄中無法發現同名的書，藉由今後的廣泛探索可能有辦法解決問題。

　　　　　　雜家 18、類書 7、小說家 8、道家 2，全 73
　集部　　　總集 1、詞曲 5、（戲曲小說）4，全 10
　(叢書)　　(雜叢)6、(子叢)1，全 7
　不明　　　32

若換算為百分比，則經部 6%，史部 9%，子部 51%，集部 7%，叢書部 5%，不明 22%（小數點以下四捨五入，以下亦同）。類別不明的部分係得以分配至各類者，子部所佔的比率還是一枝獨秀。本部目匯集了各式各樣的書籍，若子部雜家類本身即為這般內容，則此雜書部在整體方向上要定位為子部雜家類應無問題。此外，在此擬指出另一特點，即子部之中具備所謂思想性之內容者，在此僅有雜家中的《墨子》1筆，完全沒有儒家或法家的相關文獻。

　　詩文絕大部分都是詩文，很少有其他部類的混入。這或許是詩文此一分類本身就清清楚楚的緣故。在此亦就一般四部分類中對應的類目及其文獻之數量作一總整理。

　經部　　　小學 1，全 1
　史部　　　傳記 1、地理 2、目錄 1、史評 1，全 5
　子部　　　雜家 3、類書 8，全 11
　集部　　　別集 79、總集 102、詩文評 5、詞曲 8、（尺牘）7、（戲曲小說）1，全 202
　(叢書)　　(家叢)1，全 1
　不明　　　12

若換算為百分比，則經部 0%，史部 2%，子部 5%，集部 87 %，叢書部 0%，不明 5%。集部相關的文獻佔壓倒性多數，詩文部可直接視之為集部。

接下來的醫書、兵書、道書、佛書各部毫無疑問地僅由各自的相關文獻所構成。最後的銀鉤書籔則列出了篆刻古文字相關之收藏 16 筆，其中亦包括印譜等特殊文獻。原本應納入子部藝術類。

本目錄所表現出的分類方法中，有一部分與前述之小城文庫或蓮池文庫之傾向相同，即經部中宋學的定位之界定。在此，除了在當時的學校中基本上受到重視的儒家文獻之外，同時還加入了儒家思想的始祖孔子個人的相關著述，以及林羅山等在當時與幕府緊密結合的朱子學派之文獻，與四部分類理念中的經部之概念大異其趣。惟在推定本目錄的成立年代時，若考量到應不晚於享保末年，則距離寬政異學之禁還早了將近半個世紀，此時幕府偏好朱子學的程度應沒有江戶後期來得高。因此本目錄中所表現出來的偏好宋學之傾向，恐怕是由於鍋島綱茂個人的因素。

關於綱茂自身的儒學取向，舉凡在將軍綱吉面前進講經書，乃至於觀頤莊以及聖廟的建立，其偏好宋學的程度非同小可。除此之外，與林家有密切的往來也突顯出綱茂本身對

宋學的偏好。[15]

　　另外，有關本目錄的分類法，還有一項重要的特點可以舉出，即刪除子部之現象。四部分類係由經史子集所組成的有系統之分類構造，子部在方法及手段上雖然異於經學，在定位上卻是彌補其缺失並予以輔助者。然而本目錄卻無子部，取而代之的則為事類、字書、雜書。惟事類不過是子部類書類，字書雖包含小學，由於藝術取向較強故相當於子部藝術類，若將雜書視為缺乏思想性的繁雜文獻，則大致等同於子部雜家類。換句話說，由於思想性較強的儒家文獻已被納入經部中，原本應在思想上輔助經部的子部即喪失了原有的意義，故將子部取消而另立事類等三部。從這個角度來看，經史子集的結構在形式上依然存在，醫書之後的部目可視為依古式的分類法另外附加上去的。在進行這般分類編目時，不僅要了解《隋書》經籍志中的古分類，還必須明白四部的內涵，方得以因應當時的實際情況進行更動，推測編者應為具備相當高度之專門知識者。

　　若將醫書之後的部目去除，則經史子集的四部比為 37：14：44：23，和計漢籍數量，含醫書之後者，共 1279 筆。

---

[15] 關於綱茂與將軍以及林家的關係，《綱茂公御年譜》延寶 2 年記載向林鳳岡求取書齋之號一事，同書元祿十一年記載向其求取詩畫及跋文之事，以及去世之際寄送唐本及其他遺物予大學頭、林榴岡、林退省之事，對將軍綱吉進講一事則記載於同書元祿 8 年。

結語

　　以上就藩政時期鍋島藩的漢籍受容之實際情況，透過當時的漢籍目錄之分類法與中國之正統或一般性分類法之間的比較進行了一連串的探討。在此所選定的三種目錄只是分類項目，或是具有分類之意圖者，以下依成立年代先後列出：

　　《芸暉閣經籍志》本藩鍋島綱茂至吉茂，寶永至享保前後
　　《鳴琴堂秘藏經籍譜》蓮池藩鍋島直與，幕末元治前後
　　《興讓館所藏目錄》小城縣，明治五年

關於各個目錄之分類特點，已個別予以論述，而從整體上來看，三者皆有偏向宋學的傾向。這些目錄中所謂的經學，除了當時在學校中基本上受到重視的儒家文獻之外，同時還加入了儒家思想的始祖孔子個人的相關著述，以及林羅山等在當時與幕府緊密結合的朱子學派之相關文獻。基本上都契合《芸暉閣經籍志》所秉持的方向與原則，與四部分類理念中的經學之概念則大異其趣。換句話說，在經學這一門學問的原有基本認知概念之上，再添加了鍋島藩中的實際教育內容。本藩理所當然會對其支藩產生影響，再加上寬政異學之禁等幕府體制，更確立了此一方向。《鳴琴堂秘藏經籍譜》基本上雖以四部分類為基準，為了將宋學相關文獻集中納入子部儒家，另外設立了諸子此一類目，而《興讓館所藏目錄》則直接繼承了《芸暉閣經籍志》所秉持的方向與原則。

　　與中國的四部分類相較之下，究竟是十三經的比重較輕

也好，抑或宋學的比重較重也罷，在此呈現出的現象，不得不視之為日本或鍋島藩特有的分類觀念的反映。換句話說，四部分類在中國的規範性較強，在此則偏弱。《芸暉閣經籍志》中將子部取消的作法，可視為最典型的例子。藉由將思想性較強的儒家文獻納入經部，使得子部失去了在思想上輔助經部的原有意義，因此便將子部取消。四部分類自成立以來即具有悠久的歷史傳統，不過若從上述的角度來看，子部的取消正反映出不再側重於此一分類原則的心理結構。《鳴琴堂祕藏經籍譜》中另外設立諸子類目的作法，也可以說是基於同一理由。

　　此一傾向亦關係到另外一個共同的特點。上述目錄中的漢籍數量在經史子集四部上的比例如下（單位為%，小數點以下四捨五入）：

　　　　本藩　　　　29：11：43：18
　　　　蓮池藩　　　33：17：38：11
　　　　小城藩　　　28：14：31：27

三者在江戶時期所收藏的漢籍之比例上，經史子集依序都呈現出高低高低的波浪狀。關於這一點，現存的漢籍在比例上亦大致相同。

　　從四部整體來看，雖有少部分例外，確實可看出經部與子部佔大多數，史部與集部較少的傾向，尤其史部在中國被認為具有證明經書之理念的功用而居於第二位，或許可以說

日本在這方面的認知較低。僅透過此一比例就進行這般推論固然有其危險性，惟將宋學納入經部並取消子部的作法，正暗示了視經書之理念優先於事實及技術的觀念之存在。如果這一點並不侷限於外樣大名鍋島氏的統治區域內，而是當時日本全國的傾向，則事關日本人全體之意識形態，乃極為重要的問題。而江戶幕府的藏書無論在任何部目上都有擁有大量的文獻，儘管與上述之收藏傾向不盡相同，在澀江全善與森立之的《經籍訪古志》中，經史子集的比例約為 2：1：2：1。

關於這一點，除了已於注解中提及的井上之論述外，島田翰《皕宋樓藏書源流攷》指出：「……且我邦所傳舊本，自以海外異。經部尚為完全，子部卻多善本。而其所缺落在史部，尤在集部宋元遺集。蓋古專門明經，重在經術。鎌倉室町舉文字付之浮屠氏，經子多於史集，亦所不免也。」[16]島田認為日本的漢籍收藏自古以來由明經家及釋家進行，故思想方面的文獻居多，然而此一因素是否直接影響到江戶時代各文庫所收藏的書籍之結構，還須另行探討。本書雖於明治四十年寫成，早在《經籍訪古志》中已可見重視宋元版的傾向，這一點亦值得留意。

總之，日本的貴重漢籍在四庫分類比例上與鍋島藩的漢

---

[16] 島田翰：《皕宋樓藏書源流攷》（上海：上海古典文學出版社，1957 年）。

籍收藏傾向有所雷同，係頗為有趣的現象。而鍋島藩的藏書
中經部與子部的相對重要性因經部而提高，將子部的一部分
包含在經部內等等，確實有其獨特的傾向。惟目前尚無值得
進一步探討的相關資料；今後擬就其他藩的目錄、漢學家個
人的目錄之分類，以及江戶時代從中國傳入的漢籍之分類等
問題，繼續進行探討。[§]

【資料1】　佐賀藩的體制與文教

統治結構與藩校、邑學等	現存文獻
本藩（鍋島治茂　天明元年弘道館）	鍋島文庫（佐賀縣立圖書館）弘道館舊藏書(佐賀縣立圖書館）
支藩　小城（鍋島直愈　天明七年興讓館）　蓮池（鍋島直温　天明四年成章館）　鹿島（鍋島直彬　安政六年弘文館）　　寬政元年德讓館、之後的鎔造館	小城文庫（佐賀大學圖書館）蓮池文庫（佐賀縣立圖書館）中川文庫（祐德博物館）
御親類　久保田(村田政致　天明八年思濟館)　白石鍋島、川久保神代	（一部分於佐賀大學圖書館漢籍方面不詳）不詳

[§]　本文係根據 2007 年 11 月於佐賀大學所演講之內容，於 2008 年 3
月臺灣大學之第五回日本漢學國際學術研討會上發表論文之後，
進一步加以修訂改寫而成。當日承蒙臺北大學王國良先生賜予寶
貴的意見，於修改之際受惠良多，謹表謝意。

御親類同格	
諫早（諫早茂圖　天明三年好古館）	諫早文庫（諫早市立諫早圖書館）
武雄（鍋島茂正　享保年間身教館）	武雄鍋島歷史資料（武雄市教育委員會）
多久（多久茂文　元祿十二年東原庠舍）	東原庠舍舊藏書（多久市鄉土資料館）
須古（鍋島茂訓　享保年間三近堂）	不詳
家老	
深堀（鍋島氏　寬永年間以後羽白館）	不詳
神代（鍋島茂堯　天明六年鳴鶴所）	神代鍋島史料（佐賀縣教育委員會）
橫岳、姉川、太田、倉町各鍋島家	不詳

【資料2】　各文庫中的漢籍

現存漢籍的結構（數字為筆數　「」內為相關藏書印）

鍋島文庫	經部88　史部109　子部193　集部75　朝鮮漢文2　準漢籍92　　計559　　「永田町鍋島家藏書印」「謝在杭藏書印」「勘解由小路藏書」
弘道館舊藏書	經部127　史部159　子部80　集部49　叢書部1　朝鮮漢文3　準漢籍32　計451　「弘道館藏書印」「弘道館藏書印」
小城文庫	經部116　史部68　子部82　集部56　叢書部3　朝鮮漢文・漢籍未列入　　計325　「荻府學校」「荻學藏書」

蓮池文庫	經部40　史部26　子部117　集部58　叢書部7　朝鮮漢文2　準漢籍20　　計270　　「鳴琴堂圖書章」「芙蓉館藏書」「成章館藏書」
中川文庫	經部147　史部109　子部244　集部156　叢書部6　朝鮮漢文1　準漢籍114　　計777　「學館」「鹿州學館」「弘文館」
諫早文庫	經部107　史部28　子部115　集部58　朝鮮漢文3　準漢籍73　　計384　　「諫早氏藏書記」「好古館圖書記」
武雄鍋島資料	經部85　史部36　子部85　集部12　朝鮮漢文2　準漢籍61　　計281　　「武縣庫籍」「茂紀」
東原庠舍舊藏書	經部157　史部90　子部112　集部80　叢書部2　朝鮮漢文3　準漢籍97　　計541　　「東原鄉校」「崔山書院」
神代鍋島史料	經部67　史部42　子部40　集部19　朝鮮漢文1　準漢籍48　　計217　　「鳴鶴所藏書」「崔洲精舍藏書」

【資料3】　江戶時期漢籍目錄的分類

□小城文庫的情形

　　◎明治五年《興讓館所藏目錄　下》（內閣文庫藏、219-118）　無分類項目

　　　漢籍之部

　　　　注疏、四書、孝經、易、詩、書、禮、春秋、五經、性理、左傳雜史→至此以經部為主（14丁裏～23丁裏）

　　　　正史、編年、紀事本末、別史，以下為雜書及雜史書→以史

部書籍為主（24 丁表～27 丁表）
孔子相關、諸子、性理相關、兵家、雜家相關、天文術數、韻書、醫書→以子部為主，惟亦混有史書（以政書相關者居多）（27 丁表～37 丁表）
總集（文集）、文抄、別集（文）、總集（詩集）、別集（詩）、詩文評、類書・韻書等→以集部為主（37 丁裏～46 丁表）
圖書之部
法帖、地圖、圖片等
計 661 筆

□蓮池文庫的情形
　◎《鳴琴堂祕藏經籍譜》（佐賀縣立圖書館蓮池文庫藏　蓮 091-5）
　　經部　　易、書、詩、春秋、禮樂、孝經、總經、四書、小學
　　　　　　計 213 筆
　　史部　　正史、編年、雜史、傳記、史評、故事、地理　計 116 筆
　　子部　　諸子、儒家、雜家、小說家、兵家、醫家、藝術家、類書　計 237 筆
　　集部　　別集、總集、文史　計 69 筆
計 635 筆

□本藩鍋島文庫的情形
　◎《芸暉閣經籍志》（佐賀縣立圖書館鍋島文庫藏　鍋 091-33）
　鍋島綱茂興建觀頤莊　聖堂的建立與附屬書庫（漢庫芸暉閣　倭庫隨擇府）
　　觀頤＝《易》頤卦　頤、貞吉。觀頤自求口實。
　　芸暉閣＝《書言故事》兩制芸閣　藏書以芸草辟蠹。
　　　　　　《龜蒙典略》芸香辟紙魚蠹，故藏書臺稱芸臺，閣

稱芸閣。

《杜陽雜編》元載造芸輝堂於第。芸輝香草名也。
其香潔白如玉，入土不朽爛，舂之為屑，以塗其壁。

隨擇府＝《古今和歌集》眞名序　古天子，每良辰美景，詔
侍臣預宴筵者，獻和歌。君臣之情，由斯可見。賢
愚之性，於是相分。所以隨民之欲，擇士之才也。

《芸暉閣經籍志》　有部目　無類目

經書　1~26 號止　　計 365 筆　其中四書類 94 筆　含宋學
相關文獻

經部分類傾向　經解、注疏、大全、易、詩、春秋、五經、
四書、孝經、孔子傳、朱子學相關、宋儒別集等（書、禮
等混合排列　小學另列）

史書　1~26 號止　　計 138 筆　十七史、二十一史　其後之
史書細部分類不清

事類　1~31 號止　　計 127 筆　以類書為主

字書　1~16 號止　　計 164 筆　以經部小學類、子部藝術類
書畫為主

雜書　1~15 號止　　計 144 筆　細部分類不清

詩文　1~33 號止　　計 232 筆　別集總集居多

醫書　1~6 號止　　計 54 筆　全為醫書

兵書　1~3 號止　　計 18 筆　全為兵書

道書　1 號　　計 13 筆　道家、道教、淮南子、山海經等

佛書　1 號　　計 8 筆　全為佛書（含和本）

銀鉤書藪　無編號　計 16 筆　篆刻古文字關係書

計 1279 筆

（譯者：黃智暉）

江戶時代漢文學與蘭學之接觸

W. F. Vande Walle（范德望）[*]

序言

　　杉田玄白於其《蘭學事始》寫道，經過數百年的時間，長崎翻譯官（長崎通詞）才開始以荷蘭文進行寫作閱讀。一般來說，從鎖國政策實施開始一直到 18 世紀中葉，長崎翻譯官使用片假名將所學之荷蘭文根據聲音轉譯成日文後加以記憶。由於有記錄記載著，在長崎的出島直接向荷蘭人學習的翻譯研習內容中也包含寫作閱讀，因此玄白的說法受到今日許多學者質疑，不過我認為大致說來杉田玄白的陳述並不至於背離事實太遠。只是當時所教授的荷蘭文程度初淺也是不爭的事實，多數荷蘭籍員工本身教育程度就不高。並且，荷蘭語的學習似乎集中於字彙而忽略文法與句法層面。身為控管卸貨、鋪售商品的政府官員，翻譯官的首要之務莫過於熟悉專有名詞，至今仍留有許多當時所使用的術語表，並多半以手稿形式存放於圖書館。按例這些詞彙均以片假名譯寫，但是，近年來也發現一些以荷蘭文和日文抄寫的對話語句彙

───────────────

[*] 比利時天主教魯汶大學東方及斯拉夫民族系日本組教授。

集，因此杉田玄白的說法必須要有某些程度的修正。[1]除了閱
讀羅馬字、以羅馬字寫作面臨的技術問題之外，我們也不難
想像，翻譯官對羅馬字可能產生畏懼的問題，因為對日本人
而言，他們無從分辨葡萄牙文與荷蘭文，而葡萄牙人往往又
與基督教無法脫鉤。

一、南蠻學統

　　相較於蘭學時代，西方科學的傳播在南蠻時代更為興
盛。可由通行於日本民間、學界的系統化西洋科學學門樹狀
圖來略窺一斑。有記錄記載博雅教育（Artes liberals）確實由
修道院的耶穌會士在神學校（seminarios）傳授，假設如此的
話，那麼我們要問的是，他們究竟使用何種教學材料。吉田
忠志推測他們很可能以孟三德（Duarte De Sande）的《日本
遣歐使節對話錄》作為教材。此書中綜合概述了西方科學範
疇，當然也提到七種「自由技藝」（septem artes liberales），其
中包含與語言有關的三門科目以及數學領域相關的四門科目
（幾何、算數、音樂、天文）。吉田忠志認為算數、天文、醫
學、倫理學等較容易被理解，因為傳統教育也有類似學科，
只是教學法不同罷了。至於語言方面的技藝科目，當時則無

---

[1]　杉本つとむ：《解体新書の時代》（東京：早稻田大學出版部，1987
年），頁 78。

類似學科，因而此一領域的人材非常少，就算有也是少之又少，只能透過外國教師習得。[2]整個蘭學發展過程，文法背景的缺乏變成一大障礙。南蠻文獻著述與蘭學文獻著述間呈現的差異，毫無疑問地與翻譯有著千絲萬縷的關係，前者是傳教士在日籍助理的協助之下，嘗試將西方語言音譯成日文，後者則是由日本人從事翻譯，偶有荷蘭人協助之。

　　艾儒略（Giulio Aleni，1582-1649）的《西學凡》在當時是禁書，儘管禁令當前，仍有多數學者收藏。李之藻 1629 年[3]出版之《天學初函》亦收入《西學凡》。1771 年《天學初函》引進日本，因為名列禁書之列，因此由向井氏（向井かねみ）書物審查官（書物改役）詳細審閱，他撰寫一份報告概述《天學初函》八卷內容，這份未公開的報告題為《天學初函大意書》，最近由大庭脩先生正式出版。其中摘述最為詳細的便是《西學凡》，又因為摘述中有一部分是以漢文訓讀法（訓下）呈現原文，這表示審查官欲盡力如實地傳達內容。[4]同時也顯示出禁書是如何地逾越禁令的限制。即便如此，《西學凡》的發行數量顯然還是相當有限的。艾儒略另外一本著作《職方

---

[2] 吉田忠：〈江戶時代における西洋学問分類の認識〉，《日本文化研究所研究報告》28 （宮城：東北大學日本文化研究所，1992 年），頁 52。

[3] Engelfriet, Peter, "*Euclid in China*" （Leiden: Ph.D. Dissertation, 1996），p.68；吉田忠，前揭書中則為 1623 年。

[4] 吉田忠：〈江戶時代における西洋学問分類の認識〉，頁 56。

外紀》（1623年）則流傳較廣，內容較《西學凡》更為簡明，但是所使用之術語雷同。

　　江戶時代傳入日本的科學知識有三個管道，分別是南蠻學統、蘭學學統，以及處在此二者之間的漢學，漢學又可再細分為二，一為中國傳統的「本草學」，另一則為以漢文翻譯、改寫的西書，這些西方著作多半亦源於南蠻學統或文藝復興學統。但值得注意的是，蘭學學者曾努力在蘭學學統與漢譯版本的南蠻學統之間取得聯繫。吉田忠志曾論述道，江戶時代的日本學者對於西方科學分類概念仍然十分模糊。實際上他們僅透過漢譯書的媒介從南蠻學統來獲得相關知識。綜觀整個蘭學歷史，日本學者幾乎未習得西方科學的系統化分類。最具系統的反而是艾儒略於《西學凡》一書裡所作的闡述，而此又大量引用利瑪竇的《幾何原本》（北京，1607年）[5]的漢譯序文所言。

二、本木良永

　　長崎翻譯官當中也有不乏具身份地位的學者，本木良永（1735-1794）便是一例。其出生於翻譯世家，為第三代傳人。根據《長崎通詞由緒書》的記載，寬政三年（1791）[6]十一月，

---

[5] 同前註，頁55。

[6] 三枝博音：〈星術本原太陽窮理了解新制天地二球用法記解說〉，

本木良永獲令翻譯一部荷蘭著作，於同年秋天著手翻譯，1792
年脫稿。[7]他將書名題為《星術本原太陽窮理了解新制天地二
球用法記》，這是日本首度有系統地理解哥白尼學說（日心
說），不僅標示著日本現代天文學的起始點，亦被視為引進荷
蘭學統的一項重要貢獻，也因此有助於蘭學的發展。[8]該書是
一部相當特別的異文合併本，同時包含天文學以及比較語言
學的專論，文中有討論到日語和荷語在語音文法方面的重大
差異。

　　本木良永在《天地二球用法》一書中首次談及哥白尼學
說，這是他所翻譯的荷文著述，據他說原書名為《Onderwijs
van de hemel en aardse globen》，原作者是布勞厄（Willem
Johan Blaeu），布氏於 1666 年在阿姆斯特丹出版本書。本木
良永於安永三年（1774）所完成日譯版的序文中寫道，「翻譯
此書時並未依賴漢文或日文的文體規範，而是同時採用直
譯、意譯、音譯以及摘譯的手法以盡量貼近荷蘭文的原意」。
據他說因荷文與日文句法不同，所以其他的方法均無法掌握

井上哲次郎・小柳司氣太・高楠順次郎・富士川游監修、三枝博
音編纂：《日本哲学全書第八卷第二部　自然哲学　天文・物理学家
の自然観》（東京：第一書房，1936 年），頁 207。

[7] 杉本氏則說是在寬政 5 年（1793）。參見杉本つとむ：《近代日本
語の成立と発展》，收入《杉本つとむ著作選集 2》（東京：八坂
書房，1998 年），頁 267。

[8] 三枝博音：〈星術本原太陽窮理了解新制天地二球用法記解說〉，
頁 209。

荷文的意義。他又補充說自己請教過友人松村君紀關於荷蘭
文用語的「漢譯名義」（漢訳の名義）的問題，並請他協助潤
順句子。[9]這段話寫於 1774 年，同年《解體新書》出版，顯
示出對翻譯問題已有相當細膩的思考。

　　《解體新書》的凡例中我們也可以發現類似之翻譯方法
討論，共分為翻譯、意譯和直譯三類。「翻譯」是指以對應的
日文字代替荷蘭字，例如：以「骨」字代替荷文「beenderen」。
「意譯」是指新詞的翻譯，例如以「軟骨」翻譯「kraakbeen」
一詞。其實這是直接就荷蘭文字面逐字譯成，因為原本在日
文中並沒有軟骨這個單字，所以依照原荷文造出譯語。「直譯」
是指以音譯方式將原文拼寫成日文，因為現有的詞典編纂中
並無可對應之字。[10]「翻譯」特別指已有對應的漢語可用的情
況；「意譯」則指新詞的翻譯，也就是相當於「恆星」或「軟
骨」等和製漢語。「直譯」即一般所謂的「音譯」（音訳），換
言之即所謂的字譯，本木良永稱之為「仮借」。

　　《星術本原太陽窮理了解新制天地二球用法記》書中曾
提及一位哲人先師（filosofische onderwijzer），本木良永譯之
為「儒教」或「智學」。三枝博音認為，這是西方「philosophy」

---

[9] 同前註，頁 210。

[10] 杉本つとむ：《国語学と蘭語学》（東京：武蔵野書院，1991 年），
　　頁 378；《日本語の歴史》，收入《杉本つとむ著作選集 1》（東京：
　　八坂書房，1998 年），頁 255。

一詞的概念首次在日本的著書中被問題化，之後日本學者西周譯之為「哲學」。該書中還提到的其他譯詞還包括「恆星」、「惑星」、「火星」、「金星」、「木星」、「土星」等，代表一週的七天。[11]負責編輯出版《日本哲學全書第八卷第二部：自然哲學：天文物理學科的自然觀》、並收錄《星術本原太陽窮理了解新制天地二球用法記》一文的三枝博音說，《星術本原太陽窮理了解新制天地二球用法記》手稿有兩個版本，一份在編輯當時便收藏於長崎市政廳，另一份則存於內閣文庫，他所編輯的文本則為兩個版本的修訂版。內閣文庫的手稿上下兩卷中缺漏下卷，而〈和解例言〉以及一些圖示均屬下卷。此外，內閣文庫手稿省略了許多關於天文學術語與荷蘭文專有名詞翻譯的討論。[12]

　　幾年前我曾查閱內閣文庫的手稿，其置於一只盒子，內有一本南懷仁所撰之天文專書，書名是《新製靈台儀象志》。[13]本木良永的《星術本原太陽窮理了解新制天地二球用法記》被拿來充當南懷仁著作的補充，似乎認為前者可作為該書理論的日文解說，因此給了它一個標題《和解一卷》。此卷一開始便說荷蘭人將此書命名為《Gronden der Starrenkunde gelegt in het Zonne stelsel bevatlijk gemaakt in een Beschrijving van't

---

[11]　杉本つとむ：《近代日本語の成立と発展》，頁 269。
[12]　三枝博音：〈星術本原太陽窮理了解新制天地二球用法記解説〉，頁 211。
[13]　漢 7953 冊數 17 函號 305/213。

Maaksel en gebruik der Nieuwe Hemel en Aardgloben》，這句荷蘭文立刻點明日文標題的題旨，因為日文標題的詞序幾乎逐字貼近荷蘭文原文。手稿接著解釋荷蘭文字母及其發音，最後的落款年代為寬政十二年（1800），署款為魯鈍齋。

　　這段文字跟我們在《星術本原太陽窮理了解新制天地二球用法記》修訂版下卷〈和解例言〉一開始的說明幾乎一致。內文詳細討論荷語發音特色，本木良永對於荷語與日語之間的發音不同大感詫異，他表示可以用以表述荷語發音的所有方法，如片假名、或加濁音或半濁音的片假名、兩個假名的結合、插入表示促音的「ッ」，或於片假名旁加入其他符號等，都仍然無法如實表音。為此他請教了漢語翻譯官（唐通詞）石崎次郎左衛門，向他學習漢語發音，因此開始練習以漢字音譯荷文字母與發音，以今人的眼光來看，這實在非常了不起。一般傾向認為以日語音節進行音譯比較方便，但本木良永反而選擇使用奇特的漢字——或甚至發音奇特者——以提高標音正確度。至於是否因為漢字的優越地位使他作此選擇很難說，也或許可能因為南蠻時期一般皆是以平假名音譯外來字的作法，所以他想為自己與容易跟基督教信仰產生聯想的學統之間製造一些距離吧。另一個促使蘭學者將荷文譯為唐音的原因或許是，有些荷文的發音特色很容易同化成促音、撥音和拗音，這些也都曾是源自漢語的日文特色。[14]此外，

---

[14] 杉本つとむ：《日本語の歷史》，頁73。

我們或許也可以指出江戶時代某些地區的知識份子對於同時代的漢語口語（唐話）興趣特別濃厚。

本木良永顯然具有漢語發音的基礎，這點從他所使用的術語可以看得很清楚，例如：「反切」、「音」及「韻」等。此處特別值得玩味的是他選擇哪些漢字用來音譯荷蘭字，以及標於右側表示發音的片假名表示方式。既然本木良永請教過長崎的漢語翻譯官，又宣稱這些漢字的發音應為唐音，那麼他採用的發音系統應該與中國江南地區相近，因為在長崎的中國僧侶和商人多半來自江南地區。

這又是什麼樣的一種發音呢？它很可能接近於明末清初如金尼閣等活躍於中國南方的耶穌會士所學習使用的發音。近來也出現一些關於所謂「南方官話」的發音研究，或許我們可以觀察出本木良永使用的漢字以當時南方官話是如何發音，這樣也有助於我們的了解。回到本木良永的發音表來看，如 aak 等字字尾 k 音譯為「郭」，而與 aat 等字字尾 t 對應的是「鐸」。根據金尼閣的《西儒耳目資》，「郭」在漢語裡為有氣音（金尼閣的發音系統裡「郭」字發五聲），因為字尾 g 標為無氣音，即金尼閣的「古」（ku）為三聲，那麼可以得知他盡量在無聲破裂音與有聲破裂音之間作出區分，但是其區分也絕對稱不上系統化。表示 t 的「鐸」字在金尼閣的系統裡發五聲的 to，是無氣音；表示字尾 d 的「啜」字也同樣聽起來像發五聲的 to。因此，有氣音有時被用來模擬破裂音，有時則否。例如，破裂音 p 以三聲的「甫」對應，而 b 則寫

為「捕」，金尼閣標「捕」為四聲。

三、與唐話之間的關係

　　整體而言，我們可以說本木良永並非直接套用金尼閣的發音系統，然而其發音系統之音質與金尼閣所描述的江南漢語非常接近，因此與十七世紀的南方官話關係密切。當然我們需要更多研究才能知道兩套發音系統確切的相似度有多高。此外，本木良永所選用的漢字必定也是由漢語翻譯官石崎次郎左衛門所建議，而石崎是根據哪些漢語著述選字，這點仍有待確認。

　　另一方面，我們還有其他證據證明南方官話發音的運用。大槻玄澤《解體新書》的序文中曰：「音譯時我們適當使用杭州發音，地名則採用現行的漢譯，即使未見適合的漢譯，仍然採用不改譯。若無漢譯，一方面參考前例然後選用（發音合適之）漢字。」[15]

　　音譯荷蘭語的人名、地名等專有名詞的時候，蘭學者是參考什麼呢？另外，既然本木良永的書以手稿傳世，那麼問題是它的傳布範圍有多廣？雖然抄寫手稿在當時已非常普遍，但是仍有其限制。山村才助著有《外紀西語考》一書，

---

[15] 杉本つとむ：《近代日本語の成立と發展》，頁351。

此為收錄地名與其他專有名詞之字典。該書為一漢語同義字表，與相對應之拉丁文和荷蘭文並置，故讀者可以看到表示「邏輯」意思的「落日加 / Ladica（sic）/ Redenkonst」、還有「費西加 / Phisica（sic）/ Natuurkonst」、「默達費西加 / Metaphisica / Overnatuurkonst」、「費錄所斐亜 / Philosophia / Wijsbegeerte der Waerde」、「瑪得瑪第加 / Mathematica / Wiskonst」等。我們不難推測山村才助曾嘗試將艾儒略《職方外紀》裡的專有名詞與荷蘭名詞加以統整。[16]

江戶時期「natuurkunde」一詞常譯為複合名詞「窮理」，「窮理」二字源自《易經》。川本幸民的《氣海觀瀾廣義》（成書於 1850 年）為青地林宗的《氣海觀瀾》作註，書中我們發現有如下定義：「費西加者，窮物理之學也」。廣瀨元恭的《理學提要》（1856）將荷文「natuurkunde」一詞以漢字譯為「納都烏爾裙垤」（現在的拼音讀為 na du wu er jun zhi），並說明該詞意為「窮物理學」，[17]此一音譯必須以同時期的漢語發音才讀得通。同樣地，「獨度涅烏斯」也是以漢字發音才能對應「Dodonaeus」一詞。

這表示一來，傳統宋明理學的詞彙直到十九世紀中葉仍有人使用，另一方面也證明荷文名詞其實是以漢語發音而非日語漢音加以音譯，再度顯示以漢文包裝南蠻學統的策略隱

16　同前註，頁 56-57。
17　同前註，頁 57。

微地延續。宇田川玄真於《增補重訂內科撰要》（1822）序言
裡明言說：「凡荷文原作裡首次出現的名詞漢人已有翻譯，我
們一律遵循（該漢譯）……凡漢人已有音譯……我們一律採
用。」[18]其中值得注意的是，裡面還有一些佛經抄本片段，但
此不在本文討論範圍內。

　　宇田川榕庵的《植學獨語》（國立國會圖書館伊藤文庫所
藏）一書中的「zoology」（動物學）音譯為「Suo luo yi ya 索
羅義亞」，明顯必須以漢語發音才會接近原音；「botanica」（植
物學）音譯為「Pu duo e he 菩多厄訶」，這個字或許可以說比
較接近日語讀音「ボタヤクカ」（botayakuka），但第三個字不
甚對應；「mineralogy」（礦物學）音譯為「Mi nie la luo yi ya
密涅剌羅義亞」同樣地也是以漢語發音會比日語漢音更接近
原音。宇田川榕庵《植物啟原》（1833）區分三種科學類門，
分別是「弁物」，音譯為「Fei si duo li 斐斯多里」或是以日語
讀音讀成「ヒスタリ」（hisutari）表示荷蘭文「historie」（歷
史）一詞；還有「究理」，音譯為「費西加」，意為荷蘭文「physica」
（物理）；再來第三類是「舍密」，即是荷蘭文「chemie」（化
學）。[19]

　　漢人接受南蠻學統的影響為蘭學者提供了基礎架構，持
續對整個江戶時代的西學輸入產生相當影響。到底這是日本

---

[18] 杉本つとむ：《日本語の歷史》，頁 256。
[19] 同前註，頁 58。

文化裡根深蒂固的反祖現象使然，或只是純粹因為當時在東方，伊比利亞學統的引進比荷蘭學統更系統化，或者二者兼而有之也很難有定論。不過不論如何，多數譯者都論及學界中普遍存在高低雙語現象。翻譯西方書籍的時候，他們先行譯為漢文，之後才翻成日文，就某方面而言，日文翻譯版的地位類似荷屬東印度公司輸入日本的拉丁書籍的荷文翻譯版。這裡必須特別指出，儘管漢文化不再是仿效對象，但是漢學仍在大半的江戶年間擁有無比的優越地位。

（譯者：鄭惠雯）

江戶時代唐船帶來的中日文化交流

松浦章[*]

一、前言

　　江戶時代日本和中國的文化交流，因為日本德川幕府採取鎖國政策迫使日本人無法渡航至中國，所以基本上是依靠從中國通航到日本的船隻所形成的時代。因此從中國通航至日本長崎港的船隻，特別是江戶時代的人稱之為「唐船」。「唐船」的通航可說是為中日文化交流扮演極為重要的角色。

　　「唐船」的稱呼，和當時江戶時代的人一般稱中國為「唐」、稱通航至日本的人為「唐人」有關。日本稱中國為「唐」，在明末期的中國已為一般所認知。天啟五年，福建巡撫南居益將此事奏啟當時的皇帝・天啟帝。《熹宗實錄》卷五十八，天啟五年四月戊寅朔條裡寫道：

> 福建巡撫南居益題，海土之民，以海為田，大者為商賈，販於東西洋，官為給引，軍國且半資之法，所不

[*] 關西大學文學部教授。

禁，烏知商艘之不之倭而之於別國也。……聞閩越三
吳之人，住於倭島者，不知幾千百家，與倭婚媾長子
孫，名曰唐市。此數千百家之宗族，姻識潛與之通者，
實繁有徒。其往來之船，名曰唐船。大都載漢物，以
市於倭，而結連。

南居益報告道：從福建、浙江等江南地方赴日的人為數居多，
和日本人通婚成家在其居住地形成「唐市」，往來於中國和日
本的船隻稱為「唐船」，而這些船搬運輸往日本的中國商品，
取締非常困難。

　　明初以後，明朝逐漸採取海禁政策。到了十六世紀後半
以後，其政策逐漸舒緩。暗中偷渡至日本的商船也逐漸增多。
由此可見在德川幕府尚未成立之前，已經有許多中國商船帶
來中日文化交流。

　　德川幕府因緊縮對外政策而形成了一個嚴禁一般民眾赴
海外經商的時代。與海外諸國的積極關係，只限定於經由薩
摩藩的對琉球關係，以及透過對馬島宗氏的對朝鮮王朝外交
關係。相對於此，以通商為主經由長崎的對荷蘭與中國關係，
則顯的極為穩定。因此日本和中國的關係，可說經由長崎港
的通商關係，而形成吸收重要外來文化的主軸。江戶時代日
本和中國的文化交流，在中國商船，即唐船通商長崎的型式
下維持到幕末，可以說非常罕見。

二、回顧江戶時代的中日文化交流研究

　　有關上述江戶時代中日文化交流研究的先行研究成果，以中村（中山）久四郎氏的論文〈近世支那對日本文化的勢力影響：以近世支那為背景的日本文化史（近世支那の日本文化に及ぼしたる勢力影響：近世支那を背景としたる日本文化史）〉為開端。此篇論文從《史學雜誌》第 25 編第 2 號（1914 年 2 月）到第 26 編第 2 號（1915 年 2 月）為止，共發表八回。中山氏考察了中日文化交流，即儒學、史學、文學、言語、美術、宗教、醫學、博物學、漢籍所帶來的西洋新知識之吸收和政治法律、相互的物產、飲食物、音樂、武道、風俗遊戲等各式各樣的文化交流。中村氏在諸論中強調研究兩年前滅亡的清朝對日本感化的必要性。中村氏考察清代中國文化對日本的影響，下了如此結論：「近世支那對日本文化的影響非常大，和唐宋時代文物對我國的影響比較起來，完全不遜色」。[1]他並強調江戶時代日本所受的明清時代中國文化的重要性。

　　此外，從通商的角度來考察的矢野仁一氏有關長崎貿易的研究。矢野氏在大正十二年（1923）初夏，接下長崎市史編纂的工作，於翌年大正十三年，以「關於從支那記錄中看到的長崎貿易（支那の記錄より見たる長崎貿易に就いて）」

---

[1] 《史學雜誌》第 26 編第 2 號，1915 年 2 月，頁 4。

[2]為題進行演講。接著在大正十四年（1915）發表處女作，以
〈從支那記錄看到的長崎貿易（支那の記錄から見た長崎貿
易）〉（《東亞經濟研究》第 9 卷，第 1 號－第 3 號）為題之論
文。矢野氏於論文開頭如此說道：「長崎貿易就如同支那的廣
東是其唯一對外貿易港。不過，若比較日本依靠長崎貿易接
受外國文化的影響和支那依靠廣東貿易接受外國文化影響，
日本的長崎貿易可以說比不上支那廣東貿易。其影響程度之
大，已無法作比較。日本和支那的文化程度是如此的不同。」
[3]接著又說道：「說到長崎的對外貿易，也不過止於和荷蘭支
那的貿易，其中最重要的是對支那的貿易。荷蘭的商船體型
龐大，一船的乘載量亦多，不過船數卻很少，而且一年來長
崎的次數只有一次。和支那的商船春、夏、秋各來一次根本
無法相比。支那的總貿易額也因此高過荷蘭總貿易額，是其
二倍到三倍左右」。[4]矢野氏在此說明了中國貿易對日本的影
響。自此之後，矢野氏在研究中國近代史的同時，持續研究
長崎的中國貿易。其成果《長崎市史　通交貿易編　東洋諸國
部》（長崎市）發表於昭和十三年（1938）十一月。矢野氏在
此市史序文中說道：「長崎貿易的歷史只不過是敘述貿易本身

---

[2]　此為 1914 年 6 月 14 日史學研究會例會中的講演。《史林》第 9
　　卷 4 號，1924 年 10 月，頁 149-150 的報欄文章。

[3]　《長崎市史　通交貿易編　東洋諸國部》（長崎市役所編，1938 年 4
　　月），頁 462。

[4]　《長崎市史》，頁 463。

的沿革變遷，因此還不是很充實。透過長崎的門戶，利用長崎貿易的管道而傳入我國的支那文化，如何帶給我國文化刺激？如何幫助我國文化發展？另外，支那絲織物品乃至白絲的輸入，如何對我國織物業、製絲業的形成與發達發揮極大的貢獻？類似這種文化史上、產業史上的重要問題，才是記述長崎貿易所應當考察的課題」。[5]矢野氏在其論考中提出當時未曾被論述的重要課題。矢野氏所提出的課題，在八十年後的現代仍是極為重要的問題，然而，可以說至今尚未得到圓滿的解決。

其後，這個領域的研究有山脇悌二郎《長崎的唐人貿易》[6]的發表，接著有大庭脩《江戶時代唐船持渡書的研究》[7]、《江戶時代接受中國文化的研究》[8]的發表，從此有新的展開。爾後有關長崎貿易的研究，則有從日本角度進行研究的中村質《近世長崎貿易史的研究》[9]，以及太田勝也《鎖國時代長崎貿易史的研究》[10]等。另一方面，有從中國角度進行研究的松

---

[5]　《長崎市史》序，頁5。

[6]　山脇悌二郎：《長崎の唐人貿易》（東京：吉川弘文館，1964年）。

[7]　大庭脩：《江戶時代における唐船持渡書の研究》（大阪：關西大學東西學術研究所，1967年）。

[8]　大庭脩：《江戶時代における中国文化受容の研究》（京都：同朋舍出版，1984年）。

[9]　《近世長崎貿易史の研究》（東京：吉川弘文館，1988年）。

[10]　太田勝也：《鎖国時代長崎貿易史の研究》（京都：思文閣出版，1992年）。

浦章《清代海外貿易史的研究》[11]。經過這些專書的出版，研究也隨之深化。不過，中山久四郎氏在其大作中所指出的中日文化交流研究，並沒有受到重視。

三、江戶時代唐船帶來的中日文化交流

寬永年間，德川幕府實施所謂「鎖國令」，以九州為中心再轉而通航到日本各地的中國船，從此被限定只能通航到長崎港。

明末清初 17 世紀前半到 18 世紀前半之間，通航至長崎的中國船，遍佈中國大陸沿海地區的全部區域和東南亞地區的廣泛區域。此時，擁護明朝的臺灣鄭氏以及其對抗勢力的清朝船隻之貿易活動，亦在其中。

康熙二十二年（1683），臺灣的鄭氏向清朝投降，隔年清朝頒布「展海令」。結果，從大陸沿海地區特別是長江河口的江南地域往赴長崎貿易的船隻急速增加。以此時來航貿易船隻，也就是貞享二年（1685）十月通航至長崎的八四番、八五番寧波船為例來看的話，可得知以下所述情形。

> 這些船隻是屬於本國漳州乘載乘客與貨物的運輸船，
> 為招攬乘客或乘載貨物，每年春天從漳州前往浙江寧

---

[11] 松浦章：《清代海外貿易史の研究》（京都：朋友書店，2002 年）。

波府，於此地招攬乘客與貨物後再通航至此（長崎）。
[12]

這兩艘寧波船原屬福建漳州的船隻，無論在漳州貿易的商人或載往日本的貨物都不是很充足，因此從廈門北上至寧波，在此處籌措銷往日本的貨物後再航行至長崎。

「展海令」發布期間，希望到日本貿易的商人相當多，貿易商品因此開始出現供不應求的情況。日本面對突然急速增加的中國船，開始限制進入長崎港貿易的船隻數量，於元祿二年（1688）限制一年70艘，元祿十一年（1698）後限制為一年80艘，寶永六年（1709）後限制一年僅能有59艘入港。

然而長崎貿易卻因而帶來金銀與銅的外流。日本為遏止這種情況，於正德五年（1715）頒布「海舶互市新例」，即所謂「正德新例」。「正德新例」除了貿易船隻的制限外，並發行「信牌」（長崎通商許可證）給航行至長崎的船主，船主下次來長崎時若沒有「信牌」就無法進行貿易，也就是說實施一種限制貿易的制度或指定商人的制度。

日本於享保二年（1717）限制中國船隻來長崎的數量為一年40艘，明和二年（1765）限制入港船隻數量為13艘，

---

12 《華夷變態》上冊（東京：財團法人東洋文庫，1958年3月，東京：東方書店，1981年11月再版），頁536。

其後於寬政三年（1791）限制為 10 艘，這情形持續至幕末。

【圖1】　　唐館內的情景（引自：石崎融思《唐館蘭館圖繪卷》）

　　「正德新例」頒布實施後，來長崎的船隻主要被限定於江南地域。這時期的情況可參考《長崎實錄大成》卷十，「海路更數並古今唐國渡湊之說」的以下內容。

> 當代以上海、乍浦兩地為宜，諸唐船往來皆於此兩地集結進行交易。此兩地不限四面八方來的如針織布料、藥材、雜貨、諸器物等任何產品，數百商家皆運送至此兩地。江南、浙江、福建等商民籌措原價銀後於此兩地出船。亦有寧波、舟山、普陀山、福州、廈門、廣東來的船，不過大部分是以上海、乍浦為據點

出發的船。[13]

上海和乍浦成為對日貿易時中國船出航的主要港口。清《世宗實錄》卷七十二，雍正六年（1728）八月乙未（十七日）條中如此寫道：

> 查平湖縣乍浦地方，係江浙海口要路，通達外洋諸國。且離杭州，止有二百餘里。

浙江省嘉興府平湖縣治下的乍浦成為對外通商的主要港口。其位於離浙江省城杭州二百里處，在防衛上是極為重要的地點，因此早已受到注目與重視。關於乍浦為對外通商的主要港口，浙江總督管巡撫李衛於雍正八年（1730）正月初六的奏摺中記載著：「乍浦係東洋日本商販往來要口」。[14]

乍浦自此成為東洋（日本）商販往來的重要港口，屬於浙江省嘉興府平湖縣的乍浦鎮成為對日貿易的基地之一，備受注目。乍浦直到 19 世紀中葉為止，一直保有對日貿易主要港口的地位。因此乍浦被當時的英國人記載道：

> 乍浦位於杭州灣，其商業上的重要性即在於獨享和日本之間的貿易權利，其貿易為六艘中華帝國的木造帆

---

[13] 《長崎文獻叢書・第一集第二卷・長崎實錄大成正編》（長崎：長崎文獻社，1973 年 12 月），頁 241。

[14] 《宮中檔雍正朝奏摺》第十五輯（臺北：國立故宮博物院，1979 年 1 月），頁 424。

船（即中國式帆船）所獨占。[15]

從以上內容可清楚得知，乍浦曾是中國對長崎貿易的主要基地。

何以乍浦會如此受注目？其重要因素之一在於其背後有蘇州的存在。清代蘇州在中國商業中為物資的主要集散地，特別是從包括江南三角洲地區來的高級絹織物以及其他手工業製品等，非常容易在此地入手，從日本來的舶來品，亦非常容易在此地進行買賣。[16]

乍浦的立地條件，除了和大商業地區蘇州的密切關係之外，位於大陸的沿海地區，亦是中國東南地區福建與廣東來的沿海貿易船隻的停靠港。例如，在中國東南沿海地區生產的砂糖等，被中國沿海帆船運送到乍浦，接著在此被轉載至對日貿易船後才被運送到長崎。來到長崎的中國船的貨物中，被當成船底配重的重要東西，即是中國東南地域生產的砂糖。

中國船從日本攜入大陸的貨物，主要有日本產的銅和海產品。伴隨中國貨幣經濟的發展，特別是和銀一起流通的銅錢明顯不足，而其主要供給源即是日本。

---

[15] 前揭松浦章：《清代海外貿易史の研究》，頁 98-117。

[16] 前揭松浦章：《清代海外貿易史の研究》，頁 382-402。

中國雖然在雲南地區等生產銅，不過在康熙五十五年
（1716）時供應給清朝的銅當中，日本產的銅大約是 277 万 2
千斤，而雲南產的銅才 166 万 3 千斤。日本銅所佔百分比為
62.5%，而雲南銅所佔百分比則為 37.5%。日本銅的供應對清
朝製造貨幣有相當大的貢獻。[17]

日本銅在十八世紀以後產量逐漸減少，不過中國方面對
日本的海產品卻有新的需求。中國特別注目的是乾海參、乾
鮑魚、魚翅。乾海參在中國被視為海裡的人參，作為藥用人
參非常合適，因此非常珍貴。乾鮑魚在中國又被稱為「鰒魚」，
無論是乾海參、乾鮑魚或魚翅都在清代料理中嶄露頭角，並
成為海鮮料理的主要食材。[18]日本方面因應中國需求而積極增
產此三樣物品。

光緒（1875-1908）年間，任命駐日公使赴任日本的何如
璋在《使東雜記》中記述道：「中商多以棉花、白糖來，以海
參、鰒魚諸海錯歸」[19]，多數中國商人乘載綿花和砂糖來日本，
並攜帶海參、乾鮑魚以及各式各樣的海產品回國。如何如璋
所述，日本的乾海產物在江戶時代以後受到注目。

---

[17] 松浦章：《江戶時代唐船による日中文化交流》（京都：思文閣出
版，2007 年 7 月），頁 111。

[18] 前揭松浦章：《清代海外貿易史の研究》，頁 382-402。

[19] 何如璋：《使東雜記》，《小方壺齋輿地叢鈔》第十帙所收（臺北：
廣文書局，1962 年影印本，第 52 冊，頁 8001）。

　　與日本進行貿易的中國商人團隊在 18 世紀前半以後，主要由貨主、來航長崎的船長、船主、船員所構成，對長崎貿易的中國商人團隊的中心人物是船主（日本稱船頭）。[20]船主當中有許多長期來長崎的，其中亦有要求和日本文人交流的知識人。首次將《古今圖書集成》全卷帶來日本的汪繩武、水戶地理學者長久保赤水所接觸的明和期商人被畫在長久保赤水《清槎唱和集》中（參照【圖 2】），司馬江漢所遇到的天明期商人等也在內。[21]

【圖 2】　《清槎唱和集》的唐人圖

　　收集傳到日本的中國佚書，將其帶回中國的汪鵬（汪竹里）亦是其中一人。他帶回中國的《古文孝經》，之後為鮑廷博收錄、翻刻在《知不足齋叢書》。今日仍然能看到該叢書《古文孝經》的序文中有汪鵬的名字。[22]現存的長崎崇福寺媽祖堂的匾額上刻有楊嗣雄（楊西亭）的名字，此人為醫師，廣為

20　前揭松浦章：《清代海外貿易史の研究》，頁 73-90。
21　參照前揭松浦章：《江戶時代唐船による日中文化交流》，第三編〈中国商人と日本〉。
22　前揭松浦章：《江戶時代唐船による日中文化交流》，頁 202-216。

人知。[23]

　　這些來日的中國人居留在長崎時所利用的地方為唐館，所住地區被稱為「唐人屋敷」。江戶時代的人稱通航到長崎的中國人為唐人、稱其船為唐船。而且這些中國人所居住利用的區域則被規定在某一區域，又稱「唐人屋敷」。中國稱為唐館。長崎貿易初期，中國人所居住利用的區域為日本規定的「宿町」。不過發生許多問題，因此日本才在元祿二年（1689）設置「唐人屋敷」。來日的中國人居留在長崎時，全都被命令住在此館。這種情況持續到慶應四年（1868）該館被拆除為止。

　　為期很長的中國長崎貿易隨著時代潮流有很大的變化。首先，作為長崎貿易基地的乍浦和其背後的蘇州，遭受到太平天國軍的進攻，其商人的貿易組織因而消滅。另一方面日本實施開國後，通航到日本的皆是歐美新型的快速帆船、蒸氣船。來長崎貿易的中國船，因這些商船貿易的頻繁，急速失去國際競爭力。

　　以上所述江戶時代來長崎貿易的唐船所帶來的中日文化交流，只不過是當時情況的一部分。希望本論能成為下一研究發展與深化的基石。

---

[23]　前揭松浦章：《清代海外貿易史の研究》，頁 247-251。

四、結論

當我們看到近世日本和中國的文化交流時，可以發現到最典型的是在長崎的中國貿易。此貿易從江戶初期到幕末為止持續進行不曾間斷過。

每年來長崎的唐船，依照其航行年的干支順序寫上號碼（如甲一號船、甲二號船）來進行貿易。正德五年（1715）實施「海舶互市新例」、「正德新例」以後，日本發行「信牌」給中國船主，令其持長崎通商通行證入港，若不遵守規定則禁止其下次再來長崎。「信牌」可說是入港的絕對必要條件。來長崎的中國商人若違反日本國法的話，則無法再從日本拿到新的「信牌」，也就是說不可能再來日本。

清國方面，從江戶時代初期開始積極輸入東洋即日本所生產的洋銅（日本產的銅）。日本自此成為中國國內康熙通寶等銅幣鑄造所需的銅之重要供給源。因此有許多中國商人來長崎進行貿易。不過當日本銅的產量減少，對中國的供給量相對減少，中國方面改為積極購入日本產的乾海產品，即中國所謂鮑魚、海參以及魚翅等。這三種產品成為清代民眾新海鮮料理的重要供給源。這些乾海產品一躍成為日本輸往中國的貿易商品。[24]

---

[24] 參照前揭松浦章：《清代海外貿易史の研究》。

　　上述的貿易關係，並不是在政治層面上建立明朝中國與室町幕府之間所謂冊封關係上的通商關係。然而，清國政策的變化與日本貿易政策的變化，卻給予在長崎的中國貿易趨勢很大的影響。江戶時代中日兩國關係是以經濟交流為主，不過其背後仍有濃厚的政治影響力，無論是清朝中國的或德川幕府的政策所帶來的。[25]

　　日本和來長崎貿易的中國商人接觸，不僅將其視為商人，另外亦要求其以文人的姿態來進行文化交流。長崎因此成為江戶時代文人所憧憬的地方。另一方面，來長崎貿易的中國商人當中，亦有人將在中國已失傳的書籍帶回中國。其代表人物為汪鵬。楊守敬於明治時代渡航到日本，並從日本攜帶許多和中國有關的書籍回去，而在楊守敬來日本約一百多年前，就已經有同樣想法的中國人存在。汪鵬以中國商人的身分來長崎貿易時，是以汪竹里的名字來進行活動，因此沒有受到注目。然而，最初若以汪鵬的名字出現在貿易記錄中的話，應該就不會被埋沒而不為人知。汪鵬在日期間，活動範圍只限定在長崎的「唐人屋敷」，他在此限定範圍內極盡最大努力透過日本商人來收集書籍，這對清朝學術界可以說貢獻很大。

　　江戶時代的中日關係，並不止於正常貿易關係。中日關

---

[25]　參照松浦章：《江戶時代唐船による日中文化交流》，第二編〈清朝中國と日本〉。

係有時是，連因異常天候因素遭遇海難的人都無法預期的關
係。漂流問題即是其一。關於江戶時代漂流至中國的詳細事
例有相田洋氏的研究。[26]另外，有關江戶時代人的漂流記錄，
有些仍被保存在現今日本的民家中，其中亦有中國人送給日
本漂流者的漢詩存在。[27]

　　上述近世中日關係進一步影響到世界情勢。特別是幕末
的德川幕府，放棄幕府成立以來的「鎖國」政策，積極進出
海外。為了擴大在中國上海的貿易而派遣官船。第一艘在文
久二年（同治元、1862）四月，從長崎出發至上海的官船為
千歲丸。搭乘千歲丸的高杉晉作、五代友厚，感受到上海的
繁榮景象並對清朝中國大為改觀。他們在上海期間正值報紙
《上海新報》在上海發行的時期。該報於咸豐十年（1861）
十一月發行於上海，為英國商字林洋行所主事。多數是刊載
外國新聞的翻譯，另外亦揭載有關太平天國動向的重要文
章。《上海新報》於 1862 年 6 月初到 7 月末之間，記載了德
川幕府官船千歲丸的成員旅居上海的事蹟。另外，當時在上
海發行且極具影響力的英文字報《*The North-China Herald*》
No.619，7 月 7 日號當中，用以下記載來表示對千歲丸來上海
的關切。

---

[26]　相田洋：〈近世漂流民と中國〉，《福岡教育大學紀要》第 31 卷第
　　2 分冊，1982 年 2 月。
[27]　前揭松浦章：《江戶時代唐船による日中文化交流》第三編，頁
　　301-324。

在這數日之間，掛上日本國旗的英製船隻入港至上海。此事值得注目。日本政府不是只有購入船隻，還乘載自國產物以及製品來進行貿易。此事可以說是對其奇特的排外政策投入全新的曙光。在此之前我們所聞的是，該帝國的專制君主、官僚、大名不僅反對促進對外通商，甚至輕蔑從事商業或海運的人。[28]（以下省略）

德川幕府放棄開國以來的「鎖國政策」，開始實施對外貿易政策，派遣千歲丸到上海的事已為居住在亞洲的歐洲人所知。對居住在亞洲的歐美人而言，日本的新發展可以說是值得注目的。

給予長期持續進行的長崎貿易最大影響的是，在中國本土擴大勢力的太平天國。太平天國勢力的擴大，造成維持長崎貿易的中國商人的貿易基礎，也就是江南經濟的癱瘓。自古以來的唐船長崎貿易，逐漸無法維持並陷入困難，甚至出現雇用英國船隻來維持貿易的情形。另外，亦有一部分中國貿易商人被迫居留在日本而發生無法維持生計的情形。

在世界史中，如清朝中國與江戶時代日本的關係，只有從中國通航至日本持續二百數十年的貿易關係，是極為罕見

---

[28] 《外国新聞に見る日本》第 1 卷（1851-1873）（東京：每日コミュニケーションズ，1989 年 9 月），頁 186。

的事例。兩國關係中雖然有彼此的政治之影響，然而若從日本視點來看，中國商人的長崎貿易不僅止於經濟交流，甚至還扮演了中日文化交流的重要角色。此文化交流的經驗孕育了十九世紀後半日本推行近代化的重要動力。

（譯者：廖欽彬）

試論江戶幕府對朝鮮性理學的
受容及其意義

金勝一[*]

一、序論

　　江戶幕府是日本封建制度下唯一維持長達 265 年穩定統治的政府。維持如此長時期穩定統治的背後有兩個條件，一是內在條件，另一個是外在條件。外在條件主要是指，中國元朝於 13 世紀後期先後十二次征伐日本的遠征計畫最後宣告失敗，為日本脫離東亞範圍獨立發展贏得好時機。自從宋朝以降的東亞國際貿易秩序因為元朝的征服戰爭而受到破壞，東亞地區的統治變得相當費勁；[1]所以元朝便致力於恢復以往的國際貿易秩序。靠近大陸的大部份國家皆受其直接影響而恢復往常秩序，但是，與亞洲大陸隔海相望的日本則不受其直接管制。

---

[*] 韓國國民大學韓國學研究所教授。
[1] 參照濱下武志：《近代中國の国際的契機》（東京：東京大學出版會，1990 年）。

　　當時的日本，鎌倉幕府體制受到動搖而全國捲入混亂狀態，部分在經濟上陷於困境的海岸地區勢力轉為倭寇，闖入朝鮮半島及中國南部海岸地區，擾亂了國際貿易秩序。元朝為了從根本上解決問題而進行兩次動員高麗王朝的日本遠征，可是都因為颱風而被迫作罷。爾後，元朝又安排了十次日本遠征計劃，卻因為內外種種原因未能實際發動征戰。[2]這樣的遠征失敗為日本提供了脫離東亞秩序體系的機會，此後日本便獨立統治自己的國家。這就是江戶幕府在穩定中求發展的外在背景。

　　在上述外在環境中，經過戰國時代而統一日本的德川幕府因而可以構築獨特的統治體制促使國家政治趨於穩定，這就是內在背景。形成這些背景的主要關鍵便是「朱子學」的受容。換句話說，江戶幕府為加強統治秩序，接受過去未曾接觸的新儒學——「朱子學（性理學）」，並以此作為其統治理念，確立中央集權制，建立一套強而有力、體系完備的統制體制。[3]

　　前述兩種背景中，關於外在背景筆者擬另文討論，本文將針對內在背景——「江戶幕府對朱子學的受容及其應用」

---

[2] 金勝一：《韓國歷史的國際環境》（首爾：耕慧社，2005 年），頁122。

[3] 歷史學研究會、日本史研究會編：《講座日本歷史 6》（東京：東京大學出版會，1989 年），頁 55-63。

的角度進行論述。主要討論以下三點：第一，江戶幕府如何接受朱子學；第二，其接受的朱子學具有哪些邏輯性；第三，江戶幕府如何將朱子學的邏輯運用在政治和社會上。同時也將嘗試探討在那種統治下的日本社會如何變化？以及其與日本近代化之關連。

二、朝鮮性理學的特點

儒學思想在宋朝有一個劃時代的變化，史稱「新儒學」（Neoconfucianism），將此一理論加以整理並體系化的學者為朱子，所以，新儒學又稱朱子學或性理學。性理學在解釋或說明世界方式與過去的儒學有所區別。過去儒學認為世界整體為不斷變化的，所以傾向於從現象界尋找運動的原因。相對於此，朱子學則認為世界是以動變的現象界及其形而上學為依據的原理世界。這是雙重結構。主張人的心在不受事物的刺激時不動而靜；靜態一旦受到刺激就發「動」而動，然後又靜止，進行所謂的反復運動。自然界也是如此，晝夜在循環，持續著夏去冬來、冬去夏來的反復運動。認為人心和自然都以同一類型作變化。為此，朱子觀察心的作用和天體的運動，並且研究有關曆法的文獻，藉以探索發生這些動作的必然原因和根據。而指出迴圈運動變化的現象界為「氣」，其根據為「理」。

　　當時一般認為《周易》所云：「一陰一陽之謂道」，意即：「在一定的秩序下產生世界的變化，此謂『道』」。[4]而朱子對這種思考則說明：「陰陽之迴圈運動為『氣』，其『理』為『道』」。從朱子開始世界被認為是以「理」和「氣」的雙重結構。

　　換言之，「理」和「氣」的關係為「不離而不雜」。「不分離」的意思是「理」和「氣」不以時、空作分離。他們各自擁有「形而上」、「形而下」及「絕對價值」、「相對價值」之獨自領域。[5]

　　如此，朱子學便將「自然」與「心」之間的關係視為一個體系。並且其中重點在於「心」。[6]「心」由「性」與「情」構成。「心」的本體為「性」，其作用為「情」。朱子以「性」為主題，說明「理氣學」。他在解釋《中庸・第 1 章》所云：「天命之謂『性』」時，定義為「『性』即『理』」。亦即，人的本性是作為一切價值根據的「絕對善」的本身。[7]

　　然而，現實上每個人「善」的程度皆不同，並且有些「不善」。對此，朱子認為：因為現實存在的一切是合「理」和「氣」為一的「心之本體」，而無論如何必須與「氣」連結才行，所以只有「理」和「氣」之結合才能成為現實的「事物之本性」。

---

[4] 《周易・繫辭傳》（瀋陽：萬卷出版公司，2008 年），頁 344。

[5] 崔永真：《退溪・李愰》（首爾：生活，2002 年），頁 53。

[6] 說明當時看不到的「宇宙和個人」之關係。

[7] 《中庸》：「天命之謂性，率性之謂道，修道之謂教。」

不過「理」和「氣」結合時按照「氣」的清濁，其「善」會顯現或隱蔽。人的「濁氣」透過修養和教育，使善性體現出來而可以使其成為聖人。

總而言之，朱子繼承孟子「性善說」而稱之「性即理」，乃是：人本具備「理」的本性，都是絕對善的存在物，可以進行道德行為；他們透過修養來恢復「善」的本性進而實踐於社會。

可是朱子對「心」的構成要素之一的「情」只提到「性之顯現為情」的觀點，並沒有進一步探討「情」的體系內涵。換句話說，中國宋朝理學中沒有重視「情」這一要素。相對於此，朝鮮的朱子學則正式提出「情」的問題。如此一來，朝鮮形成了自己獨有的性理學體系。這一點便是中國朱子學與朝鮮朱子學的主要區別。

朝鮮朱子學體系中提出「四端七情論」。這理論體系進入十六世紀後完成體系化。四端[8]出自《孟子》，七情[9]出自《禮記》。朱子同時也曾提出四端和七情，[10]可是當時，中國或日

---

[8] 「四端」是孟子為了主張人性本善所以能實施道德行為而提出的。孟子說「不忍之心」的具體經驗的內容是四端，亦即人因為具有「惻隱之心」「羞惡之心」「辭讓之心」「是非之心」之感情而能實施道德的行為。《孟子・公孫丑上》第 6 章。

[9] 《禮記・禮運》篇：「何謂人情？喜怒哀懼愛惡欲七者。」

[10] 在「四端七情論辨」中成為問題，不是七情，就是「喜怒哀樂」

本並未出現重視「情」的朱子學體系學說，因此，朝鮮性理學具有其獨創性。

此一理論的核心為「四端」及「七情」之「情」，也就是以「理氣論」來說明「四端」為核心。亦即朝鮮的儒學家以體現「心」的實質性作用的「情」設為主題。這個理論的特點不在於哲學性推理，而在於其現實性、具體性。

尤其，進行八年的「退高四端七情論辨」，到奇大升接受李退溪看法才告結束，[11] 經過這些論辨，得以建構中國朱子學化為韓國性理學之本土化基礎；同時也讓儒學思想發展至另一階段。這些朝鮮性理學者間的「理氣論論辨」之後更延續到宇宙論、心性論、修養論等論辨。

朝鮮的性理學不同於中國的朱子學同時強調「修身」之「修己之學」及「治人」之「治人學」的特點。朝鮮的朱子學在受容上述兩點的前提下，更加強調「修己之學」的特點。

四情。

[11] 四端和七情原本是沒有關聯的概念。對於這兩概念之關聯性，最早加以說明的是權近（1352-1409）的《入學圖說》。隨後承繼其看法的是柳崇祖（1452-1512）的《大學十箴》以及鄭之雲（1509-1561）的《天命圖解》。鄭之雲以「理」和「氣」說明四端和七情。李退溪看過《天命圖解》之後，與鄭之雲討論而於 1553 年補充完成了修訂本。這個修訂本引起奇大升（1527-1572）的批判，從此展開「退高四端七情論辨」。

[12]朝鮮朱子學的邏輯結構，為經歷戰國時代、急需建立新國家秩序的德川幕府，提供了十分有效的統治理念。

三、日本受容朝鮮性理學及其發展的概況

德川家康及其支持者利用「天道」[13]之說，推翻原來的主君，揭開江戶時代的序幕。但是他們擔心另有一幫勢力也可能借用「天道」之說來推翻自己。因此，家康眼前的首要之務便是抑制戰國時代「以下犯上」的風潮，恢復穩定的封建秩序。另外，如何充分地說明新武士政權建立江戶幕府的正當性以及關於削減天皇大權的正當性，也是家康面臨的關鍵問題。

為了解決這些問題，於是著述了《本佐錄》——目前無法確認是藤原惺窩（1561-1619）還是建國功臣本多正信（1538-1616）所編撰的——以天道觀謀求解決。這本書提及：家康不是以武力得天下，而是「天」選擇擁有治理天下之能的家康。[14]

---

[12] 阿部吉雄：《日本朱子学と朝鮮》（東京：東京大學出版會，1965年），頁 1-3、39。

[13] 宇野精一等編：〈東洋思想の日本的展開〉，《講座東洋思想》第10卷（東京：東京大學出版會，1967年），頁 303。

[14] 同註 13，頁 303。

家康並非第一位高喊權力來自「天」的人，「大和改新」[15]時也曾用過同樣說法。[16]然而，因為這一句話，變成隨時可以「以下犯上」。「天」可以代表「天皇」，對於削減天皇權力的家康而言，這不是合乎情理的作法。

另一方面，從思想意識型態來看，利用以漢唐儒學為根據的「天命觀」來適應這種局勢是有限的。因此，江戶幕府的統治者急切需要肯定當時秩序的理念。

對當時日本思想界深具影響力的有，佛教、耶穌教、神道以及儒學中的朱子學和陽明學等。佛教追求來世幸福而相對輕視現世，當時已喪失思想上的創發性和吸引力，[17]因此佛教無法適應新局勢的要求。耶穌教當時在九州擁有許多信徒，那些信徒極具耐心而且在精神上的吸引力很大，不過他們聲稱「在上帝面前人類都是平等的」，與當時江戶政府所追求的嚴格身分階級制並不相符。甚至也有農民起義的例子。[18]

---

[15]　孝德天皇之即位年號是「大化」。他的新政府於 646 年宣布「改新之詔」，其新政確立了古代日本之中興基礎。

[16]　王家驊：《儒家思想與日本文化》（杭州：浙江人民出版社，1990年），頁 26-41。

[17]　「自佛者言之，有真諦，有俗諦，有世間，有出世。若以我觀之，則人倫皆真也。」阿部吉雄：《日本朱子学と朝鮮》，頁 89。

[18]　1637 年的「島原之亂」是由反抗江戶幕府的耶穌教徒及農民發起的鬥爭。

而陽明學主張的「心即理」思想也被改造，很可能成為反抗幕府體制的勢力。

幕府統治者最容易接受的便是富有思辨性的朱子學。朱子認為「理」為世界根本，舉出「仁義禮智忠孝」，定出「是非」、「善惡」的標準，甚至提出封建倫理來作區分，利用無數的自然現象，以自然規律性來論證封建倫理的必然性。因此可以作為肯定現世的封建秩序。例如，提出「父之慈，子之孝，君仁臣忠」而肯定它是「一個公共的道理」。[19]而且結合「理」和「天」後，把「三綱五常」提昇到高尚無比的「天理」地位。這些「三綱五常」的絕對性未演變為宗教，不過維持封建秩序，卻比其他任何宗教來得方便。

江戶幕府剛成立時，日本人尚未知道新儒學之一的朱子學。被推崇為日本朱子學鼻祖的藤原惺窩，在見過壬辰倭亂中被抓來的朝鮮人姜沆之後，才知道朝鮮性理學並且開始沈迷其中。

江戶政府成立之前的戰國時代，「以下犯上」已是常態而毫無「君臣之義」可言。中世的幕府時期並不能說完全沒有儒教。可是當時的日本禪僧對儒學的關心，只是把儒學當作佛教的一種補充學說。這儒教是以漢唐儒教、是以五經為中心的訓詁學。研究這儒教的代表人物首推藤原惺窩。

---

[19] 《朱子語類》卷 75。

　　惺窩所學的以五經為主的儒教是過時的治學態度，主張補佛論，只因為要補充佛學理論上的不足所以才學儒教。[20]可是江戶時代的新學術──朱子學（即性理學）卻從他而起，這是件歷史的反諷。[21]

　　1590 年朝鮮國使一行人在京都時，惺窩曾造訪他們，並以詩文贈答進行交流。當時朝鮮使節書記官許箴曾撰寫文章相贈，曰：

> 子釋氏之流，而我聖人之徒，方當距之之不暇，而反為道不同者謀焉，無乃犯聖人之戒，而自陷於異端之歸乎。[22]

許箴對於禪宗和儒教之區分說明得很清楚，學習禪儒的藤原惺窩飽受打擊。可是，當時惺窩還不了解許箴為何把儒教說是「聖人之徒」。幫惺窩以儒者自立門派的人則是姜沆（1567-1618），[23]他是丁酉再亂時從朝鮮被抓來的俘虜。繼承退溪學

---

[20] 平安時代已有了「大學寮」的名稱。由此證明當時已經有了儒教，以及日本朝廷世襲儒教的狀況。但是這些儒學可以說是閉鎖的「家學」，而且沒有向一般民眾開放。因此截至江戶幕府初期，尚不知道朱子所提唱的新儒學。

[21] 姜在彥：《朝鮮儒教の二千年》（東京：朝日新聞社，2001 年），頁 318。

[22] 阿部吉雄：《日本朱子学と朝鮮》，頁 50。

[23] 姜沆於 1597 年 8 月南原城戰役時被捕虜而遭送至日本。他在日本被軟禁時，第一次軟禁場所是伊予大洲城（愛媛縣大洲市），

脈的他被抓至日本軟禁時，許多日本思想家找他學習性理
學，因而成為中興日本新儒學的見證人。姜沆得到惺窩及其
門人的協助，於 1600 年 5 月返回朝鮮，回國後並詳細記錄在
日本的所見所聞及親身體驗，撰寫了文集《看羊錄》。[24]文集
中關於與惺窩之相遇有如下的描述：

> 自從余來倭京，為了解倭國內情偶與倭僧接觸。偶有
> 既曉文字（漢文）又分辨事理者。有數人常造訪於軟
> 禁中之我。其中亦包括妙壽院蕣首座……其人聰穎又
> 解古文，書籍亦無不精通者。[25]

文中提及的「妙壽院蕣首座」即是指惺窩。由於惺窩是位為
人清廉而剛正的文士，所以頗獲德川家康的器重。儘管傳授
新學問的姜沆比自己年少，仍然願意以弟子身分自居，因而
得以將性理學傳播到江戶幕府。[26]惺窩首先在姜沆的協助下編

之後被帶往京都伏見，在這裡見到了惺窩。姜沆曾在 16 世紀名
儒成渾之門下學習，1593 年科舉文科及格。被逮捕以前，負責
調派防衛湖南的明軍及朝鮮軍之兵站，身分是戶曹分戶層之從事
官。

[24] 姜沆於 1600 年返回朝鮮。回國後向國王宣祖報告在日本的見聞。
19 代國王肅宗下賜書額「今蘇武」。蘇武是漢朝時被匈奴捕虜的
漢人。他在匈奴牧羊度日，歷時 19 年才得以返回中國。《看羊錄》
的書名即是由此而來。

[25] 〈賊中見聞錄〉，《看羊錄》。

[26] 藤原惺窩拜託姜沆撰寫《四書五經倭訓》之跋文。弟子向老師請
託撰寫的跋文具有相當大的意義。

撰了《四書五經倭訓》一書。[27]這是用日文以朱子學觀念解釋四書五經的範本。過去，在日本除了對經典博學的博士以外，不允許民間人士詮釋儒家經典，也不允許宋學新注在社會上流通，所以影響層面甚小。僅有禪僧中熟悉儒教經典的博士會為《大學》、《中庸》等書作新的注解；《論語》、《孟子》和「五經」則仍舊通行以前漢唐之注解。在這種情況下，惺窩從宋學的觀點加注的「四書五經」是反傳統行為，這也意味著儒學的新變化。透過惺窩的努力，日本儒教一改過去侷限用於宮廷內知識教育的狹隘範圍，開始向社會開放，進而促使專職研究儒學的學者出現。

　　1609 年於釜山設置了倭館，爾後每當幕府有新將軍即位，就會派遣朝鮮通信使赴日，前後總計十二次。每次赴日皆進行廣泛的文化交流，[28]當時擔任使節團的朝鮮儒者為江戶幕府儒學思想和學問奠定了根基。[29]禪僧出身的林羅山就是透過交流而精通朝鮮性理學並加以傳播的人物之一。

---

[27] 「本朝儒者博士。自古唯讀漢唐註疏。點經傳加倭訓。然而至于程朱書。未知什一。故性理之學。識者鮮矣。由是先生勸赤松氏。使姜沆等十數輩。淨書四書五經。先生自據程朱之意。為之訓點。」〈惺窩先生行狀〉，太田兵三郎、小系夏治郎編纂：《藤原惺窩集》（京都：思文閣，1978 年復刊），頁 7。

[28] 參照青木美智男等：《日本史》（東京：三省堂，1993 年）。

[29] 日本史書為了隱匿這些史實，記敘性理學是從中國傳來的，以掩飾朝鮮比日本先進以及日本受到朝鮮之影響的事實。高永子：《日

　　林羅山聰明過人，為人勤勉，受到德川家康的肯定，也因而得以一生致力於學習與普及朝鮮的性理學。[30]爾後成為惺窩的四大弟子（「藤門四天王」）之一。輔弼將軍期間，他的努力獲得幕府的認可，於「文治政治」期提出以禮為重的性理學思想，促使幕府接受採行性理學。此後，地方藩鎮（大名的領地）所錄用的學者亦以性理學學者居多了。林羅山並教出效力於幕府的木下順庵（1621-1698）及其門人新井白石（1657-1725）、室鳩巢（1658-1734），還有以退溪學為學問起點、以退溪之著作為教科書而有日本朱子學第一人之稱的山崎闇齋（1618-1682），以及讀李退溪《自省錄》後自悟並建立學問體系、成為熊本實學派之鼻祖的大塚退野等性理學者。[31]其影響持續延續到下一代，諸如谷秦山、元田永孚等近代儒學者。[32]

　　本的近世將軍時代》（首爾：撐字出版社，2004年），頁142。

[30] 洪允基：《日本文化史》（首爾：瑞文堂，1999年），頁358-359。

[31] 參照青木美智男等：《日本史》。

[32] 日本之朱子學也跟中國一樣分成多種學派發展。其中具代表性的學派有二，一派為具有唯心主義傾向而融合神道的系統，另一派則是從唯物主義角度切入的系統。不過，這些學派都沒有達到破壞身分秩序和社會秩序的水準。王家驊，同註16，頁91。

　　關於這些受到朝鮮性理學影響的主張，部分中國學者認為惺窩推崇的是宋朝的儒學。[33]然而，其所言及的宋儒學其實正是接受自朝鮮的「朝鮮性理學」。諸如以下所云：

> 惺窩可能是承繼傳承自五山（禪宗之五山）的宋學研究之成果，而受到許山前[34]的誘導啟發以及姜沆的激勵也是事實。……惺窩高舉儒教獨立的烽火之際，曾受到姜沆在學術上的激勵，尤其值得注意的是，惺窩其後非常尊崇朱子編纂的《延平答問》。《延平答問》一書成為惺窩之哲學思想的最終依據所在，他之所以講述「理一分殊說」、之所以力唱應自得於洒落境地，其根源皆來自這本著作。甚至為其高徒林羅山選取「羅山」此一名號，可能也是受到這本書的影響。他以傾囊相傳的心情傳授給林羅山的秘傳學問，也是這一部《延平答問》。其實這《延平答問》原來是朝鮮李退溪盡心校刻而成的附跋本。而且，疑是惺窩傳給羅山的那部原典目前存藏於內閣文庫。惺窩於其理氣哲學上，贊同李退溪的《天命圖說》，並對此作出適切的評

---

[33] 「日本諸家言儒者，自古至今，唯傳漢儒之學而未知宋儒之理。四百年來，不能改積舊習之弊……若無宋儒，豈續聖學之絕緒哉。」源了圓：《近世初期実学思想の研究》（東京：創文社，1980年），頁159。

[34] 許山前為退溪門下三傑之一柳希春的弟子，是他將退溪學傳至日本。

價。有鑑於上述情形，則可窺知惺窩不僅於其獨立為一介儒者之際，在其哲學之根柢，也都深刻受到朝鮮儒學直接、間接的影響。[35]

由此可知，惺窩接受的朱子學是朝鮮儒學，尤其近於退溪學。而且從對惺窩的理論體系之評語，亦可以找到相關說法的佐證，詳如下文：

> 蓋仁義禮智之性，與夫元亨利貞之天道，異名而其實一也。凡人順理，則天道在其中，而天人如一則也。徇欲，則人欲勝其德。而天是天，人是人也。故君子用力，以知復乎天命之實理。小人肆欲，而不知近乎禽獸。中庸曰：「致中和，天地位焉，萬物育焉。」實以我之心而通天地之心，則範圍有道，而天地自我位焉。以我之心而通萬物之心，則曲成有道，而萬物自我育焉。不惟是子思，子貢亦曰：「夫子之文章，可得而聞也。夫子之言性與天道，不可得而聞也。」是即理與天道，所無二之徵也。今舉此二說，以對言之者也。[36]

另外，中國學者認為藤原惺窩的儒學思想與宋朝朱子的思想基本一致，但部份學者卻認為惺窩與以「理本體論」為重心

---

[35]　阿部吉雄：《日本朱子学と朝鮮》，頁 1-3、39。
[36]　〈講筵秒式〉，《藤原惺窩集》，卷 9，頁 131-132。

的朱子有所區別，他是以邏輯學為重點。[37]此一評價從側面說明，日本惺窩的朱子學正是接受朝鮮的朱子學而形成的這項事實。

四、朝鮮性理學對江戶幕府政治穩定的作用

儒教思想是以「倫理道德」和「祖先崇拜」為核心價值觀，其原始的目的在於如何承認人的絕對存在性而共存。為了確定人類的存在性，儒教分成人的精神和肉體來思考。亦即，「魂」主宰精神，「魄」主宰肉體，在魂魄一致而共存的狀態為「生」。

然而，我們不得不承認人類的「生」無法永恆而魂魄終將分離。人需要有固守永生之助力，那就是家族，也就是子孫。換言之，生育被認為是延續祖先魂魄的手段，而藉由「誕生」來延續祖先生命。因此，產生了「先祖……父母→自己→子息→子孫」的關係，同時發起「過去（先祖）→現在（父母和子女）→未來（子孫）」這種延續關係的認知系統。

在這種關係上最受重視的是「孝」。「孝」講求「遵守對祖先的祭祀儀禮」、「敬愛父母」以及「生產子孫」。生活在今

---

[37] 王家驊，同註 16，頁 85。「人事亦不可忽諸。是人事即天理」。源了圓，同註 33。

日的我們，認為「孝」只是針對父母的「敬愛之情」，這是錯誤的觀念。所謂「孝」是上述三合一的整體概念。

「冠婚喪祭」可以清楚說明這三者之重要性。其中意味著對在世父母之孝道——「婚禮」，以及對祖先表達的禮儀——「喪禮」，這兩者是一生中最重要的。由此可知孝包含宗教性和禮教性之兩種特性。

孔子促使維護這些家族關係的「家族倫理」，推向社會倫理以及政治論。[38] 之後許多儒家學者讓這些倫理，發展成為政治理論和經濟理論。於是，儒教逐漸擴展它在社會上的勢力，後來更成為國家的統治理論；[39] 國家的決策也依據它而確立，由熟悉儒家的官僚們執行這些國家政策，就此在數千年間一直承繼著專制王朝制度並延續之。

隨著家族倫理之中心思想的「孝」和推崇於國家、社會的「忠」的價值觀提昇，它轉變成了為國家而忍受犧牲的意識型態。這些傳統意識到了宋朝朱子更趨意識型態化，將這些社會關係或人際關係，用「理」和「氣」來解釋。朝鮮性理學則對於這些理氣之關係進行更具體的解釋說明，為朱子未提及的「情」之作用原理，建立科學的理論體系。因此，

---

[38]　本田濟：〈孔子：儒教の創始者〉，日原利国編：《中国思想史》（東京：ぺりかん社，1987 年），頁 14。

[39]　西嶋定生、李成市編：《古代東アジア世界と日本》（東京：岩波書店，2000 年），頁 15-19。

當這些朝鮮性理學傳到江戶幕府時，對於正苦於如何保護自身正統性的江戶幕府而言，因其具有可以讓苦惱飛到九霄雲外的理論性武器而很快被接納。

　　朝鮮的性理學明確區分上下身份階級，十分重視主從間的義理。以「忠孝之德」為思想核心的性理學，有助於培養奉公精神。這對德川幕府的統治合理化十分有利。戰國時代憑藉刀槍掌握權力的幕府將軍，並非經由「修身齊家治國平天下」的途徑而成功的。但是儒學家通過性理學給他們的政權披上合法的外衣，為公心除惡的行為賦予正當行為的名份，承認易姓革命之合法性。由此德川幕府的統一，便有了合法的說明。

　　林羅山是這當中的主導性人物。他隨姜沆學習朝鮮性理學，負責接待朝鮮通信使以及進行外交文書之起草，曾經輔佐家康、家忠、家光、家綱等四位將軍，透過與這些人接觸，幾乎涉獵了朝鮮性理學的精髓人物。他將朝鮮性理學作為政治座右銘，而將性理學以外的陽明學、耶穌教、佛學等當作異端加以排斥。

　　林羅山異於惺窩等以往的儒學家，希望將儒學的教育應用於社會上。最具代表性的例子，就是提升性理學使其被納為日本官學，並以《大學》的「修身齊家治國平天下」思想為主軸展開教育，曾述曰：

> 人有恆言，皆曰天下國家，天下之本在國，國之本在
> 家，家之本在身。故大學云，自天子至庶人皆以修身
> 為本，身修則家齊，家齊則國治，國治則天下平。中
> 庸所謂篤恭而天下平，亦謂此也。[40]

德川幕府將軍尊重林羅山的想法，以性理學展開「文治」並
重視禮節。幕府的這些動作影響到地方藩鎮，開始大量採用
性理學學者。於是，諸如木下順庵及其門生新井白石、室鳩
巢等性理學者隨之輩出。[41]

　　當時林羅山針對江戶幕藩體制下的政治關係，認為將軍
與大名、大名與武士間的關係，是屬於封土賞賜以及盡忠保
護的關係；此一主張比中國更加強調「封臣對主君忠誠的思
想」。因為這樣才能在幕藩體制下讓統治者的內部關係趨於穩
定。因此林羅山在「忠孝」兩者中更重視「忠」，這與中國傳
統觀點不同。[42]亦即，相較於「夫家的私事」，林羅山更重視
「君國大事」。

　　林羅山的學說是依據幕府的需要而建立的。他對江戶時
代武士階級的眾多問題，均基於性理學的角度加以分析並解

---

[40] 林羅山著、京都史蹟會編纂：《羅山先生文集》（京都：平安考古
　　學會，1918 年），卷 68，隨筆 4，頁 409。
[41] 參照青木美智男等：《日本史》。
[42] 「二者不可得而兼也，舍輕而取重也。」朱謙之：《日本的朱子
　　學》（北京：人民出版社，2000 年），頁 164。

決。林羅山的性理學從惺窩時期的「修身齊家」層次，提升至「治國平天下」層次。[43]由此可窺知他的思想特點。

　　林羅山積極推廣普及此一倫理思想，以「天地道理」來概括君臣父子之上下尊卑關係。曾經云及：

> 有羽者之所以飛翔，有鱗者之所以泳躍，是何故乎？
> 天地之間，道理炳然。故天尊地卑。上下尊位，君君、
> 臣臣、父父、子子、其餘亦然。[44]

又云：

> 有道有文，不道不文。文與道理同而事異，道也者文
> 之本也，文也者道之末也。末者小而本也者大也，故
> 能固。[45]

認為道是行人倫的理則，即道德；文謂博學，文在道德之下。

　　為了普及這種思想，自江戶時代中期便開始出現朝鮮式書堂的「寺子屋」。這是一種兒童教育機關，除了町人（都市商人）的子女之外，農民子女也可以接受教育。[46]這也是透過

43　王家驊，同註 16，頁 87。
44　《羅山先生文集》，卷 68，隨筆 4，頁 402。
45　《羅山先生文集》，卷 68，隨筆 2，頁 373。
46　高永子，同註 29，頁 140。

與朝鮮通信使接觸而得知並實際推行的，是受到朝鮮初等教育影響而成立的。

德川政府為了將中世的秩序轉換成近世的秩序，鼓勵學術研究，積極吸收從朝鮮傳來的性理學，以此為官學，促使性理學以德川幕府初期至末期的「第一學問」地位成為幕府治世的理念根基。

五、朝鮮性理學對日本人資本理念穩定的作用

被江戶幕府認定為官學的性理學，不只應用在穩定政治方面，也應用在改變社會制度及社會共識而定型。因此有學者認為：

> 林羅山把思辨哲學達到新高度的朱子學推廣開來，對提高日本民族的理性思惟水平也發揮了有益作用。[47]

促使廣大的普通臣民提高思維水準，而能夠接受此一思想。江戶幕府之所以如此廣泛地擴展性理學，其實不排除其間隱藏著要求百姓遵從幕府統治的政治目的，但是幕府並沒有採取強壓手段。這是由於幕府將軍明白要讓百姓認可自己的絕對權威，單依靠武力是不夠的，還必須施行「仁政」，穩定百

---

[47] 王家驊，同註 16，頁 87。

姓的生活，才能眞正保有其絕對權威。為此幕府致力於促進傳統儒學之王化思想，[48]來為其支配思想的改革奠基。應用性理學的原理確立以將軍為中心，並確保以家長制為模型的主從關係和其世襲制，以此保證長期的社會秩序之安定與發展。林羅山主張：

> 天尊地卑，天高地低。如有上下差別，人亦君尊臣卑，
> 分排上下次第，謂禮儀法度。[49]

確立「存天理」思想以鞏固強而有力的身份秩序。江戶時代採納性理學為官學並非偶然，而是為了建立這些社會秩序所致。[50]

　　為此，德川家康及其繼承者們，實施士（武士）、農、工、商等的階級制，嚴格限制身分的流動。在政策上，例如武士階級，實行「大名封國制」和嚴格的「世襲制」以確立封建統治秩序，並頒布許多禮儀和法度以維持該項制度。諸如：針對王室皇族透過「禁中竝公家法度」、針對大名透過「武家法度」、針對寺剎透過「諸宗寺院法度」、針對農村透過「五人組制度」、針對商人透過營業稅等進行統治。

---

[48] 中國君主是有德的聖人，因此運用「德力」以支配地方和周圍夷狄國家。這種統治論理是王化思想。德川幕府通過朱子學來習得這樣的論理。

[49] 林羅山：《春鑑抄》。

[50] 王家驊，同註16，頁91。

　　這裡需要說明的是，幕府初期從其政治意圖開發建立並推行主從關係的確立以及通過身份階級制的統治策略，但是隨著社會的安定，各藩主之間的競爭則轉變成經濟結構的競爭。[51]經濟競爭的體制轉變，促使日本構築參與世界經濟潮流的社會結構，並形成走向近代化的基礎意識。認識江戶時代的歷史特點，才能充分把握日本之所以實現現代化的基本脈絡。簡言之，德川時代是「靠日本人自身力量而確立秩序的時代」，能夠維持這些秩序長達三百年，是因為成功地實踐性理學統治理念所致。

　　德川時代以元祿和享保年間為界，可分成前、後二期。前期首先恢復秩序，確定政治及經濟體制後，走向經濟成長期時代。後期看似停滯期，然而也可以說是教育普及、平民文化發達、民眾生活水平也提昇而為明治時代蓄積能量的時代。可謂建立現今日本基礎的時代。

　　可以如此是因為在嚴格身份階級制度下存活，重視每個身份裡的成員的團結和協助；這些變化延續到「擬制的血緣關係」。[52]演變成體系化的社會秩序，並擴展為日本人資本主義之精神。

---

[51] 實踐這種論理的代表大名為米澤之上杉鷹山、長州之毛利重就、肥後之細川重賢以及紀州之德川治貞等。山本七平著，金勝一譯：《日本資本主義的精神》（首爾：汎友社，1998 年），頁 177-201。

[52] 不是實質的血緣關係，但凝結了與血緣關係一樣的徒弟關係，為

　　換句話說，德川時代是忠孝成為統治理念之主軸的時期，而且「忠」比「孝」更受重視。不過為了讓「忠」倍受尊崇，必須讓血緣的原理——「孝」以社會組織上的原理來運作才行。按照社會上的需求產生「擬制的血緣關係」，這些關係發揮血緣關係的功能，促使各個團體變成一大家族而擴展到本家和分家，並且持續成長。

　　在這種變化中，確立了「接受自己資本未進的公司支配並加以協助的本家思想」，「對雇主家庭絕對不准說出不滿的社會認識」隨之定型，「為公司工作但無法擔保自己報酬的徒弟意識」也就此札根。同時進而確定了「我的是我的，他人的是他人的；借出去的要討回來，借來的要還回去，絲毫不能少」的倫理觀，日本式的資本倫理觀在社會上逐漸形成共識。

　　至於形成這些意識的原因，「石門心學」大師石田梅岩（1685-1744）是以「由形態之心」，也就是「形態＝心」的公式以及「自制和秩序」等兩種想法來加以說明。他說道：

> 我者萬物之一。萬物乃由天生，子也。汝若弗對萬物，何由生心？萬物是心之所也。

又說：

了自己的會社和團體犧牲的關係。

> 元來有形者，形直心亦可知。……又，孑孑於水中不
> 螫人，變蚊則忽螫人。此由形而心生。……皆自然之
> 理，聖人知是也。[53]

而且這些自然法則等同於人類社會，人的社會秩序之基礎就是人的形態；這就是心。換言之，「心」即「內心秩序」；「宇宙」即「天然（自然）秩序」。這二者是相同的，連結二者就是「形態」，遵循這「形態」者就是「自然」。人也一樣，跟社會作連結的是「形態」，遵循「形態」的心就是「自然」，追求它即是「道」，為了想了解道理而磨鍊並悟道者便是「聖人」。[54]

　　這些思想被生活於現實社會的士農工商各個階級所吸收，形成了所謂日本人的「資本倫理」。德川時代，上自諸侯下至庶民都接受經濟教育，被灌輸不遵循「資本的論理」的人會遭毀滅；[55]也被灌輸若「資本倫理」不建立在這「資本的論理」上，「資本的論理」本身就會崩潰之觀念。

---

[53] 《都鄙問答》，引用山本七平著，金勝一譯，同註51，頁103。

[54] 動物也被編入大自然之秩序內，人類不能脫離這樣的秩序。

[55] 元祿時代的隨筆和小說開始運用「資本生產利潤」的原則論。這些記錄對於當時的現實呈現兩種態度，第一種態度視「資本倫理和武士倫理」是絕對的相反倫理，而且認定「資本倫理」是惡。因此，看不起依靠這倫理而行動的人，並且不認同這樣的人之人格。第二種態度是先確立「市民倫理」，並以「市民倫理」為基礎進而確立「資本主義倫理」。前者是武士階級主張的，後者是

　　這是「勞方的理念」、「資方的理念」。這些傳統流傳至今，尤其跟日本政治、經濟有密切關係的企業，如以前的大名企業之類的企業關係人，就強烈地被要求「資本理念」。

　　這些「資本理念」與歐洲清教徒曾經持有的理念一樣，在人類史上是極為獨特的。因而在形成這些「資本理念」的初期，朝鮮性理學起了作用，不過江戶幕府在社會變化時，將其轉變為政治體制，並在社會結構上作若干變化以便確立這些倫理觀，它在這方面的領導力對我們深具啟發性。

六、結論

　　總之，朝鮮的性理學具有不同於宋朝朱子學的特點，具有這些特點的朝鮮性理學為德川幕府建立了原先使之苦惱的「易姓革命」之合理性，同時提供統治意識型態讓德川幕府可追求 265 年的穩定發展。日本透過「王辰倭亂」時奪取的由朝鮮加注的性理學相關書籍、儒學者俘虜，以及與戰爭後造訪的朝鮮通信使節進行交流而學習朝鮮性理學。德川幕府將這樣的朝鮮性理學的思辨論理，應用於維持日本政治社會秩序之政策。

一般商人之資本倫理。

　　德川幕府成立以前，儒教已傳至日本，並以禪僧為中心進行關於儒學的研究，不過那純粹是一種「補佛策」，幾乎沒接觸過新儒學而只視之為治學態度而已。爾後經過戰爭接觸朝鮮性理學，脫離佛學的框架而接受性理學式的觀念，並以此應用在展開新幕府時代的統治理念。

　　以此確立的德川時代社會秩序以及資本理念意識，不僅成為今日日本人意識結構的根基，同時也成為形成近代的社會背景，由此誕生沙木爾・憲庭天（Samuel Phillips Huntington）所說的「日本文明」。[56]

（譯者：李相美）

---

[56] Samuel P. Hyntington 著，鈴木主稅譯：《文明の衝突》（東京：集英社，1998 年），頁 28-32。

越南漢文訓讀及其資料

Nguyen Thi Oanh（阮氏鶯）*

一、前言

　　所謂漢文訓讀，為日本人所使用的專有名詞，指的是將漢字標上日文讀音來讀，或者是將漢文依照日文語法來閱讀。因此，漢文訓讀被看作是日本的特殊現象。[1]筆者之所以對日本的漢文訓讀感興趣，始於 2005 年，於二松學舍大學所舉辦的國際學術研討會。在東京期間，筆者蒐集、閱讀了關於日本漢文訓讀的資料及論文，並請教專家的意見；試著將先前研究的《嶺南摭怪》與日本的漢文訓讀進行比較後，發現在越南也有類似「漢文訓讀」的這種現象。返國後，更持

---

* 越南河內漢喃研究所教授。
[1] 在專門領域，「漢文訓讀（Xundu-reading）」是自 1986 年 8 月，於德國漢堡所舉行的第 32 回國際亞非研究國際會議（現 ICANAS －是人文學科最古（自 1883 年）且最大（2000-5000 人出席）的國際會議）所用的術語，在此國際會議的特別討論會"Devices for reading Chinese texts among the neighbouring peoples"（Convener Prof. ISHIZUKA）中，列舉日文、古代韓文、古代維吾爾語、越南語訓讀。

續研究越南的漢文訓讀現象。2006 年，筆者參加於北海道大學研究所文學研究科所舉辦的國際學術研討會「典籍交流（訓讀）及漢字情報」，首次發表了〈越南的漢文訓讀以《嶺南摭怪》為中心〉。[2]在此篇論文中，論及越南的漢文訓讀現狀及課題，更詳細調查了至今各種版本的《嶺南摭怪》，以及年代可考碑文資料中的斷章，結果明確發現，越南擁有與日本相同的漢文訓讀現象。此後筆者更深入研究，發現了許多越南的漢文訓讀資料。本文將發表部份調查結果。

二、越南李王朝‧陳王朝的漢文訓讀及其資料

李王朝（1010-1225）位於北越，十世紀時自中國獨立，為最初成立的長期安定王朝。李王朝政權為了安定社會，設立統治制度、施行科舉；但關於科舉制的形成目前尚未找到證據，此時也尚未確立儒教的父系家族制。但此時漢字已持續被當作表記文字使用。根據越南正史《大越史記全集》中記載，歷代皇帝自中國輸入漢籍，興建寺院，由於對佛教的熱衷以及為了保護當地土著信仰，確實有使用漢字的必要。由於王朝長期安定，農業發展改變了此三角州，為了對抗來自中國的壓力，便需尋求更為強大的政權。為提倡民族精神，

---

[2] 池田証壽：《典籍交流（訓讀）と漢字情報》（北海道：北海道大學大學院文學研究所，2006 年）。

記錄了古時傳承下來的傳說及故事，且編纂了許多歷史書及文學作品；《外史記》及《報極傳》等書，雖然已失傳，但可由歷史書等文獻資料的書名記載得知其存在。長時間受中國文化及語言影響的結果，形成了越南的漢字音（漢越音），並創造出越南民族文字「字喃」。

　　繼李王朝之後，新成立的王朝為陳王朝（1225-1400）。陳王朝時科舉制度已確立，路、府、縣、鄉、社等地方統治制度完善，中央欲創造比李王朝更為安定的政權。確實，陳王朝在強化民族意識一事之上，十分著名。例如編纂漢文史書《大越史記》，重新建立《嶺南摭怪》、《越甸幽靈》等民間信仰的國家祭祀體系，改造漢字，字喃的盛行等，促進了越南獨特文化的形成。但遺憾的是，由於天候不順所帶來的災難以及戰爭，當時的書籍幾乎都沒有流傳下來。幸好流傳下來的碑文甚多，可由李王朝及陳王朝時代以漢文書寫的碑文中找出「字喃」，來作為基本研究資料，並深入探討「字喃」的起源及構造、變遷。碑文作為越南的漢文訓讀研究資料，確實擁有極高的價值。

　　透過研究李王朝、陳王朝的碑文，可得知是在漢字上標越南語「字喃」來閱讀的。現存最古的「字喃」，發現於李王朝時期以漢文書寫的碑文（1210 年）中。[3]在此碑文中，是使

3　Dao Duy Anh: "*Chung tich xua nhat ve chu Nom: Mot tam bia doi Ly Cao Tong*"《最古的字喃：是自李高宗時代的碑文》. Nghien cuu Lich

用「字喃」來表記越南語的地名及人名。除了此碑文之外，
此時期也有其他漢字書寫的碑文，使用了「字喃」。雖然字數
並不多，但由此可得知，在漢字上標越南語來閱讀的現象，
至少可回朔到西元十三世紀初期。

李王朝、陳王朝（十一世紀至十五世紀）以漢文書寫的
碑文中，在漢字標上越南語來閱讀的現象，曾經有許多學者
指出過，包括 Tran Van Giap、Dao Duy anh、Nguyen Tai Can 等
字喃研究者，J.L Tanberd, H.Maspero、王力、竹內與之助、三
根谷徹、冨田健次等國外研究者。如前所述，此種狀況所使
用的漢字，稱作「字喃」。Dao Duy Anh、Nguyen Tai Can 等
人，認為在西元八、九世紀時，已有在漢字上標越南語來閱
讀的現象。此外，如同前述，現存最古的李王朝碑文上的「字
喃」，是用來表記越南語的地名、人名，以及產物名。在十世
紀之前，用「字喃」來表記的越南語，僅停留在漢文中的語
彙表記階段，但到了李王朝、陳王朝的時代，依照史書記載，
已有國語詩集（用越南語書寫且用「字喃」表記的詩集）的
創作；由歷史可得知，用「字喃」寫作的越南語文章表記法
此時已被確立。[4]

眾所皆知，漢字有三要素「形」、「音」、「義」（日本則為

---

su, so 134, nam 1970, tr.45-46.

[4] Nguyen Tai Can: "*Mot so van de ve chu Nom*"《關於字喃之諸問題》.
Nxb.Dai hoc va trung hoc chuyen nghiep. Hanoi. 1985, tr.33.

訓讀）。例如漢字「山」，便是「山」的字形，此為「形」。此外，如同此字在日本的發音為「サン」（san），越南語的發音則為「son」（「漢越音」），此為「音」。至於「義」，如同在日文中是「やま」（山之意），越南語則為「nui」，此漢字所指的意思，便為「義」。越南人在學習漢字時，不論古今，皆先學習字形，再學習字音及字義。接著，將此字義用國語解說，也就是「訓」，這是在社會上慢慢形成下來的。自中國將漢字帶進越南的人們，在來到越南之前，就已熟習了中國漢字的三要素——形・音・義。並且將漢字帶到這些使用越南語的團體當中。他們將自己學得的漢字，各自標上越南語，並且讓越南人學習。簡而言之，這種順序上的不同，由文化所生成的結果來看，並非是可輕易被忽略的現象。總之，筆者在此推測，越南人於文化史上，在進入歷史時代之前，已先消化了漢字，並且將漢字及漢文的閱讀方式，如同日本的「訓」及「訓讀」方式一樣進行標記，形成了越南的漢文訓讀。

　　西元十世紀，越南自中國獨立後，幾乎沒有再受到中國語音變遷的影響；而不可否認的是，越南因此發展出獨自的漢字音。[5]在李、陳王朝時，除了儒家以外，民眾若沒有學習漢字，便不清楚漢字的音及其意義。根據越南正史《大越史記全集》所記載，陳王朝的帝王在宣旨之時，使用漢文，但

---

[5] Nguyen Tai Can: "*Nguon goc va qua trinh hinh thanh cach doc Han Viet* "《越南漢字音的起源及形成過程》. Nxb.Dai hoc quoc gia Ha Noi.2000,pp43.

民眾卻無法理解，因此必須講解音義；[6]但書中並無記載講解音義的方式，因此關於「漢文訓讀」的實際情況，根據此資料仍然不明。

　　但是依照筆者截至目前所研究各種版本的《嶺南摭怪》，以及年代可考的碑文資料斷章，可發現越南的漢文訓讀可能始於李王朝、陳王朝的時代。例句不勝枚舉，以下僅列舉數例 1－5 以茲證明。

1、《嶺南摭怪》（A.2914）

例 1：民有其事則揚聲大呼所懇貉龍君曰：「逋乎不來以救我輩」

　　漢越語：Dân hữu kì sự tắc dương thanh đại hô sở khẩn Lạc Long Quân viết: "Bố hồ bất lai dĩ cứu ngã bối"

　　越南語（「訓讀」）：Dân có việc thì cất tiếng cả gọi thưa khẩn Lạc Long Quân rằng: "Bố hồ chẳng lại để cứu bọn ta".

　　民眾若有事，則大聲呼喊貉龍君，道「王君，請速來

---

[6]　吳士連等：《大越史記全集》（"Dai Viet su ky toan thu"）。內閣官版（"Ban Noi cac quan ban"）（河內：社會科學出版社，1998 年）。Nxb. KHXH. Ha noi, 1993，本紀，卷 5，頁 55a-b。「帝諭行遣司交好韓林院。故事凡宣德音則韓林領送詔稿于行遣，使先肄習。至宣讀時兼講音義令凡庶易曉」。

拯救我輩」。

例 2：「分中國為十五郡」（將國內分為 15 個郡）

漢越語：Phân trung quốc vi thập ngũ quận.

越南語（「訓讀」）：Chia trong nước làm mười lăm quận.

2、李王朝、陳王朝之碑文（漢喃研究所所藏碑文）

例 3：一所核橘處，田肆篙，東近三寶（1269 年）

漢越語：Nhất sở cây quất xứ, điền tứ cao, đông cận Tam Bảo.

越南語（「訓読」）：Một thửa cây quất xứ, ruộng bốn sào, đông gần Tam Bảo.

（核橘處有田四篙「一篙為一畝之十分之一」，且在其東邊近三寶）。"核"是喃字(木+荄)，不是漢字的"核"。

例 4：「收獲象馬，器械銃彈，取勝萬全」（1312 年）

漢越語：Thu hoạch tượng mã, khí giới súng đạn, thủ thắng vạn toàn.

越南語(「訓讀」)：Thu hoạch voi ngựa, khí giới súng đạn, thủ thắng vẹn toàn.

（收穫象馬及器械銃彈，取得完全勝利）。

例 5：「外洞用台面半為三寶」（1366-1395 年）

漢越語： Ngoại động dụng thai diện bán vi Tam Bảo.

越南語(「訓讀」)：Ngoài đồng dùng hai mặt nửa làm Tam Bảo.

（田圃群中使用二面為田圃，作三寶田）。

至於為何要在漢字標上越南語來閱讀，以下試舉數項理由加以說明。

（1）例 3 中的「核橘處」cây quất xứ，是為了表記越南的地名、人名，因此借用漢字，也就是在中國的漢字上標越南語來閱讀。之前也有學者提及，此為古來的用法（Dao Duy Anh）。此外，如同日文中的「山」、「櫻」讀作「やま」（yama）、「さくら」（sakura），在越南也將「山」、「笑」讀作「nui」「cuoi」，此為社會上一般的規則，不可自由變更。

（2）例 2 中所提「分中國為十五郡」Chia trong nước làm mười lăm quận，例 3 中所提「一所核橘處，田肆篙，東近三寶」Một thửa cây quất xứ, ruộng tứ sào, đông gần Tam Bảo，例 5 中所提「外洞用台面半為三寶」Ngoài đồng dùng hai mặt nửa làm Tam Bảo，此數例皆非地名、人名，而是將漢字的語句（漢字一字對應越南語一字）直接標示越南語來閱讀，之前曾有學者提及，這種現象並不少見（Nguyen Tai Can）。

（3）例 4 中的「象馬」，雖不清楚當時的讀法，可直接以漢越語讀作 tuong ma，或取其意讀作越南語 voi ngựa。但若以句子音節的抑揚頓挫加以分析，將「象馬」讀作「voi ngựa」，

會比讀作「tượng mã」更符合此句的重音。因此可推測此處
應讀作「voi ngựa」。

因此，例如「則」→thi、「事」→việc、「不」→chẳng、「
声」→tiếng、「象馬」→voi ngựa 等，這些漢字的意思是否能夠
標上越南語來閱讀，為了理解，收集了在羅馬字登場之前，
許多可作為音聲資料的漢文資料。除了十六、十七世紀的《安
南譯語》及《越南語葡語－拉丁語辭典》等字典以外，[7]還有
多數資料存在，如十八世紀再刊的《佛說大報父母恩重經》、
《新編傳奇漫錄增補解音》、十九世紀的《上諭訓條抄本解
音》、二十世紀的《三千字解音國語》等。以下將介紹各王朝
所出版關於漢文訓讀的資料。

三、黎王朝的漢文訓讀及其資料

黎王朝（1428-1789）是清化（Thanh Hoa）出身的黎利

---

[7] 富田健次：《ヴェトナム語の世界》（東京，大學書林，2000 年）。
富田健次在書中寫道：「自十九世紀中期至後期，陸續出版許多越
南語－拉丁語、越南語－法語辭典等，以及越南語相關的文法書、
會話讀本等。其中，最初期的作品如下。
Taberd, J.L.(1838), Dictionarium Anamitico-Latinum (Serampore)
Truong Vinh Ky (1867), Abrege de gramamaire annamite (Saigon)
Genibrel, J.F.M (1895), Dictionnaire Annamite-Francais (Saigon)
Huynh Tinh Paulus Cua (1895-96), Dictionnaire Annamite Francais
（大南國音字彙）（Saigon）」。

（Le Loi）所率領獨立興建的王朝。當時的政權有意建設官僚制國家，因此舉行科舉。特別是聖宗（Thanh Tong，在位 1460-1497）時，政治進入安定期，以五軍都督府制度拉攏開國功臣，並融合中國的架構及獨特的巧思設立各種制度，其中的代表便是《黎朝刑律》；並以此安定政治、復興經濟。此段黃金時代被後世所稱道。但在他死後，功臣被捲進宮廷內鬥，而且地方叛亂接連發生；其中，莫登容（Mac Dang Dung）勢力漸強，篡奪帝位，創立幕（Mac）朝，時代動盪不安。黎王朝的遺臣發起抵抗運動，封建秩序因此動搖，再加上連年欠收、饑荒、傳染病等，社會更加不安。300 年的王朝當中，雖然經歷朝代的衰亡，但黎王朝確實對當時的越南帶來了社會發展的貢獻。「字喃」作為漢字以外的表記文字而普及，被使用於一般生活，字喃文學因此興盛，文化更普及至一般民眾。若自歷史研究的領域來探討其重要性，字喃雖並未使用來記載正史，但卻產生不少以越南語作詩吟誦的歷史長篇故事。此外，如《佛說大報父母恩重經》等流傳於民眾之間的佛典，或如《傳奇漫錄》等由越南人之手所撰寫的文學作品等，首次能夠由漢文譯為越南語（字喃）。這些音聲資料被稱為解音作品，對於研究字喃的構造及由來，有很高的價值；更可得知在羅馬字登場之前，越南人是以何種讀音來閱讀漢字，因此這些音聲資料對於研究越南的漢文訓讀，是極為可信的。以下將介紹幾個代表的解音作品。

1、《安南譯語》[8]

　　《安南譯語》的由來，很可能是在十五～十六世紀左右的明代，中國人為了學習越南語，將此書當作語彙集使用，內容是以發音相近的漢字表記越南語。例如：天→雷、日→靏、月→煬、有雲→箇梅，是以漢字，也就是中文，對應其意思相同的越南語，並且使用發音相近的漢字加以注記。然而這些漢字畢竟是中國人的發音，即使對應了越南語，也不甚清晰，無法稱得上資料。只是，如同上例之中，將「天」表記為「雷」、將「有」表記為「箇」，這樣的例子也出現在《佛說大報父母恩重經》中，例如：記載巴＋例（bloi）、箇（co）；因此對於研究越南語的歷史而言，《安南譯語》確實有很高的價值。

2、《佛說大報父母恩重經》[9]

　　與《安南譯語》不同，《佛說大報父母恩重經》是由越南人所翻譯，將中國的《父母恩重經》譯為越南語（字喃）的作品。內容是說明對父母的報恩，而有中元節祭典的由來等。至於此書印刷的年代，根據研究結果，其初刊可能是在十五

---

[8] VUONG LOC 註解：《安南譯語》（河內：DA NANG 出版社，1995年）。

[9] HOANG THI NGO 註解：《佛說大報父母恩重經》（河內：社會科學出版社，1999年）。

世紀左右。現存的版本是 1730 年鄭氏政權的貴族鄭橿（Trịnh Quan）再度刊行的版本。

　　此書雖是自漢字翻譯成越南語的作品，但若對照漢字及字喃，會發現如同日本的漢文訓讀一樣，是以漢字意思為基礎，一句句標上越南語來閱讀。此外，每句中會標記符號「＊」，用來表示漢字一字標上越南語（漢越語、前漢越語及固有越南語），若標記符號「＊＊」，則表示越南語的語順顛倒，由（2，1）的方向閱讀。以下例句暫且將漢字冠上數字，例如「此山／1，2」，表示此漢字若以越南語閱讀，語順為 nui（山）ay（此）。若標記三個符號（＊＊＊），則表示漢字一字的意思無法以越南語表現，需另外加字以表現其意思。像是標記（2，2、），表示增加其意思。

例 1：

【表 1】《佛說大報父母恩重經》的對照漢字及字喃，10b 頁

漢字（原文）	越南語（字喃）	中文翻譯
有一座山 1，2，3，4	có một tòa núi 1，2，3，4（＊）	有一座山。
此山有三般 1，2，3，4，5	núi ấy có ba đồng 2，1，3，4，5（＊＊）	這座山有三個嶺。
一名須彌山 1，2，3，4，5、	một óc là Tu Di Sơn 1，2，2，3，4，5，6、 （＊＊＊）	其中一座稱須彌山。

二名業山 1，2，3，4、	hai óc là Nghiệp Sơn 1，2，2，3，4、(＊＊＊)	第二座稱業山。
三名血山 1，2，3，4	ba óc là Huyết Sơn 1，2，2，3，4、(＊＊＊)	第三座稱血山。
此山一度崩来 1，2，3，4，5，6、	núi ấy một phen mà lở 2，1，3，4，6，5、(＊＊)	此山若一度崩坍，
化為一條凝血 1，2，3，4，5，6、	hóa nên một giọt máu đặc 1，2，3，4，6，5(＊＊)	便會化為一條凝血。

3、《新編傳奇漫錄》[10]

　　漢文傳奇故事集《傳奇漫錄》成立於十六世紀。作者為阮璵（Nguyen Du），生卒年不詳。此傳記物語集的作者收集李、陳王朝時代民間傳承的各種怪異奇譚，並受到中國明朝《剪燈新話》（十四世紀）的影響，於書中收錄了二十篇傳奇故事。本書又被稱作《千古奇筆》，廣受大眾喜愛。於莫登容（Mac Dang Dung）時代，阮世儀（Nguyen The Nghi）將其自漢文譯為越南語（字喃），並題名為《新刊傳奇漫錄增補解音》。現存數種版本，本稿使用文學研究所所藏 1774 年刊行之版本。

---

[10] NGUYEN QUANG HONG 註解，《新編傳奇漫錄》（河內：社會科學出版社，2001 年）。

　　本書不僅被稱為漢文文學作品的傑作，翻譯時也依照傳統翻譯方式，一句句標上越南語以利閱讀。以下試舉數例。

例2：

【表2】　《新編傳奇漫錄》的漢字及字喃對照表，3a頁

漢字（原文）	越南語（字喃）	中文翻譯
見一人前致辭云 1，2，3，4，5，6，7	thấy một người đến trước có lời rằng 1，2，3，5，4，6，6，7	有一人看到之前來的人，說道
受旨吾王 1，2，3，4、	vâng chiếu chỉ vua ta 1，2，2，4，3	「受到君王的命令，
屈君對話 1，2，3，4、	phiền ngươi đến nói khó 1，2，3，3，4	表示要與你對話」
胡即慌忙歛整 1，2，3，4，5，6、	họ Hồ bèn vội vàng khép nép sửa sang 1，1，2，3，4，6，5	胡氏慌忙準備衣裳
其人即導之左 1，2，3，4，5，6、	thửa người ấy bèn dấn đi mé tả 1，2，2，3，4，5，6，6	此人便領導其往左
至則殿宇巍峨、從官羅列 1，2，3，4，5，6，7，8，9，10	đến thời thấy điện nhà cao cả, quan theo chầu sắp hàng 1，2，3，3，4，5，6，8，7，9，10	到達後，只見殿宇巍峨、從官羅列

項王已先在坐 1，2，3，4，5， 6、	Hạng Vương trước đã ngồi ở đấy 1，2，4，3、6，5，5	項王已先在坐
傍設琉璃榻 1，2，3，4，5、	bên đặt giường lưu ly 1，2，5，3，4	旁邊設有琉璃 下榻處

四、阮王朝的漢文訓讀及其資料

　　越南最後的阮王朝（Nguyen，1802-1945 年），延續了十三代之久。由於西山（Tay Son）王朝叛亂，順化（Hue）的阮氏政權雖被推翻，但是殘存下來的阮福暎（Nguyen Phuc Anh）卻在法國、暹羅的援助下，捲土重來，於 1802 年奪回順化，改名號嘉隆，開啟阮王朝的史頁。至 1945 年 8 月革命，保大（Bao Dai）帝退位，阮王朝隨之滅亡。在百年王朝中，阮政權為了安定社會，行使中央集權，提倡儒教思想，但是未能強力控制社會。阮王朝施行的事業皆頗富意義，其中包括擴張領土至南方，以及編纂以漢字及字喃寫成的舊文獻、反映了舊時越南民族精神及文化，此點值得一提。阮王朝時代有許多以國家或個人名義所編成的歷史書、地理書、文學作品，以及中國的四書五經、佛典等。此外，許多與社會、文化、習慣、信仰相關的漢籍、經典、佛典，也被翻譯作越南語（字喃），如《詩經解音》、《三教一原解音》、《明心寶鑑釋義》、《三千字解譯國語》等。

以下將介紹其中與行政相關的作品。

1、《上諭訓條》[11]

本書由何宗權、申文權等人編纂而成，於明命十五年（1834）出版。內容是將明命帝的十條訓戒自漢文翻譯為越南語（字喃），包括須遵守忠實、勤勉、節約等道德，應注重孩童教育，不可淫蕩，必須遵從法律等。以下試舉數例。

【表3】 《上諭訓條》的漢字及字喃對照表，1a 頁

漢字（原文）	越南語（字喃）	中文翻譯
上諭 1, 2	Đấng Hoàng thượng dụ rằng 1, 1, 1, 2, 2	皇帝諭旨：
自古聖帝明王 1, 2, 3, 4, 5, 6	từ đời xưa đấng Thánh đế, đấng minh vương 1, 2, 2, 3, 3, 4, 5, 5, 6	「自古聖帝明王
以正道涖天下 1, 2, 3, 4, 5, 6	lấy đạo chính trị trong thiên hạ 1, 3, 2, 4, 5, 5, 6	以正道治理天下
必以化民成俗為先務 1, 2, 3, 4, 5, 6, 7, 8, 9	ắt lấy dạy dân nên thói tốt làm việc trước 1, 2, 3, 4, 5, 6, 6, 7, 9, 8	必以化民成俗為先要之務

---

[11] 《上諭訓條》（漢喃研究所圖書編號：AB.555）。

身教言教 1, 2, 3, 4	lấy mình làm dạy, lấy lời nói làm dạy 1, 1, 2, 2, 3, 3, 3, 4, 4	以身教言教
具有儀型 1, 2, 3, 4	đủ có khuôn phép 1, 2, 3, 4	來做為具體示範
又慮民之觀感不一 1, 2, 3, 4, 5, 6, 7, 8	lại lo dân chưng xem cảm chẳng một 1, 2, 3, 4, 5, 6, 7, 8	又，考慮到民眾的觀感不一
視聽難齊 1, 2, 3, 4	xem nghe khó tày 1, 2, 3, 4	民眾所見所聞無法統一
則設為孟春遒人狗路，正月州長讀法之制 1, 2, 3, 4, 5, 6,7, 8, 9, 10,11,12, 3,14,15,16,17	thời đặt làm chưng phép tháng xuân đầu quan tù nhân rao ngoài đường, tháng giêng quan trưởng ngoài châu đọc phép 1, 2, 3, 16, 17, 5, 4, 6, 6, 7, 8, 9, 9 ,11, 10, 13, 13, 14, 14, 15, 16	因此設規則，正月時派遒人於街頭公告，派州長朗讀法律

　　歷代越南王朝中，阮王朝皇帝等為政者，皆傾倒於漢文等中國文化。但值得注意的是，誠如上例所述，漢文是依照越南語的語順記錄的。這種現象是由於當時的民眾即使聽了漢越語，也無法理解其意，因此必須使用越南語來閱讀。

　　如前例可見，至今為止稱作「翻譯」的資料，皆可說是關於越南漢文訓讀的資料。

　　如「山→nui」、「象→voi」、「事→viec」、「呼→goi」等在

漢字標記的越南語，是社會上一般認定的。並非一時的自由
表現法。如同下表中「訓」的部份，即使經過不同的歷史階
段，仍在社會上保持一定的用法，不可以隨意變更。但是若
用來解義，則不能如此使用。比較《嶺南摭怪》（A.2914）及
碑文之例 1－5，即可得知。以下將透過表格來對照比較《嶺
南摭怪》（A.2914）碑文之例 1－5。

【表4】　經過各階段的漢字及字喃對照表

漢字（李、陳王朝）	漢越語	越南語「字喃」	《佛說大報父母恩重經》約15世紀（1730年再刊行）	《新編傳奇漫錄增補解音》（1714年）	《上諭訓條》（1834年）	《三千字解釋國語》（1909年）[12]
有	hữu	có	故（9a）固（15a）	固（2b,6b...）	固（7a）	固（1a）
其	kỳ	thửa	躴（24b）	所（4a）	所（7b）	
事	sự	việc	役（19a）	役（47a）	役（8a）	
則	tắc	thời	時（8a）	時（42a）	時（8a）	
呼	hô	gọi	噲（37b）	噲（QII，20b）		哈（4a）
曰	viết	rằng		浪（6b）	浪（12a）	浪（21a）
不	bất	chẳng	庄（14a）	拯（46b）	拯（9b）	

12　《三千字解釋國語》：（漢喃研究所圖書編號：AB.228）。

來	Lai	lại	吏（35a）	吏 (QII,39a)	吏(20b)	吏（1a）
以	Dĩ	lấy	祕（24b）	祕（35a）	祕（1a）	祕(15b)
山	Sơn	núi	（峝） （10b）	（峝） （2a）		（峝） （12b）
象	tượng	voi		㺔（60b）		㺔（3a）

　　但是越南的「訓」與日本的「訓」不同，在日本由於漢字音是分別自不同的時代傳入，包含吳音、漢音、唐音等多種漢字音，為了讓後世能夠了解，因此習慣標示注音。但是，越南由於漢語不斷地傳入，其層別並未特別受到矚目，而是被混同為一。而且，漢字音一旦形成後，在漫長的歷史過程中，會受到越南語的影響產生變化。因此在越南，並沒有將漢文中的漢字標示注音的習慣，例如「事→viec」、「呼→goi」，何者為前漢越音（借用古漢越音的音及意義）？何者為訓讀（只借用漢字意義）？非常難以區分。

五、結論

　　本文可要約重點如下。

　　（1）在越南並無「漢文訓讀」之概念。在越南並無使用漢字及越南製漢字來表記越南語的情形，而自古即有在中國的漢字上標示越南語以利閱讀的現象。這些越南語表記文字

稱作「字喃」。據筆者截至目前探討各種版本的《嶺南摭怪》以及現存李王朝、陳王朝時代以漢文書寫的碑文中的斷章，可以得知，在越南如同日本的「音讀」一般，在漢字標示越南語以利閱讀的現象，至少可追溯至十三世紀初。

（2）至黎、阮王朝時代，表記文字除了漢字以外，字喃十分普及，由於使用狀況一般化，因此首次出現了自漢文譯為越南語（字喃）的現象。由本文列舉的諸例可以得知，當時的漢字發音為何。另外探討了各書中的幾個語彙，可以得知自李、陳王朝至阮王朝，越南的「漢文訓讀」在社會上有一定的規則，不可隨意變更。此外，這些書籍資料，不僅對於研究字喃構造及來源，有很高的價值，對於研究音聲資料以及漢文訓讀，也都是非常重要的文獻。

（3）但是在《嶺南摭怪》以及李王朝、陳王朝碑文中所見到的「訓讀」部份，是否能夠當作「字喃」的研究資料，這是今後要探討的課題。在「訓讀」之中，哪部份為前漢越音（借用古漢越音的音及意義）、哪部份為訓讀（只借用漢字意義），是非常難以區分的。此外，在越南漢文中「訓讀」的適用範圍，不論在歷史音韻學或理論研究，都是非常難以解決的課題，僅能留待考證。

（譯者：王文萱）

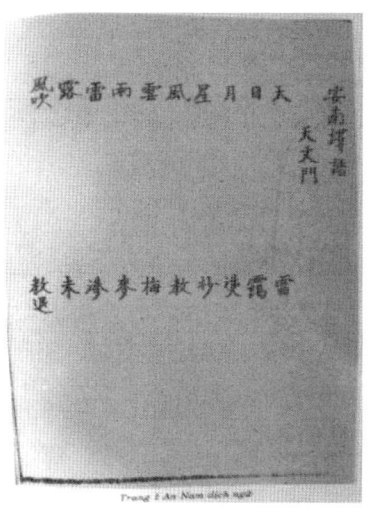

【圖1】《安南譯語》頁1

【圖3】《佛說大報父母恩重經》頁10b

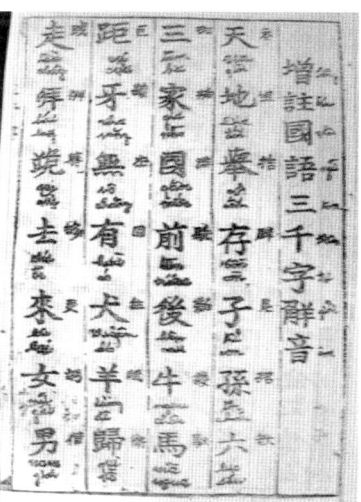

【圖4】《新編傳奇漫錄》頁3a

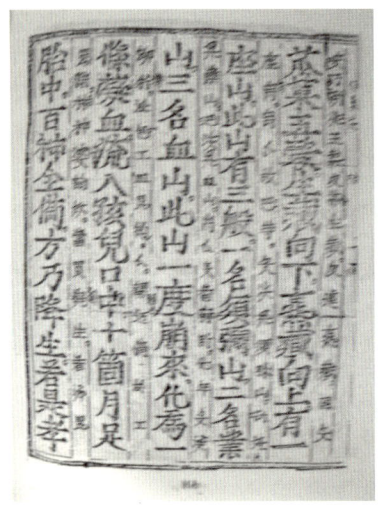

【圖5】《上諭訓條》頁 1a　　　　【圖6】《千字解音國語》頁 1a

作者、譯者簡介

作者

佐藤進

1947 年生，二松學舍大學文學研究科教授，專長為古代漢語研究。代表著作有：《音韻のはなし：中国音韻学の基本知識》（東京：光生館，1987 年）、《宋刊方言四種影印集成》（東京：科學研究費補助金報告書，1998 年）、《漢辞海》（東京：三省堂，2000 年）等。

張寶三

1956 年生，臺灣大學中國文學系教授，專長為東亞《詩經》學研究。代表著作有：《唐代經學及日本近代京都學派中國學研究論集》（臺北：里仁書局，1998 年）、〈清原宣賢《毛詩抄》研究：以和《毛詩注疏》之關係為中心〉，《東亞文明研究學刊》第 1 卷第 2 期（臺北：臺大東亞文明研究中心，2004 年）、〈臺灣大學圖書館所藏珍本日本漢籍之來源、特色與價值〉，《臺大中文學報》第 25 期（臺北：臺大中文系，2004 年）等。

甘懷真

1963 年生，臺灣大學歷史學系教授，專長為中國古代禮制、東亞政治史研究。出版：《唐代家廟禮制研究》（臺北：臺灣

商務印書館，1991 年）、《皇權、禮儀與經典詮釋：中國古代政
治史》（臺北：臺大出版中心，2004 年）等，主編：《東亞歷史
上的天下與中國概念》（臺北：臺大出版中心，2007 年）等。

片岡龍

1965 年生，東北大學大學院文學研究科副教授，專長為近世
日本思想史研究。代表著作有：〈伊藤仁斎の異端批判〉，《東
洋の思想と宗教 17》（東京：早稲田大學東洋哲學會，2000
年）、〈十七世紀の学術思潮と荻生徂徠〉，《中国：社会と文化
16》（東京：中國社會文化學會，2001 年）、〈中江藤樹と「朱
子学」試論：明末清初の思想と日本儒学について〉，《南冥
学研究 18》（晉州：慶尚大學校南冥學研究所，2004 年）等。

徐興慶

1956 年生，臺灣大學日本語文學系教授，專長為近代中日思
想交流史研究。代表著作有：《近代中日思想交流史の研究》
（京都：朋友書店，2004 年）、〈王韜與日本維新人物之思想比
較〉，《臺大文史哲學報 64》（臺北：臺大文史哲學報編輯委員
會，2006 年）、〈德川幕末知識人吸收西洋文明的思想變遷〉，
《臺大歷史學報 40》（臺北：臺灣大學歷史學系，2007 年）等。

清水正之

1947 年生，聖學院大學人文學部教授，專長為倫理學、日本
倫理思想史研究。代表著作有：《国学の他者像：誠実と虛偽》

（東京：ぺりかん社，2005 年）、《日本の思想》（東京：放送
大學教育振興會，2008 年）、《歷史を問う Ⅰ 神話と歷史の
間で》（東京：岩波書店，2002 年）等。

張崑將

1967 年生，臺灣師範大學東亞系副教授，專長為東亞儒學思
想史、特別是日本儒學思想史研究。代表著作有：《德川日本
「忠」「孝」概念的形成與發展：以兵學與陽明學為中心》（臺
北：臺大出版中心，2004 年）、《日本德川時代古學派之王道
政治論：以伊藤仁齋、荻生徂徠為中心》（臺北：臺大出版中
心，2004 年）、《德川日本儒學思想的特質：神道、徂徠學與
陽明學》（臺北：臺大出版中心，2007 年）等。

陳瑋芬

1970 年生，中央研究院中國文哲研究所副研究員，專長為近
代中日思想研究。代表著作有：《近代日本漢學的「關鍵詞」
研究：儒學及相關概念的嬗變》（臺北：臺大出版中心，2005
年）。譯著有：《東亞儒學：方法與批判》、（臺北：臺大出版
中心，2004 年）、《文明論之概略精讀》（北京：清華大學出版
社，2008 年）等。

高山節也

1947 年生，二松學舍大學東亞學術總合研究所教授，專長為
漢籍書誌學研究。代表著作有：《東京大学総合図書館漢籍目

錄》（共編，東京：東京大學總合圖書館，1995 年）、〈《蘇氏印略》の版本について〉，《東アジア出版文化研究：にわたずみ》（東京：二玄社，2004 年）、〈和刻漢籍鼇頭本について：その特質と沿革〉，《日本漢文學研究 3》（東京：二松学舎大学 21 世紀 COE プログラム，2008 年）等。

W.F.Vande Walle（范德望）

比利時天主教魯汶大學文學部東方學及斯拉夫學系日本學兼日本資料專門家歐洲協會會長。

松浦章

1947 年生，關西大學文學部教授兼關西大學亞洲文化交流研究中心主任，專長為近代東亞海域交流史研究。代表著作有：《近代日本中国台湾航路の研究》（大阪：清文堂出版社，2005 年）、《遐邇貫珍 附解題・索引》（共編，上海：上海辭書出版社，2005 年）、《江戶時代唐船による日中文化交流》（京都：思文閣出版，2007 年）等。

金勝一

1955 年生，國民大學校韓國學研究所教授，專長為中國近現代史研究。代表著作有：《21 世紀東亞協力》（首爾：NEXUS 出版社，1998 年）、《韓國歷史與東亞世界》（首爾：知識院，2005 年）、〈臺灣韓僑的歸還與未歸還〉，《韓國近現代史論文集 26》（首爾：歷史空間，2006 年）等。

Nguyen Thioanh　（阮氏鶯）

1956 年生，越南科學社會院漢喃研究所研究員兼科學社會和人文大學漢喃系兼任講員，專長為越南古典文學（李陳時代）漢文小說及越南漢文訓讀研究。代表著作有：〈漢字・字喃研究所藏文献〉，《文学》11、12 月刊號（東京：岩波書店，2005 年）、〈ベトナムにおける日本漢文学研究の現状と課題〉，《世界における日本漢文学研究の現状と課題》（二松学舎大学 21 世紀 COE プログラム，2005 年）、〈ベトナム漢文訓読について：《嶺南摭怪》を中心に〉，《典籍交流（訓読）と漢字情報》（札幌：北海道大學院文學研究科，2006 年）等。

譯者

廖欽彬　日本筑波大學文學博士
黃慧璘　日本九州大學文學碩士
黃智暉　東吳大學日本語文學系助理教授
鄭惠雯　臺灣大學外國語文學系博士生
李相美　臺灣大學韓文講師
王文萱　臺灣大學日本語文學系碩士

名詞索引

人名索引

【東亞文明研究叢書】

36. 高明士(編)：《東亞傳統教育與學禮學規》
37. 楊祖漢：《從當代儒學觀點看韓國儒學的重要論爭》
38. 黃俊傑、江宜樺(合編)：《公私領域新探：東亞與西方觀點之比較》
39. 張寶三、楊儒賓(合編)：《日本漢學研究續探：思想文化篇》
40. 葉國良、陳明姿(合編)：《日本漢學研究續探：文學篇》
41. 陳昭瑛：《臺灣與傳統文化》
42. 陳昭瑛：《儒家美學與經典詮釋》
43. 黃光國：《儒家關係主義：文化反思與典範重建》
44. 李弘祺(編)：《中國教育史英文著作評介》
45. 古偉瀛(編)：《東西交流史的新局：以基督宗教為中心》
46. 高明士(編)：《東亞傳統家禮、教育與國法（一）：家族、家禮與教育》
47. 高明士(編)：《東亞傳統家禮、教育與國法（二）：家內秩序與國法》
48. 高明士：《中國中古的教育與學禮》
49. 林月惠：《良知學的轉折：聶雙江與羅念菴思想之研究》
50. 鄭仁在、黃俊傑(合編)：《韓國江華陽明學研究論集》
51. 吳展良(編)：《東亞近世世界觀的形成》
52. 楊儒賓、祝平次(合編)：《儒學的氣論與工夫論》
53. 鄭毓瑜(編)：《中國文學研究的新趨向：自然、審美與比較研究》
54. 祝平次、楊儒賓(合編)：《天體、身體與國體：迴向世界的漢學》
55. 葉國良、鄭吉雄、徐富昌(合編)：《出土文獻研究方法論文集初集》
56. 李明輝：《儒家視野下的政治思想》
57. 陳昭瑛：《臺灣儒學：起源、發展與轉化》
58. 甘懷真、貴志俊彥、川島真(合編)：《東亞視域中的國籍、移民與認同》
59. 黃俊傑：《德川日本《論語》詮釋史論》
60. 黃俊傑(編)：《東亞視域中的茶山學與朝鮮儒學》
61. 王曉波：《道與法：法家思想和黃老哲學解析》
62. 甘懷真(編)：《東亞歷史上的天下與中國概念》
63. 黃俊傑：《戰後臺灣的轉型及其展望》
64. 張伯偉：《東亞漢籍研究論集》
65. 黃俊傑、林維杰(合編)：《東亞朱子學的同調與異趣》
66. 林啟屏：《從古典到正典：中國古代儒學意識之形成》
67. 黃俊傑：《臺灣意識與臺灣文化》
68. 黃俊傑：《東亞儒學：經典與詮釋的辯證》
69. 張崑將：《德川日本儒學思想的特質：神道、徂徠學與陽明學》
70. 高明士：《東亞傳統教育與法文化》
71. 古偉瀛：《臺灣天主教史研究論集》
72. 徐興慶、陳明姿（合編）：《東亞文化交流：空間‧疆界‧遷移》
73. 楊國樞、陸洛（合編）：《中國人的自我：心理學的分析》
74. 葉光輝、楊國樞（合編）：《中國人的孝道：心理學的分析》

【東亞文明研究資料叢刊】

【東亞文明研究書目叢刊】

國家圖書館出版品預行編目資料

江戶時代日本漢學研究諸面向：思想文化篇 ／ 葉國良、徐興慶
編. --初版--臺北市：國立臺灣大學出版中心　2009〔民98〕
　　528 面；15＊21 公分. (東亞文明研究叢書；82)
　　含名詞索引及人名索引
　　ISBN: 978-986-01-8374-0 (精裝)

　　1. 漢學研究　2. 江戶時代　3. 文集　4. 日本

　　033.107　　　　　　　　　　　　　　　　98007696

統一編號　1009801033

東亞文明研究叢書 82
江戶時代日本漢學研究諸面向：思想文化篇

編　　　者：葉國良、徐興慶
策　劃　者：國立臺灣大學人文社會高等研究院
　　　　　　「東亞經典與文化」研究計畫（http://www.eastasia.ntu.edu.tw）
出　版　者：國立臺灣大學出版中心
發　行　人：李嗣涔
發　行　所：國立臺灣大學出版中心（http://www.press.ntu.edu.tw）
法律顧問：賴文智律師
展　售　處：國立臺灣大學出版中心
　　　　　　10617 臺北市羅斯福路四段 1 號
　　　　　　電話：02-23659286　傳真：02-23636905
　　　　　　E-mail：ntuprs@ntu.edu.tw
　　　　　　國家書店松江門市　電話：(02) 2518-0207
　　　　　　國家網路書店　http://www.govbooks.com.tw
　　　　　　五南文化廣場　電話：(04) 2226-0330
責任編輯：杜純瑩
封面設計：申朗企業有限公司(http://lyonfish.myweb.hinet.net)
出版時間：2009 年 6 月初版
定　　　價：新臺幣 500 元整

GPN: 1009801033
ISBN: 978-986-01-8374-0 (精裝)